大宗商品特色课程系列教材编写委员会

大宗商品特色课程系列

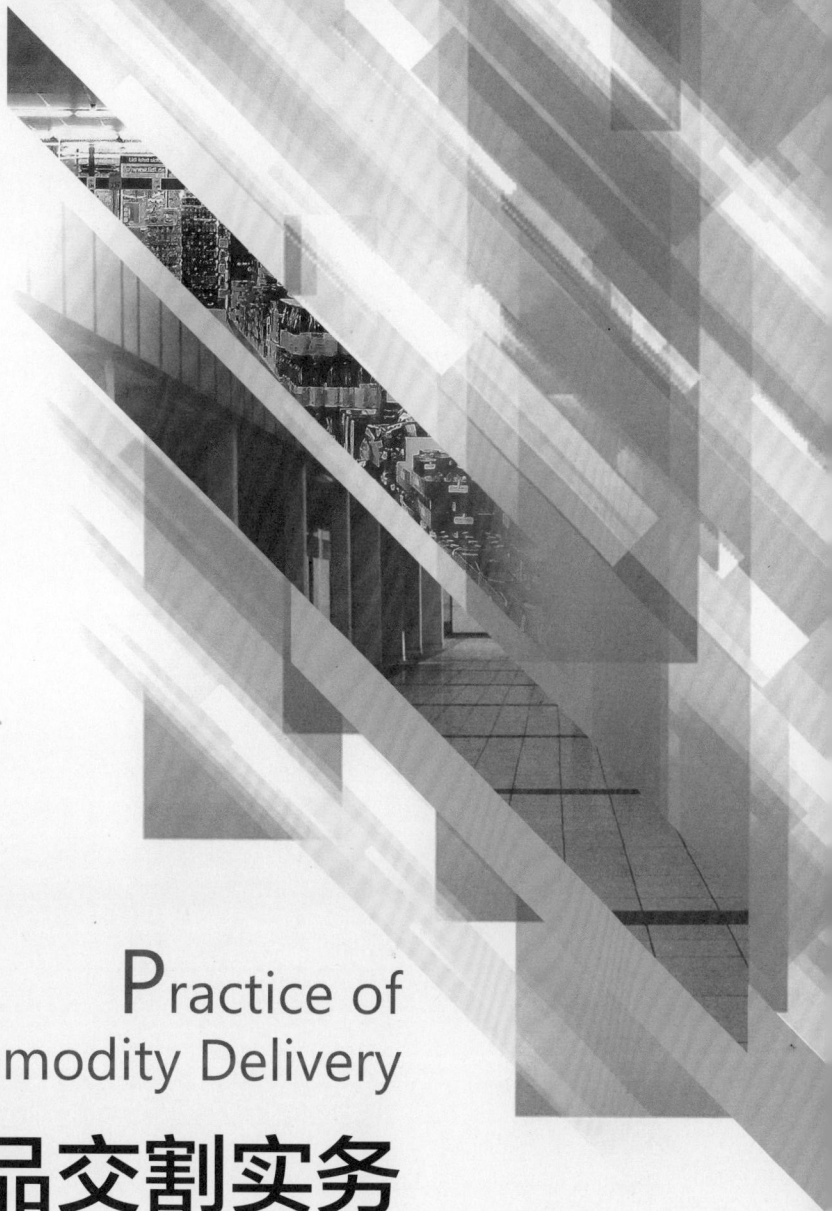

Practice of
Commodity Delivery

大宗商品交割实务

赵萌等 / 编著

ZHEJIANG UNIVERSITY PRESS
浙江大学出版社

图书在版编目(CIP)数据

大宗商品交割实务 / 赵萌等编著. —杭州：浙江大学出版社，2017.11(2018.1 重印)

ISBN 978-7-308-17357-5

Ⅰ.①大… Ⅱ.①赵… Ⅲ.①期货交易—基本知识 Ⅳ.①F713.35

中国版本图书馆 CIP 数据核字（2017）第 216699 号

大宗商品交割实务

赵　萌　等编著

丛书策划	朱　玲
责任编辑	葛　娟
责任校对	杨利军　张振华
封面设计	春天书装
出版发行	浙江大学出版社
	（杭州市天目山路 148 号　邮政编码 310007）
	（网址：http://www.zjupress.com）
排　　版	杭州林智广告有限公司
印　　刷	嘉兴华源印刷厂
开　　本	787mm×1092mm　1/16
印　　张	23.75
字　　数	550 千
版印次	2017 年 11 月第 1 版　2018 年 1 月第 2 次印刷
书　　号	ISBN 978-7-308-17357-5
定　　价	49.00 元

序

    在很多不同的场合,我都指出,20世纪90年代,是民营企业崛起的十年;21世纪的头十年,是"中国制造"崛起的十年;而接下来的十年,则将是大宗商品唱主角的十年。大宗商品将会是中国和西方国家竞争最激烈的领域,因为谁把握住了大宗商品的主导权,谁就把握住了未来十年经济的主导权。

    在"中国制造"崛起的十年中,中国成为世界上规模最大、品种最全的制造业中心。为了满足迅速发展的制造业对各种原材料的需求,中国对大宗商品原材料的进口及消费不断增加,成为全球最大的大宗商品消费国,已经有20多个大宗商品品种等消费量居全球第一,而且一些重要的大宗商品,如石油、煤炭、铁矿石、铜、镍、大豆等商品先从净出口后转为净进口。这个拐点正是大宗商品的"中国时刻"。

    然而,中国巨大的需求量并没有带来相应的话语权与定价权,在大宗商品全球产业链的分工中,中国长期扮演着加工者的角色,在价格方面被欧美国家所绑架。在大宗商品唱主角的十年,中国需求怎么能参与全球定价机制,如何才能形成价格话语权,是目前要回答的一个重要问题。

    实际上,中国要想谋求大宗商品定价的话语权,涉及从宏观到微观、从政府到企业、从体制到观念的各个层面,需要我们反思并且持续进行改革与创新。那在这期间中国大宗商品领域会出现哪些业态的变化呢? 大宗商品贸易、生产等产业链环节与物流、金融等相关服务业将融合创新发展,中国很多大宗商品的贸易商将成为运营商,会出现若干个大宗商品领域的金融创新,会出现很多针对大宗商品配置领域的不同环节的产业集聚。而在这个过程中,一定要有人才,一方面要吸引国际性的大宗商品人才回归中国;另一方面,要自己着力培养一批人才,我们要出顶级的大宗商品分析师、操盘手,站在全球视野把握市场,并运筹帷幄。

    宁波大红鹰学院的大宗商品特色课程系列教材,是国内首套大宗商品专业教育教材,该系列的著者有学校的专业教师,有行业的优秀实践者,他们对大宗商品相关领域的发展做了长期的研究和探索,教材内容突出了"教学育人"与"学以致用",十分可贵。从"中国制造"到大宗商品,我国在世界经济中的角色正在经历着一次深刻的转型,从原来的被动加工者转型为世界资源的主动调配者。大宗商品特色课程系列教材的出版,可谓恰逢其时,正当其用,尤其适用大宗商品相关领域的新任职人员和学生。

北京市长城企业战略研究所所长

王德禄

2013 年 3 月 20 日

前　言

当今市场经济结构转型和供给侧改革环境下,企业如何在规避风险的同时谋求创新发展显得非常关键。

大宗商品期货交易的一项重要内容就是套期保值规避风险。现代物流伴随着商流活动全过程,在认知并做好商流保值规避风险的基础上创新发展,有效获取物流"第三利润源泉",从而实现企业效益最大化是本书的核心内容。

本书在介绍大宗商品期货交易相关策略及技巧的同时,从做好增值物流服务视角出发,创新提出了大宗商品交易交割后续物流增值服务,实现商流与物流一体化管理效益最大化的实现途径及方法,这部分内容主要包括:物流金融服务、供应链增值服务、第三方物流增值服务和第四方物流增值服务等。

因此,本书内容主要包括两部分:一是大宗商品交易交割相关运作策略及技巧,二是大宗商品交易交割后续物流增值服务。

本书由赵萌担任主编,赵涵、宋祝安、陈改改担任副主编。本书在编写过程中,参考和引用了一些国内外文献资料,同时也得到了杭州纵横物流研究所赵涵、浙江国储物流有限公司宋祝安、宁波大红鹰学院陈改改等企业及教研人员的大力支持,在此表示感谢!

本书可作为高校金融、贸易、物流管理、电子商务、工商管理等相关专业的教学用书,也可作为金融、物流从业人员的参考书。

由于时间仓促,编者水平有限,书中存在的谬误之处敬请各位读者及专家批评指正。

编者

2017 年 4 月

目 录
CONTENTS

第一篇 大宗商品期货交易

第一章 期货市场概述 ……………………………………………………… 3

    第一节 期货市场的形成和发展 …………………………………… 3

    第二节 期货交易所 ………………………………………………… 15

    第三节 期货市场的构成 …………………………………………… 20

    翻转课堂任务单 …………………………………………………… 31

第二章 商品期货交易 ……………………………………………………… 33

    第一节 期货交易合约与制度 ……………………………………… 33

    第二节 套期保值 …………………………………………………… 52

    第三节 期货投机与套利交易 ……………………………………… 71

    翻转课堂任务单 …………………………………………………… 90

第三章 商品期货交割 ……………………………………………………… 91

    第一节 大宗商品期货交割概述 …………………………………… 91

    第二节 标准仓单 …………………………………………………… 96

    第三节 实物交割业务 ……………………………………………… 98

    翻转课堂任务单 …………………………………………………… 106

第四章　金融期货交易 108

第一节　股指期货 108

第二节　外汇期货 124

第三节　利率期货 141

第四节　期权 152

翻转课堂任务单 160

第五章　期货价格分析 162

第一节　期货行情解读 162

第二节　期货价格的基本分析 168

第三节　期货价格的技术分析 176

翻转课堂任务单 190

第二篇　物流增值服务

第六章　物流增值服务 195

第一节　物流增值服务 195

第二节　第三方物流增值服务 200

第三节　第四方物流增值服务 208

翻转课堂任务单 211

第七章　物流金融服务 212

第一节　物流金融概述 212

第二节　大宗商品物流金融服务模式 217

第三节　融资物流理念 221

翻转课堂任务单 222

第八章　融资物流业务 223

第一节　仓单质押（实物仓） 223

第二节　保兑仓业务 227

第三节　融通仓业务 ……………………………………………………… 230

第四节　海陆仓业务 ……………………………………………………… 234

翻转课堂任务单 …………………………………………………………… 236

第九章　供应链增值服务 …………………………………………………… 238

第一节　供应链增值服务概述 …………………………………………… 238

第二节　供应链金融服务 ………………………………………………… 246

第三节　供应链金融服务创新 …………………………………………… 252

翻转课堂任务单 …………………………………………………………… 255

第十章　第三方物流增值服务新思维 ……………………………………… 256

第一节　第三方物流增值服务 BPR 效应 ……………………………… 256

第二节　大宗农产品类第三方物流增值服务 …………………………… 268

第三节　第三方物流与电商整合模式 …………………………………… 276

翻转课堂任务单 …………………………………………………………… 281

第十一章　第四方物流增值服务技术应用 ………………………………… 283

第一节　RaLC 软件界面介绍 …………………………………………… 283

第二节　RaLC 软件基本操作 …………………………………………… 325

第三节　通过型物流中心(Logistics Center)的模型构筑 ……………… 332

第四节　仓储型物流中心模型 …………………………………………… 354

翻转课堂任务单 …………………………………………………………… 370

参考资料 ……………………………………………………………………… 371

第一篇

大宗商品期货交易

第一章　期货市场概述

第一节　期货市场的形成和发展

什么是"期货"？这是人们学习研究和实际参与期货市场时首先会提出的一个问题。要对期货建立起正确的认识，就必须从源头上了解期货交易和期货市场。

一、期货市场的形成

一般认为，期货交易萌芽于欧洲。早在古希腊和古罗马时期，欧洲就出现了中央交易场所和大宗易货交易，形成了按照既定时间和场所开展的交易活动。在此基础上，签订远期合同的雏形产生。在农产品收获以前，商人往往先向农民预购农产品，等收获以后，农民再交付产品，这就是国外原始的远期交易。中国的远期交易同样源远流长，早在春秋时期，中国商人的鼻祖陶朱公范蠡就开展了远期交易。

随着交通运输条件的改善和现代城市的兴起，远期交易逐步发展成为集中的市场交易。英国的商品交换发育较早，国际贸易也比较发达。公元 1215 年，英国的《大宪章》正式规定允许外国商人到英国参加季节性的交易会，商人可以随时把货物运进或运出英国，从此开启了英国的国际贸易之门。交易过程中，出现了商人提前购买在途货物的做法。具体过程是：交易双方先签订一份买卖合同，列明货物的品种、数量、价格等，预交一笔订金，待货物运到时再交收全部货款和货物，这时交易才告完成。随着这种交易方式的进一步发展，买卖双方为了转移价格波动所带来的风险，谋取更大的收益，往往在货物运到之前将合同转售，这就使交易进一步复杂化。后来，来自荷兰、法国、意大利和西班牙等国的商人还组成了一个公会，对会员买卖的合同提供公证和担保。

期货交易萌芽于远期现货交易。从历史发展来看，交易方式的长期演进，尤其是远期现货交易的集中化和组织化，为期货交易的产生和期货市场的形成奠定了基础。

较为规范化的期货市场在十九世纪中期产生于美国芝加哥。十九世纪三四十年代，芝加哥作为连接中西部产粮区与东部消费市场的粮食集散地，已经发展成为当时全美最大的谷物集散中心。随着农业的发展，农产品交易量越来越大，同时由于农产品生产的季节性特征、交通不便和仓储能力不足，农产品的供求矛盾日益突出。具体表现为：每当收获季节，农场主将谷物运到芝加哥，谷物在短期内集中上市，交通运输条件难以保证谷物及时疏散，使得当地市场饱和，价格一跌再跌，加之仓库不足，致使生产者遭受很大损失。到了来年春季，又出现谷物供不应求和价格飞涨的现象，使得消费者深受其苦，粮食加工商因原料短缺而困难重重。在这种情况下,储运经销应运而生。当地经销商在交通要道设立商行,修建仓库,在收获季节向农场主收购谷物,来年春季再运到芝加哥出售。当地经销商的出现,缓解了季节性的供求矛盾和价格的剧烈波动,稳定了粮食生产。但是,当地经销商面临着谷物过冬期间价格波动的风险。为了规避风险,当地经销商在购进谷物后就前往芝加哥,与那里的谷物经销商和加工商签订来年交货的远期合同。

随着谷物远期现货交易的不断发展,1848 年,82 位美国商人在芝加哥发起组建了世界上第一家较为规范化的期货交易所——芝加哥期货交易所(CBOT,又称芝加哥谷物交易所)。交易所成立之初,采用远期合同交易的方式。交易的参与者主要是生产商、经销商和加工商,其特点是实买实卖,交易者利用交易所来寻找交易对手,在交易所缔结远期合同,待合同期满,双方进行实物交割,以商品货币交换了结交易。当时的交易所对供求双方来说,主要起稳定产销、规避季节性价格波动风险等作用。

随着交易量的增加和交易品种的增多,合同转卖的情况越来越普遍。为了进一步规范交易,芝加哥期货交易所于 1865 年推出了标准化合约,取代了原先使用的远期合同。同年,该交易所又实行了保证金制度(又称押金制度),以消除交易双方由于不能按期履约而产生的诸多矛盾。1882 年,交易所允许以对冲合约的方式结束交易,而不必交割实物。

一些非谷物商看到转手谷物合同能够盈利,便进入交易所,按照"贱买贵卖"的商业原则买卖谷物合同,赚取一买一卖之间的差价,这部分人就是投机商。为了更有效地进行交易,专门联系买卖双方成交的经纪业务日益兴隆,发展成为经纪行。为了处理日益复杂的结算业务,专门从事结算业务的结算所也应运而生。

随着这些交易规则和制度的不断健全和完善,交易方式和市场形态发生了质的飞跃。标准化合约、保证金制度、对冲机制和统一结算的实施,标志着现代期货市场的确立。

二、期货市场相关范畴

期货(Futures)与现货相对应,并由现货衍生而来,通常指期货合约。期货交易(Futures Trading)即期货合约的买卖,它由远期现货交易衍生而来,是与现货交易相对应的交易方式。

期货合约是由期货交易所统一制定的、规定在将来某一特定的时间和地点交割一定数量标的物的标准化合约。期货合约的标的物通常是实物商品和金融产品。标的物为实物商品的期货合约称作商品期货,标的物为金融产品的期货合约称作金融期货。

期货市场是进行期货交易的场所,它由远期现货市场衍生而来,是与现货市场相对应的组织化和规范化程度更高的市场形态。广义的期货市场包括期货交易所、期货结算机构、期货经纪公司和期货交易(投资)者,狭义的期货市场一般指期货交易所。期货市场也是期货交易中各种经济关系的总和。

三、期货市场的发展

(一) 期货品种扩大

期货交易品种经历了由商品期货(农产品期货、金属期货、能源化工期货)到金融期货(外汇期货、利率期货、股票指数期货、股票期货)的发展历程。

1. 商品期货(Commodity Futures)。从 19 世纪中叶现代意义上的期货交易产生到 20 世纪 70 年代,农产品期货一直在期货市场中居于主导地位,同时新的期货品种也在不断涌现。随着农产品生产和流通规模的扩大,除了小麦、玉米、大米等谷物以外,棉花、咖啡、白糖等经济作物,生猪、活牛等畜产品,木材、天然橡胶等林产品也陆续在期货市场上市交易。19 世纪下半叶,伦敦金属交易所(LME)开金属期货交易的先河,先后推出铜、锡、铅、锌等期货品种。伦敦金属交易所和纽约商品交易所(COMEX)已成为目前世界主要的金属期货交易所。

20 世纪 70 年代初发生的石油危机给世界石油市场带来巨大冲击,石油等能源产品价格剧烈波动,直接导致了能源期货的产生。纽约商业交易所(NYMEX)已成为目前世界最具影响力的能源期货交易所,上市的品种有原油、汽油、取暖油、天然气、电力等。商品期货的种类见图 1-1。

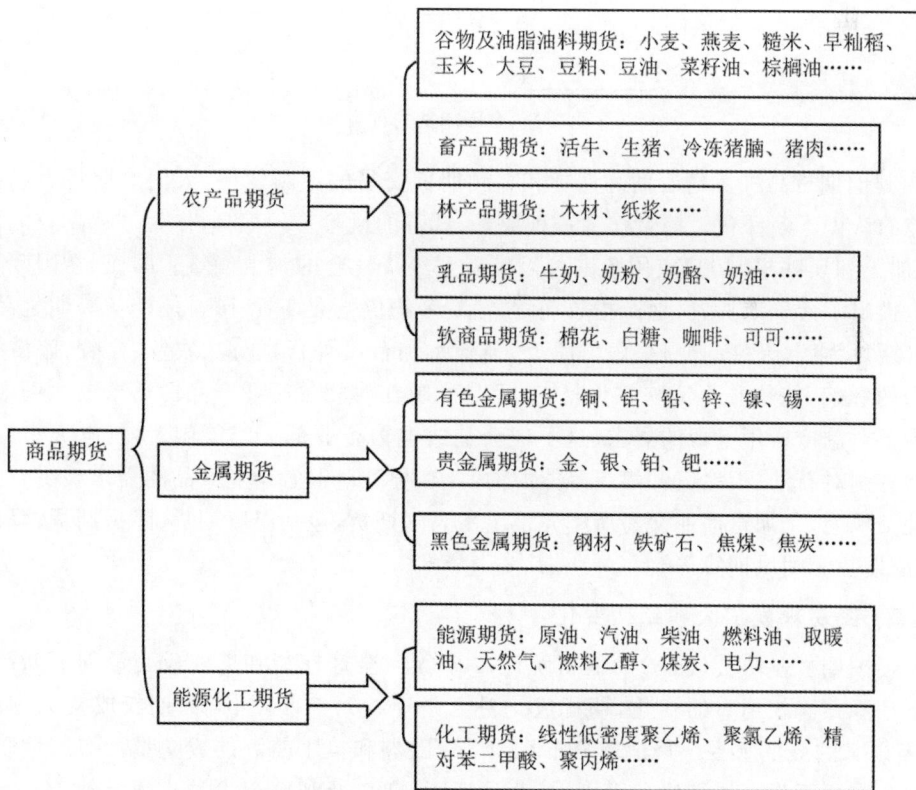

图 1-1 商品期货的种类

2. 金融期货(Financial Futures)。20 世纪 70 年代,布雷顿森林体系解体,浮动汇率制取代了固定汇率制,世界金融体制发生了重大变化。随着汇率和利率的剧烈波动,市场对风险管理工具的需要变得越来越迫切。商品期货的发展为金融期货交易的产生发挥了示范效应,期货业将商品期货交易的原理应用于金融市场,金融期货便应运而生。1972 年,芝加哥商业交易所(CME)设立了国际货币市场分部(IMM),首次推出包括英镑、加拿大元、德国马克、意大利里拉、法国法郎、日元和瑞士法郎等在内的外汇期货合约。1975

年,芝加哥期货交易所推出第一张利率期货合约——政府国民抵押协会抵押凭证期货合约,1977 年美国长期国债期货合约在芝加哥期货交易所上市。继外汇和利率期货推出之后,1982 年堪萨斯期货交易所(KCBT)开发出价值线综合指数期货合约,使股票价格指数也成为期货交易品种。1995 年,中国香港开始股票期货交易。金融期货种类见图 1-2。

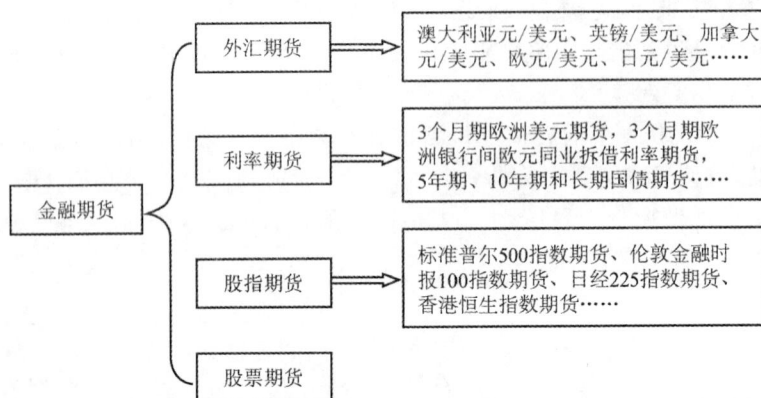

图 1-2　金融期货的种类

3. 其他期货品种。随着商品期货和金融期货交易的不断发展,人们对期货市场机制和功能的认识不断深化。期货作为一种成熟、规范的风险管理工具,作为一种高效的信息汇集、加工和反映机制,其应用范围可以扩展到经济社会的其他领域。因而,在国际期货市场上推出了天气期货、房地产指数期货、消费者物价指数期货、碳排放期货等期货品种。以天气期货为例,天气的变化(雨雪冰冻、强降水和台风等)给能源、农业、保险、旅游等行业带来的影响,往往并不反映在价格上,而是反映在对相关行业产品的需求上。例如,暖冬减少了对制冷所用电力的需求,这不但会造成电力企业部分产能闲置,发电成本提高,而且会抑制对石油、天然气和煤炭等能源的需求,导致对上游企业产品的需求减少。为了规避此类风险,芝加哥商业交易所率先推出了天气期货,包括温度期货、降雪期货、降雨期货、霜冻期货和飓风期货等。

(二) 交易规模扩大和结构变化

据美国期货业协会(FIA)的最新统计,2016 年,全球期货和期权成交量创下新高,但数字下却隐藏着相当大的变化,期货成交量已是连续第 5 年增长,而期权成交量则降至 2007 年以来的最低水平。从地域分布看,北美、欧洲和拉丁美洲的成交量均有所增长,但亚太地区有所下降。从衍生品类别看,商品期货、期权及利率衍生品成交量创 2007 年以来的新高,但股票衍生品成交量呈继续下跌趋势。

2016 年全球场内期货及期权成交量达 252.2 亿手。虽然这仅比 2015 年高出 1.7%,但却是衍生品市场的年度新纪录。此前创新高是在 2011 年,总成交量达 249.8 亿手。

分区域来看,因亚太地区交易所成为增长的主要引擎,2016 年的交易情况与去年有很大区别。2016 年,北美地区成交量上升了 4.8%,达 85.9 亿手;欧洲地区增长了 8.0%,达 51.8 亿手;拉丁美洲地区增长了 11.3%,达 16.2 亿手。事实上,北美和欧洲地区的成交量均创下纪录,相比之下,亚太地区却下降了 5.3%,至 91.8 亿手。即使如此,亚太地区的成交量仍大于全球其他地区,但其占比总份额从 39% 下降至 36%。

　　是什么导致了亚太地区趋势的逆转?如果将成交量按照产品类别,分为期货和期权,以此看来,答案就显而易见了。期货成交量在所有地区均稳步增长,并在 2016 年创下 158.9 亿手的新纪录。相比之下,期权成交量自 2011 年以来一直呈现下降趋势。2016年,场内期权合约的总成交量为 93.3 亿手,较上年下降了 9.6%,较 2011 年下降了27.3%,这也是其自 2007 年以来的年度最低水平。

　　全球期货及期权成交量近 10 年趋势:2016 年全球期货成交量约达 160 亿手,是 10年前的两倍有余;相比之下,期权的成交量较 10 年前仅增加了 12.3%。

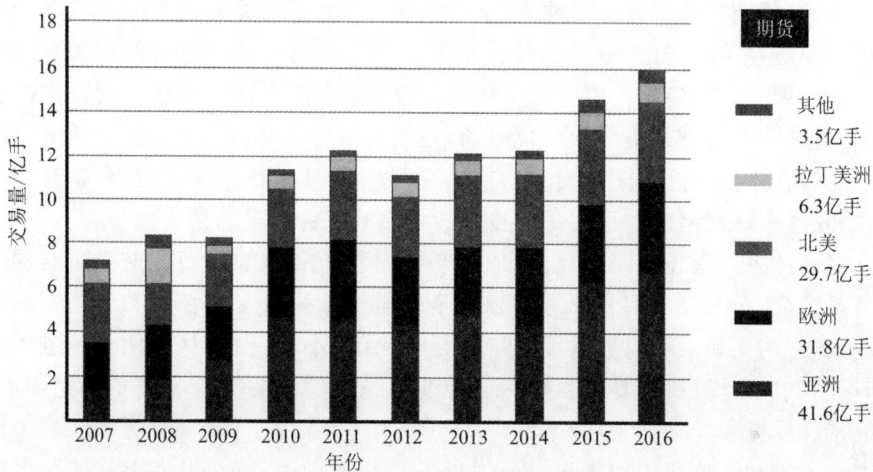

图 1-3　2007—2016 年全球不同地区期货交易量

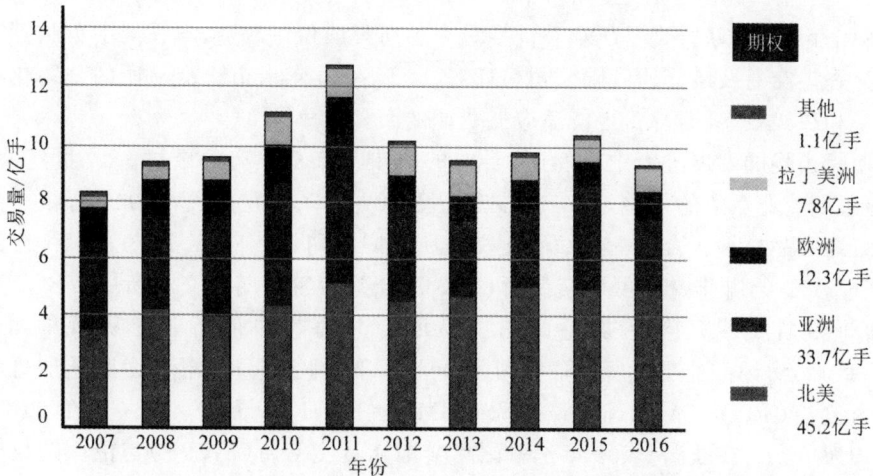

图 1-4　2007—2016 年全球不同地区期权交易量

　　期权成交量的下跌趋势在亚太地区尤为突出。场内期权合约成交量在 2016 年下降了 29.6%,至 24.8 亿手,是亚太地区 10 年以来的最低水平。然而,下跌趋势不仅出现在该地区,北美和欧洲的期权成交量在过去几年中基本保持稳定,均远低于 2011 年创下的峰值水平。

显然,场内衍生品中,期货成交量的表现要优于期权,主要原因是,占期权总成交量最大的股票期权成交量下降。在 2016 年,股指及个股期权在期权总成交量中占比为 83.4%,回顾 2007 年至 2011 年,该类产品的成交量迅速增长,但自 2011 年以后,其成交量开始下跌,并一直呈现下降趋势,直至 2016 年又回到与 2007 年相似的水平。另一方面原因是,受益于商品及外汇期货成交量的迅猛增长,期货总成交量激增。

(三) 市场创新和国际化

1982 年,芝加哥期货交易所将期权交易与期货交易相结合,推出了美国长期国债期货期权合约,期货期权作为一项重要的金融创新,引发了期货交易的又一场革命。2002 年单只股票期货在美国上市,金融期货又实现了一次新的突破。本书的相关章节将对期权和股票期货展开详细讨论。20 世纪 90 年代以来,随着计算机和互联网技术的发展和广泛应用,电子化交易方式被引入期货市场,并成为期货交易所采用的主要方式。针对活跃的期货品种在不同时区的多家交易所上市交易的状况,相关交易所在竞争压力下积极寻求合作,开展全球联网的电子交易。投资者可以开展跨市场的期货交易,交易所之间搭建起相互对冲体系。最先由路透社、芝加哥期货交易所和芝加哥商业交易所共同开发的全球交易系统(GLOBEX),是期货和期权的全球电子计算机交易平台和全球网络化交易系统,世界各地的交易者可以通过该系统进行全天 24 小时交易,从而使全球进入了全天候交易时代。电子计算机交易平台和网络化交易系统使期货交易突破了时空限制,降低了交易成本。

公司化改制和上市成为期货交易所发展的一个方向。目前,世界上一些著名的交易所已完成了由会员制向公司制的转变,如芝加哥商业交易所、纽约商业交易所、伦敦金属交易所、伦敦国际金融期货交易所(LIFFE)等。新加坡交易所有限公司(SGX)于 2000 年宣布挂牌上市;香港联合交易所和香港期货交易所经股份制改造,与香港中央结算有限公司合并为香港交易及结算所有限公司(HKEx),于 2000 年上市。交易所的公司化有利于经营效率和决策效率的提高,更能适应期货业的激烈竞争。

在期货市场的发展进程中,联合和合并的脚步从来都没有停歇过。20 世纪 90 年代以来,随着期货业竞争的加剧,这一脚步走得更急更快了。在美国,1994 年,纽约商业交易所与纽约商品交易所合并为纽约商业交易所有限公司(NYMEX Inc.);此后,纽约棉花交易所(NYCE)与咖啡、糖、可可交易所(CSCE)合并为纽约期货交易所(NYBOT);2007 年,芝加哥期货交易所与芝加哥商业交易所合并为芝加哥商业交易所集团(CME Group);此后,纽约商业交易所有限公司并入芝加哥商业交易所集团,由此芝加哥商业交易所集团包含 CBOT、CME、NYMEX 和 COMEX。在日本,十多家交易所在 20 世纪 90 年代合并为 7 家。在欧洲,1992 年伦敦国际金融期货交易所(LIFFE)与伦敦期权交易所合并,1996 年又合并了伦敦商品交易所(LCE);1998 年,德国法兰克福期货交易所(DTB)与瑞士期权和金融期货交易所(SOFFEX)合并为欧洲期货交易所(EUREX);2000 年,法国巴黎、荷兰阿姆斯特丹和比利时布鲁塞尔 3 家交易所合并为欧洲交易所(EURONEXT);2002 年,欧洲交易所合并了伦敦国际金融期货交易所。期货交易所的联合和合并使得在同一时区内,活跃品种只在一家或少数几家交易所上市交易。交易的集中化有利于形成更大的规模效应和更权威的期货价格。

期货市场的创新发展大大推进了期货市场的国际化和一体化。其一，公司制交易所的股东或出资人已经开始多元化，并不局限于本国或本地区的范围。"某某国家的期货交易所"的含义，更多的是指交易所的所在地，而非所有权归属于该国（公民或法人）。其二，市场参与者来自世界各地，期货市场为世界各地的投资者提供交易平台和服务。其三，期货品种跨国界推出，例如新加坡交易所上市了中国香港、中国台湾和日本等国家（地区）股票指数的期货合约，伦敦国际金融期货交易所上市了德国、日本国债的期货合约。可见，一国（地区）的期货市场打破地域界限，交易所、市场参与者和期货品种都呈现出国际化特点。一个区域性期货市场的影响力和竞争力的提高就在于发展成为国际市场，在此市场上产生的期货价格才更具权威性，进而成为国际定价基准。

四、期货交易的特征

与现货交易相对应的期货交易，已经成为一种重要的现代交易方式。系统地认识期货交易的特征是深刻理解期货市场的有效途径和关键所在。

（一）期货交易的基本特征

期货交易的基本特征可归纳为 6 个方面。

1. 合约标准化

期货合约（Futures Contract）是由交易所统一制定的标准化远期合约。在合约中，标的物的数量、规格、交割时间和地点等都是既定的。这种标准化合约给期货交易带来极大的便利，交易双方不需要事先对交易的具体条款进行协商，从而节约了交易成本，提高了交易效率和市场流动性。

2. 场内集中竞价交易

期货交易实行场内交易，所有买卖指令必须在交易所内进行集中竞价成交。只有交易所的会员方能进场交易，其他交易者只能委托交易所会员，由其代理进行期货交易。

3. 保证金交易

期货交易实行保证金制度。交易者在买卖期货合约时按合约价值的一定比例缴纳保证金（一般为 5%～15%）作为履约保证，即可进行数倍于保证金的交易。这种以小博大的保证金交易也被称为"杠杆交易"。期货交易的这一特征使期货交易具有高收益和高风险的特点。保证金比例越低，杠杆效应就越大，高收益和高风险的特点就越明显。

4. 双向交易

期货交易采用双向交易方式。交易者既可以买入建仓（或称开仓），即通过买入期货合约开始交易；也可以卖出建仓，即通过卖出期货合约开始交易。前者也称为"买空"，后者也称为"卖空"。双向交易给予投资者双向的投资机会，也就是在期货价格上升时，可通过低买高卖来获利；在期货价格下降时，可通过高卖低买来获利。

5. 对冲了结

交易者在期货市场建仓后，大多并不是通过交割（即交收现货）来结束交易，而是通过对冲了结。买入建仓后，可以通过卖出同一期货合约来解除履约责任；卖出建仓后，可以通过买入同一期货合约来解除履约责任。对冲了结使投资者不必通过交割来结束期货交易,从而提高了期货市场的流动性。

6. 当日无负债结算

期货交易实行当日无负债结算,也称为逐日盯市(Marking to Market)。结算部门在每日交易结束后,按当日结算价对交易者结算所有合约的盈亏、交易保证金及手续费、税金等费用,对应收应付的款项实行净额一次划转,并相应增加或减少保证金。如果交易者的保证金余额低于规定的标准,则须追加保证金,从而做到"当日无负债"。当日无负债可以有效防范风险,保障期货市场的正常运转。

(二) 期货交易与现货交易

现货交易可以分为即期现货交易和远期现货交易,两者均以买入卖出实物商品或金融产品为目的。即期现货交易在成交后立即交割,是一种表现为"一手交钱,一手交货"的交易方式。远期现货交易是即期现货交易在时间上的延伸,买卖双方签约后在未来某一时间进行实物商品或金融产品的交收。期货交易是在现货交易的基础上发展起来的。市场交易方式经历了"由即期现货交易到远期现货交易,再到期货交易"的发展过程。现货交易的对象是实物商品或金融产品,期货交易的对象是标准化合约。可见,在期货交易中买卖的是关于某种标的物的标准化合约,而非标的物本身,而且并非所有的实物商品和金融产品都能成为期货合约的标的物。期货合约的标的物是有限的特定种类的实物商品和金融产品,一般具有便于贮藏运输、品质可界定、交易量大、价格频繁波动等特性。

现货交易的目的是获得或让渡实物商品或金融产品。期货交易的主要目的,或者是为了规避现货市场价格波动的风险,或者是利用期货市场价格波动获得收益。

(三) 期货交易与远期现货交易

期货交易直接由远期现货交易演变发展而来。远期现货交易与期货交易存在着许多相似的外在表现形式,目前的远期现货交易往往也采用集中交易、公开竞价、电子化交易等形式。因此,在现实当中容易把远期现货交易与期货交易相混淆。

期货交易与远期现货交易同属于远期交易,但是两者交易的远期合约存在着标准化与非标准化的差别。前者是由交易所统一制定的标准化远期合约;后者是非标准化的,合同中标的物的数量、规格、交割时间和地点等条款由交易双方协商达成。

期货交易可以通过对冲或到期交割来了结,其中绝大多数期货合约都是通过对冲平仓的方式了结。远期现货交易的履约主要采用实物交收方式,虽然远期合同也可转让,但最终的履约方式是实物交收。

期货交易以保证金制度为基础,实行每日无负债结算制度,每日进行结算且由结算机构担保履约,所以信用风险较小。远期现货交易从交易达成到最终完成实物交收,有相当长的一段时间,此间时常会发生各种变化,违约行为因此有可能发生。例如,买方资金不足,不能如期付款;卖方生产不足,不能保证供应;市场价格趋涨,卖方不愿按原定价格交货;市场价格趋跌,买方不愿按原定价格购入等。这些都会使远期交易面临着较大的风险和不确定性,加之非标准化的远期现货合同不易转让,所以远期现货交易的信用风险较大。

(四) 期货交易与证券交易

证券是各类财产所有权或债权凭证的通称,是用来证明所有人有权依票面所载内容取得相关权益的凭证,如股票和债券。在本质上,证券也是一种交易的合同或契约,该合同赋予持有人对标的物采取相应行为并获得相应收益的权利。因此,就合同或契约的买卖这一点而言,期货交易与证券交易有相同之处。不仅如此,期货交易和证券交易都具有促进资源有效配置的作用。

证券与期货合约的区别不仅在于两者在金融产品结构中的层次不同,即前者属于基础金融产品,而后者属于金融衍生产品,而且两者在是否具有"内在价值"和可否长期持有上存在明显的差异。证券有其内在价值,证券持有人有权据此凭证获得一定的货币收入,因而可以长期持有,可以用来抵押、担保和作为资产储备。期货合约则不具有内在价值,不具备抵押、担保和储备的职能,而且不能长期持有,在合约到期日之后必须进行交割。

证券交易与期货交易的目的不尽相同。证券交易的目的是让渡或获得有价证券这一金融产品,获取投资收益。在期货交易中,部分投资者的目的是通过买卖期货合约获取投资收益。同时,期货交易还有另外一种目的,即规避现货市场的价格波动风险。从历史起源可以发现,证券市场和期货市场的产生都不是以获取风险收益为目的而人为地设计出来的一个投资或投机的场所。证券市场是为了满足融资的需要而建立,期货市场是为了满足规避现货价格风险的需要而形成。买卖证券和期货合约从而进行风险投资,是证券市场和期货市场运行不可或缺的必要条件,保证了证券市场和期货市场的流动性。应当认识到,获取投资收益并非期货市场的本质属性。

期货交易与证券交易在制度规则上不尽相同。期货交易实行保证金制度,是一种以小博大的杠杆交易,而在证券交易中一般不引入这种杠杆机制。期货交易实行双向交易,既可以买空也可以卖空;而在证券交易中一般没有做空机制,仅实行先买后卖的单向交易。此外,证券市场在市场结构上有一级市场和二级市场之分,而期货市场则不存在这种区分。

(五) 期货交易与衍生品交易

所谓衍生品(Derivatives),是从一般商品和基础金融产品(如股票、债券、外汇)等基础资产衍生而来的新型金融产品。具有代表性的金融衍生品包括远期(Forwards)、期货(Futures)、期权(Options)和互换(Swaps)。按照是否在交易所内进行交易划分,衍生品交易分为场内交易和场外交易,场外交易又称为柜台交易、店头交易。在衍生品交易中,场外交易的规模远大于场内交易。期货交易是在交易所内集中进行的,期货合约是标准化的;其他衍生品主要是在场外交易,交易的合约是非标准化的,保证金和结算等履约保障机制由双方商定。根据国际清算银行的数据,2004—2009年衍生品交易总量呈稳定上升趋势,但是衍生品的各品种发展却出现了分化。总体而言,场外交易增速加快、交易活跃,期货交易表现稍逊一筹。但是,受到国际金融危机的影响,金融衍生品的发展态势出现波动,商品期货表现不俗,特别是农产品、贵金属和能源期货等。与其他衍生品相比,期货交易有着自身的优势:其一,期货市场的价格发现功能强、效率高,因而期货价格更具有权威性;其二,期货市场的交易成本低,信用风险小,市场流动性水平高,因而能够更有效地转移风险。因此,期货交易在衍生品交易中发挥着基础性作用。其他衍生品的定价往往参照期货价格。其他衍生品市场在转移风险时,往往要与期货交易相配合。

五、期货市场的功能与作用

期货市场自产生以来,之所以不断发展壮大并成为现代市场体系中不可或缺的重要组成部分,就是因为期货市场具有难以替代的功能和作用。正确认识期货市场的功能作用,可以进一步加深对期货市场的理解。

(一) 期货市场的功能

规避风险和价格发现是期货市场的两大基本功能。

1. 规避风险功能及其机理

规避风险功能是指期货市场能够规避现货价格波动的风险。这是期货市场的参与者通过套期保值交易实现的。从事套期保值交易的期货市场参与者包括生产商、加工商和贸易商等。以大豆期货交易为例,期货市场中的套期保值者包括种植大豆的农户、以大豆为原料的加工商和大豆经销商。

例如,3个月后大豆种植户将收获大豆并上市销售,大豆压榨企业需要在3个月后购进大豆原料,大豆经销商已与对方签订了在3个月后交货的销售合同。此时,这些生产经营者在现货市场上都面临着价格波动的风险。具体来说,3个月后如果大豆价格下跌,大豆种植户将蒙受损失;如果大豆价格上涨,大豆压榨企业和大豆经销商将加大采购成本,利润减少甚至出现亏损。

为了规避大豆价格波动的风险,这些生产经营者这时可以通过期货市场进行套期保值。具体来说,大豆种植户卖出3个月后到期的大豆期货合约,如果3个月后大豆价格果真下跌了,那么大豆种植户在大豆现货交易中就损失了一笔;但同时他买入大豆期货合约,把手中的卖出合约平仓,结果发现期货市场上的交易使他赚了一笔,而且可能正好抵补了他在大豆现货市场上的损失。再说大豆压榨企业和大豆经销商,他们买入3个月后到期的大豆期货合约,如果3个月后大豆价格果真上涨了,那么他们在大豆现货交易中就损失了一笔;但同时他们卖出大豆期货合约,把手中的买入合约平仓,结果他们发现期货市场上的交易使他们赚了一笔,而且可能正好抵补了他们在大豆现货市场上的损失。上述交易过程就是套期保值。套期保值之所以能够规避现货价格风险,是因为期货市场价格与现货市场价格同方向变动而且最终趋同(见图1-5)。为什么两个市场的价格呈现出这样的特征呢?这是因为期货市场价格与现货市场价格受到相同的供求因素影响。

应当指出的是,规避价格风险并不意味着期货交易本身无价格风险。实际上,期货价格的上涨或下跌既可以使期货交易盈利,也可以使期货交易亏损。在期货市场进行套期保值交易的主要目的,并不在于追求期货市场上的盈利,而是要实现以一个市场上的盈利抵补另一个市场上的亏损。这正是规避风险这一期货市场基本功能的要义所在。

还应当指出的是,期货在本质上是一种风险管理工具,并不能消灭风险,现货市场价格波动的风险是客观存在的。那么,经由期货市场规避的风险,也就是套期保值者转移出去的风险,到哪里去了呢?是由套期保值者的交易对手承担了。在这些交易对手当中,一部分是其他套期保值者,但主要是期货市场中的投机者。正如上述例子中所揭示的,大豆种植户卖出期货合约,而大豆压榨企业和大豆经销商买入期货合约,因此他们可以成为交易对手,承担一部分风险;但大部分风险主要是由期货市场中大量存在的投机者来承担,

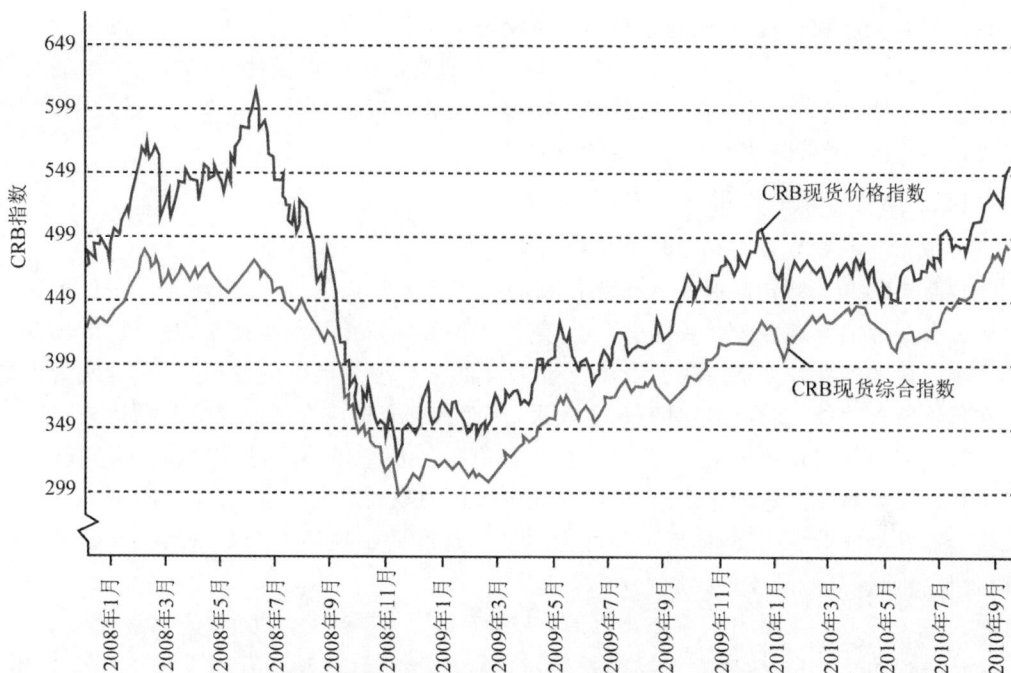

图 1-5　商品研究局指数(CRB)现货价格指数走势

因为投机者对期货价格是升是降各有各的判断,并不一致,所以有人做多有人做空。这样,投机者就会与套期保值者成为交易对手。为什么投机者愿意承担风险呢?因为在竞争性市场中风险与收益呈正相关关系,正是对风险收益的追逐让大量投机者参与期货交易。

2. 价格发现功能及其机理

价格发现功能是指期货市场能够预期未来现货价格的变动,发现未来的现货价格。期货价格可以作为未来某一时期现货价格变动趋势的"晴雨表"。价格发现不是期货市场所特有的,但期货市场比其他市场具有更高的价格发现效率。这是基于期货市场的特有属性实现的。

现代经济学的最新进展已经表明,信息不完全和不对称导致价格扭曲和市场失灵,而期货市场是一种接近于完全竞争市场的高度组织化和规范化的市场,拥有大量的买者和卖者,采用集中的公开竞价交易方式,各类信息高度聚集并迅速传播。因此,期货市场的价格形成机制较为成熟和完善,能够形成真实有效地反映供求关系的期货价格。这种机制下形成的价格具有公开性、连续性、预测性和权威性的特点。

(1) 公开性。期货价格及时向公众披露,从而能够迅速地传递到现货市场。

(2) 连续性。期货合约是标准化合约,转手极为便利,因此能不断地生成期货价格,进而连续不断地反映供求变化。

(3) 预测性。期货价格是众多的交易者对未来供求状况的预期的反映,这些交易者是生产商、加工商、贸易商或者投机者。由大量这样的交易者集中在场内公开竞价形成的期货价格,就较为客观地反映出了未来的供求关系和价格变动趋势。

(4) 权威性。基于以上 3 个特点,期货价格被视为一种权威价格。期货价格不仅能够指导实际生产和经营活动,还被作为现货交易的定价基准。例如,大宗商品的国际贸易采取"期货价格＋升贴水"的定价方式,就体现了期货价格的权威性。现实的市场经济发展已充分证明,期货市场发现价格的基本功能在很大程度上弥补了现货市场的缺陷,推动了价格体系的完善,促进了市场经济的发展。

(二) 期货市场的作用

1. 期货市场的发展有助于现货市场的完善

现货市场和期货市场是现代市场体系的两个重要组成部分,在市场经济条件下它们共同调节资源的合理配置。从历史上看,期货市场由现货市场衍生而来,是现货市场发展到一定阶段的产物。期货市场的产生反过来又促进了现货市场的发展。其一,期货市场具有价格发现功能,期货价格具有示范效果,从而有助于形成合理的现货市场价格;其二,期货市场能够规避现货价格波动的风险,从而有助于现货市场交易规模的扩大;其三,期货市场的交易对象是标准化合约,合约中规定了标的物的品质标准,在交割时不同品级的现货会有升水或贴水出现,体现优质优价原则。这有助于现货市场中商品品质标准的确立,促使企业提高产品质量。

2. 期货市场的发展有利于企业的生产经营

从微观的角度来看,期货市场的发展对企业生产经营活动的开展发挥了积极作用。其一,作为信号的期货价格,可以有效克服市场中的信息不完全和不对称,在市场经济条件下有助于生产经营者做出科学合理的决策,避免盲目性;其二,通过期货市场进行套期保值,可以帮助生产经营者规避现货市场的价格风险,达到锁定生产成本、实现预期利润的目的,使生产经营活动免受价格波动的干扰。例如,黑龙江等大豆主产区在确定播种面积时,一般都要参考大连商品交易所的大豆期货价格;我国农垦企业、有色金属生产企业和大宗物资流通企业多年来在期货市场开展套期保值,取得了良好的效果。

3. 期货市场的发展有利于国民经济的稳定,有助于政府的宏观决策

大宗商品(以主要农产品、能源产品为代表)和金融产品价格的剧烈波动,必然引起宏观经济的不稳定甚至是大起大落。大宗商品和金融产品期货交易,不仅可以通过其规避风险功能发挥稳定生产和流通的作用,而且可以通过其价格发现功能调节市场供求。可见,期货市场的发展有助于稳定国民经济。例如,以芝加哥期货交易所为代表的农产品期货市场促进了美国农业生产结构的调整,保证了农产品价格的基本稳定;美国芝加哥商业交易所集团和芝加哥期权交易所为国债和股市投资者提供了避险的工具,促进了债市和股市的平稳运行。

现货市场的价格机制对经济的调节有滞后性的缺陷,而期货市场价格反映了未来一定时期价格的变化趋势,具有信号功能和超前预测的特点。因此,以期货价格为参考依据,有助于科学合理地制定和调整宏观经济政策。例如,2003 年针对天然橡胶期货价格的快速上涨,政府相关部门数次抛售库存天然橡胶,年末又宣布 2004 年取消进口配额管理,同时对国内两大垦区 8.8% 的天然橡胶由 8% 的农林特产税改征 5% 的农业税。这些措施使天然橡胶的供给增加,平抑了天然橡胶价格。

4. 期货市场的发展有助于增强国家在国际价格形成中的主导权

在经济全球化背景下,国与国之间的经济联系日益紧密,国际贸易的快速发展使国内市场演变成为世界市场,国内价格随之演变成为国际价格。期货价格在国际价格形成中发挥了基准价格的作用,发达的期货市场因其交易规模大、规范化和国际化程度高而成为世界市场的定价中心。20 世纪 80 年代以来,美英等发达国家的期货交易所集中了全球绝大多数的农产品、石油和金属的期货交易,由此形成的期货价格已成为世界市场的基准价格。美英等发达国家在国际价格的形成中掌握着话语权和主导权,在国际贸易中处于主动和有利地位。

第二节　期货交易所

一、性质与职能

期货交易所是为期货交易提供场所、设施、相关服务和交易规则的机构。它自身并不参与期货交易。在现代市场经济条件下,期货交易所已成为具有高度系统性和严密性、高度组织化和规范化的交易服务组织。期货交易所致力于创造安全、有序、高效的市场机制,以营造公开、公平、公正和诚信透明的市场环境与维护投资者的合法权益为基本宗旨。期货交易所的职能都围绕着上述宗旨展开。

期货交易所通常具有以下五个重要职能。

(一)提供交易的场所、设施和服务

期货交易实行场内交易,即所有买卖指令必须在交易所内进行集中竞价成交。因此,期货交易所必须为期货交易提供交易场所、必要的设施、先进的通信设备、现代化的信息传递和显示设备等一整套硬件设施,再辅之以完备、周到的配套服务,以保证集中公开的期货交易能够有序运行。

(二)设计合约、安排合约上市

制定标准化合约、及时安排合约上市是期货交易所的主要职能之一。期货交易所应结合市场需求开发期货品种,精心设计并选择合适的时间安排新的期货合约上市,增强期货市场服务国民经济的功能,同时科学合理地设计合约的具体条款,满足交易者的投资需求,并安排合约的市场推广。

(三)制定并实施期货市场制度与交易规则

期货交易所通过制定保证金制度、涨跌停板制度、持仓限额制度、大户持仓报告制度、强行平仓制度、当日无负债结算制度、风险准备金制度等一系列制度,从市场的各个环节控制市场风险,保障期货市场的平稳、有序运行。

在上述制度的基础上,期货交易所进一步强化和细化管理,建立健全、统一的期货交易规则,包括交易、风险控制、结算、交割、违约情况管理、信息管理等管理细则,以保证买卖双方交易行为的规范化,使得期货交易顺畅进行。

(四)组织并监督期货交易,监控市场风险

在制定相关期货市场制度与交易规则的基础上,期货交易所组织并监督期货交易,通

过实时监控、违规处理、市场异常情况处理等措施,保障相关期货市场制度和交易规则的有效执行,动态监控市场的风险状况并及时化解与防范市场风险。

(五) 发布市场信息

期货交易所需及时把本交易所内形成的期货价格和相关信息向会员、投资者及公众公布,以保证信息的公开透明。

二、组织结构

期货交易所的组织形式一般分为会员制和公司制两种。

(一) 会员制

会员制期货交易所是由全体会员共同出资组建,缴纳一定的会员资格费作为注册资本,以其全部财产承担有限责任的非营利性法人。

1. 会员资格。只有取得会员资格才能进入期货交易所进行场内交易。会员制期货交易所的出资者也是期货交易所的会员,享有直接进场进行期货交易的权利。会员制期货交易所会员资格的获取方式有多种,主要是:以交易所创办发起人的身份加入,接受发起人的资格转让加入,接受期货交易所其他会员的资格转让加入和依据期货交易所的规则加入。

2. 会员构成。世界各地交易所的会员构成分类不尽相同,有自然人会员与法人会员、全权会员与专业会员、结算会员与非结算会员之分等。

3. 会员的基本权利和义务。交易所会员的基本权利包括:参加会员大会,行使表决权、申诉权;在期货交易所内进行期货交易,使用交易所提供的交易设施、获得期货交易的信息和服务;按规定转让会员资格,联名提议召开临时会员大会等。会员应当履行的主要义务包括:遵守国家有关法律、法规、规章和政策;遵守期货交易所的章程、业务规则及有关决定;按规定缴纳各种费用;执行会员大会、理事会的决议;接受期货交易所业务监管等。

4. 组织架构。会员制期货交易所一般设有会员大会、理事会、专业委员会和业务管理部门。其中,会员大会由会员制期货交易所的全体会员组成,它是会员制期货交易所的最高权力机构。理事会是会员大会的常设机构,对会员大会负责,执行会员大会决议。按照国际惯例,理事会由交易所全体会员通过会员大会选举产生。理事会下设若干专业委员会,一般由理事长提议,经理事会同意设立。专业委员会一般包括:

(1) 会员资格审查委员会。负责审查入会申请,并调查其真实性及申请人的财务状况、个人品质和商业信誉。

(2) 交易规则委员会。负责起草交易规则,并按理事会提出的意见进行修改。

(3) 交易行为管理委员会。负责监督会员的市场交易行为,使会员的交易行为不仅要符合国家的有关法规,而且还要符合交易所内部有关交易规则和纪律要求,以保证期货交易正常进行。

(4) 合约规范委员会。负责审查现有合约并向理事会提出有关合约修改的意见。

(5) 新品种委员会。负责对本交易所有发展前途的新品种期货合约及其可行性进行研究;负责准备和起草拟发展的新品种期货合约的论证报告及其他必要文件,以便报上级主管单位批准。

(6)业务委员会。负责监督所有与交易活动有关的问题,调查、审查和解决交易期间以及以后发现的有关问题。

(7)仲裁委员会。负责通过仲裁程序解决会员之间、非会员与会员之间以及交易所内部纠纷及申诉。

总经理是负责期货交易所日常经营管理工作的高级管理人员。交易所根据工作职能需要设置相关业务部门,一般包括交易、交割、研究发展、市场开发、财务等部门。

(二)公司制

公司制期货交易所通常是由若干股东共同出资组建、股份可以按照有关规定转让、以营利为目的的企业法人。公司制期货交易所的盈利来自通过交易所进行期货交易而收取的各种费用。

1. 会员资格。与会员制期货交易所类似,在公司制期货交易所内进行期货交易,使用期货交易所提供的交易设施,必须获得会员资格。

2. 组织架构。公司制期货交易所一般下设股东大会、董事会、监事会、总经理等,他们各负其责,相互制约。其中,股东大会由全体股东共同组成,是公司制期货交易所的最高权力机构。股东大会就公司的重大事项作出决议。董事会是公司制期货交易所的常设机构,行使股东大会授予的权力,对股东大会负责,执行股东大会决议。监事会对股东大会负责,对公司财务以及公司董事、总经理等高级管理人员履行职责的合法性进行监督,维护公司及股东的合法权益。履行上述监督职能的机构设置,大陆法系和欧美法系存在一定的差异。在大陆法系中一般设立监事会,不设独立董事;在欧美法系中一般设立独立董事,而并不设立监事会。

总经理是负责期货交易所日常经营管理工作的高级管理人员。他对董事会负责,由董事会聘任或解聘。公司制期货交易所还设有一些专业委员会和业务部门,由于和会员制期货交易所基本相同,本书不再赘述。

(三)会员制和公司制期货交易所的主要区别和相同之处

会员制和公司制期货交易所的区别一般表现为三个方面:

1. 是否以营利为目标。会员制期货交易所通常不以营利为目标;公司制期货交易所通常是以营利为目标,追求交易所利润最大化。

2. 适用法律不同。会员制期货交易所一般适用民法的有关规定;公司制期货交易所首先适用公司法的规定,只有在公司法未作规定的情况下,才适用民法的一般规定。

3. 决策机构不同。会员制期货交易所的最高权力机构是会员大会,公司制期货交易所的最高权力机构是股东大会。会员制期货交易所最高权力机构的常设机构是理事会,公司制期货交易所最高权力机构的常设机构是董事会。

尽管会员制和公司制期货交易所存在上述差异,但它们在职能上基本相同,都是为期货合约集中竞价交易提供场所、设施、服务、交易规则的交易服务组织,而且进入交易所场内交易,都必须获得会员资格,即只有会员有权在交易所进行交易。会员制和公司制期货交易所都要接受期货监督管理机构的监督和管理。

三、我国境内期货交易所

我国境内现有上海期货交易所、郑州商品交易所、大连商品交易所和中国金融期货交易所四家期货交易所。

（一）境内期货交易所的组织形式

按照《期货交易管理条例》的规定，期货交易所可以采取会员制或公司制的组织形式。会员制期货交易所的注册资本划分为均等份额，由会员出资认缴。公司制期货交易所采用股份有限公司的组织形式。我国四家交易所采取不同的组织结构。其中，上海期货交易所、郑州商品交易所和大连商品交易所是会员制期货交易所，中国金融期货交易所是公司制期货交易所。《期货交易管理条例》规定，期货交易所不以营利为目的，按照其章程的规定实行自律管理。期货交易所以其全部财产承担民事责任。

在境内四家期货交易所中，总经理均是期货交易所的法定代表人。总经理、副总经理由中国证监会任免。

（二）境内期货交易所的会员管理

期货交易所会员应当是在中华人民共和国境内登记注册的企业法人或者其他经济组织。取得期货交易所会员资格，应当经期货交易所批准。

会员制期货交易所会员享有的权利包括：参加会员大会，行使选举权、被选举权和表决权；在期货交易所从事规定的交易、结算和交割等业务；使用期货交易所提供的交易设施，获得有关期货交易的信息和服务；按规定转让会员资格；联名提议召开临时会员大会；按照期货交易所章程和交易规则行使申诉权；期货交易所章程规定的其他权利。会员制期货交易所会员应当履行的义务包括：遵守国家有关法律、行政法规、规章和政策；遵守期货交易所的章程、交易规则及其实施细则和有关决定；按规定缴纳各种费用；执行会员大会、理事会的决议；接受期货交易所监督管理。

公司制期货交易所会员享有的权利包括：在期货交易所从事规定的交易、结算和交割等业务；使用期货交易所提供的交易设施，获得有关期货交易的信息和服务；按照交易规则行使申诉权；期货交易所交易规则规定的其他权利。公司制期货交易所会员应当履行的义务包括：遵守国家有关法律、行政法规、规章和政策；遵守期货交易所的章程、交易规则及其实施细则和有关决定；按规定缴纳各种费用；接受期货交易所监督管理。

（三）境内期货交易所概况

1. 上海期货交易所。1998 年 8 月，上海期货交易所由上海金属交易所、上海粮油商品交易所和上海商品交易所合并组建而成，于 1999 年 12 月正式营运。上海期货交易所上市交易的主要品种有铜、铝、锌、螺纹钢、线材、天然橡胶、黄金、燃料油期货等。上海期货交易所实行会员制。会员大会是交易所的权力机构，由全体会员组成；理事会是会员大会的常设机构，下设监察、交易、会员资格审查、调解、财务、技术、有色金属产品、能源化工产品、黄金钢材产品 9 个专业委员会。上海期货交易所现有会员 200 多家，其中，期货公司会员占 80%以上。

总经理为交易所的法定代表人。上海期货交易所设有办公室、发展研究中心、文化建设办公室、新闻信息部、国际合作部、有色金属部、能源化工部、黄金钢材部、会员服务和投资者教育部、交易部、结算部、监查部、法律事务部、技术中心、人力资源部、党委办公室(纪律检查办公室)、内审合规部、财务部、行政部、北京联络处等职能部门。

2.郑州商品交易所。郑州商品交易所是在郑州粮食批发市场的基础上发展起来的,成立于1990年10月12日,最初开展即期现货交易,之后开展远期现货交易,1993年5月28日正式推出标准化期货合约,实现由远期现货到期货的转变。郑州商品交易所上市交易的主要品种包括棉花、白糖、精对苯二甲酸(PTA)、菜籽油、小麦、早籼稻期货等。郑州商品交易所实行会员制。会员大会是交易所的权力机构,由全体会员组成;理事会是会员大会的常设机构,下设监察、交易、交割、财务、调解、会员资格审查、技术7个专业委员会。截至2010年,郑州商品交易所共有会员215家,其中期货公司会员173家,非期货公司会员42家。

总经理为交易所的法定代表人。郑州商品交易所设有办公室、研究发展部、市场一部、市场二部、交易部、交割部、结算部、市场监察部、新闻信息部、法律事务部、技术一部、技术二部、财务部、人力资源部、审计室、行政部等职能部门。

3.大连商品交易所。大连商品交易所成立于1993年2月28日,上市交易的主要品种有玉米、黄大豆、豆粕、豆油、棕榈油、线性低密度聚乙烯(LLDPE)和聚氯乙烯(PVC)期货。大连商品交易所实行会员制。会员大会是交易所的权力机构,由全体会员组成;理事会是会员大会的常设机构,下设7个专业委员会,即监察、交易、交割、财务、调解、会员资格审查、信息技术应用委员会。截至2010年,大连商品交易所共有会员182家。

总经理为交易所的法定代表人。大连商品交易所设有总经理办公室、理事会办公室、交易部、交割部、结算部、技术运维中心、新闻信息部、品种部、产业拓展部、监察部、财务部、人力资源部和审计部等职能部门。

4.中国金融期货交易所。中国金融期货交易所是经国务院同意,中国证监会批准,由上海期货交易所、郑州商品交易所、大连商品交易所、上海证券交易所和深圳证券交易所共同发起设立的金融期货交易所。中国金融期货交易所于2006年9月8日在上海成立,注册资本为5亿元人民币。中国金融期货交易所上市交易的是金融期货品种,目前主要品种是沪深300股指期货。

中国金融期货交易所是公司制期货交易所。股东大会是公司的权力机构。公司设董事会,对股东大会负责,并行使股东大会授予的权力。董事会设执行委员会,作为董事会日常决策、管理、执行机构。期货交易所设监事会。监事会行使职权包括:检查期货交易所财务;监督期货交易所董事、高级管理人员执行职务行为;向股东大会会议提出提案;期货交易所章程规定的其他职权。董事会下设交易、结算、薪酬、风险控制、监察调解等专门委员会。截至2010年底,中国金融期货交易所有会员133家。总经理为交易所的法定代表人。中国金融期货交易所设有市场部、交易部、结算部、监察部、技术部、信息部、研发部、财务部、人力资源部、总经理办公室、行政部等部门。

第三节　期货市场的构成

一、期货结算机构

（一）性质与职能

期货结算机构是负责交易所期货交易的统一结算、保证金管理和结算风险控制的机构。其主要职能包括：担保交易履约、结算交易盈亏和控制市场风险。

1. 担保交易履约

当期货交易成交之后，买卖双方缴纳一定的保证金，结算机构就承担起保证每笔交易按期履约的责任。交易双方并不发生直接关系，只和结算机构发生关系，结算机构成为所有合约卖方的买方和所有合约买方的卖方。如果交易者一方违约，结算机构将先代替其承担履约责任，由此可大大降低期货交易的信用风险。

也正是由于结算机构替代了原始对手，结算会员及其客户才可以随时对冲合约而不必征得原始对手的同意，使得期货交易的对冲平仓方式得以实施。

2. 结算交易盈亏

结算交易盈亏是指每一交易日结束后，期货结算结构对会员的盈亏进行计算。计算完成后，采用发放结算单或电子传输等方式向会员提供当日盈亏等结算数据，会员以此作为对客户结算的依据。

3. 控制市场风险

结算机构担保履约，往往是通过对会员保证金的结算和动态监控实现的。在此过程中，尽管市场状况一直是不断变化的，但结算机构要求会员保证金一直处于规定的水平之上。当市场价格不利变动导致亏损使会员保证金不能达到规定水平时，结算机构会向会员发出追加保证金的通知。会员收到通知后必须在下一交易日规定时间内将保证金缴齐，否则结算机构有权对其持仓进行强行平仓。结算机构通过对会员保证金的管理、控制而有效控制市场风险，以保证期货市场平稳运行。

（二）组织形式

期货结算机构与期货交易所根据关系不同，一般可分为两种形式：

第一，结算机构是某一交易所的内部机构，仅为该交易所提供结算服务。这种形式使得结算机构直接受控于交易所，便于交易所掌握市场参与者的资金情况，可以根据交易者的资金和头寸情况及时控制市场风险。该种结算机构的风险承担能力是有限的。

第二，结算机构是独立的结算公司，可为一家或多家期货交易所提供结算服务。这种形式可保持交易和结算的相对独立性，有针对性地防止某些期货交易所在利益驱动下可能出现的违规行为。交易所和结算机构各为独立法人，所以需要付出一定的沟通和协调成本。

目前，我国采取第一种形式。

（三）期货结算制度

国际上，结算机构通常采用分级结算制度，即只有结算机构的会员才能直接得到结算机构提供的服务，非结算会员只能由结算会员提供结算服务。这种分级结算制度实际上使得期货结算大致分为三个层次。第一个层次是由结算机构对结算会员进行结算，结算会员是交易所会员中资金雄厚、信誉良好的期货公司或金融机构；第二个层次是结算会员与非结算会员或者结算会员与结算会员所代理客户之间的结算；第三个层次是非结算会员对非结算会员所代理客户的结算。

这种"金字塔"形的分级结算制度通过建立多层次的会员结构，逐级承担化解期货交易风险的作用，形成多层次的风险控制体系，提高结算机构整体的抗风险能力，保证期货交易的安全性。因此，这种分级结算制度有利于建立期货市场风险防范的防火墙。

（四）我国境内期货结算概况

1. 我国境内期货结算机构

我国境内四家期货交易所的结算机构均是交易所的内部机构，因此期货交易所既提供交易服务，也提供结算服务。这意味着我国境内期货交易所除了具有组织和监督期货交易的职能外，还具有下述职能：组织并监督结算和交割，保证合约履行；监督会员的交易行为；监管指定交割仓库。

2. 我国境内期货结算制度

我国境内期货结算制度分为两种类型。一种是三家商品期货交易所采取的全员结算制度；另一种是中国金融期货交易所采取的会员分级结算制度。

（1）全员结算制度。上海期货交易所、郑州商品交易所和大连商品交易所实行全员结算制度，即期货交易所会员均具有与期货交易所进行结算的资格。全员结算制度的期货交易所对会员结算，会员对其受托的客户结算。交易所会员不作结算会员和非结算会员的区分；交易所的会员既是交易会员，也是结算会员。

实行全员结算制度的期货交易所会员由期货公司会员和非期货公司会员组成。期货公司会员按照中国证监会批准的业务范围开展相关业务，可以代理客户进行期货交易；非期货公司会员不得从事《期货交易管理条例》规定的期货公司业务。

（2）会员分级结算制度。中国金融期货交易所采取会员分级结算制度，即期货交易所会员由结算会员和非结算会员组成。结算会员可以从事结算业务，具有与交易所进行结算的资格；非结算会员不具有与期货交易所进行结算的资格。期货交易所对结算会员结算，结算会员对非结算会员结算，非结算会员对其受托的客户结算。由此可见，中国金融期货交易所的会员分级结算制度与国际上普遍采用的结算制度较为接近。结算会员按照业务范围分为交易结算会员、全面结算会员和特别结算会员。交易结算会员只能为其受托客户办理结算、交割业务。全面结算会员既可以为其受托客户也可以为与其签订结算协议的交易会员办理结算、交割业务。特别结算会员只能为与其签订结算协议的交易会员办理结算、交割业务。结算会员权限不同，交易所对其资本金、盈利状况、经营合法性等方面的要求不同。结算权限越大，相应的资信要求就越高。

除了结算会员，中国金融期货交易所还有非结算会员，即交易会员。交易会员可以从事经纪或者自营业务,不具有与交易所进行结算的资格。

实行会员分级结算制度的期货交易所应当配套建立结算担保金制度。结算会员通过缴纳结算担保金实行风险共担。结算担保金是指由结算会员依交易所规定缴存的,用于应对结算会员违约风险的共同担保资金。结算担保金由结算会员以自有资金向期货交易所缴纳,属于结算会员所有,用于应对结算会员违约风险。当市场出现重大风险时,所有结算会员都有义务共同承担市场风险,确保市场能够正常运行。结算担保金包括基础结算担保金和变动结算担保金。基础结算担保金是指结算会员参与交易所结算交割业务必须缴纳的最低结算担保金数额。变动结算担保金是指结算会员结算担保金中超出基础结算担保金的部分,随结算会员业务量的变化而调整。结算担保金应当以现金形式缴纳。

二、期货中介与服务机构

此部分重点阐述期货公司这一期货中介机构,简要介绍介绍经纪商、居间人、期货信息资讯机构、期货保证金存管银行、交割仓库等其他期货中介与服务机构。

(一) 期货公司

期货交易所对会员实行总数控制。只有成为交易所的会员,才能取得场内交易席位,在期货交易所进行交易。非会员则须通过期货中介机构进行交易。期货公司是代理客户进行期货交易并收取交易佣金的中介组织。

1. 职能

期货公司作为场外期货交易者与期货交易所之间的桥梁和纽带,属于非银行金融服务机构。其主要职能包括:根据客户指令代理买卖期货合约,办理结算和交割手续;对客户账户进行管理,控制客户交易风险;为客户提供期货市场信息,进行期货交易咨询,充当客户的交易顾问等。

2. 部门设置

期货公司一般设置如下业务部门:交易部门、结算部门、交割部门、财务部门、客户服务部门、研发部门、风险管理及合规部门、网络工程部门(或 IT 技术部门)、行政部门等。各部门的主要职责如下:

(1)交易部门负责代理客户交易,即将客户指令下达到期货交易所内,将成交状况及时传达给客户。

(2)结算部门承担着期货公司对全体客户的结算职能,每交易日根据交易结果和交易所的有关规定对客户的交易保证金、盈亏、手续费和其他有关款项进行计算、划拨,结算结果以账单或电子传输方式送达客户。

(3)交割部门负责到期未平仓期货合约的标的商品交收和货款的交接,处理有关交收文件和货物往来。

(4)财务部门的主要职责是负责制订、实施、监督、检查各项财务管理制度,保证公司财务管理的规范化;正确进行会计核算,对公司的各项财务收支和经济活动进行反映和监督;定期编制各项财务报表和监管报表;合理调度资金;为客户出入金等提供相关服务;着眼于企业未来的经营活动,有效地履行预测、考核等职能,对企业现在和未来的财务状况及获利能力做出评价。按照规定,每个客户的保证金账户须单独设立,封闭运行。

（5）客户服务部门负责客户开户,向客户揭示期货交易风险,向客户介绍期货市场交易规则和流程,为客户办理开户手续,签订期货经纪合同,审验有关证明,并为客户分配交易编码;负责客户资料档案管理,并将有关客户资料通知相关业务部门;进行市场调研及客户回访工作,了解客户需求,反馈市场信息;负责客户接待,公平、公正、及时稳妥地处理客户纠纷等客户服务性质的工作。

（6）研发部门负责收集、分析、研究期货市场的信息,进行市场分析与预测,研究期货市场及本公司的发展规划等。

（7）风险管理及合规部门对期货公司的业务风险进行监控,并对其经营管理行为的合法合规性进行审查、稽核。

（8）网络工程部门(或 IT 技术部门)负责公司网络、计算机系统的规划,交易系统、行情信息系统的安全运行及客户数据信息的备份,并注意做好相应的技术维护工作。

（9）行政部门负责公司人力资源、行政管理、后勤保障等工作。

3.我国对期货公司经营管理的特别要求

（1）对期货公司业务实行许可证制度。在我国,期货公司业务实行许可证制度,由国务院期货监督管理机构按照其商品期货、金融期货业务种类颁发许可证。期货公司除可申请经营境内期货经纪业务外,还可以申请经营境外期货经纪、期货投资咨询以及国务院期货监督管理机构规定的其他期货业务。

（2）期货公司要对营业部实行"四统一"。所谓"四统一"是指期货公司应当对营业部实行统一结算、统一风险管理、统一资金调拨、统一财务管理和会计核算,建立规范、完善的营业部岗位责任制度和业务操作规程。期货公司不得与他人合资、合作经营管理营业部,不得将营业部承包、租赁或者委托给他人经营管理。

（3）完善法人治理结构。

1）期货公司是现代公司的一种表现形式,其遵循《中华人民共和国公司法》关于公司治理结构的一般要求,即建立由期货公司股东会、董事会、监事会、经理层甚至公司员工组成的合理的公司治理结构,明确股东会、董事会、监事会、经理层的职责权限,完善决策程序,形成协调高效、相互制衡的制度安排,并确立董事、监事、高级管理人员的要权利、义务和责任。

2）期货公司法人治理结构的特别要求。期货市场是高风险的市场,期货公司作为专门从事风险管理的金融机构,对投资者利益保护、市场稳定乃至社会稳定都有重要影响。因此,确保期货公司的法人治理结构有效发挥作用,关键在于适应市场和行业特点,构建行之有效的法人治理结构。

①突出风险防范功能。《期货公司管理办法》明确规定,期货公司应当按照明晰职责、强化制衡、加强风险管理的原则,建立并完善公司治理结构。因此,风险防范成为期货公司法人治理结构建立的立足点和出发点,风险控制体系成为公司法人治理结构的核心内容。这是期货公司法人治理结构建设与其他形态公司法人治理结构的特区之处。2014年10月中国证券监督管理委员会公布《期货公司监督管理办法》修改内容共涉及条款80余条,总条款由 97 条改为 100 条,修订具体内容如下:

a.落实简政放权,减少行政审批,调整行政许可项目取消和下放相关内容;

b. 降低准入门槛,扩大期货公司股东范围,优化股东条件;

c. 完善期货公司业务范围,为创新业务和牌照管理预留空间;

d. 适应期货公司业务多元化需要,调整完善业务规则;

e. 扩大对外开放,明确期货公司引进境外股东和设立境外机构的规则;

f. 完善监管制度,着力维护投资者合法权益;

g. 鼓励期货公司组织形式创新,满足多元化发展需要;

h. 强化期货公司信息披露义务,健全信息报送及公示制度;

i. 强化对期货公司监管要求与法律责任,加大对违法违规行为的惩处力度。

②强调公司的独立性。期货公司与控股股东之间保持经营独立、管理独立和服务独立。经营独立是指期货公司与其控股股东在业务、人员、资产、财务、场所等方面应当严格分开、独立经营、独立核算;管理独立是指期货公司的控股股东、实际控制人不得超越期货公司股东会、董事会任免期货公司的董事、监事、高级管理人员,或者非法干预客户保证金存管、交易、结算、风险管理、财务会计和营业部管理等经营管理活动;服务独立是指期货公司不得向股东做出最低收益、分红的承诺,期货公司向股东、实际控制人及其关联人提供期货经纪业务的,不得降低风险管理要求。

③强化股东职权履行责任。第一,明确对股东会职权行使的硬性要求。即期货公司股东会应当按照《公司法》和公司章程,对职权范围内的事项进行审议和表决,一定程度上约束股东会的任意授权行为。第二,确定股东会会议制度,要求股东会每年应当至少召开一次会议。第三,限定股东表决权的行使,规定期货公司股东应当按照出资比例行使表决权。第四,禁止控股股东等滥用权力。期货公司的控股股东、实际控制人和其他关联人不得滥用权力,不得占用期货公司的资产或者挪用客户保证金和其他资产,不得损害期货公司、客户的合法权益。第五,设定股东及实际控制人在出现重大事项时的通知义务,即期货公司的股东及实际控制人出现规定情形的重大事项时,应当在规定时间内通知期货公司。

④保障股东的知情权。当期货公司有下列情形之一时,应当立即书面通知全体股东,并向期货公司住所地的中国证监会派出机构报告:公司董事、监事、高级管理人员因涉嫌重大违法违规行为被有权机关立案调查或者采取强制措施;拟更换董事长、总经理;财务状况恶化,不符合中国证监会规定的风险监管指标标准;客户发生重大透支、穿仓;发生突发事件,对期货公司和客户利益产生或者可能产生重大不利影响;其他可能影响期货公司持续经营的情形。中国证监会及其派出机构对期货公司及其营业部做出的整改通知、监管措施和行政处罚等,期货公司应当书面通知全体股东。

⑤完善董事会制度。按股份有限公司的要求建立董事会制度。第一,期货公司应当设立董事会。第二,董事会每年应当至少召开两次会议。第三,董事会会议记录应当真实、准确、完整。期货公司的董事会除应当行使《公司法》规定的职权外,还应当履行下列职责:第一,审议并决定客户保证金安全存管制度,确保客户保证金存管符合有关客户资产保护和期货保证金安全存管监控的各项要求。第二,审议并决定风险管理、内部控制制度。

期货公司章程应当就法定代表人对外代表公司进行经营活动时,违反董事会决定的公司经营计划和期货保证金安全存管、风险管理、内部控制等制度或者其他董事会决议的行为,规定法定代表人应当承担的责任与相应的责任追究程序。

⑥建立独立董事制度。第一,具有实行会员分级结算制度期货交易所结算业务资格的期货公司和独资期货公司等应当设独立董事。第二,独立董事应当保持独立性,不得在期货公司担任除董事以外的其他职务,不得与期货公司及其控股股东、实际控制人或者其他关联人存在可能妨碍其进行独立客观判断的关系。第三,独立董事应当遵守法律、行政法规和中国证监会的规定,遵守公司章程,对期货公司负有忠实义务和勤勉义务,维护客户、期货公司和全体股东的合法权益。期货公司的其他董事、监事和高级管理人员应当积极配合、协助独立董事履行职责。

⑦强调依法建立监事会制度。期货公司应当按照《公司法》的规定设立监事会或监事,切实保障监事会和监事对公司经营情况的知情权。监事会或者监事应当按照《公司法》和公司章程的规定履行其职责。

⑧设立首席风险官。期货公司应当设首席风险官,对期货公司经营管理行为的合法合规性、风险管理状况进行监督、检查。首席风险官是负责对期货公司经营管理行为的合法合规性和风险管理状况进行监督检查的期货公司高级管理人员。首席风险官向期货公司董事会负责。首席风险官发现涉嫌占用、挪用客户保证金等违法、违规行为或者可能发生风险的,应当立即向中国证监会派出机构和公司董事会报告。期货公司拟解聘首席风险官的,应当有正当理由并向中国证监会派出机构报告。首席风险官不履行职责的,中国证监会及其派出机构有权责令更换。

⑨建立董事、监事、高级管理人员的资格准入制度。期货公司董事、监事和高级管理人员应当在任职前取得中国证监会核准的任职资格。高级管理人员是指期货公司的总经理、副总经理、首席风险官、财务负责人、营业部负责人以及实际履行上述职务的人员。

(4)建立健全的风险控制体系。期货公司应当按照审慎经营的原则,健全风险防范的控制体系,从而有效执行风险管理、内部控制、期货保证金存管等业务制度及相关流程,保持财务稳健,确保客户的交易安全和公司资产安全。风险控制体系主要体现为:建立以净资本为核心的风险监控体系,符合资本充足的要求;保护客户资产;建立内部风险控制机制;保障信息系统安全;按规定进行信息披露。这些方面均从不同角度体现了期货公司对风险的控制能力和管理能力。其中,前两个内容是期货公司风险控制的核心。

(二)其他期货中介与服务机构

1. 介绍经纪商

介绍经纪商(Introducing Broker,简称IB)在国际上既可以是机构也可以是个人,但一般都以机构的形式存在。其主要业务是为期货公司开发客户或接受期货、期权指令,但不能接受客户的资金,且必须通过期货公司进行结算。介绍经纪商可分为独立执业的介绍经纪商(IIB)和由期货公司担保的介绍经纪商(GIB)。前者必须维持最低的资本要求,并保存账簿和交易记录。后者则与期货公司签订担保协议,借以免除对介绍经纪商的资本和记录的法定要求。

介绍经纪商这一提法源于美国。在我国,为期货公司提供中间介绍业务的证券公司就是介绍经纪商。证券公司将客户介绍给期货公司,并为客户开展期货交易提供一定的服务,期货公司因此向证券公司支付一定的佣金。

根据《证券公司为期货公司提供中间介绍业务试行办法》,证券公司受期货公司委托从事中间介绍业务,应当提供下列服务:

(1) 协助办理开户手续。

(2) 提供期货行情信息和交易设施。

(3) 中国证监会规定的其他服务。

证券公司不得代理客户进行期货交易、结算或交割,不得代期货公司、客户收付期货保证金,不得利用证券资金账户为客户存取、划转期货保证金。

证券公司从事介绍业务,应当与期货公司签订书面委托协议。委托协议应当载明下列事项:介绍业务的范围;执行期货保证金安全存管制度的措施;介绍业务对接规则;客户投诉的接待处理方式;报酬支付及相关费用的分担方式;违约责任;中国证监会规定的其他事项。

证券公司只能接受其全资拥有或者控股的,或者被同一机构控制的期货公司的委托从事介绍业务,不能接受其他期货公司的委托从事介绍业务。证券公司申请介绍业务资格应当符合一系列的条件和风险控制指标,比如"净资本不低于 12 亿元"等条件。

2. 居间人

在目前我国期货公司的运作中,使用期货居间人进行客户开发是一条重要的渠道。期货居间人是指独立于期货公司和客户之外,接受期货公司委托进行居间介绍,独立承担基于居间法律关系所产生的民事责任的自然人或组织。其主要职责是介绍客户,即凭借手中的客户资源和信息渠道优势为期货公司和投资者"牵线搭桥"。居间人因从事居间活动付出劳务,有按合同约定向公司索取酬金的权利。

居间人从事居间介绍业务时,应当客观、准确地宣传期货市场,不得向客户夸大收益,不进行风险告知,以期货居间人的名义从事期货居间以外的经纪活动等。居间人无权代理签订期货经纪合同,无权代签交易账单,无权代理客户委托下达交易指令,无权代理客户委托调拨资金,不能从事投资咨询和代理交易等期货交易活动。

需要注意的是,居间人与期货公司没有隶属关系,不是期货公司订立期货经纪合同的当事人。期货公司的在职人员不得成为本公司或其他期货公司的居间人。

3. 期货信息资讯机构

期货信息资讯机构主要提供期货行情软件、交易系统及相关信息资讯服务,是投资者进行期货交易时不可或缺的环节,也是网上交易的重要工具,其系统的稳定性、价格传输的速度对于投资者获取投资收益发挥重要的作用。现在,期货信息资讯机构正通过差异化信息服务和稳定、快捷的交易系统达到吸引客户的目的。

4. 期货保证金存管银行

期货保证金存管银行(简称存管银行)属于期货服务机构,是由交易所指定、协助交易所办理期货交易结算业务的银行。经交易所同意成为存管银行后,存管银行须与交易所签订相应协议,明确双方的权利和义务,以规范相关业务行为。交易所有权对存管银行的期货结算业务进行监督。

期货保证金存管银行的设立是国内期货市场保证金封闭运行的必要环节,也是保障投资者资金安全的重要组织机构。我国四家期货交易所存在全员结算制度和会员分级结算制度两种类型,因此期货保证金存管银行享有的权利和应当履行的义务在全员结算制度和会员分级结算制度下略有差异。

(1)期货保证金存管银行享有的权利。

全员结算制度下期货保证金存管银行享有的权利包括:开设交易所专用结算账户、会员专用资金账户及其他与结算有关的账户;吸收交易所和会员的存款;了解会员在交易所的资信情况。

会员分级结算制度下期货保证金存管银行享有的权利包括:开设交易所专用结算账户和会员期货保证金账户;存放用于期货交易的保证金等相关款项;了解会员在交易所的资信情况;法律、行政法规、规章和交易所规定的其他权利。

(2)期货保证金存管银行应当履行的义务。

全员结算制度下期货保证金存管银行应当履行的义务包括:向交易所提供会员专用资金账户的资金情况,根据交易所要求对会员保证金实施必要的监管措施;根据交易所提供的票据优先划转会员的资金;协助交易所核查会员资金的来源和去向;向交易所及时通报会员标准仓单的质押情况;向交易所及时通报会员在资金结算方面的不良行为和风险;交易所出现重大风险时,必须协助交易所化解风险;保守交易所和会员的商业秘密;接受交易所对其期货业务的监督。

会员分级结算制度下期货保证金存管银行应当履行的义务包括:根据交易所提供的票据或者指令优先划转结算会员的资金;及时向交易所通报会员在资金结算方面的不良行为和风险;保守交易所、会员和客户的商业秘密;在交易所出现重大风险时,协助交易所化解风险;向交易所提供会员期货保证金账户的资金情况;根据交易所的要求,协助交易所核查会员资金的来源和去向;根据中国证监会或者交易所的要求,对会员期货保证金账户中的资金采取必要的监管措施;法律、行政法规、规章和交易所规定的其他义务。

5.交割仓库

交割仓库是期货品种进入实物交割环节提供交割服务和生成标准仓单必经的期货服务机构。

在我国,交割仓库,也称为指定交割仓库,是指由期货交易所指定的、为期货合约履行实物交割的交割地点。期货交易的交割,由期货交易所统一组织进行。期货交易所不得限制实物交割总量,并应当与交割仓库签订协议,明确双方的权利和义务。

为保障交割环节的有序运行,成为期货交易所的指定交割仓库,需要进行申请和审批。根据《上海期货交易所指定交割仓库管理办法》,申请交割仓库必须具备的条件包括:具有工商行政管理部门颁发的营业执照;固定资产和注册资本必须达到交易所规定的数额;财务状况良好,具有较强的抗风险能力;具有良好的商业信誉,完善的仓储管理规章制度;近三年内无严重违法行为记录和被取消指定交割仓库资格的记录;承认交易所的交易规则、交割细则等;仓库主要管理人员必须有五年以上的仓储管理经验及有一支训练有素的专业管理队伍;有严格、完善的商品出入库制度、库存商品管理制度等;堆场、库房有一定规模,有储存交易所上市商品的条件,设备完好、齐全,计量符合规定要求及良好的交通运输条件;交易所要求的其他条件。郑州商品交易所、大连商品交易所和上海期货交易所指定交割仓库的申请条件大致相同。

交割仓库享有一定的权利,并需承担相应的义务。其权利包括:按交易所规定签发标准仓单;按交易所审定的收费项目、标准和方法收取有关费用;对交易所制定的有关实物交割的规定享有建议权;交易所交割细则和指定交割仓库协议书规定的其他权利。其承担的义务包括:遵守交易所的交割细则和其他有关规定,接受交易所的监管,及时向交易所提供有关情况;根据期货合约规定的标准,对用于期货交割的商品进行验收入库;按规定保管好库内的商品,确保商品安全;按标准仓单要求提供商品,积极协助货主安排交割商品的运输;保守与期货交易有关的商业秘密;参加交易所组织的年审;缴纳风险抵押金;变更法定代表人、注册资本、股东或股本结构、仓储场地等事项,应及时向交易所报告;每年初向交易所提交经审计的上年年度财务报告;出现法律纠纷时,在三个工作日内应向交易所报告;对外出具有关货物所有权证明函件时,应在证明函件落款日期的前三个工作日内向交易所报告;交易所交割细则和指定交割仓库协议书规定的其他义务。

指定交割仓库的日常业务分为三个阶段:商品入库、商品保管和商品出库。指定交割仓库应保证期货交割商品优先办理入库、出库。

交割仓库不得有下列行为:出具虚假仓单;违反期货交易所业务规则,限制交割商品的入库、出库;泄露与期货交易有关的商业秘密;违反国家有关规定参与期货交易;国务院期货监督管理机构规定的其他行为。

除了上述期货中介与服务机构外,会计师事务所、律师事务所、资产评估机构等服务机构向期货交易所和期货公司等市场相关参与者提供相关服务时,应当遵守期货法律、行政法规及国家有关规定,并按照国务院期货监督管理机构的要求提供相关资料。

三、期货交易者

期货交易者是市场的主要参与者,本小节首先介绍交易者的类型。期货市场是一个高风险的市场,某些机构投资者因为具有较强的资金实力、风险承受能力和专业投资能力,成为该市场的重要力量。在介绍交易者的分类后,这里简要介绍国际期货市场上的几类重要机构投资者。

(一) 期货交易者的分类

基于不同角度,期货交易者可以划分为如下不同类型。

第一,根据进入期货市场的目的不同,期货交易者可分为套期保值者和投机者。

套期保值者通过期货合约买卖活动来降低自身面临的、由于市场变化而带来的现货市场价格波动风险。商品期货的套期保值者通常是该商品的生产商、加工商、经营商或贸易商等,金融期货的套期保值者通常是金融市场的投资者、证券公司、银行、保险公司等金融机构或者进出口商等。

投机者是指运用一定资金通过期货交易以期获取投资收益的交易者。他们通过预期某期货合约价格的未来走向,进行买卖操作以获取价格波动差额,当预期价格上涨时买入,预期价格下跌时卖出。如某交易者预期铜期货合约价格上涨时,以 60000 元/吨的价格买入开仓 1 手铜期货合约(每手 5 吨),等到价格涨至 61000 元/吨时将该合约对冲平仓,若不计手续费,则该交易者获得的盈利为 $(61000-60000) \times 1 \times 5 = 5000$ 元。这种交易者就是投机者。

第二,按照交易者是自然人还是法人划分,可分为个人投资者和机构投资者。

自然人交易者就是个人投资者。理论上讲,与自然人相对的法人投资者都可称为机构投资者,其范围涵盖生产者、加工贸易商(对于商品期货而言),以及金融机构、养老基金、对冲基金、投资基金(对于金融期货而言)等多种类型。

由于期货市场是一个高风险的市场,与个人投资者相比,机构投资者一般在资金实力、风险承受能力和交易的专业能力等方面更具有优势,因此,成为稳定期货市场的重要力量。在机构投资者中,对冲基金和商品投资基金是两类重要类型,鉴于此,有必要了解这两类机构投资者的含义及其运作特点。

除了上述分类方法外,交易者还可按照其他方法进行划分。如按照交易头寸划分,期货交易者可分为多头交易者和空头交易者。买入期货合约的交易者被称为多头交易者;卖出期货合约的交易者被称为空头交易者。

(二) 期货市场的主要机构投资者

在国际期货市场上,对冲基金和商品投资基金已成为非常重要的机构投资者。其中,对冲基金将期货投资作为投资组合中的一个组成部分,而商品投资基金是以期货投资为主的基金类型,在此进行重点介绍。

1. 对冲基金

(1) 含义。对冲基金(Hedge Fund),又称避险基金,是指"风险对冲过的基金"。最初,对冲基金的运作宗旨是利用期货、期权等金融衍生产品和对相关联的不同股票进行买空卖空及风险对冲的操作,在一定程度上规避和化解证券投资风险。经过几十年的发展,对冲基金已转变为一种充分利用各种金融衍生品的杠杆效应,承担较高风险、追求较高收益的投资模式。

关于对冲基金没有一个统一的定义,前美联储主席格林斯潘给出了一个对冲基金的间接定义,即一家通过将客户限定于少数十分老练而富裕个体的组织安排(采用有限合伙的形式)以避开管制,并追求大量金融工具投资和交易运用下的高回报率的基金形式。也就是说,对冲基金通常是不受监管的组合投资,其出资人一般在 100 人以下,而且对投资者有很高的资金实力要求。《路透金融词典》将对冲基金解释为:"一种私人投资基金,目标往往是从市场短暂快速的波动中获取高水平的回报,常进行高杠杆率的操作,运用如卖空、互换、金融衍生工具、程序交易和套利等交易手段。因最低投资额往往很高,对冲基金的投资者通常限于金融机构和富人。"

对冲基金是私募基金,将所有合伙人的资本集合起来进行交易,可以通过做多、做空及杠杆交易(融资交易)等投资于公开市场上的证券、货币和衍生工具等任何资产品种。因此,期货和期权市场等衍生品市场实际上是对冲基金资产组合配置中的重要组成部分。此外,对冲基金还有一个显著特征,就是经常运用对冲的方法去抵消市场风险,锁定套利机会。

随着对冲基金的发展,"对冲基金的组合基金"(Funds of Hedge Fund)出现了。对冲基金的组合基金是将募集的资金投资于多个对冲基金,向对冲基金的组合投资,而不是投资于股票、债券实现分散风险的目的。目前,对冲基金的组合基金已成为对冲基金行业的一股重要力量,约占对冲基金行业份额的22%。

(2) 对冲基金和共同基金的区别。对冲基金和共同基金(Mutual Fund)有类似的地方,即基金管理者都将客户的资金进行投资,都是金融市场的重要参与者。共同基金是一种利益共享、风险共担的集合投资方式,即通过发行基金单位,集中投资者的资金,由基金托管人管理和运用资金,从事股票、债券、外汇、货币等投资,以获得投资收益和资本增值。对冲基金和共同基金的差异主要体现为两方面:一是对冲基金并不需要在美国联邦投资法下注册,而共同基金则受到监管条约的限制。这是因为对冲基金的资金来自较成熟的客户,并且对冲基金是私募基金,不能进行公众融资。共同基金要受到监管条约的限制,以保证基金份额定价的合理性,基金份额随时可以兑现,必须公布投资策略等。二是共同基金投资组合中的资金不能投资期货等衍生品市场,对冲基金可投资期货等衍生品市场。尽管共同基金不能投资期货市场进行投机交易,但当共同基金为其持有的股票、债券、外汇等相关资产避险时,能以套期保值者的身份参与期货交易。

2. 商品投资基金

(1) 含义。商品投资基金(Commodity Pool)是指广大投资者将资金集中起来,委托给专业的投资机构,并通过商品交易顾问进行期货和期权交易,投资者承担风险并享受投资收益的一种集合投资方式。从组织形式上看,它类似于共同基金公司和投资公司。商品投资基金与共同基金在集合投资方面存在共同之处,其明显差异是商品投资基金专注于投资期货和期权合约,既可以做多也可以做空,可以投资于如外汇期货、利率期货、股指期货或商品期货中的某一类市场。商品投资基金从他人手中募集资金以投资于衍生品市场获取投资收益,它给予中小投资者通过专业机构参与期货和期权市场投资、获取多元化的好处。

(2) 组织结构。商品投资基金在不同国家的组织结构有一定差异,现以美国为例进行介绍。

1) 商品基金经理(CPO)。商品基金经理是基金的主要管理人,是基金的设计者和运作的决策者,负责选择基金的发行方式,选择基金主要成员,决定基金投资方向等。

2) 商品交易顾问(CTA)。商品交易顾问是可以向他人提供买卖期货、期权合约指导或建议,或以客户名义进行操作的自然人或法人。在商品投资基金中,商品交易顾问受聘于商品基金经理,对商品投资基金进行具体的交易操作,决定投资期货的策略。商品交易顾问不能接受客户资金,客户资金必须以期货佣金商的名义存入客户账户。商品交易顾问必须遵守期货监管机构商品期货交易委员会的一系列规则。商品交易顾问是期货投资方面的专家,不同的商品交易顾问有不同风险偏好和工作方式。商品交易顾问可以对其他人就买卖期货或期权合约的可行性或盈利性进行指导,间接地为客户期货交易的买卖提供建议,也可以通过书面出版物或其他媒介为大众提供咨询,并通过建议和咨询获取报酬。

3) 交易经理(TM)。交易经理受聘于商品基金经理,主要负责帮助商品基金经理挑选商品交易顾问,监视商品交易顾问的交易活动,控制风险,以及在商品交易顾问之间分配基金。

4) 期货佣金商(FCM)。期货佣金商和我国期货公司类似,是美国主要的期货中介结构。许多期货佣金商与商品基金经理有着紧密的联系,并为商品交易顾问提供进入各交易所进行期货交易的途径。期货佣金商负责执行商品交易顾问发出的交易指令,管理期货头寸的保证金。实际上,许多期货佣金商同时也是商品基金经理或交易经理,向客户提供投资项目的业绩报告,同时也为客户提供投资于商品投资基金的机会。

5) 托管人(Custodian)。为了充分保障基金投资者的权益,防止基金资产被挪用,商品基金经理通常委托一个有资格的机构负责保管基金资产和监督基金运作,托管人一般是商业银行、储蓄银行、大型投资公司等独立的金融机构。其主要职责是:记录、报告并监督基金在证券市场和期货市场上的所有交易;保管基金资产,计算财产本息,催缴现金证券的利息;办理有关交易的交割事项;签署基金决算报告等。

(3) 商品投资基金和对冲基金的区别。商品投资基金同对冲基金比较类似,但也存在明显区别,主要体现在:

第一,商品投资基金的投资领域比对冲基金小得多,它的投资对象主要是在交易所交易的期货和期权,而不涉及股票,债券和其他金融资产,因而其业绩表现与股票、债券市场的相关度更低。

第二,在组织形式上,商品投资基金运作比对冲基金规范,透明度更高,风险相对较小。

商品投资基金给投资者提供了一种投资传统的股票和债券所不具有的特殊的获利方式,并且其投资资产同传统资产相关度很低。商品投资基金和对冲基金通常被称为另类投资工具或其他投资工具(Alternative Investment Asset)。

翻转课堂任务单

一、翻转教学目标

1. 运用所学的期货市场知识,初步调研分析期货应用案例,做到理论和实际相结合,增强分析和解决问题能力;

2. 通过查阅资料,深入理解期货市场相关知识概念;

3. 培养自主学习能力,加深对现实问题的认识,通过小组讨论交流,提升合作学习能力及精神;

4. 适应课程教学和专业发展需要,收集不同企业在期货市场运作方面的资料并为下次翻转课堂教学作准备。

二、翻转课堂学习任务

1. 对本章内容小结
要求字数不超过 200 字。
2. 思考讨论题
(1) 请你举例说明期货的作用。
(2) 期货交易品种是怎么分类的?

（3）简述现代期货市场的确立有哪些主要标志。

（4）期货交易的基本特征是什么？

（5）期货交易与远期现货交易、证券交易有什么不同？

（6）期货市场的主要机构投资者有哪些？并表述其含义。

3．构建学习项目资源任务

要求：以小组为单位每人选择一项下列任务。

（1）国内商品期货交易所现状资料收集；

（2）国外商品期货交易所现状资料收集；

（3）国内金融期货交易所现状资料收集；

（4）国外金融期货交易所现状资料收集；

（5）商品期货交易案例资料收集；

（6）金融期货交易案例资料收集。

4．完成项目内容报告

（1）完成结果为 Word 文档＋PPT＋视频

其中 PPT＋视频可以以小组为单位完成。

（2）建立问题档案

针对所选任务学习后，记录疑问及小组讨论结果。

（3）学习反思

1）记录问题解决的过程；方法；收获（发现、感悟与理解）。

2）存在问题与改进设想。

第二章　商品期货交易

第一节　期货交易合约与制度

本节介绍期货合约的标的选择、主要条款及其设计依据,期货交易的基本制度,期货交易流程等内容。

一、期货合约

(一) 概念

期货合约是指由期货交易所统一制定的、规定在将来某一特定的时间和地点交割一定数量和质量标的物的标准化合约。期货合约是期货交易的对象,期货交易参与者正是通过在期货交易所买卖期货合约,转移价格风险,获取风险收益。期货合约的标准化便利了期货合约的连续买卖,使之具有很强的市场流动性,极大地简化了交易过程,降低了交易成本,提高了交易效率。

(二) 期货合约标的选择

现货市场中的商品和金融工具不计其数,但并非都适合作为期货合约的标的。交易所为了保证期货合约上市后能有效地发挥其功能,在选择标的时,一般需要考虑以下条件。

1. 规格或质量易于量化和评级

期货合约的标准化条款之一是交割等级,这要求标的物的规格或质量能够进行量化和评级。这一点金融工具和大宗初级产品如小麦、大豆、金属等很容易做到,但对于工业制成品等来说则很难。因为这类产品加工程度高,品质、属性等方面存在诸多差异,甚至不同的人对完全相同的产品可以有完全不同甚至相反的评价。例如时装,这类产品不适宜作为期货合约的标的。

2. 价格波动幅度大且频繁

期货交易者分为套期保值者和投机者。套期保值者利用期货交易规避价格风险;投机者利用价格波动赚取利润。没有价格波动,就没有价格风险,从而也就失去了现货交易者规避价格风险的需要,对投机者而言就失去了参与期货交易的动力。所以价格频繁波动迫使保值者也刺激投机者投身于期货市场,推动期货市场生存发展。

3. 供应量较大,不易为少数人控制和垄断

能够作为期货品种的标的在现货市场上必须有较大的供应量,否则其价格很容易被

操纵,即通过垄断现货市场然后在期货市场进行买空交易,一直持仓到交割月,使交易对手无法获得现货进行交割,只能按高价平仓了结。如果价格过高,交易对手可能会发生巨额亏损,由此会引发违约风险,增加期货市场的不稳定性。

(三)期货合约的主要条款及设计依据

期货合约各项条款的设计对期货交易有关各方的利益及期货交易能否活跃至关重要。

1. 合约名称

合约名称注明了该合约的品种名称及其上市交易所名称。以上海期货交易所铜合约为例,合约名称为上海期货交易所阴极铜期货合约。

2. 交易单位

交易单位是指在期货交易所的每手期货合约代表的标的物的数量。在国际市场上,交易单位也称为合约规模(Contract Size)。期货价格乘以交易单位等于一手期货合约的价值。如大连商品交易所豆粕期货合约的交易单位为10吨,当豆粕期货价格为3000元/吨时,每手豆粕期货的合约价值为30000元。在进行期货交易时,只能以交易单位(合约价值)的整数倍进行买卖。

对于商品期货来说,确定期货合约交易单位的大小,主要应当考虑合约标的物的市场规模、交易者的资金规模、期货交易所的会员结构、该商品的现货交易习惯等因素。一般来说,某种商品的市场规模较大,交易者的资金规模较大,期货交易所中愿意参与该期货交易的会员单位较多,则该合约的交易单位就可以设计得大一些,反之则小一些。

3. 报价单位

报价单位是指在公开竞价过程中对期货合约报价所使用的单位,即每计量单位的货币价格。例如,国内阴极铜、铝、小麦、大豆等期货合约的报价单位以元(人民币)/吨表示。

4. 最小变动价位

最小变动价位(Tick Size,Minimum Price Fluctuation)是指在期货交易所的公开竞价过程中,对合约每计量单位报价的最小变动数值,在期货交易中,每次报价的最小变动数值必须是最小变动价位的整数倍。最小变动价位乘以交易单位,就是该合约价值的最小变动值。例如,上海期货交易所锌期货合约的最小变动价位是5元/吨,交易单位为5吨,即每手合约的最小变动值是5元/吨×5吨=25元。

商品期货合约最小变动价位的确定,通常取决于该合约标的物的种类、性质、市场价格波动情况和商业规范等。

设置最小变动价位是为了保证市场有适度的流动性。一般而言,较小的最小变动价位有利于市场流动性的增加,但过小的最小变动价位将会增加交易协商成本;较大的最小变动价位,一般会减少交易量,影响市场的活跃程度,不利于交易者进行交易。

5. 每日价格最大波动限制

每日价格最大波动限制(Daily Price Limit,Daily Price Fluctuation)规定了期货合约在一个交易日中的交易价格波动不得高于或者低于规定的涨跌幅度。每日价格最大波动限制一般是以合约上一交易日的结算价为基准确定的。期货合约上一交易日的结算价加上允许的最大涨幅构成当日价格上涨的上限,称为涨停板;而该合约上一交易日的结算价减去允许的最大跌幅则构成当日价格下跌的下限,称为跌停板。在我国期货市场,每日价格最大波动限制设定为合约上一交易日结算价的一定百分比。

每日价格最大波动限制的确定,主要取决于该种标的物市场价格波动的频繁程度和波幅的大小。一般来说,标的物价格波动越频繁、越剧烈,该商品期货合约允许的每日价格最大波动幅度就应设置得大一些。

6. 合约交割月份

合约交割月份是指某种期货合约到期交割的月份。

商品期货合约交割月份的确定一般受该合约标的商品的生产、使用、储藏、流通等方面特点的影响。例如,许多农产品期货的生产与消费具有很强的季节性,因而其交割月份的规定也具有季节性特点。

7. 交易时间

期货合约的交易时间由交易所统一规定。交易者只能在规定的交易时间内进行交易。期货交易所一般每周营业 5 天,周六、周日及国家法定节假日休息。

8. 最后交易日

最后交易日是指某种期货合约在合约交割月份中进行交易的最后一个交易日,过了这个期限的未平仓期货合约,必须按规定进行实物交割或现金交割。期货交易所根据不同期货合约标的物的现货交易特点等因素确定其最后交易日。

9. 交割日期

交割日期是指合约标的物所有权进行转移,以实物交割或现金交割方式了结未平仓合约的时间。

10. 交割等级

交割等级是指由期货交易所统一规定的、准许在交易所上市交易的合约标的物的质量等级。在进行期货交易时,交易双方无须对标的物的质量等级进行协商,发生实物交割时按交易所期货合约规定的质量等级进行交割。

对于商品期货来说,期货交易所在制定合约标的物的质量等级时,常常采用国内或国际贸易中最通用和交易量较大的标准品的质量等级为标准交割等级。

一般来说,为了保证期货交易顺利进行,许多期货交易所都允许在实物交割时,实际交割的标的物的质量等级与期货合约规定的标准交割等级有所差别,即允许用与标准品有一定等级差别的商品作替代交割品。期货交易所统一规定替代品的质量等级和品种。交货人用期货交易所认可的替代品代替标准品进行实物交割时,收货人不能拒收。用替代品进行实物交割时,价格需要升贴水。交易所根据市场情况统一规定和适时调整替代品与标准品之间的升贴水标准。

11. 交割地点

交割地点是由期货交易所统一规定的进行实物交割的指定地点。

商品期货交易大多涉及大宗实物商品的买卖,因此,统一指定交割仓库可以保证卖方交付的商品符合期货合约规定的数量与质量等级,保证买方收到符合期货合约规定的商品。期货交易所在指定交割仓库时主要考虑的因素是:指定交割仓库所在地区的生产或消费集中程度,指定交割仓库的储存条件、运输条件和质检条件等。

金融期货交易不需要指定交割仓库,但交易所会指定交割银行。负责金融期货交割的指定银行,必须具有良好的金融资信、较强的进行大额资金结算的业务能力,以及先进、高效的结算手段和设备。

12. 交易手续费

交易手续费是期货交易所按成交合约金额的一定比例或按成交合约手数收取的费用。交易手续费的高低对市场流动性有一定影响,交易手续费过高会增加期货市场的交易成本,扩大原套利区间,降低市场的交易量,不利于市场的活跃,但也可起到抑制过度投机的作用。

13. 交割方式

期货交易的交割方式分为实物交割和现金交割两种。商品期货、股票期货、外汇期货、中长期利率期货通常采取实物交割方式,股票指数期货和短期利率期货通常采用现金交割方式。

14. 交易代码

为便于交易,交易所对每一期货品种都规定了交易代码。我国期货市场正在交易的各合约代码如表 2-1 所示。

表 2-1　我国期货品种及其代码(截至 2016 年 12 月 31 日)

交易所	品种	代码
大连商品交易所(DCE)	黄大豆 1 号	A
	黄大豆 2 号	B
	豆粕	M
	豆油	Y
	玉米	C
	棕榈油	P
	聚氯乙烯(PVC)	V
	线性低密度聚乙烯(LLDPE)	L
	聚丙烯(PP)	PP
	焦炭	JM
	铁矿石	I
	鸡蛋	JD
	胶合板	BB
	纤维板	FB
郑州商品交易所(ZCE)	优质强筋小麦	WH
	普通小麦	PM
	早籼稻	RI
	粳稻	JR

续 表

交易所	品种	代码
郑州商品交易所(ZCE)	棉花	CF
	白糖	SR
	菜籽油	OI
	油菜籽	RS
	菜籽粕	RM
	精对苯二甲酸(PTA)	PTA
	甲醇	ME
	玻璃	FG
	动力煤	TC
	晚籼稻	LR
	锰硅	SM
	硅铁	SF
上海期货交易所(SHFE)	铜	CU
	铝	AL
	锌	ZN
	铅	PB
	黄金	AU
	白银	AG
	螺纹钢	RB
	线材	WR
	热轧卷板	HC
	天然橡胶	RU
	燃料油	FU
	石油沥青	BU
中国金融期货交易所(CFFE)	沪深300指数	IF

二、期货交易基本制度

为了维护期货交易的"公开、公平、公正"原则与期货市场的高效运行,对期货市场实施有效的风险管理,期货交易所制定了相关制度与规则。

这里重点介绍保证金制度、当日无负债结算制度、涨跌停板制度、持仓限额及大户报告制度、强行平仓制度、风险警示制度、信息披露制度等基本制度。

(一) 保证金制度

1. 保证金制度的内涵及特点

期货交易实行保证金制度。在期货交易中,期货买方和卖方必须按照其所买卖期货合约价值的一定比例(通常为 5%～15%)缴纳资金,用于结算和保证履约。保证金制度是期货市场风险管理的重要手段。

在国际期货市场上,保证金制度的实施一般有如下特点:

第一,对交易者的保证金要求与其面临的风险相对应。一般来说,交易者面临的风险越大,对其要求的保证金也越多。比如,在美国期货市场,对投机者要求的保证金要大于对套期保值者和套利者要求的保证金。

第二,交易所根据合约特点设定最低保证金标准,并可根据市场风险状况等调节保证金水平。比如,价格波动越大的合约,其投资者交易面临的风险也越大,设定的最低保证金标准也越高;当投机过度时,交易所可提高保证金,增大交易者入市成本,抑制投机行为,控制市场风险。

第三,保证金的收取是分级进行的。一般而言,交易所或结算机构只向其会员收取保证金,作为会员的期货公司则向其客户收取保证金,两者分别称为会员保证金和客户保证金。保证金的分级收取与管理,对于期货市场的风险分层次分担与管理具有重要意义。

2. 我国期货交易保证金制度的特点

我国期货交易的保证金制度除了采用国际通行的一些做法外,在施行中,还形成了自身的特点。

我国交易所对商品期货交易保证金比例的规定呈现如下特点:

第一,对期货合约上市运行的不同阶段规定不同的交易保证金比例。一般来说,距交割月份越近,交易者面临到期交割的可能性就越大,为了防止实物交割中可能出现的违约风险,促使不愿进行实物交割的交易者尽快平仓了结,交易保证金比例随着交割临近而提高。

第二,随着合约持仓量的增大,交易所将逐步提高该合约交易保证金比例。一般来说,随着合约持仓量增加,尤其是持仓合约所代表的期货商品的数量远远超过相关商品现货数量时,往往表明期货市场投机交易过多,蕴涵较大的风险。因此,随着合约持仓量的增大,交易所将逐步提高该合约的交易保证金比例,以控制市场风险。

第三,当某期货合约出现连续涨跌停板的情况时,交易保证金比例相应提高。

第四,当某品种某月份合约按结算价计算的价格变化、连续若干个交易日的累积涨跌幅达到一定程度时,交易所有权根据市场情况,对部分或全部会员的单边或双边、同比例或不同比例提高交易保证金,限制部分会员或全部会员出金,暂停部分会员或全部会员开新仓,调整涨跌停板幅度,限期平仓,强行平仓等,以控制风险。

第五,当某期货合约交易出现异常情况时,交易所可按规定的程序调整交易保证金的比例。

(二) 当日无负债结算制度

当日无负债结算制度是指在每个交易日结束后,由期货结算机构对期货交易保证金账户当天的盈亏状况进行结算,并根据结算结果进行资金划转。当交易发生亏损,进而导致保证金账户资金不足时,则要求必须在结算机构规定的时间内向账户中追加保证金,以做到"当日无负债"。当日无负债结算制度的实施为及时调整账户资金、控制风险提供了依据,对于控制期货市场风险、维护期货市场的正常运行具有重要作用。

当日无负债制度的实施呈现如下特点:

第一,对所有账户的交易及头寸按不同品种、不同月份的合约分别进行结算,在此基础上汇总,使每一交易账户的盈亏都能得到及时的、具体的、真实的反映。

第二,在对交易盈亏进行结算时,不仅对平仓头寸的盈亏进行结算,而且对未平仓合约产生的浮动盈亏也进行结算。

第三,对交易头寸所占用的保证金进行逐日结算。

第四,当日无负债结算制度是通过期货交易分级结算体系实施的。由交易所(结算所)对会员进行结算,期货公司根据期货交易所(结算所)的结算结果对客户进行结算。期货交易所会员(客户)的保证金不足时,会被要求及时追加保证金或者自行平仓;否则,其合约将会被强行平仓。

(三) 涨跌停板制度

1. 涨跌停板制度的内涵

涨跌停板制度又称每日价格最大波动限制制度,即指期货合约在一个交易日中的交易价格波动不得高于或者低于规定的涨跌幅度,超过该涨跌幅度的报价将被视为无效报价,不能成交。

涨跌停板制度的实施,能够有效地减缓、抑制一些突发性事件和过度投机行为冲击期货价格造成的狂涨暴跌,减小交易当日的价格波动幅度,会员和客户的当日损失也被控制在相对较小的范围内。涨跌停板制度能够锁定会员和客户每一交易日所持有合约的最大盈亏,为保证金制度和当日结算无负债制度的实施创造了有利条件。因为向会员和客户收取的保证金数额只要大于在涨跌幅度内可能发生的亏损金额,就能够保证当日期货价格波动达到涨停板或跌停板时也不会出现透支情况。

2. 我国期货交易涨跌停板制度的特点

在我国期货市场,每日价格最大波动限制设定为合约上一交易日结算价的一定百分比。一般而言,对期货价格波动幅度较大的品种及合约,设定的涨跌停板幅度也相应大些。交易所可以根据市场风险状况进行调整。

对涨跌停板的调整,一般具有以下特点:

第一,新上市的品种和新上市的期货合约,其涨跌停板幅度一般为合约规定涨跌停板幅度的 2 倍或 3 倍。如合约有成交则于下一交易日恢复到合约规定的涨跌停板幅度;如合约无成交,则下一交易日继续执行前一交易日涨跌停板幅度。

第二,在某一期货合约的交易过程中,当合约价格同方向连续涨跌停板、遇国家法定长假或交易所认为市场风险明显变化时,交易所可以根据市场风险调整其涨跌停板幅度。

第三,对同时适用交易所规定的两种或两种以上涨跌停板情形的,其涨跌停板按照规定涨跌停板中的最高值确定。

在出现涨跌停板情形时,交易所一般将采取如下措施控制风险:

第一，当某期货合约以涨跌停板价格成交时，成交撮合实行平仓优先和时间优先的原则，但平仓当日新开仓位不适用平仓优先的原则。

第二，在某合约连续出现涨跌停板单边无连续报价时，实行强制减仓。当合约出现连续涨（跌）停板的情形时，空头（多头）交易者会因为无法平仓而出现大规模、大面积亏损，并可能因此引发整个市场的风险，实行强制减仓正是为了避免此类现象的发生。实行强制减仓时，交易所将当日以涨（跌）停板价格申报的未成交平仓报单，以当日涨（跌）停板价格与该合约净持仓盈利客户按照持仓比例自动撮合成交。其目的在于迅速、有效化解市场风险，防止会员大量违约。

（四）持仓限额及大户报告制度

1. 持仓限额及大户报告制度的内涵及特点

持仓限额制度（Position Limits）是指交易所规定会员或客户可以持有的、按单边计算的某一合约投机头寸的最大数额。大户报告制度是指当交易所会员或客户某品种某合约持仓达到交易所规定的持仓报告标准时，会员或客户应向交易所报告。

通过实施持仓限额及大户报告制度，可以使交易所对持仓量较大的会员或客户进行重点监控，了解其持仓动向、意图，有效防范操纵市场价格的行为；同时，也可以防范期货市场风险过度集中于少数投资者。

在国际期货市场，持仓限额及大户报告制度的实施呈现如下特点：

第一，交易所可以根据不同期货品种及合约的具体情况和市场风险状况制定和调整持仓限额和持仓报告标准。

第二，通常来说，一般月份合约的持仓限额及持仓报告标准高；临近交割月份时，持仓限额及持仓报告标准低。

第三，持仓限额通常只针对一般投机头寸，套期保值头寸、风险管理头寸及套利头寸可以向交易所申请豁免。

2. 我国期货交易持仓限额及大户报告制度的特点

我国大连商品交易所、郑州商品交易所和上海期货交易所，对持仓限额及大户报告标准的设定一般有如下规定：

第一，交易所可以根据不同期货品种的具体情况，分别确定每一品种每一月份的限仓数额及大户报告标准。

第二，当会员或客户某品种持仓合约的投机头寸达到交易所对其规定的投机头寸持仓限量 80% 以上（含本数）时，会员或客户应向交易所报告其资金情况、头寸情况等，客户须通过期货公司会员报告。

第三，市场总持仓量不同，适用的持仓限额及持仓报告标准不同。当某合约市场总持仓量大时，持仓限额及持仓报告标准设置得高一些；反之，当某合约市场总持仓量小时，持仓限额及持仓报告标准也低一些。

第四，一般按照各合约在交易全过程中所处的不同时期，分别确定不同的限仓数额。比如，一般月份合约的持仓限额及持仓报告标准设置得高；临近交割月份时，持仓限额及持仓报告标准设置得低。

第五，期货公司会员、非期货公司会员、一般客户分别适用不同的持仓限额及持仓报告标准。

在具体实施中,我国还有如下规定:采用限制会员持仓和限制客户持仓相结合的办法,控制市场风险;各交易所对套期保值交易头寸实行审批制,其持仓不受限制,而在中国金融期货交易所,套期保值和套利交易的持仓均不受限制;同一客户在不同期货公司会员处开仓交易,其在某一合约的持仓合计不得超出该客户的持仓限额;会员、客户持仓达到或者超过持仓限额的,不得同方向开仓交易。

(五) 强行平仓制度

1. 强行平仓制度的内涵

强行平仓制度是指按照有关规定对会员或客户的持仓实行平仓的一种强制措施,其目的是控制期货交易风险。强行平仓分为两种情况:一是交易所对会员持仓实行的强行平仓;二是期货公司对其客户持仓实行的强行平仓。

强行平仓制度适用的情形一般包括:

第一,因账户交易保证金不足而实行强行平仓。这是最常见的情形。当价格发生不利变动,当日结算后出现保证金账户资金不足以维持现有头寸的情况,而会员(客户)又未能按照期货交易所(期货公司)通知及时追加保证金或者主动减仓,且市场行情仍朝其持仓不利的方向发展时,期货交易所(期货公司)强行平掉会员(客户)部分或者全部头寸,将所得资金填补保证金缺口。强行平仓制度的实施,有利于避免账户损失扩大。通过控制个别账户的风险有力地防止风险扩散,是一种行之有效的风险控制措施。

第二,因会员(客户)违反持仓限额制度而实行强行平仓,即超过了规定的持仓限额,且并未在期货交易所(期货公司)规定的期限自行减仓,其超出持仓限额的部分头寸将会被强制平仓。强行平仓成为持仓限额制度的有力补充。

2. 我国期货交易强行平仓制度的规定

我国期货交易所规定,当会员、客户出现下列情形之一时,交易所有权对其持仓进行强行平仓:

(1) 会员结算准备金余额小于零,并未能在规定时限内补足的。

(2) 客户、从事自营业务的交易会员持仓量超出其限仓规定。

(3) 因违规受到交易所强行平仓处罚的。

(4) 根据交易所的紧急措施应予强行平仓的。

(5) 其他应予强行平仓的。

强行平仓的执行过程如下:

1) 通知。交易所以"强行平仓通知书"的形式向有关会员下达强行平仓要求。

2) 执行及确认。

① 开市后,有关会员必须首先自行平仓,直至达到平仓要求,执行结果由交易所审核。

② 超过会员自行强行平仓时限而未执行完毕的,剩余部分由交易所直接执行强行平仓。

③ 强行平仓执行完毕后,由交易所记录执行结果并存档。

④ 强行平仓结果发送。在我国,期货公司有专门的风险控制人员实时监督客户的持仓风险,当客户除保证金外的可用资金为负值时,期货公司会通知客户追加保证金或自行

平仓,如果客户没有自己处理,而价格又朝不利于持仓的方向继续变化,各个期货公司会根据具体的强行平仓标准,对客户进行强行平仓。

(六)信息披露制度

信息披露制度是指期货交易所按有关规定公布期货交易有关信息的制度。

我国《期货交易管理条例》规定,期货交易所应当及时公布上市品种合约的成交量、成交价、持仓量、最高价与最低价、开盘价与收盘价和其他应当公布的即时行情,并保证即时行情的真实、准确。期货交易所不得发布价格预测信息。未经期货交易所许可,任何单位和个人不得发布期货交易即时行情。

《期货交易所管理办法》规定,期货交易所应当以适当方式发布下列信息:

1. 即时行情。

2. 持仓量、成交量排名情况。

3. 期货交易所交易规则及其实施细则规定的其他信息。期货交易涉及商品实物交割的,期货交易所还应当发布标准仓单数量和可用库容情况。期货交易所应当编制交易情况周报表、月报表和年报表,并及时公布。期货交易所对期货交易、结算、交割资料的保存期限应当不少于 20 年。

三、期货交易流程

一般而言,客户进行期货交易涉及以下几个环节:开户、下单、竞价、结算、交割。在期货交易的实际操作中,大多数期货交易都是通过对冲平仓的方式了结履约责任,进入交割环节的比重非常小,所以交割环节并不是交易流程中的必经环节。

(一)开户

能够直接进入期货交易所进行交易的只能是期货交易所的会员,所以普通投资者在进入期货市场交易之前,应首先选择一个具备合法代理资格、信誉好、资金安全、运作规范和收费比较合理的期货公司。在我国,由中国期货保证金监控中心有限责任公司(简称监控中心)负责客户开户管理的具体实施工作。

一般来说,各期货公司会员为客户开设账户的程序及所需的文件细节虽不尽相同,但其基本程序是相同的。

1. 申请开户

投资者在经过对比、判断,选定期货公司之后,即可向该期货公司提出委托申请,开立账户,成为该公司的客户。开立账户实质上是确立投资者(委托人)与期货公司(代理人)之间的一种法律关系。

客户可以分为自然人客户和法人客户。自然人客户应当本人亲自办理开户手续,签署开户资料,不得委托代理人代为办理开户手续。法人客户应当出具单位的授权委托书、代理人的身份证和其他开户证件。期货公司应当对客户开户资料进行审核,确保开户资料的合规、真实、准确和完整。

2. 阅读期货交易风险说明书并签字确认

期货公司在接受客户开户申请时,必须向客户提供期货交易风险说明书,自然人客户应在仔细阅读并理解后,在该期货交易风险说明书上签字;法人客户应在仔细阅读并理解之后,由单位法定代表人或授权他人在该期货交易风险说明书上签字并加盖单位公章。

3. 签署期货经纪合同书

期货公司在接受客户开户申请时,双方必须签署期货经纪合同。自然人客户应在该合同上签字,法人客户应由法人代表或授权他人在该合同上签字并加盖单位公章。

自然人开户应提供本人身份证,留存印鉴或签名样卡。法人开户应提供企业法人营业执照影印件,并提供法定代表人及本单位期货交易业务执行人的姓名、联系电话,单位及其法定代表人或单位负责人印鉴等内容的书面材料,以及法定代表人授权期货交易业务执行人的书面授权书。

4. 申请交易编码并确认资金账号

期货公司为客户申请各期货交易所交易编码,应当统一通过监控中心办理。监控中心应当建立和维护期货市场客户统一开户系统,对期货公司提交的客户资料进行复核,并将通过复核的客户资料转发给相关期货交易所。期货交易所收到监控中心转发的客户交易编码申请资料后,根据期货交易所业务规则对客户交易编码进行分配、发放和管理,并将各类申请的处理结果通过监控中心反馈给期货公司。监控中心应当为每一个客户设立统一的开户编码,并建立统一开户编码与客户在各期货交易所交易编码的对应关系。当日分配的客户交易编码,期货交易所应当于下一交易日允许客户使用。

客户在与期货公司签署期货经纪合同之后,在下单交易之前,应按规定缴纳开户保证金。期货公司应将客户所缴纳的保证金存入期货经纪合同指定的客户账户中,供客户进行期货交易之用。

(二) 下单

客户在按规定足额缴纳开户保证金后,即可开始委托下单,进行期货交易。下单是指客户在进行每笔交易前向期货公司业务人员下达交易指令,说明拟买卖合约的种类、数量、价格等的行为。

交易指令的内容一般包括:期货交易的品种及合约月份、交易方向、数量、价格、开平仓等。通常客户应先熟悉和掌握有关的交易指令,然后选择不同的期货合约进行具体交易。

1. 常用交易指令

国际上期货交易的指令有很多种。

(1) 市价指令。市价指令是期货交易中常用的指令之一。它是指按当时市场价格即刻成交的指令。客户在下达这种指令时无须指明具体的价位,而是要求期货公司出市代表以当时市场上可执行的最好价格达成交易。这种指令的特点是成交速度快,一旦指令下达后不可更改或撤销。

(2) 限价指令。限价指令是指执行时必须按限定价格或更好的价格成交的指令。下达限价指令时,客户必须指明具体的价位。它的特点是可以按客户的预期价格成交,但成交速度相对较慢,有时甚至无法成交。

(3) 停止限价指令。停止限价指令是指当市场价格达到客户预先设定的触发价格时,即变为限价指令予以执行的一种指令。它的特点是可以将损失或利润锁定在预期的范围,但成交速度较止损指令慢,有时甚至无法成交。

(4)止损指令。止损指令是指当市场价格达到客户预先设定的触发价格时,即变为市价指令予以执行的一种指令。客户利用止损指令,既可以有效地锁定利润,又可以将可能的损失降至最低限度,还可以相对较小的风险建立新的头寸。

(5)触价指令。触价指令是指在市场价格达到指定价位时,以市价指令予以执行的一种指令。触价指令与止损指令的区别在于:其预先设定的价位不同,例如,就卖出指令而言,卖出止损指令的止损价低于当前市场价格,而卖出触价指令的触发价格高于当前市场价格;买进指令则与此相反。此外,止损指令通常用于平仓,而触价指令一般用于开新仓。

(6)限时指令。限时指令是指要求在某一时间段内执行的指令。如果在该时间段内指令未被执行,则自动取消。

(7)长效指令。长效指令是指除非成交或由委托人取消,否则持续有效的交易指令。

(8)套利指令。套利指令是指同时买入和卖出两种或两种以上期货合约的指令。

(9)取消指令。取消指令又称为撤单,是要求将某一指定指令取消的指令。通过执行该指令,客户以前下达的指令完全取消,并且没有新的指令取代原指令。

目前,我国各期货交易所普遍采用了市价指令、限价指令和取消指令。此外,郑州商品交易所还采用了套利指令,大连商品交易所不仅采用了套利指令,还采用了止损指令和停止限价指令。我国各交易所的指令均为当日有效。在指令成交前,投资者可以提出变更或撤销。

2. 指令下达方式

客户在正式交易前,应制订详细周密的交易计划。在此之后,客户即可按计划下达交易指令(即下单交易)。目前,我国客户的下单方式有书面下单、电话下单和网上下单三种,其中网上下单是最主要的方式。

(1)书面下单。客户亲自填写交易单,填好后签字交期货公司,再由期货公司将指令发至交易所参与交易。

(2)电话下单。客户通过电话直接将指令下达到期货公司,再由期货公司将指令发至交易所参与交易。期货公司须将客户的指令同步录音,以备查证。

(3)网上下单。客户通过因特网或局域网,使用期货公司配置的网上下单系统进行网上下单。进入下单系统后,客户需输入自己的客户号与密码,经确认后即可输入指令。指令通过因特网或局域网传到期货公司后,通过专线传到交易所主机进行撮合成交。客户可以在期货公司的下单系统获得成交回报。

(三)竞价

1. 竞价方式

竞价方式主要有公开喊价和计算机撮合成交两种方式。其中,公开喊价属于传统的竞价方式。21世纪以来,随着信息技术的发展,越来越多的交易所采用了计算机撮合成交方式,而原来采用公开喊价方式的交易所也逐步引入了电子交易系统。

(1)公开喊价方式。公开喊价方式又可分为两种形式:连续竞价制和一节一价制。连续竞价制是指在交易所交易池内由交易者面对面地公开喊价,表达各自买进或卖出合约的要求。按照规则,交易者在报价时既要发出声音,又要做出手势,以保证报价的准确性。这种公开喊价有利于活跃场内气氛,维护公开、公平、公正的定价原则。公开喊价方式曾经在欧美期货市场较为流行。

一节一价制是指把每个交易日分为若干节,每节交易由主持人最先叫价,所有场内经纪人根据其叫价申报买卖数量,直至在某一价格上买卖双方的交易数量相等时为止。每一节交易中一种合约一个价格,没有连续不断的竞价。这种叫价方式曾经在日本较为普遍。

(2)计算机撮合成交方式。计算机撮合成交是根据公开喊价的原理设计而成的一种计算机自动化交易方式,是指期货交易所的计算机交易系统对交易双方的交易指令进行配对的过程。这种交易方式相对公开喊价方式来说,具有准确、连续等特点,但有时会出现交易系统故障等因素造成的风险。国内期货交易所均采用计算机撮合成交方式。计算机交易系统一般将买卖申报单以价格优先、时间优先的原则进行排序。当买入价大于、等于卖出价则自动撮合成交,撮合成交价等于买入价(bp)、卖出价(sp)和前一成交价(cp)三者中居中的一个价格,即:

当 $bp \geq sp \geq cp$,则:最新成交价$=sp$

当 $bp \geq cp \geq sp$,则:最新成交价$=cp$

当 $cp \geq bp \geq sp$,则:最新成交价$=bp$

2. 开盘集合竞价

开盘价由集合竞价产生。

开盘集合竞价在某品种某月份合约每一交易日开市前5分钟内进行。其中,前4分钟为期货合约买、卖价格指令申报时间,后1分钟为集合竞价撮合时间,开市时产生开盘价。交易系统自动控制集合竞价申报的开始和结束,并在计算机终端上显示。集合竞价采用最大成交量原则,即以此价格成交能够得到最大成交量。高于集合竞价产生的价格的买入申报全部成交;低于集合竞价产生的价格的卖出申报全部成交;等于集合竞价产生的价格的买入或卖出申报,根据买入申报量和卖出申报量的多少,按少的一方的申报量成交。

(1)交易系统分别对所有有效的买入申报按申报价由高到低的顺序排列,申报价相同的按照进入系统的时间先后排列;所有有效的卖出申报按申报价由低到高的顺序排列,申报价相同的按照进入系统的时间先后排列。

(2)交易系统逐步将排在前面的买入申报和卖出申报配对成交,直到不能成交为止。如最后一笔成交是全部成交的,取最后一笔成交的买入申报价和卖出申报价的算术平均价为集合竞价产生的价格,该价格按各期货合约的最小变动价位取整;如最后一笔成交是部分成交的,则以部分成交的申报价为集合竞价产生的价格。

开盘集合竞价中的未成交申报单自动参与开市后竞价交易。

3. 成交回报与确认

当计算机显示指令成交后,客户可以立即在期货公司的下单系统获得成交回报。对于书面下单和电话下单的客户,期货公司应按约定方式即时予以回报。

客户对交易结算单记载事项有异议的,应当在下一交易日开市前向期货公司提出书面异议;客户对交易结算单记载事项无异议的,应当在交易结算单上签字确认或者按照期货经纪合同约定的方式确认。客户既未对交易结算单记载事项确认,也未提出异议的,视为对交易结算单的确认。对于客户有异议的,期货公司应当根据原始指令记录和交易记录予以核实。

(四) 结算

1. 结算的概念与结算程序

结算是指根据期货交易所公布的结算价格对交易账户的交易盈亏状况进行的资金清算和划转。

目前,大连商品交易所、郑州商品交易所和上海期货交易所实行全员结算制度,交易所对所有会员的账户进行结算,收取和追收保证金。中国金融期货交易所实行会员分级结算制度,其会员由结算会员和非结算会员组成,期货交易所只对结算会员结算,向结算会员收取和追收保证金;由结算会员对非结算会员进行结算,收取和追收保证金。

我国期货交易的结算,由期货交易所统一组织进行。但交易所并不直接对客户的账户结算,收取和追收客户保证金,而由期货公司承担该工作。期货交易所应当在当日及时将结算结果通知会员。期货公司根据期货交易所的结算结果对客户进行结算,并应当将结算结果按照与客户约定的方式及时通知客户。

在我国,会员(客户)的保证金可以分为结算准备金和交易保证金。结算准备金是交易所会员(客户)为了交易结算,在交易所(期货公司)专用结算账户预先准备的资金,是未被合约占用的保证金;交易保证金是会员(客户)在交易所(期货公司)专用结算账户中确保合约履行的资金,是已被合约占用的保证金。在实际中,客户保证金可能有不同的说法,如结算准备金被称为可用资金,交易保证金被称为保证金占用。

下面以郑州商品交易所、大连商品交易所和上海期货交易所的结算制度为例,对具体的结算程序进行介绍。

第一步,交易所对会员的结算:

(1) 每一交易日交易结束后,交易所对每一会员的盈亏、交易手续费、交易保证金等款项进行结算。结算完成后,交易所采用发放结算单据或电子传输等方式向会员提供当日结算数据,包括:会员当日平仓盈亏表、会员当日成交合约表、会员当日持仓表和会员资金结算表,期货公司会员以此作为对客户结算的依据。

(2) 会员每天应及时获取交易所提供的结算数据,做好核对工作,并将之妥善保存。该数据应至少保存两年,但对有关期货交易有争议的,应当保存至该争议消除时为止。

(3) 会员如对结算结果有异议,应在下一交易日开市前30分钟以书面形式通知交易所。遇特殊情况,会员可在下一交易日开市后两小时内以书面形式通知交易所。如在规定时间内会员没有对结算数据提出异议,则视作会员已认可结算数据的准确性。

(4) 交易所在交易结算完成后,将会员资金的划转数据传递给有关结算银行。结算银行应及时将划账结果反馈给交易所。

(5) 会员资金按当日盈亏进行划转,当日盈利划入会员结算准备金,当日亏损从会员结算准备金中扣划。当日结算时的交易保证金超过昨日结算时的交易保证金部分从会员结算准备金中扣划。当日结算时的交易保证金低于昨日结算时的交易保证金部分划入会员结算准备金。手续费、税金等各项费用从会员的结算准备金中直接扣划。

（6）每日结算完毕后，会员的结算准备金低于最低余额时，该结算结果即视为交易所向会员发出的追加保证金通知。会员必须在下一交易日开市前补足至交易所规定的结算准备金最低余额。

第二步，期货公司对客户的结算：

（1）期货公司对客户的结算与交易所的方法一样，即每一交易日交易结束后对每一客户的盈亏、交易手续费、交易保证金等款项进行结算。其中，期货公司会员向客户收取的交易保证金不得低于交易所向会员收取的交易保证金。

（2）期货公司在每日结算后向客户发出交易结算单。交易结算单一般载明下列事项：账号及户名、成交日期、成交品种、合约月份、成交数量及价格、买入或者卖出、开仓或者平仓、当日结算价、保证金占用额和保证金余额、交易手续费及其他费用。

（3）当每日结算后客户保证金低于期货公司规定的交易保证金水平时，期货公司按照期货经纪合同约定的方式通知客户追加保证金。

2．结算公式与应用

（1）结算相关术语

1）结算价。结算价（Settlement Price）是当天交易结束后，对未平仓合约进行当日交易保证金及当日盈亏结算的基准价。郑州商品交易所、大连商品交易所和上海期货交易所规定，当日结算价取某一期货合约当日成交价格按照成交量的加权平均价；当日无成交价格的，以上一交易日的结算价作为当日结算价。中国金融期货交易所规定，当日结算价是指某一期货合约最后一小时成交价格按照成交量的加权平均价。

2）开仓、持仓、平仓。开仓也称为建仓，是指期货交易者新建期货头寸的行为，包括买入开仓和卖出开仓。交易者开仓之后手中就持有头寸，即持仓。若交易者买入开仓，则构成了买入（多头）持仓；反之，则形成了卖出（空头）持仓。平仓（Close Out）是指交易者了结持仓的交易行为，了结的方式是针对持仓方向作相反的对冲买卖。持仓合约也称为未平仓合约。

（2）交易所对会员的结算公式及应用

1）结算公式

①结算准备金余额的计算公式：

当日结算准备金余额＝上一交易日结算准备金余额＋上一交易日交易保证金－当日交易保证金＋当日盈亏＋入金－出金－手续费（等）

②当日盈亏的计算公式：

商品期货当日盈亏的计算公式：

当日盈亏＝∑[（卖出成交价－当日结算价）×卖出量]＋∑[（当日结算价－买入成交价）×买入量]＋∑[（上一交易日结算价－当日结算价）×（上一交易日卖出持仓量－上一交易日买入持仓量）]

股票指数期货交易当日盈亏的计算公式：

当日盈亏＝∑[（卖出成交价－当日结算价）×卖出量×合约乘数]＋∑[（当日结算

47

价－买入成交价)×买入量×合约乘数]＋$\sum$[(上一交易日结算价－当日结算价)×(上一交易日卖出持仓量－上一交易日买入持仓量)×合约乘数]

③当日交易保证金计算公式:

当日交易保证金＝$\sum$[当日结算价×当日交易结束后的持仓总量×交易保证金比例]

2)应用

【例2-1】 某会员在4月1日开仓买入大豆期货合约40手(每手10吨),成交价为4000元/吨,同一天该会员平仓卖出20手大豆合约,成交价为4030元/吨,当日结算价为4040元/吨,交易保证金比例为5%。该会员上一交易日结算准备金余额为1100000元,且未持有其他期货合约。则客户的当日盈亏(不含手续费、税金等费用)情况为:

①当日盈亏＝(4030－4040)×20×10＋(4040－4000)×40×10＝14000(元)

②当日结算准备金余额＝1100000－4040×20×10×5%＋14000＝1073600(元)

【例2-2】 4月2日,该会员再买入8手大豆合约,成交价为4030元/吨,当日结算价为4060元/吨,则其账户情况为:

①当日盈亏＝(4060－4030)×8×10＋(4040－4060)×(20－40)×10＝6400(元)

②当日结算准备金余额＝1073600＋4040×20×10×5%－4060×28×10×5%＋6400＝1063560(元)

【例2-3】 4月3日,该会员将28手大豆合约全部平仓,成交价为4070元/吨,当日结算价为4050元/吨,则其账户情况为:

①当日盈亏＝(4070－4050)×28×10＋(4060－4050)×(0－28)×10＝2800(元)

②当日结算准备金余额＝1063560＋4060×28×10×5%＋2800＝1123200(元)

3. 期货公司对客户的结算

表2-2是某期货公司一位客户在2010年12月某日的交易结算单。该结算单分为"资金状况"、"持仓明细"、"持仓汇总"三部分。下面对交易结算单中的主要项目进行说明。

表2-2 交易结算单示例:某期货公司某客户交易结算单(逐笔) 单位:元(人民币)

资金状况					
上日结存	500734.62	当日结存	500734.62	可用资金	427322.87
出入金	0	浮动盈亏	144000	风险度	33.72%
手续费	0	客户权益	644734.62	追加保证金	0
平仓盈亏	0	保证金占用	217411.75	交割保证金	0
质押金	0	交割手续费	0		
在途资金	0	基础保证金	0	交易所保证金	175477
可提资金	283322.87				
持仓明细					

续　表

交易所	品种	交割期	开仓日期	买卖	投保	持仓量	价格	昨结算	今结算	浮动盈亏	持仓盯市盈亏	保证金
上海	橡胶	1105	20101013	卖	投	1	30285	31290	30905	−3100	0	16997.75
郑州	棉一号	1109	20101011	卖	投	1	23680	23965	23380	1500	0	9352
郑州	棉一号	1109	20101014	卖	投	1	24120	23965	23380	3700	0	9352
中金所	沪深300	1012	20100811	买	投	1	2892	3387.4	3365	141900	0	181710
共4条						4				144000	0	217411.75

持仓汇总

交易所	品种	交割期	买持	买均价	卖持	卖均价	昨结算	今结算	浮动盈亏	持仓盯市盈亏	保证金占用	投保
上海	橡胶	1105	0	0	1	30285	31290	30905	−3100	0	16997.75	投
郑州	棉一号	1109	0	0	2	23900	23965	23380	5200		18704	投
中金所	沪深300	1012	1	2892	0	0	3387	3365	141900	0	181710	投
共3条			1		3				144000	0	217411.75	

请在下一交易日开市前确认,否则视为默认。

注:请您或您的下单指令人关注每日的资金状况,当风险大于100%时,必须减少头寸或追加资金。当持仓保证金小于交易所规定的额度时,我公司将无条件对您或您代理的客户的头寸进行保护性平仓。另,每月最后交易日成交单的确认,我公司视为客户对全月成交的确认。

尊敬的客户:为了维护您的权益不受到各方面因素的损害,建议随时通过中国保证金监控中心(www.cfmmc.com)查询自己的结算单。客户签章

(1) 平仓盈亏的计算

平仓盈亏＝平历史仓盈亏＋平当日仓盈亏

平历史仓盈亏＝$\sum$[(卖出平仓价−上一交易日结算价)×卖出平仓量]＋$\sum$[(上一交易日结算价−买入平仓价)×买入平仓量]

平当日仓盈亏＝$\sum$[(当日卖出平仓价−当日买入开仓价)×卖出平仓量]＋$\sum$[(当日卖出开仓价−当日买入平仓价)×买入平仓量]

该交易结算单中,由于该客户当日没有进行平仓交易,所以,平仓盈亏为0。

(2) 持仓盯市盈亏和浮动盈亏的计算

持仓盯市盈亏＝历史持仓盈亏＋当日开仓持仓盈亏

历史持仓盈亏＝$\sum$[(当日结算价−上一交易日结算价)×买入持仓量]＋$\sum$[(上一交易日结算价−当日结算价)×卖出持仓量]

当日开仓持仓盈亏＝$\sum$[(卖出开仓价−当日结算价)×卖出开仓量]＋$\sum$[(当日结算价−买入开仓价)×买入开仓量]

浮动盈亏 $=\sum[(当日结算价-成交价)\times买入持仓量]+\sum[(成交价-当日结算价)\times卖出持仓量]$

持仓盯市盈亏和浮动盈亏可以在当日交易进行中计算。此时,持仓盯市盈亏和浮动盈亏的结算的基准价为"最新成交价",即在上述公式中,以"最新成交价"代替"当日结算价"。但当日交易结束后,则应以"当日结算价"为结算基准价。

表 2-2 中,"昨结算"为"上一交易日结算价";"今结算"为"当日结算价"。

该交易结算单中,浮动盈亏的计算如下:

"橡胶"的浮动盈亏 $=(30285-30905)\times5=-3100(元)$

"棉一号"的浮动盈亏 $=(23680-23380)\times5+(24120-23380)\times5$
$$=1500+3700=5200(元)$$

"沪深 300"的浮动盈亏 $=(3365-2892)\times300=141900(元)$

总浮动盈亏 $=-3100+5200+141900=144000(元)$

（3）保证金的计算

保证金占用 $=\sum(当日结算价\times持仓手数\times交易单位\times公司的保证金比例)$

该交易结算单中,公司与该客户约定的交易保证金比例分别是,"橡胶"为 11％,"棉一号"为 8％,"沪深 300"为 18％。

保证金的计算如下："橡胶"的保证金占用 $=30905\times5\times11％=16997.75(元)$

"棉一号"的保证金占用 $=23380\times2\times5\times8％=18704(元)$

"沪深 300"的保证金占用 $=3365\times300\times18％=181710(元)$

总的保证金占用 $=16997.75+18704+181710=217411.75(元)$

（4）客户权益和可用资金的计算

客户权益 = 上日结存 + 入金 - 出金 + 平仓盈亏 + 浮动盈亏 - 当日手续费

可用资金 = 客户权益 - 保证金占用

该交易结算单中,客户权益和可用资金的计算如下:

客户权益 $=500734.62+144000=644734.62(元)$

可用资金 $=644734.62-217411.75=427322.87(元)$

（5）风险度的计算

风险度 = 保证金占用/客户权益 $\times100％$

当风险度大于 100％时则会收到《追加保证金通知书》,保证金应追加至可用资金大于等于 0。

该交易结算单中,风险度的计算如下:

风险度 $=217411.75/644734.62\times100％=33.72％$

（五）交割

1. 交割的概念

交割（Delivery）是指期货合约到期时,按照期货交易所的规则和程序,交易双方通过该合约所载标的物所有权的转移,或者按照结算价进行现金差价结算,了结到期未平仓合约的过程。其中,以标的物所有权转移方式进行的交割为实物交割;按结算价进行现金差价结算的交割方式为现金交割。一般来说,商品期货以实物交割方式为主;股票指数期货、短期利率期货多采用现金交割方式。

2. 交割的作用

交割是联系期货与现货的纽带。尽管期货市场的交割量占总成交量的比例很小,但交割环节对期货市场的整体运行却起着十分重要的作用。

期货交割是促使期货价格和现货价格趋向一致的制度保证。当市场过分投机,期货价格严重偏离现货价格时,交易者就会在期货、现货两个市场间进行套利交易。当期货价格过高而现货价格过低时,交易者在期货市场上卖出期货合约,在现货市场上买进商品,这样,现货需求增多,现货价格上升,期货合约价格下降,期现价差缩小;当期货价格过低而现货价格过高时,交易者在期货市场上买进期货合约,在现货市场卖出商品,这样,期货价格上升,现货供给增多,现货价格下降,期现价差趋于正常。通过交割,期货、现货两个市场得以实现相互联动,期货价格最终与现货价格趋于一致,使期货市场真正发挥价格晴雨表的作用。

3. 实物交割方式与交割结算价的确定

(1) 实物交割方式。实物交割(Physical Delivery)是指期货合约到期时,根据交易所的规则和程序,交易双方通过该期货合约所载标的物所有权的转移,了结未平仓合约的过程。实物交割方式包括集中交割和滚动交割两种。

1) 集中交割。集中交割也叫一次性交割,是指所有到期合约在交割月份最后交易日过后一次性集中交割的交割方式。

2) 滚动交割。滚动交割是指在合约进入交割月以后,在交割月第一个交易日至交割月最后交易日前一交易日之间进行交割的交割方式。滚动交割使交易者在交易时间的选择上更为灵活,可减少储存时间,降低交割成本。目前,我国上海期货交易所采用集中交割方式;郑州商品交易所采用滚动交割和集中交割相结合的方式,即在合约进入交割月后就可以申请交割,而且最后交易日过后,对未平仓合约进行一次性集中交割;大连商品交易所对黄大豆1号、黄大豆2号、豆粕、豆油、玉米合约采用滚动交割和集中交割相结合的方式,对棕榈油、线性低密度聚乙烯和聚氯乙烯合约采用集中交割方式。

(2) 实物交割结算价。实物交割结算价是指在实物交割时商品交收所依据的基准价格。交割商品计价以交割结算价为基础,再加上不同等级商品质量升贴水及异地交割仓库与基准交割仓库的升贴水。

4. 实物交割的流程

采用集中交割方式时,各期货合约最后交易日的未平仓合约必须进行交割。实物交割要求以会员名义进行。客户的实物交割必须由会员代理,并以会员名义在交易所进行。实物交割必不可少的环节包括:

第一,交易所对交割月份持仓合约进行交割配对。

第二,买卖双方通过交易所进行标准仓单与货款交换。买方通过其会员期货公司、交易所将货款交给卖方,卖方则通过其会员期货公司、交易所将标准仓单交付给买方。

第三,增值税发票流转。交割卖方给对应的买方开具增值税发票,客户开具的增值税发票由双方会员转交、领取并协助核实,交易所负责监督。

5. 标准仓单

在实物交割的具体实施中,买卖双方并不是直接进行实物商品的交收,而是交收代表商品所有权的标准仓单,因此,标准仓单在实物交割中扮演十分重要的角色。标准仓单是指由交易所统一制定的,交易所指定交割仓库在完成入库商品验收、确认合格后签发给货主的实物提货凭证。标准仓单经交易所注册后生效,可用于交割、转让、提货、质押等。

标准仓单的持有形式为标准仓单持有凭证。标准仓单持有凭证是交易所开具的代表标准仓单所有权的有效凭证,是在交易所办理标准仓单交割、交易、转让、质押、注销的凭证,受法律保护。标准仓单数量因交割、交易、转让、质押、注销等业务发生变化时,交易所收回原标准仓单持有凭证,签发新的标准仓单持有凭证。

在实践中,可以有不同形式的标准仓单,其中最主要的形式是仓库标准仓单。仓库标准仓单是指依据交易所的规定,由指定交割仓库完成入库商品验收、确认合格后,在交易所标准仓单管理系统中签发给货主的,用于提取商品的凭证。除此之外,还有厂库标准仓单等形式。所谓厂库,是指某品种的现货生产企业的仓库经交易所批准并指定为期货履行实物交割的地点;厂库标准仓单则是指经过交易所批准的、指定厂库按照交易所规定的程序签发的、在交易所标准仓单管理系统生成的实物提货凭证。

在我国大连商品交易所,豆粕、豆油、棕榈油期货除了可以采用仓库标准仓单外,还可用厂库标准仓单。上海期货交易所的螺纹钢、线材期货合约也允许采用厂库标准仓单交割。郑州商品交易所的标准仓单分为通用标准仓单和非通用标准仓单。通用标准仓单是指标准仓单持有人按照交易所的规定和程序,可以到仓单载明品种所在的交易所任一交割仓库选择提货的财产凭证;非通用标准仓单是指仓单持有人按照交易所的规定和程序,只能到仓单载明的交割仓库提取所对应货物的财产凭证。

6. 现金交割

现金交割是指合约到期时,交易双方按照交易所的规则、程序及其公布的交割结算价进行现金差价结算,了结到期未平仓合约的过程。中国金融期货交易所的股指期货合约采用现金交割方式,规定股指期货合约最后交易日收市后,交易所以交割结算价为基准,划付持仓双方的盈亏,了结所有未平仓合约。其中,股指期货交割结算价为最后交易日标的指数最后 2 小时的算术平均价。

第二节　套期保值

规避风险作为期货市场的基本功能之一,是通过套期保值操作来实现的。在本节中,将着重介绍套期保值的定义、种类和应用,解释影响套期保值效果的因素以及套期保值操作的注意事项。同时,根据套期保值实践的发展,本节对套期保值操作的一些扩展也加以介绍。

一、套期保值概述

(一)套期保值定义

企业经营中面临各种风险,如价格风险、政治风险、法律风险、操作风险、信用风险等。面对风险,企业可以选择消极躲避风险、预防风险、分散风险、转移风险等多种手段管理风险。其中,转移风险是指一些企业或个人为避免承担风险损失,而有意识地将损失或与损失有关的财务后果转移给另一些企业或个人去承担的一种风险管理方式,比较典型的就是保险。

套期保值本质上也是一种转移风险的方式,是由企业通过买卖衍生工具,将风险转移给其他交易者。套期保值活动主要转移的是价格风险和信用风险。价格风险主要包括商品价格风险、利率风险、汇率风险和股票价格风险等,是企业经营中最常见的风险。在本节中,我们将重点讨论套期保值是如何转移价格风险的。

套期保值(Hedging),又称避险、对冲等。广义上的套期保值是指企业在一个或一个以上的工具上进行交易,预期全部或部分对冲其生产经营中所面临的价格风险的方式。在该定义中,套期保值交易选取的工具是比较广的,主要有期货、期权、远期、互换等衍生工具,以及其他可能的非衍生工具。

这里我们主要讨论期货的套期保值(Futures Hedging)。它是指企业通过持有与其现货市场头寸相反的期货合约,或将期货合约作为其现货市场未来要进行的交易的替代物,以期对冲价格风险的方式。企业通过套期保值,可以降低价格风险对企业经营活动的影响,实现稳健经营。

(二)套期保值的实现条件

套期保值的核心是"风险对冲",也就是将期货工具的盈亏与被套期保值项目的盈亏形成一个相互冲抵的关系,从而规避因价格变动带来的风险。

利用期货工具进行套期保值操作,实现"风险对冲",必须具备以下条件:

第一,期货品种及合约数量的确定应保证期货与现货头寸的价值变动大体相当。由于受相近的供求等关系的影响,同一品种的期货价格和现货价格之间通常具有较高的相关性,期货价格与现货价格变动趋势通常相同且变动幅度相近。这为实现套期保值提供了前提条件。

如果存在与被套期保值的商品或资产相同的期货品种,并且期货价格和现货价格满足趋势相同且变动幅度相近的要求,企业可选择与其现货数量相当的期货合约数量进行套期保值。此时,套期保值比率(Hedge Ratio)(即套期保值中期货合约所代表的数量与被套期保值的现货数量之间的比率)为1。例如,某贸易商签订了2万吨的大豆进口合同,价格已确定下来。为了防止日后大豆价格下跌,影响这批大豆的销售收益,在利用大豆期货做套期保值时,就要做到卖出大豆期货合约的规模应与2万吨相当。若大豆期货合约的交易单位为每手10吨,则需要卖出的期货合约数量就是2000手。

如果不存在与被套期保值的商品或资产相同的期货合约,企业可以选择其他的相关期货合约进行套期保值,选择的期货合约头寸的价值变动应与实际的、预期的现货头寸的价值变动大体上相当。这种选择与被套期保值商品或资产不相同但相关的期货合约进行的套期保值,称为交叉套期保值(Cross Hedging)。一般来说,选择作为替代物的期货品种最好是该现货商品或资产的替代品,相互替代性越强,交叉套期保值交易的效果就会越好。

第二,期货头寸应与现货头寸相反,或作为现货市场未来要进行的交易的替代物。现货头寸可以分为多头和空头两种情况。当企业持有实物商品或资产,或者已按固定价格约定在未来购买某商品或资产时,该企业处于现货的多头。例如,榨油厂持有豆油库存或券商持有的股票组合,属于现货多头的情形。还有,某建筑企业已与某钢材贸易商签订购买钢材的合同,确立了价格,但尚未实现交收的情形也属于现货的多头。当企业已按固定价格约定在未来出售某商品或资产,但尚未持有实物商品或资产时,该企业处于现货的空头。例如某钢材贸易商与某房地产商签订合同,约定在三个月后按某价格提供若干吨钢材,但手头尚未有钢材现货的,该钢材贸易商就是处于现货的空头。

当企业处于现货多头时,企业在套期保值时要在期货市场建立空头头寸,即卖空。当处于现货空头情形时,企业要在期货市场建立多头头寸进行套期保值。

不过,有时企业在现货市场既不是多头,也不是空头,而是计划在未来买入或卖出某商品或资产。这种情形也可以进行套期保值,在期货市场建立的头寸是作为现货市场未来要进行的交易的替代物。此时,期货市场建立的头寸方向与未来要进行的现货交易的方向是相同的。例如,某榨油厂预计下个季度将生产豆油6000吨,为了规避豆油价格下跌的风险,对于这批未来要出售的豆油进行套期保值,卖出豆油期货合约。其在期货市场建立的空头头寸是现货市场未来出售的豆油的替代物。

第三,期货头寸持有的时间段要与现货市场承担风险的时间段对应起来。当企业不再面临现货价格波动风险时,应该将套期保值的期货头寸进行平仓,或者通过到期交割的方式同时将现货头寸和期货头寸进行了结。例如,某钢材贸易商持有一批钢材现货,然后通过在期货市场卖空进行套期保值。一旦该贸易商出售了该批钢材,便不再承担该批钢材价格变动的风险,此时企业应同时将期货空头头寸平仓。该贸易商也可以持有期货合约到期进行交割,以实物交收的方式将持有的钢材在期货市场卖出,同时了结现货和期货头寸。

如果企业的现货头寸已经了结,但仍保留着期货头寸,那么其持有的期货头寸就变成了投机性头寸;如果将期货头寸提前平仓,那么企业的现货头寸将处于风险暴露状态。

具备以上三个条件,意味着期货市场盈亏与现货市场盈亏之间构成了冲抵关系,可以降低企业面临的价格风险,商品或资产价格波动对企业的生产经营活动的影响将会减小。例如,某粮商对于其持有的小麦库存进行套期保值,卖出与其数量相当的小麦期货合约。当小麦价格下跌时,期货头寸盈利,现货头寸亏损,两者冲抵,从而起到风险对冲作用。如果小麦价格上涨,期货头寸亏损,现货头寸盈利,两者仍构成冲抵关系,同样起到风险对冲作用。

(三) 套期保值者

套期保值者(Hedger)是指通过持有与其现货市场头寸相反的期货合约,或将期货合约作为其现货市场未来要进行的交易的替代物,以期对冲现货市场价格风险的机构和个人。他们可以是生产者、加工者、贸易商和消费者,也可以是银行、券商、保险公司等金融机构。

一般来说,套期保值者具有的特点是:

(1)生产、经营或投资活动面临较大的价格风险,直接影响其收益或利润的稳定性。

(2)避险意识强,希望利用期货市场规避风险,而不是像投机者那样通过承担价格风险获取收益。

(3)生产、经营或投资规模通常较大,且具有一定的资金实力和操作经验,一般来说规模较大的机构和个人比较适合做套期保值。

(4)套期保值操作上,所持有的期货合约头寸方向比较稳定,且保留时间长。

(四)套期保值的种类

套期保值的目的是回避价格波动风险,而价格的变化无非是下跌和上涨两种情形。与之对应,套期保值分为两种:一种是用来回避未来某种商品或资产价格下跌的风险,称为卖出套期保值;另一种是用来回避未来某种商品或资产价格上涨的风险,称为买入套期保值。

卖出套期保值(Selling Hedging),又称空头套期保值(Short Hedging),是指套期保值者通过在期货市场建立空头头寸,预期对冲其目前持有的或者未来将卖出的商品或资产的价格下跌风险的操作。

买入套期保值(Buying Hedging),又称多头套期保值(Long Hedging),是指套期保值者通过在期货市场建立多头头寸,预期对冲其现货商品或资产空头,或者未来将买入的商品或资产的价格上涨风险的操作。

卖出套期保值与买入套期保值的区别如表 2-3 所示。

表 2-3 卖出套期保值与买入套期保值的区别

套期保值种类	现货市场	期货市场	目的
卖出套期保值	现货多头或未来要卖出现货	期货空头	防范现货市场价格下跌风险
买入套期保值	现货空头或未来要买入现货	期货多头	防范现货市场价格上涨风险

二、套期保值的应用

此部分,我们将通过具体案例进一步阐释卖出套期保值和买入套期保值的应用。需说明的是,虽然套期保值是在期货市场和现货市场建立风险对冲关系,但在实际操作中,两个市场涨跌的幅度并不完全相同,因而不一定能保证盈亏完全冲抵。但为了理解套期保值的实质,因此,案例进行了简化处理,即假设两个市场价格变动幅度完全相同。另外,无论对于商品还是金融资产来说,套期保值基本原理都是适用的。关于金融期货的套期保值在后面章节中将作讲解,因此,在本小节中均以商品期货为例。

(一)卖出套期保值的应用

卖出套期保值的操作主要适用于以下情形:

第一,持有某种商品或资产(此时持有现货多头头寸),担心市场价格下跌,使其持有的商品或资产市场价值下降,或者其销售收益下降。

第二,已经按固定价格买入未来交收的商品或资产(此时持有现货多头头寸),担心市场价格下跌,使其商品或资产市场价值下降或其销售收益下降。

第三,预计在未来要销售某种商品或资产,但销售价格尚未确定,担心市场价格下跌,使其销售收益下降。

【例2-4】 10月初,某地玉米现货价格为1710元/吨。当地某农场预计年产玉米5000吨。该农场对当前价格比较满意,但担心待新玉米上市后,销售价格可能会下跌,该农场决定进行套期保值交易。当日卖出500手(每手10吨)第二年1月份交割的玉米期货合约进行套期保值,成交价格为1680元/吨。到了11月,随着新玉米的大量上市,以及养殖业对玉米需求疲软,玉米价格开始大幅下滑。该农场将收获的5000吨玉米进行销售,平均价格为1450元/吨,与此同时将期货合约买入平仓,平仓价格为1420元/吨。该套期保值结果见表2-4。

表2-4 卖出套期保值案例(价格下跌情形)

时间	现货市场	期货市场
10月5日	市场价格1710元/吨	卖出第二年1月份玉米期货合约,1680元/吨
11月5日	平均售价1450元/吨	买入平仓玉米期货合约,1420元/吨
盈亏	相当于亏损260元/吨	盈利260元/吨

在该例子中,该农场通过在期货市场建立4个替代性的头寸,即空头头寸,进行卖出套期保值操作,来规避价格下跌风险。由于现货玉米价格下跌,该农场在玉米收获时,每吨玉米少赚260元,可视为现货市场亏损260元/吨。而期货空头头寸因价格下跌获利260元/吨,现货市场的亏损完全被期货市场的盈利对冲。通过套期保值操作,该农场玉米的实际售价相当于是1450+260=1710(元/吨),即与10月初计划进行套期保值操作时的现货价格相等。套期保值使农场不再受未来价格变动不确定性的影响,保持了经营的稳定性。如果该农场不进行套期保值,价格下跌将导致收益减少260元/吨,也将减少农场的利润,甚至会导致亏损。

在该例子中,我们还可以考虑市场朝着相反的方向变化,即价格出现上涨的情形。假设经过一个月后,现货价格涨至1950元/吨,期货价格涨至1920元/吨。该套期保值结果见表2-5。

表2-5 卖出套期保值案例(价格上涨情形)

时间	现货市场	期货市场
10月5日	市场价格1710元/吨	卖出第二年1月份玉米期货合约,1680元/吨
11月5日	平均售价1950元/吨	买入平仓玉米期货合约,1920元/吨
盈亏	相当于盈利240元/吨	亏损240元/吨

在这种情形下,因价格上涨该农场玉米现货销售收益增加240元/吨,但这部分现货的盈利被期货市场的亏损所对冲。通过套期保值,该农场玉米的实际售价仍为1950-

240＝(1710)元/吨,与最初计划套期保值时的现货价格相等。在该例子中农场似乎不进行套期保值操作会更好些,因为可以实现投机性的收益 240 元/吨。但需要注意的是,农场参与套期保值操作的目的是为了规避价格不利变化的风险,而非获取投机性收益。事实上,套期保值操作在规避风险的同时,也放弃了获取投机性收益的机会。如果农场不进行套期保值,虽然可以在价格有利变化时获取投机性收益,但也要承担价格不利变化时的风险,这将增加其经营结果的不确定性。

(二)买入套期保值的应用

买入套期保值的操作,主要适用于以下情形:

第一,预计在未来要购买某种商品或资产,购买价格尚未确定时,担心市场价格上涨,使其购入成本提高。

第二,目前尚未持有某种商品或资产,但已按固定价格将该商品或资产卖出(此时处于现货空头头寸),担心市场价格上涨,影响其销售收益或者采购成本。例如,某商品的生产企业,已按固定价格将商品销售。那么待商品生产出来后,其销售收益就不能随市场价格上涨而增加。再例如,某商品的经销商,已按固定价格将商品销售,待其采购该商品时,价格上涨会使其采购成本提高。这都会使企业面临风险。

第三,按固定价格销售某商品的产成品及其副产品,但尚未购买该商品进行生产(此时处于现货空头头寸),担心市场价格上涨,购入成本提高。例如,某服装厂已签订销售合同,按某价格卖出一批棉质服装,但尚未开始生产。若之后棉花价格上涨,则其要遭受成本上升的风险。

【例 2-5】 某一铝型材厂的主要原料是铝锭,某年 3 月初铝锭的现货价格为 16430 元/吨。该厂计划 5 月份使用 600 吨铝锭。由于目前库存已满且能满足当前生产使用,如果现在购入,要承担仓储费和资金占用成本,而如果等到 5 月份购买可能面临价格上涨风险,于是该厂决定进行铝的买入套期保值。3 月初,该厂以 17310 元/吨的价格买入 120 手(每手 5 吨)6 月份到期的铝期货合约。到了 5 月初,现货市场铝锭价格上涨至 17030 元/吨,期货价格涨至 17910 元/吨。此时,该铝型材厂按照当前的现货价格购入 600 吨铝锭,同时将期货多头头寸对冲平仓,结束套期保值。该铝型材厂的套期保值结果见表 2-6。

表 2-6 买入套期保值案例(价格上涨情形)

时间	现货市场	期货市场
3 月初	市场价格 16430 元/吨	买入 6 月份铝期货合约,17310 元/吨
5 月初	买入价格 17030 元/吨	卖出平仓铝期货合约,17910 元/吨
盈亏	相当于亏损 600 元/吨	盈利 600 元/吨

在该案例中,该铝型材厂在过了 2 个月后以 17030 元/吨的价格购进铝锭,与 3 月初的 16430 元/吨的价格相比高出 600 元/吨,相当于亏损 600 元/吨。但在期货交易中盈利 600 元/吨,刚好与现货市场的亏损相对冲。通过套期保值,该铝型材厂实际购买铝锭的成本为 17030－600＝16430(元/吨),与 3 月初现货价格水平完全一致,相当于将 5 月初要

购买的铝锭价格锁定在 3 月初的水平,完全回避了铝锭价格上涨的风险。如果不进行套期保值,该企业将遭受每吨铝锭成本上涨 600 元的损失,影响其生产利润。假如 5 月初铝锭的价格不涨反跌,现货、期货都下跌了 600 元/吨,则该铝型材厂的套期保值结果如表 2-7所示。

表 2-7　买入套期保值案例(价格下跌情形)

时间	现货市场	期货市场
3 月初	市场价格 16430 元/吨	买入 6 月份铝期货合约,17310 元/吨
5 月初	买入价格 15830 元/吨	卖出平仓铝期货合约,16710 元/吨
盈亏	相当于盈利 600 元/吨	亏损 600 元/吨

在这种情形下,因价格下跌该铝型材厂铝锭购入成本下降 600 元/吨,但这部分现货的盈利被期货市场的亏损所对冲。通过套期保值,该铝型材厂铝锭实际的采购价为 15830+600=16430(元/吨),与 3 月初计划套期保值时的现货价格相等。在该例子中,该铝型材厂似乎不进行套期保值操作会更好些,因为可以实现投机性的收益 600 元/吨。但需要注意的是,该铝型材厂参与套期保值操作的目的是为了规避价格不利变化的风险,而非获取投机性收益。事实上,套期保值操作在规避风险的同时,也放弃了获取投机性收益的机会。如果该铝型材厂不进行套期保值,虽然可以在价格有利变化时获取投机性收益,但也要承担价格不利变化时的风险,这将增加其经营结果的不确定性。

三、基差与套期保值效果

(一) 完全套期保值与不完全套期保值

在上一小节中,我们所举的卖出和买入套期保值的例子,均是假设在套期保值操作过程中,期货头寸盈(亏)与现货头寸亏(盈)幅度是完全相同的,两个市场的盈亏是完全冲抵的,这种套期保值被称为完全套期保值,或理想套期保值(Perfect Hedging)。

事实上,盈亏完全冲抵是一种理想化的情形,现实中套期保值操作的效果更可能是不完全套期保值,或非理想套期保值(Imperfect Hedging),即两个市场盈亏只是在一定程度上相抵,而非刚好完全相抵。

导致不完全套期保值的原因主要有:

第一,期货价格与现货价格变动幅度并不完全一致。在相同或相近的价格变动影响因素作用下,同一商品在期货市场和现货市场的价格走势整体是趋同的,但受到季节等各种因素的影响,两个市场价格变动程度可能存在不一致。例如,农产品在收获季节即将来临时,期货价格受预期供给大量增加因素影响,其价格下跌幅度往往会大于现货市场价格下跌幅度,或者其价格上涨幅度往往会小于现货价格上涨幅度,从而导致两个市场价格虽整体趋同,但变动程度存在差异。如果做卖出套期保值,可能出现现货市场亏损小于期货市场盈利,或者现货市场盈利大于期货市场亏损的情形,盈亏冲抵之后还存在一定的净盈利。

第二,由于期货合约标的物可能与套期保值者在现货市场上交易的商品等级存在差异,当不同等级的商品在供求关系上出现差异时,虽然两个市场价格变动趋势相近,但在变动程度上会出现差异性。

第三,期货市场建立的头寸数量与被套期保值的现货数量之间存在差异时,即使两个市场价格变动幅度完全一致,也会出现两个市场盈亏不一致的情况。这主要是由于每张期货合约代表一定数量的商品,例如 5 吨或 10 吨,交易时必须是其整数倍。而现货市场涉及的头寸有可能不是期货合约交易单位的整数倍,这就导致两个市场数量上的差异,从而影响两个市场盈亏相抵的程度。

第四,因缺少对应的期货品种,一些加工企业无法直接对其所加工的产成品进行套期保值,只能利用其使用的初级产品的期货品种进行套期保值时,由于初级产品和产成品之间在价格变化上存在一定的差异性,从而导致不完全套期保值。例如,电线电缆企业若想对电线、电缆等产成品套期保值,只能利用其生产所使用的初级产品——阴极铜期货来实现。初级产品价格是其产成品价格的主要构成因素,两者之间存在一定的同方向变化的关系,套期保值操作可以起到对冲风险的作用。但是,影响产成品价格构成的还有其他因素,例如人工成本、水电成本等,这会导致两者的价格在变动程度上存在一定差异性,从而影响套期保值的效果。

(二)基差概述

在导致不完全套期保值的原因中,现货市场和期货市场价格变动幅度的不完全一致是最常见的情形。在此,我们将引入基差(Basis)的概念,详细分析两个市场价格变动幅度不完全一致与套期保值效果之间的关系。

1. 基差的概念

基差是某一特定地点某种商品或资产的现货价格与相同商品或资产的某一特定期货合约价格间的价差。用公式可表示为:基差=现货价格-期货价格。例如,11 月 24 日,美湾 2 号小麦离岸价(FOB,Free on Board,即指定港船上交货价格)对美国芝加哥期货交易所 12 月小麦期货价格的基差为"+55 美分/蒲式耳",这意味着品质为 2 号的小麦在美湾交货的价格要比 CBOT 12 月小麦期货价格高出 55 美分/蒲式耳。

不同的交易者,由于关注的商品品质不同,参考的期货合约月份不同,以及现货地点不同,所关注的基差也会不同。例如,某小麦交易商因为在 5 月份的 CBOT 小麦期货合约上进行了套期保值交易,所以他关心的基差就是相对于 5 月份的 CBOT 小麦期货合约的基差。

2. 影响基差的因素

基差的大小主要受到以下因素的影响:

第一,时间价差。距期货合约到期时间长短,会影响持仓费的高低,进而影响基差值的大小。持仓费(Carrying Charge),又称为持仓成本(Cost of Carry),是指为拥有或保留某种商品、资产等而支付的仓储费、保险费和利息等费用总和。持仓费高低与距期货合约到期时间长短有关,距交割时间越近,持仓费越低。理论上,当期货合约到期时,持仓费会减小到零,基差也将变为零。

第二,品质价差。由于期货价格反映的是标准品级的商品的价格,如果现货实际交易的品质与交易所规定的期货合约的品级不一致,则该基差的大小就会反映这种品质价差。

第三,地区价差。如果现货所在地与交易所指定的交割地点不一致,则该基差的大小就会反映两地间的运费价差。

3. 基差与正反向市场

当不存在品质价差和地区价差的情况下,期货价格高于现货价格或者远期期货合约大于近期期货合约时,这种市场状态称为正向市场(Normal Market)或期货溢价(Contango)。此时基差为负值。当现货价格高于期货价格或者近期期货合约大于远期期货合约时,这种市场状态称为反向市场,或者逆转市场(Inverted Market)、现货溢价(Backwardation)。此时基差为正值。

正向市场主要反映了持仓费。持仓费与期货价格、现货价格之间的关系可通过下面的例子来说明:假定某企业在未来3个月后需要某种商品,它可以有两种选择,一是立即买入3个月后交割的该商品的期货合约,一直持有并在合约到期时交割;二是立即买入该种商品的现货,将其储存3个月后使用。买入期货合约本身除因缴纳保证金而产生资金占用成本外,不需要更多的成本。而买入现货意味着必须支付从购入商品到使用商品期间的仓储费、保险费以及资金占用的利息成本。如果期货价格与现货价格相同,很显然企业都会选择在期货市场而不是在现货市场买入商品,这会造成买入期货合约的需求增加,现货市场的需求减少,从而使期货价格上升现货价格下降,直至期货合约的价格高出现货价格的部分与持仓费相同,这时企业选择在期货市场还是在现货市场买入商品是没有区别的。因此,在正向市场中,期货价格高出现货价格的部分与持仓费的高低有关,持仓费体现的是期货价格形成中的时间价值。持仓费的高低与持有商品的时间长短有关,一般来说,距离交割的期限越近,持有商品的成本就越低,期货价格高出现货价格的部分就越少。当交割月到来时,持仓费将降至零,期货价格和现货价格将趋同。

反向市场的出现主要有两个原因:一是近期对某种商品或资产需求非常迫切,远大于近期产量及库存量,使现货价格大幅度增加,高于期货价格;二是预计将来该商品的供给会大幅度增加,导致期货价格大幅度下降,低于现货价格。反向市场的价格关系并非意味着现货持有者没有持仓费的支出,只要持有现货并储存到未来某一时期,仓储费、保险费、利息成本的支出就是必不可少的。只不过在反向市场上,由于市场对现货及近期月份合约需求迫切,购买者愿意承担全部持仓费来持有现货而已。在反向市场上,随着时间的推进,现货价格与期货价格如同在正向市场上一样,会逐步趋同,到交割期趋向一致。

4. 基差的变动

由于受到相近的供求因素的影响,期货价格和现货价格表现出相同的变化趋势,但由于供求因素对现货市场、期货市场的影响程度不同以及持仓费等因素,导致两者的变动幅度不尽相同,因而计算出来的基差也在不断的变化中,我们常用"走强"或"走弱"来评价基差的变化。

基差变大,称为"走强"(Stronger)。基差走强常见的情形有:现货价格涨幅超过期货价格涨幅,以及现货价格跌幅小于期货价格跌幅。这意味着,相对于期货价格表现而言,现货价格走势相对较强。例如,1月10日,小麦期货价格为800美分/蒲式耳,现货价格为790美分/蒲式耳,此时基差为-10美分/蒲式耳。至1月15日,小麦期货价格上涨100美分/蒲式耳至900美分/蒲式耳,现货价格上涨105美分/蒲式耳至895美分/蒲式

耳,此时基差为－5 美分/蒲式耳。该期间基差的变化就属于走强的情形。如果基差从
－2美分/蒲式耳变为＋4 美分/蒲式耳,或者从＋5 美分/蒲式耳变为＋10 美分/蒲式耳均
属于走强的情形。三种基差走强的情形见图 2-1(1)、(2)、(3)。

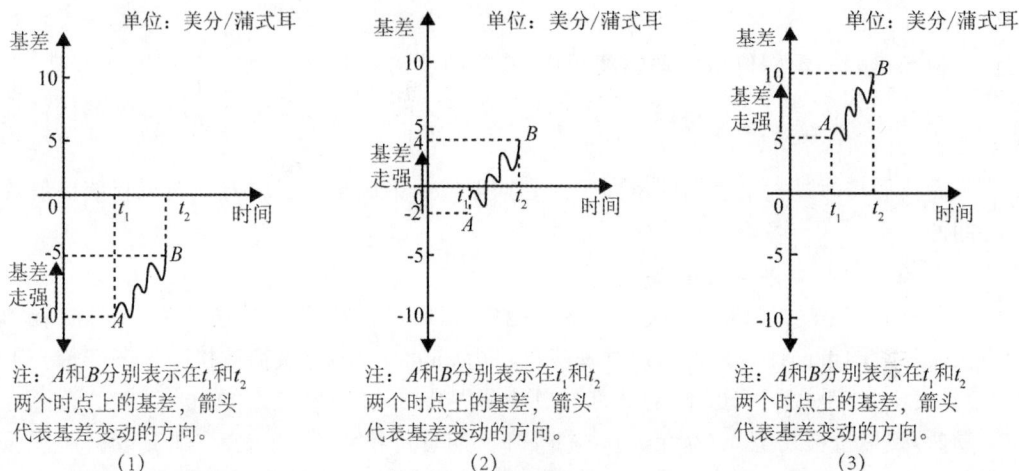

注:A和B分别表示在t_1和t_2
两个时点上的基差,箭头
代表基差变动的方向。
(1)

注:A和B分别表示在t_1和t_2
两个时点上的基差,箭头
代表基差变动的方向。
(2)

注:A和B分别表示在t_1和t_2
两个时点上的基差,箭头
代表基差变动的方向。
(3)

图 2-1　基差走强的图示

基差变小,称为"走弱"(Weaker)。基差走弱常见的情形有:现货价格涨幅小于期货
价格涨幅,以及现货价格跌幅超过期货价格跌幅。这意味着,相对于期货价格表现而言,
现货价格走势相对较弱。例如,1 月 10 日,小麦期货价格为 800 美分/蒲式耳,现货价格
为 795 美分/蒲式耳,此时基差为－5 美分/蒲式耳;至 1 月 15 日,小麦期货价格下跌 100
美分/蒲式耳至 700 美分/蒲式耳,现货价格下跌 105 美分/蒲式耳至 690 美分/蒲式耳,此
时基差为－10 美分/蒲式耳。该期间基差的变化就属于走弱的情形。如果基差从＋10 美
分/蒲式耳变为＋5 美分/蒲式耳,或者从＋4 美分/蒲式耳变为－2 美分/蒲式耳,均属于
走弱的情形。三种基差走弱的情形见图 2-2(1)、(2)、(3)。

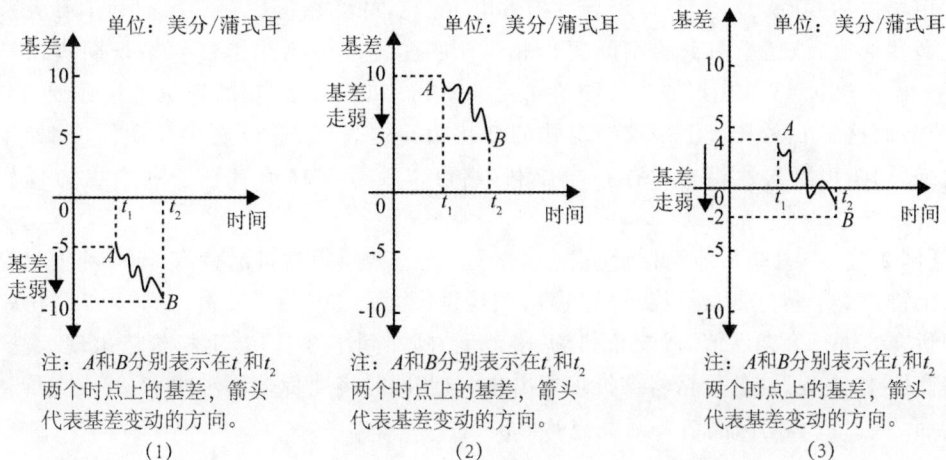

注:A和B分别表示在t_1和t_2
两个时点上的基差,箭头
代表基差变动的方向。
(1)

注:A和B分别表示在t_1和t_2
两个时点上的基差,箭头
代表基差变动的方向。
(2)

注:A和B分别表示在t_1和t_2
两个时点上的基差,箭头
代表基差变动的方向。
(3)

图 2-2　基差走弱的图示

需要注意的是,随着期货合约到期的临近,持仓费逐渐减少,基差均会趋向于零。

(三) 基差变动与套期保值效果

期货价格与现货价格趋同的走势并非每时每刻保持完全一致,标的物现货价格与期货价格之间的价差(即基差)也呈波动性,因此在一定程度上会使套期保值效果存在不确定性。但与单一的现货价格波动幅度相比,基差的波动相对要小,并且通过对持仓费、季节等因素进行分析,基差的变动易于预测。套期保值的实质是用较小的基差风险代替较大的现货价格风险。

下面我们将通过卖出套期保值和买入套期保值的案例来说明基差变动与套期保值效果之间的关系。

1. 基差变动与卖出套期保值

【例 2-6】 5 月初某糖厂与饮料厂签订销售合同,约定将在 8 月初销售 100 吨白糖,价格按交易时的市价计算。目前白糖现货价格为 5500 元/吨。该糖厂担心未来糖价会下跌,于是卖出 10 手(每手 10 吨)的 9 月份白糖期货合约,成交价格为 5800 元/吨。至 8 月初交易时,现货价格跌至 5000 元/吨,与此同时,期货价格跌至 5200 元/吨。该糖厂按照现货价格出售 100 吨白糖,同时按照期货价格将 9 月份白糖期货合约对冲平仓。该套期保值结果见表 2-8。

表 2-8　卖出套期保值案例(基差走强情形)

时间	现货市场	期货市场	基差
5 月初	市场价格 5500 元/吨	卖出 9 月份白糖期货合约,5800 元/吨	−300 元/吨
8 月初	卖出价格 5000 元/吨	买入平仓白糖期货合约,5200 元/吨	−200 元/吨
盈亏	相当于亏损 500 元/吨	盈利 600 元/吨	走强 100 元/吨

在该案例中,由于现货价格下跌幅度小于期货价格下跌幅度,基差走强 100 元/吨。期货市场盈利 600 元/吨,现货市场亏损 500 元/吨,两者相抵后存在净盈利 100 元/吨。通过套期保值,该糖厂白糖的实际售价相当于:现货市场实际销售价格＋期货市场盈利＝5000＋600＝5600(元/吨)。该价格比 5 月初的 5500 元/吨的现货价格还要高 100 元/吨。而这 100 元/吨,正是基差走强的变化值。这表明,进行卖出套期保值,如果基差走强,两个市场盈亏相抵后存在净盈利,它可以使套期保值者获得一个更为理想的价格。

【例 2-7】 5 月初某地钢材价格为 4380 元/吨。某经销商目前持有 5000 吨钢材存货尚未出售。为了防范钢材价格下跌风险,该经销商卖出 500 手(每手 10 吨)11 月份螺纹钢期货合约进行套期保值,成交价格为 4800 元/吨。到了 8 月初,钢材价格出现上涨,该经销商按 4850 元/吨的价格将该批现货出售,与此同时将期货合约对冲平仓,成交价格为 5330 元/吨。该套期保值结果见表 2-9。

表 2-9　卖出套期保值案例(基差走弱情形)

时间	现货市场	期货市场	基差
5 月初	市场价格 4380 元/吨	卖出 11 月份螺纹钢期货合约,4800 元/吨	−420 元/吨
8 月初	卖出价格 4850 元/吨	买入平仓螺纹钢期货合约,5330 元/吨	−480 元/吨
盈亏	相当于盈利 470 元/吨	亏损 530 元/吨	走弱 60 元/吨

在该案例中,由于现货价格上涨幅度小于期货价格上涨幅度,基差走弱 60 元/吨。期货市场亏损 530 元/吨,现货市场盈利 470 元/吨,两者相抵后存在净亏损 60 元/吨。通过套期保值,该经销商的钢材的实际售价相当于是:现货市场实际销售价格−期货市场亏损=4850−530=4320(元/吨)。该价格比 5 月初的 4380 元/吨的现货价格要低 60 元/吨。而这 60 元/吨,正是基差走弱的变化值。这表明,进行卖出套期保值,如果基差走弱,两个市场盈亏相抵后存在净亏损,它将使套期保值者承担基差变动不利的风险,其价格与其预期价格相比要略差一些。

2. 基差变动与买入套期保值

【例 2-8】　5 月初,某饲料公司预计 3 个月后需要购入 3000 吨豆粕。为了防止豆粕价格上涨,该饲料公司买入 9 月份豆粕期货合约 300 手(每手 10 吨),成交价格为 2910元/吨。当时现货市场豆粕价格为 3160 元/吨。至 8 月初,豆粕现货价格上涨至 3600 元/吨。该饲料公司按此价格采购 3000 吨豆粕,与此同时,将豆粕期货合约对冲平仓,成交价格为 3280 元/吨。该套期保值结果见表 2-10。

表 2-10　买入套期保值案例(基差走强情形)

时间	现货市场	期货市场	基差
5 月初	市场价格 3160 元/吨	买入 9 月份豆粕期货合约,2910 元/吨	250 元/吨
8 月初	买入价格 3600 元/吨	卖出平仓豆粕期货合约,3280 元/吨	320 元/吨
盈亏	相当于亏损 440 元/吨	盈利 370 元/吨	走强 70 元/吨

在该案例中,由于现货价格上涨幅度大于期货价格上涨幅度,基差走强 70 元/吨。期货市场盈利 370 元/吨,现货市场亏损 440 元/吨,两者相抵后存在净亏损 70 元/吨。通过套期保值,该饲料公司的豆粕的实际购入价相当于:现货市场实际采购价格−期货市场单位盈利=3600−370=3230(元/吨)。该价格比 5 月初的 3160 元/吨的现货价格要高 70元/吨。而这 70 元/吨,正是基差走强的变化值。这表明,进行买入套期保值,如果基差走强,两个市场盈亏相抵后存在净亏损,它将使套期保值者承担基差变动不利的风险,其价格与其预期价格相比要略差一些。

【例 2-9】　3 月初,某轮胎企业为了防止天然橡胶原料价格进一步上涨,于是买入 7月份天然橡胶期货合约 200 手(每手 5 吨),成交价格为 24000 元/吨,对其未来生产所需要的 1000 吨天然橡胶进行套期保值。当时现货市场天然橡胶价格为 23000 元/吨。之后天然橡胶价格未涨反跌,至 6 月初,天然橡胶现货价格跌至 20000 元/吨。该企业按此价格购入天然橡胶现货 1000 吨。与此同时，将天然橡胶期货合约对冲平仓，成交价格为 21200 元/吨。该套期保值结果见表 2-11。

表 2-11　买入套期保值案例（基差走弱情形）

时间 \ 市场	现货市场	期货市场	基差
3 月初	市场价格 23000 元/吨	买入 7 月份天然橡胶期货合约，24000 元/吨	−1000 元/吨
6 月初	买入价格 20000 元/吨	卖出平仓天然橡胶期货合约，21200 元/吨	−1200 元/吨
盈亏	相当于盈利 3000 元/吨	亏损 2800 元/吨	走弱 200 元/吨

在该案例中，由于现货价格下跌幅度大于期货价格下跌幅度，基差走弱 200 元/吨。期货市场亏损 2800 元/吨，现货市场盈利 3000 元/吨，两者相抵后存在净盈利 200 元/吨。通过套期保值，该轮胎企业的天然橡胶的实际购入价相当于：现货市场实际采购价格＋期货市场单位亏损＝20000＋2800＝22800（元/吨）。该价格比 3 月初的 23000 元/吨的现货价格要低 200 元/吨。而这 200 元/吨，正是基差走弱的变化值。这表明，进行买入套期保值，如果基差走弱，两个市场盈亏相抵后存在净盈利，它将使套期保值者获得的价格比其预期价格还要更理想。

3．基差变动与套期保值效果关系的总结

根据以上分析，我们可以将买入套期保值和卖出套期保值在基差不同变化情形下的效果进行概括（见表 2-12）。

表 2-12　基差变动与套期保值效果关系

套期保值方式	基差变化	套期保值效果
卖出套期保值	基差不变	完全套期保值，两个市场盈亏刚好完全相抵
	基差走强	不完全套期保值，两个市场盈亏相抵后存在净盈利
	基差走弱	不完全套期保值，两个市场盈亏相抵后存在净亏损
买入套期保值	基差不变	完全套期保值，两个市场盈亏刚好完全相抵
	基差走强	不完全套期保值，两个市场盈亏相抵后存在净亏损
	基差走弱	不完全套期保值，两个市场盈亏相抵后存在净盈利

（四）套期保值有效性的衡量

套期保值有效性是度量风险对冲程度的指标，可以用来评价套期保值效果。通常采取的方法是比率分析法，用期货合约价值变动抵消被套期保值的现货价值变动的比率来衡量。在采取"1∶1"的套期保值比率情况下，套期保值有效性可简化为：

套期保值有效性＝期货价格变动值/现货价格变动值，该数值越接近 100％，代表套期保值有效性就越高。在我国 2006 年会计准则中规定，当套期保值有效性在 80％至 125％的范围内，该套期保值被认定为高度有效。

例如，某套期保值企业对其生产的豆油进行卖出套期保值操作，且卖出期货合约的数量与被套期保值的现货数量相同。在整个套期保值期间，期货价格上涨 400 元/吨，现货价格上涨 500 元/吨,这意味着该套期保值者期货市场亏损 400 元/吨,现货市场盈利 500 元/吨。两者的比值为 80%,即套期保值有效性为 80%,可以视为有效地实现了套期保值。如果在整个套期保值期间,期货价格下跌 400 元/吨,现货价格下跌 500 元/吨,这意味着该套期保值者期货市场盈利 400 元/吨,现货市场亏损 500 元/吨,套期保值有效性仍为 80%。

由此可见,套期保值有效性的评价不是以单个的期货或现货市场的盈亏来判定,而是根据套期保值的"风险对冲"的实质,以两个市场盈亏抵消的程度来评价。

四、套期保值操作的扩展及注意事项

(一) 套期保值操作的扩展

前面所讲述的套期保值案例是比较简单和基本的操作方式。在实践中,结合期货市场和现货市场的发展,套期保值操作方式也得到了进一步的丰富。

1. 交割月份的选择

在套期保值操作中,需要将期货头寸持有的时间段与现货市场承担风险的时间段对应起来。但这并不一定要求期货合约月份的选择与现货市场承担风险的时期完全对应起来。例如,5 月初某企业计划在 3 个月后卖出一批铜,为了防范铜价下跌风险,做卖出套期保值。这是不是说,该企业在合约月份选择上,一定要选择卖出 8 月份的铜期货合约呢?不一定。

合约月份的选择主要受下列几个因素的影响:

第一,合约流动性。流动性不足的合约,会给企业开仓和平仓带来困难,影响套期保值效果。套期保值一般应选择流动性好的合约来进行交易。

第二,合约月份不匹配。有时企业现货头寸面临风险的期间,并没有对应的期货合约月份可以交易。例如,企业要在 8 月份购买商品,但没有对应的 8 月份的期货合约。再例如,套期保值期限超过一年时,市场上尚没有对应的远月期货合约挂牌。此时通常会涉及展期操作。所谓展期操作,是指在对近月合约平仓的同时在远月合约上建仓,用远月合约调换近月合约,将持仓移到远月合约的交易行为。

第三,不同合约基差的差异性。如前所述,基差变化直接影响套期保值效果。不同交割月份的期货合约的基差总是存在差异,套期保值者可以选择对其有利的合约进行交易。例如,3 月初,卖出套期保值者发现 7 月份和 9 月份期货合约的基差分别是 -50 元/吨和 -100 元/吨,假设 7 月至 9 月间持仓费为 30 元/吨,这意味着扣除持仓费因素,9 月份基差较 7 月份基差弱。换而言之,9 月份基差走强可能性更大,企业可以选择 9 月份合约进行套期保值。

上述三个方面的原因,将要求企业根据实际情况,灵活选择套期保值合约的月份。

2. 套期保值比率的确定

在前述套期保值案例中,均按照"1:1"的套期保值比率操作,这种方式操作很简单。但由于期货价格与现货价格波动幅度不完全相同,采取"1:1"的套期保值比率会带来基差变动的风险,造成不完全套期保值。实际操作中,企业可以结合不同的目的,以及现货市场和期货市场价格的相关性,来灵活确定套期保值比率。

3. 期转现与套期保值

在对现货交易进行套期保值时,恰当地使用期转现交易,可以在完成现货交易的同时实现商品的保值。例如,一个出口商与客户签订了一项出售大豆现货的远期合约,但是他没有现货库存,为防止到交货时大豆价格上涨,他在芝加哥期货交易所做买入套期保值。某储藏商持有大豆的现货,为了防止大豆价格下跌,在芝加哥期货交易所做卖出套期保值,所卖出的合约月份与该出口商相同。出口商向储藏商收购大豆现货,并协商进行期转现交易。这就意味着,在期货合约到期前,双方向交易所申请期转现交易,按约定价格将各自头寸平仓,结束套期保值交易。与此同时,交易双方按照协商好的价格、商品品质、交割地点等进行现货商品的交收。

以上套期保值交易与期转现交易结合在一起的操作,对交易双方都是有利的。对出口商来说,不仅获得所需要的现货,同时也避免了价格上涨的风险。对储藏商来说,既出售了现货商品,也避免了价格下跌的风险。期转现操作与期货实物交割相比,可以省去一笔交割费用,而且期转现交易在现货贸易伙伴间进行,交易细节更符合双方交易的需要。

期转现交易的优越性在于:

第一,加工企业和生产经营企业利用期转现可以节约期货交割成本,如搬运、整理和包装等交割费用;可以灵活商定交货品级、地点和方式;可以提高资金的利用效率。加工企业可以根据需要分批、分期地购回原料,减轻资金压力,减少库存量;生产经营企业也可以提前回收资金。

第二,期转现比"平仓后购销现货"更便捷。期转现使买卖双方在确定期货平仓价格的同时,确定了相应的现货买卖价格,由此可以保证期货与现货市场风险同时锁定。

第三,期转现比远期合同交易和期货实物交割更有利。远期合同交易有违约问题和被迫履约问题,期货实物交割存在交割品级、交割时间和地点的选择等灵活性缺陷问题,而且成本较高。期转现能够有效地解决上述问题。

期转现交易的基本流程是:

(1)寻找交易对手。拟进行期转现的一方,可自行寻找期转现对方,或通过交易所发布期转现意向。

(2)交易双方商定价格。找到对方后,双方首先商定平仓价(须在审批日期货价格限制范围内)和现货交收价格。

(3)向交易所提出申请。买卖双方到交易所申请办理期转现手续,填写交易所统一印制的期转现申请单;用非标准仓单交割的,需提供相关的现货买卖协议等证明。

(4)交易所核准。交易所接到期转现申请和现货买卖协议等资料后进行核对,符合条件的,予以批准,并在批准当日将买卖双方期货头寸平仓。不符合条件的,通知买卖双方会员,会员要及时通知客户。

(5)办理手续。如果用标准仓单期转现,批准日的下一日,买卖双方到交易所办理仓单过户和货款划转,并缴纳规定手续费。如果用非标准仓单进行期转现,买卖双方按照现货买卖协议自行进行现货交收。

(6)纳税。用标准仓单期转现的,买卖双方在规定时间到税务部门办理纳税手续。买卖双方各自负担标准仓单期转现中仓单转让环节的手续费。

【例 2-10】 在优质强筋小麦期货市场上,甲为买方,开仓价格为 1900 元/吨;乙为卖方,开仓价格为 2100 元/吨。小麦搬运、储存、利息等交割成本为 60 元/吨,双方商定的平仓价为 2040 元/吨,商定的交收小麦价格比平仓价低 40 元/吨,即 2000 元/吨。期转现后,甲实际购入小麦价格=2000-(2040-1900)=1860(元/吨);乙实际销售小麦价格=2000+(2100-2040)=2060(元/吨)。

如果双方不进行期转现而在期货合约到期时实物交割,则甲按开仓价 1900 元/吨购入小麦价格;乙按照开仓价 2100 元/吨销售小麦,扣除交割成本 60 元/吨,实际售价为 2040 元/吨。通过比较可知,甲期转现操作的实际采购成本 1860 元/吨比实物交割成本 1900 元/吨低 40 元/吨;乙期转现操作的实际售价 2060 元/吨比实物交割的实际售价 2040 元/吨高 20 元/吨。通过期转现交易,甲少花 40 元/吨,乙多卖 20 元/吨,期转现给双方带来的好处总和为 60 元/吨。

期转现操作中应注意的事项:用标准仓单期转现,要考虑仓单提前交收所节省的利息和储存等费用;用标准仓单以外的货物期转现,要考虑节省的交割费用、仓储费和利息以及货物的品级价差。买卖双方要先看现货,确定交收货物和期货交割标准品级之间的价差。商定平仓价和交货价的差额一般要小于节省的上述费用总和,这样期转现对双方都有利。

4. 期现套利操作

现实中,一些企业利用自身在现货市场经营的优势,依据基差与持仓费之间的关系,寻找合适的时机进行操作,演变成期现套利的新型操作模式。具体操作可通过下面的例子来说明。

假设某企业有一批商品的存货。目前现货价格为 3000 元/吨,2 个月后交割的期货合约价格为 3500 元/吨。2 个月期间的持仓费和交割成本等合计为 300 元/吨。该企业通过比较发现,如果将该批货在期货市场按 3500 元/吨的价格卖出,待到期时用其持有的现货进行交割,扣除 300 元/吨的持仓费之后,仍可以有 200 元/吨的净盈利。在这种情况下,企业将货物在期货市场卖出要比现在按 3000 元/吨的价格卖出更有利,也比两个月之后卖出更有保障(因为不知道未来价格会如何变化)。此时,可将企业的操作称为"期现套利"。

期现套利是指交易者利用期货市场与现货市场之间的不合理价差,通过在两个市场上进行反向交易,待价差趋于合理而获利的交易。一般来说,期货价格和现货价格之间的价差主要反映了持仓费。但现实中,价差并不绝对等同于持仓费。当两者出现较大的偏差时,期现套利机会就会出现。

如果价差远远高于持仓费,套利者就可以买入现货,同时卖出相关期货合约,待合约到期时,用所买入的现货进行交割。价差的收益扣除买入现货后发生的持仓费用之外还有盈利,从而产生套利的利润。相反,如果价差远远低于持仓费,套利者就可以通过卖出现货,同时买入相关期货合约,待合约到期时,用交割获得的现货来补充之前所卖出的现货。价差的亏损小于所节约的持仓费,因而产生盈利。不过,对于商品期货来说,由于现货市场缺少做空机制,从而限制了现货市场卖出的操作,因而最常见的期现套利操作是第一种情形。

在实际操作中,也可不通过交割来完成期现套利,只要价差变化对其有利,也可通过将期货合约和现货头寸分别了结的方式来结束期现套利操作。

在商品市场进行期现套利操作，一般要求交易者对现货商品的贸易、运输和存储等比较熟悉，因此参与者多是有现货生产经营背景的企业。

5. 基差交易

随着点价交易的出现，一种将点价交易与套期保值结合在一起的操作方式也随之出现，即基差交易。

（1）点价交易。点价交易（Pricing），是指以某月份的期货价格为计价基础，以期货价格加上或减去双方协商同意的升贴水来确定双方买卖现货商品的价格的交易方式。点价交易从本质上看是一种为现货贸易定价的方式，交易双方并不需要参与期货交易。目前，在一些大宗商品贸易中，例如大豆、铜、石油等贸易，点价交易已经得到了普遍应用。例如，在大豆的国际贸易中，通常以芝加哥期货交易所的大豆期货价格作为点价的基础；在铜精矿和阴极铜的贸易中通常利用伦敦金属交易所或纽约商品交易所的铜期货价格作为点价的基础。之所以使用期货市场的价格来为现货交易定价，主要是因为期货价格是通过集中、公开竞价方式形成的，价格具有公开性、连续性、预测性和权威性。使用大家都公认的、合理的期货价格来定价，可以省去交易者搜寻价格信息、讨价还价的成本，提高交易的效率。与传统的贸易不同，在点价交易中，贸易双方并非直接确定一个价格，而是以约定的某月份期货价格为基准，在此基础上加减一个升贴水来确定。升贴水的高低，与点价所选取的期货合约月份的远近、期货交割地与现货交割地之间的运费以及期货交割商品品质与现货交割商品品质的差异有关。在国际大宗商品贸易中，由于点价交易被普遍应用，升贴水的确定也是市场化的，有许多经纪商提供升贴水报价，交易商可以很容易确定升贴水的水平。

根据确定具体时点的实际交易价格的权利归属划分，点价交易可分为买方叫价交易和卖方叫价交易。如果确定交易时间的权利属于买方，称之为买方叫价交易，若该权利属于卖方则为卖方叫价交易。

（2）基差交易。因为在实施点价之前，双方所约定的期货基准价格是不断变化的，所以交易者仍然面临价格变动风险。为了有效规避这一风险，交易者可以将点价交易与套期保值操作结合在一起进行操作，形成基差交易。所谓基差交易（Basis Trading），是指企业按某一期货合约价格加减升贴水方式确立点价方式的同时，在期货市场进行套期保值操作，从而降低套期保值中的基差风险的操作。

【例 2-11】 10 月 20 日，中国某榨油厂与美国某贸易商签订进口合同，约定进口大豆的到岸价为"CBOT 的 1 月大豆期货合约＋CNF100 美分"，即在 1 月份 CBOT 大豆期货价格的基础上加上 100 美分/蒲式耳的升水，以此作为进口到岸价格。同时，双方约定由该榨油厂在 12 月 15 日装船前根据 CBOT 期货盘面价格自行点价确定。合同确立后，大豆的进口到岸价格实际上并未确定下来，如果在榨油厂实施点价之前，1 月份 CBOT 大豆期货价格上涨，该榨油厂就要接受此高价。为了规避这一风险，该榨油厂在签订进口合同同时，在 CBOT 上买入等数量的 1 月份大豆期货合约进行套期保值。

到了 12 月 15 日，该贸易商完成大豆装船，并通知该榨油厂点价。该榨油厂在 1 月份 CBOT 大豆期货上分批完成点价，均价为 1030 美分/蒲式耳。该批大豆的进口到岸价也相应确定下来,为 1030＋100＝1130(美分/蒲式耳)。该榨油厂按该价格向贸易商结清货款。与此同时,该榨油厂将套期保值头寸卖出平仓,结束交易。

在实际操作中,为了保证能够按照所点的期货价格将期货头寸进行平仓,榨油厂和贸易商可以申请期转现交易,将双方期货套期保值头寸的平仓价确定在所点的价位上。

在该案例中,假设在签订进口合同时期货价格为 800 美分/蒲式耳,这意味着,如果不进行套期保值,在该榨油厂实施点价时,由于期货价格上涨至 1030 美分/蒲式耳,该厂要承担相当于 230 美分/蒲式耳的损失。如果在签订合同同时进行买入套期保值,即使点价期间价格上涨,其期货套期保值头寸因价格上涨所带来的盈利可以弥补现货上的损失,从而较好地规避价格风险。

基差交易与一般的套期保值操作的不同之处在于,由于是点价交易与套期保值操作相结合,套期保值头寸了结的时候,对应的基差基本上等于点价交易时确立的升贴水。这就保证在套期保值建仓时,就已经知道了平仓时的基差,从而减少了基差变动的不确定性,降低了基差风险。

(二) 开展套期保值业务的注意事项

套期保值操作虽然可以在一定程度上规避价格风险,但并非意味着企业做套期保值就是进了"保险箱"。事实上,在套期保值操作上,企业除了面临基差变动风险之外,还会面临诸如流动性风险、现金流风险、操作风险等各种风险。这需要企业针对套期保值业务设置专门的人员和组织机构,制定相应的规章和风险管理制度等。

企业在套期保值业务上,需要在以下几个方面予以关注。

第一,企业在参与期货套期保值之前,需要结合自身情况进行评估,以判断是否有套期保值需求,以及是否具备实施套期保值操作的能力。企业要结合行业风险状况、市场动态风险状况和企业自身的风险偏好等,综合评价自身对套期保值的需求。一般来说,行业利润越低,相关原材料、产成品、利率、汇率等资产价格波动对企业盈利及生存能力影响越大,进行套期保值越有必要。即便是该企业处于平均利润率较高的行业,也有必要对相关资产价格波动进行实时监控,一旦风险超越企业可承受界限,则需要及时介入衍生品市场进行套期保值运作。

企业对自身套期保值能力的评估也十分必要。从国内外运用衍生金融工具的调查结果看,规模大的企业运用程度要明显高于规模小的企业。这主要因为规模大的企业,通常在套期保值资金支持、专业人才储备、机构设置及制度保障等方面具有优势。企业套期保值活动服务于稳健经营的目标,只要该目标不变,企业参与套期保值活动就应纳入企业长期的生产经营活动之中,而非企业偶然性、随意性的行为。这要求企业在开展套期保值业务之前,综合评价其自身是否在资金、人才、机构设置、风险控制制度建设等方面做好了充足准备,切忌仓促上阵。

第二,企业应完善套期保值机构设置。要保证套期保值效果,规范的组织体系是科学决策、高效执行和风险控制的重要前提和基本保障。有条件的企业可以设置从事套期保值业务的最高决策机构——企业期货业务领导小组,一般由企业总经理、副总经理、财务、经营计划、法律等部门负责人和期货业务部经理组成,负责确定企业参加期货交易的范围、品种、企业套期保值方案、风险监控以及与期货相关的其他重大问题的处理。

针对企业套期保值交易,可设置交易部、风险控制部门和结算部,分别构成套期保值业务的前台、中台和后台。其中:

交易部,作为套期保值业务的前台,负责具体交易操作,严格各项操作规定并按有关规定和权限使用、管理交易资金,并详细记载套期保值活动,向中台和后台报告交易情况。

结算部,作为套期保值业务的后台,负责交易复核、对账,确认买卖委托,以及各类财务处理并跟踪交易情况,同时按规定独立监管前台交易和完成结算,并随时协助前台交易人员准备盈亏报告,进行交易风险的评估。

风险控制部门(一般由企业财务和审计部门人员构成),作为套期保值业务的中台,负责监督并控制前台和后台的一切业务操作,核对持有头寸限额,负责比较后台结算和前台交易之间计算出的损益情况,并根据交易的质量采取必要的措施,以保证会计记录的准确性;对交易质量、财务信息管理和回报率的质量实施监督职能,负责交易情况的分析及对交易误差作出正确解释和内部稽核,最终负责公布监控结果。

此外,还可以设立研发部,负责分析宏观经济形势和相关市场走势并出具投资建议,该部门有时也会与交易部合并。

第三,企业需要具备健全的内部控制制度和风险管理制度。其中与套期保值业务相关的内部控制制度主要包括:套期保值业务授权制度和套期保值业务报告制度。

套期保值业务授权制度包括交易授权制度和交易资金调拨授权制度。企业应保持授权的交易人员和资金调拨人员相互独立、相互制约,保证公司交易部有资金使用权但无调拨权,财务部有资金调拨权但无资金使用权。交易授权制度应明确有权进行套期保值交易的人员名单、可从事套期保值交易的具体品种和交易限额;交易资金调拨制度应明确有权进行资金调拨的人员名单和资金限额。一般来说,期货套期保值业务的授权应由企业法定代表人或企业主管期货业务的副总经理下达,涉及交易资金调拨的授权还应经主管财务的副总经理同意。

套期保值业务报告制度,是指相关人员应当定期向企业期货业务主管领导和总经理报告有关工作,以便及时了解套期保值进度和盈亏状况。期货交易人员应定期向企业期货业务主管领导报告新建头寸状况、持仓状况、计划建仓及平仓状况,以及市场信息等基本内容。风险管理人员应向企业期货业务主管领导定期书面报告持仓风险状况、保证金使用状况、累计结算盈亏、套期保值计划执行情况等。企业期货业务主管领导须签阅报告并返还风险管理人员。资金调拨人员应定期向财务主管领导报告结算盈亏状况、持仓风险状况、保证金使用状况等,同时应通报风险管理人员及企业期货业务主管领导。

企业进行套期保值业务,还应建立严格有效的风险管理制度,明确内部风险报告制度、风险处理程序等。利用事前、事中及事后的风险控制措施,预防、发现和化解风险。企业在进行期货套期保值业务时,应把交易部、结算部和风险控制部的岗位和人员进行有效分离,确保其能够相互监督制约。

第四,加强对套期保值交易中相关风险的管理。套期保值主要以衍生品为避险工具,衍生品具有高风险特征,如果不能对套期保值操作中可能面临的风险进行科学管理,可能会使企业陷入更大的风险中。除了基差风险之外,套期保值操作还可能面临现金流风险、流动性风险、操作风险等。

现金流风险,是指企业在对生产经营进行套期保值的同时,由于暂时的流动性不足而导致期货头寸被迫强行平仓,从而给企业带来不必要的损失的风险。为了防范现金流风险,企业在进行套期保值操作时,除了交易保证金之外,还要有一定的流动资金以应对市场不利变化对追加保证金的需要。要合理地确定流动资金的水平,需要研发部门对未来每月商品价格有一定程度的预估,期货交易部也需要定期和财务部门有效沟通,便于财务部门对未来资金需求制订一定的计划。

流动性风险,是指在期货交易中,受市场流动性因素限制,使其不能以有利价格出入市,而影响套期保值效果。流动性不足的主要原因包括:某些月份的期货合约不活跃,市场处于极端单边行情,或企业建立头寸相对过大等。企业在管理流动性风险方面,要尽量避免选择即将临近交割和流动性差的合约。

套期保值的操作风险,是指由内部工作流程、风险控制系统、员工职业道德问题、信息和交易系统故障导致交易过程中发生损失的风险。它包括:员工风险、流程风险和系统风险。这需要企业在机构设置、职责分工和风险管理制度等方面有效防范操作风险。

第五,掌握风险评价方法。在套期保值中,企业在事前、事中都要对市场风险进行评估,并在事后对套期保值的风险状况作出评价。主要使用的风险测度方法包括风险价值法(Value at Risk,简称 VaR)、压力测试法、情景分析法等。

第三节　期货投机与套利交易

一、期货投机交易

(一) 期货投机的概念

1. 期货投机的定义

期货投机(Futures Speculation)是指交易者通过预测期货合约未来价格的变化,以在期货市场上获取价差收益为目的的期货交易行为。期货交易具有保证金的杠杆机制、双向交易和对冲机制、当日无负债的结算机制、强行平仓制度,使得期货投机具有高收益、高风险的特征。

2. 期货投机与套期保值的区别

(1) 从交易目的来看,期货投机交易是以赚取价差收益为目的;而套期保值交易的目的是利用期货市场规避现货价格波动的风险。

(2) 从交易方式来看,期货投机交易是在期货市场上进行买空卖空,从而获得价差收益;而套期保值交易则是在现货市场与期货市场上同时操作,以期达到对冲现货市场价格风险的目的。

(3) 从交易风险来看,投机者在交易中通常是为博取价差收益而承担相应的价格风险;而套期保值者则是通过期货市场转移现货市场价格风险。从这个意义上来说,投机者是风险偏好者,保值者是风险厌恶者。

3.期货投机与股票投机的区别

期货投机和股票投机本质上都属于投机交易,以获取价差为主要交易目的,但由于期货合约和交易制度本身所具有的特殊性,使得期货投机与股票投机也存在着明显的区别(见表2-13)。

表2-13 期货投机与股票投机的区别

区别	期货投机	股票投机
保证金规定	5%～15%;保证金交易	足额交易
交易方向	双向	单向
结算制度	当日无负债结算	不实行每日结算
特定到期日	有特定到期日	无特定到期日

4.期货投机者类型

根据不同的划分标准,期货投机者大致可分为以下几种类型。

(1)按交易主体的不同来划分,可分为机构投机者和个人投机者。机构投机者是指用自有资金或者从分散的公众手中筹集的资金专门进行期货投机活动的机构。机构投资者主要包括各类基金、金融机构、工商企业等。个人投机者则是指以自然人身份从事期货投机交易的投机者。

(2)按持有头寸方向来划分,可分为多头投机者和空头投机者。在交易中,投机者根据对未来价格变动的预测来确定其交易头寸。投机者买进期货合约,持有多头头寸,这样的投机者被称为多头投机者。投机者卖出期货合约,持有空头头寸,则被称为空头投机者。

(3)按持仓时间来划分,可分为长线交易者、短线交易者、当日交易者和抢帽子者。长线交易者通常将合约持有几天、几周甚至几个月。短线交易者一般是当天下单,在一日或几日内了结所持有合约。当日交易者通常只进行当日的买卖,一般不会持仓过夜。抢帽子者是对日内交易者的俗称,通常是指当日交易者中频繁买卖期货合约的投机者。

(二)期货投机的作用

期货投机交易是期货市场不可缺少的重要组成部分,发挥着其特有的作用,主要体现在以下几个方面。

1.承担价格风险

期货市场的一个主要经济功能是为生产、加工和经营者提供现货价格风险的转移工具。期货投机者在博取风险收益的同时,承担了相应的价格风险。如果期货市场上只有套期保值者,没有这些风险承担者参与交易,那么只有在买入套期保值者和卖出套期保值者的交易数量完全相符时,交易才能实现,风险才能得以转移。但从实际来看,买入套期保值者和卖出套期保值者之间的不平衡是经常发生的现象,期货投机者的加入恰好能抵消这种不平衡,从而使套期保值交易得以顺利实现。由此可见,如果没有投机者的加入,套期保值交易活动就难以进行,期货市场风险规避的功能也就难以发挥。因而,可以说,正是期货投机者承担了期货价格风险,才使得套期保值者能够有效规避现货价格波动风险,也使其现货经营平稳运行。

2. 促进价格发现

期货市场汇集了几乎所有关于商品的供求信息。期货投机者的交易目的不是实物交割,而是利用价格波动获取价差收益,这就要求投机者必须利用各种手段收集整理有关价格变动的信息,分析市场行情。同时,期货市场把投机者的不同交易指令集中在交易所内进行公开竞价,买卖双方彼此竞价所产生的互动作用使得价格趋于合理。期货市场的价格发现功能正是所有市场参与者对未来市场价格走势预测的综合反映。交易所每天向全世界发布市场交易行情和信息,使那些置身于期货市场之外的企业也能充分利用期货价格作为其制定经营战略的重要参考依据。

3. 减缓价格波动

适度的投机能够减缓期货市场的价格波动。投机者进行期货交易,总是力图通过对未来价格的正确判断和预测赚取价差收益。当期货市场供大于求时,市场价格低于均衡价格,投机者低价买进期货合约,从而增加了市场需求,使期货价格上涨,供求重新趋于平衡;反之,当期货市场供不应求时,市场价格则高于均衡价格,投机者会高价卖出期货合约,从而增加了市场供给,使期货价格下跌,也能使供求重新趋于平衡。可见,期货投机对于缩小期货价格波动幅度发挥了很大作用。

当然,减缓价格波动作用的实现是有前提的:一是投机者要理性化操作。违背期货市场运作规律进行操作的投机者最终会被市场淘汰;二是适度投机。操纵市场等过度投机行为不仅不能减缓价格波动,而且会人为拉大供求缺口,破坏供求关系,加剧价格波动,加大市场风险。因此,遏制过度投机、打击市场操纵行为是各国期货市场监管机构的一项重要任务。

4. 提高市场流动性

市场流动性即市场交易的活跃程度。一般来说,在流动性较高的市场上,交易者众多,交易也较为活跃;反之,如果市场流动性较低,则交易较为疲惫。可以说,期货交易是否成功,在很大程度上取决于市场流动性的大小,而流动性又取决于投机者的多寡和交易频率。期货市场上的投机者,就像润滑剂一样,为套期保值者提供了更多的交易机会。投机者通过对价格的不同预测,有人看涨、有人看跌,交投积极,这实际上扩大了交易量,使套期保值者无论是买进还是卖出都能很容易地找到交易对手,自由地进出期货市场,从而客观上提高了市场的流动性。

(三)期货投机的准备工作

1. 了解期货合约

为了尽可能准确地判断期货合约价格的未来变动趋势,在决定买卖期货合约之前,应对其交易品种、交割制度等进行充分的了解,在此基础上再针对期货合约未来的价格走势作全面而谨慎的研究。只有对合约有足够的认识之后,才能决定下一步准备买卖的合约品种及数量。在买卖合约时切忌贪多,即使有经验的交易者也很难同时进行三种以上不同品种的期货交易。

2. 制订交易计划

交易计划通常就是把个人的交易方法、资金运用、风险控制情况等结合起来。很多投资者在期货市场中遇到的主要问题是缺乏明确的交易计划。在期货交易中,制订交易计划可以促使交易者考虑一些可能被遗漏或考虑不周或没有给予足够重视的问题。

3．设定盈利目标和亏损限度

一般情况下,交易者应根据自己对盈亏的态度来设定可接受的最低获利水平和最大亏损限度,并把各种分析方法结合起来对期货合约进行预测,这样获利的潜在可能性应大于所冒的风险。交易者应事先为自己确定一个最低获利目标和所能够承受的最大亏损限度,做好交易前的心理准备。

(四) 期货投机的操作方法

1．开仓阶段

(1) 入市时机的选择。

首先,可以通过基本分析法,仔细研究市场是处于牛市还是熊市。如果是牛市,还可分析升势有多大,持续时间有多长;如果是熊市,可分析跌势有多大,持续时间有多长。此时,技术分析法是一个比较合适的分析工具。

其次,权衡风险和获利前景。合理的做法是,只有在判断获利的概率较大时,才能入市。所以,投机者在入市时,要充分考虑自身承担风险的能力。

最后,确定入市的具体时间。因为期货价格变化很快,入市时间的选择尤其重要。即使对市场发展趋势的分析准确无误,如果入市时间不当,在预测趋势尚未出现时即已买卖合约,仍会使投机者蒙受惨重损失。技术分析法对选择入市时间也有一定作用。投机者通过基本分析认为从长期来看期货价格将上涨(下跌),如果当时的市场行情却持续下滑(上升),这时可能是投机者的分析出现了偏差,过高地估计了某些供求因素,也可能是一些短期因素对行情具有决定性的影响,使价格变动方向与长期趋势出现了暂时的背离。建仓时应该注意,只有在市场趋势已明确上涨时,买入期货合约;在市场趋势已明确下跌时,卖出期货合约。如果趋势不明朗或不能判定市场发展趋势,则不要匆忙建仓。

(2) 金字塔式买入卖出。

如果建仓后市场行情与预料相同并已经使投机者获利,可以增加持仓。增仓应遵循以下两个原则:

1) 只有在现有持仓已经盈利的情况下,才能增仓。

2) 持仓的增加应渐次递减。

【例 2-12】 某投机者预测 9 月份大豆期货合约价格将上升,故买入 7 手(10 吨/手),成交价格为 4310 元/吨,此后合约价格迅速上升到 4350 元/吨,首次买入的 7 手合约已经为他带来浮动盈利 $10 \times 7 \times (4350 - 4310) = 2800$(元)。为了进一步利用该价位的有利变动,该投机者再次买入 5 手 9 月份合约,持仓总数增加到 12 手,12 手合约的平均买入价为 $(4310 \times 70 + 4350 \times 50)/120 = 4326.7$(元/吨)。当市场价格再次上升到 4385 元/吨时,又买入 3 手合约,持仓总计 15 手,所持仓的平均价格为 4338.3 元/吨。当市价上升到 4405 元/吨再买入 2 手,所持有合约总数为 17 手,平均买入价为 4346.2 元/吨。当市价上升到 4425 元/吨再买入 1 手,所持有合约总数为 18 手,平均买入价为 4350.6 元/吨。操作过程见图 2-3。

这是金字塔式的持仓方式和建仓策略。在上例中,采取金字塔式买入合约时持仓的

价格（元/吨）	持仓数（手）	平均价（元/吨）
4425	✕	4350.6
4405	✕ ✕	4346.2
4385	✕ ✕ ✕	4338.3
4350	✕ ✕ ✕ ✕	4326.7
4310	✕ ✕ ✕ ✕ ✕	4310

图 2-3 金字塔式买入

平均价虽然有所上升，但升幅远小于市场价格的升幅，市场价格回落时，持仓不至于受到严重威胁，投机者可以有充足的时间卖出合约并取得相当的利润。例如，如果市场价格上升到 4425 元/吨后开始回落，跌到 4370 元/吨，该价格仍然高于平均价 4350.6 元/吨，立即卖出 18 手合约仍可获利 $(4370-4350.6)×18×10＝3492$ （元）。

金字塔式卖出的做法可以照此类推。

如果建仓后，市场价格变动有利，投机者增加仓位不按原则行事，每次买入或卖出的合约份数总是大于前次买入或卖出的合约份数，买入或卖出合约的平均价就会和最近的成交价相差无几，只要价格稍有下跌或上升，便会吞食所有利润，甚至亏本，因而倒金字塔式买入或卖出不应提倡。

（3）合约交割月份的选择。

建仓时除了要决定买卖何种合约及何时买卖外，还必须确定合约的交割月份。投机者在选择合约的交割月份时，通常要关注以下两个方面的问题：其一是合约的流动性；其二是远期月份合约价格与近期月份合约价格之间的关系。根据合约流动性的不同，可将期货合约分为活跃月份合约和不活跃月份合约两种。一般来说，期货投机者在选择合约月份时，应选择交易活跃的合约月份，避开不活跃的合约月份。因为活跃的合约月份具有较高的市场流动性，方便投机者在合适的价位对所持头寸进行平仓；而如果是不活跃的合约月份，投机者想平仓时，经常需等较长的时间或接受不理想的价差。

根据远期月份合约价格和近期月份合约价格之间的关系，期货市场也可划分为正向市场和反向市场。

在正向市场中，一般来说，对商品期货而言，当市场行情上涨时，在远期月份合约价格上升时，近期月份合约的价格也会上升，以保持与远期月份合约间的正常的持仓费用关系，且可能近期月份合约的价格上升更多；当市场行情下滑时，远期月份合约的跌幅不会小于近期月份合约，因为远期月份合约对近期月份合约的升水通常不可能大于与近期月份合约间相差的持仓费。所以，做多头的投机者应买入近期月份合约；做空头的投机者应卖出远期月份的合约。

在反向市场中，一般来说，对商品期货而言，当市场行情上涨，在近期月份合约价格上升时，远期月份合约的价格也上升，且远期月份合约价格上升可能更多；如果市场行情下滑，则近期月份合约受的影响较大，跌幅很可能大于远期月份合约。所以，做多头的投机者宜买入交割月份较远的远期月份合约，行情看涨时可以获得较多的利润；而做空头的投机者宜卖出交割月份较近的近期月份合约，行情下跌时可以获得较多的利润。不过，在因现货供应极度紧张而出现的反向市场情况下,可能会出现近期月份合约涨幅大于远期月份合约的局面,投机者对此也要多加注意,避免进入交割期而出现违约风险。

2. 平仓阶段

投机者建仓后应该密切关注市场行情的变动,适时平仓。行情变动有利时,通过平仓获取投机利润;行情变动不利时,通过平仓可以限制损失。

(1)限制损失、滚动利润。这一方法要求投机者在交易出现损失,并且损失已经达到事先确定的数额时,立即对冲了结,认输离场。过分的赌博心理,只会造成更大的损失。在行情变动有利时,不必急于平仓获利,而应尽量延长持仓时间,充分获取市场有利变动产生的利润。投机者即使投资经验非常丰富,也不可能每次投资都会获利。损失出现并不可怕,怕的是不能及时止损,酿成大祸。

(2)灵活运用止损指令。止损指令是实现限制损失、滚动利润方法的有力工具。只要止损指令运用得当,就可以为投机者提供必要的保护。不过投机者应该注意,止损指令中的价格不能太接近于当时的市场价格,以免价格稍有波动就不得不平仓。但是,止损指令中的价格也不能离市场价格太远,否则,又易遭受不必要的损失。止损指令中价格的选择,可以利用技术分析法来确定。下面是在小麦期货交易中运用止损指令的例子。

【例 2-13】 某投机者决定做小麦期货合约的投机交易,并确定其最大损失额为 50元/吨。在以 2550 元/吨买入 20 手合约后,又下达了一个卖出的止损指令,价格定于 2500元/吨。如果市价下跌,一旦达到 2500 元/吨,场内的出市代表立即按在交易大厅可以得到的最好价格将其合约卖出。通过该指令,该投机者的投机可能失败,但损失额仅限于50 元/吨左右。

如果市场按照预测的趋势,价格朝有利的方向发展,投机者就可以继续持有自己的多头或空头仓单,直至投机者分析认为市场趋势已经出现逆转为止。

【例 2-14】 某投机者决定做小麦期货合约的投机交易,以 2550 元/吨买入 20 手合约。成交后市价上涨到 2610 元/吨。因预测价格仍将上涨,投机者决定继续持有该合约。为了防止万一市价下跌侵蚀已经到手的利润,遂下达一份止损指令,价格定于 2590 元/吨。如果市价下跌,一旦达到 2590 元/吨,场内的出市代表立即按在交易大厅可以得到的最好价格将其合约卖出。通过该指令,该投机者的投机利润虽有减少,但仍然有 40 元/吨左右的利润。如果价格继续上升,该指令自动失效,投机者可以进一步获取利润。

以上做法,既可以限制损失,又可以滚动利润,充分利用市场价格的有利变动。

【例 2-15】 将前两例综合起来。某投机者决定做小麦期货合约的投机交易,以 2550元/吨买入 20 手合约。成交后立即下达一份止损指令,价格定于 2500 元/吨。此后市价下跌,可以将损失限制到 50 元/吨左右。若价格上升,在价格上升到 2610 元/吨时,投机者可取消原来的止损指令,下达一份新的止损指令,价格定于 2590 元/吨。若市价回落,可以保证获得 40 元/吨左右的利润。若市价继续上升,当上升到 2630 元/吨时,则可再取消前一止损指令,重新下达一份止损指令,价格定于 2600 元/吨。即使价格下跌,也可保证 50 元/吨的利润。依此类推。

同样,如果投机者做空头交易,卖出合约后可以下达买入合约的止损指令,并在市场行情有利时不断调整指令价格,下达新的指令,可以达到限制损失、滚动利润的目的。可见,止损指令是期货投机中广泛运用的工具。

3. 资金和风险管理

资金管理是指交易者对资金的配置和运用问题。它包括:投资组合的设计、投资资金在各个市场上的分配、止损点的设计、收益与风险比的权衡、在经历了成功阶段或挫折阶段之后采取何种措施,以及选择保守稳健的交易方式还是积极大胆的交易方式等方面。资金账户的大小、投资组合的搭配以及在每笔交易中的金额配置等,都能影响到最终的交易效果。

(1)一般性的资金管理要领

1)投资额应限定在全部资本的 1/3 至 1/2 以内为宜。这就是说,交易者投入市场的资金不宜超过其总资本的一半,剩下的一半做备用,以应付交易中的亏损或临时性的支出。

2)根据资金量的不同,投资者在单个品种上的最大交易资金应控制在总资本的 10%～20%。这一措施可以防止交易者在同一市场上注入过多的本金,从而将风险过度集中在这个市场上。

3)在单个市场中的最大总亏损金额宜控制在总资本的 5% 以内。这 5% 是指交易者在交易失败的情况下,愿意承受的最大亏损。

4)在任何一个市场群中所投入的保证金总额宜限制在总资本的 20%～30%。这是为了防止交易者在某一市场群中投入过多的本金。同一市场群,往往价格变动趋势比较一致。例如,黄金和白银是贵金属市场群中的两个成员,它们通常处于相似的趋势下。如果我们把全部资金头寸注入同一市场群的各个品种,就违背了多样化的风险分散原则。因此,我们应当控制投入同一市场群的资金总额。

上述要领在国际期货市场上是比较通行的,不过也可以对之加以修正,以适应各个交易者的具体需要。有些交易者大胆进取,往往持有较多的头寸;也有的交易者较为保守稳健,持有较少的头寸。

一旦交易者选定了某个期货品种,并且选准了入市时机,下面就要决定买卖多少手合约了。一般来说,可根据这样的方法操作,即按总资本的 10% 来确定投入该品种每笔交易的资金。假定一个交易者有总资本 10 万元,按照 10% 的比例,可以投入每笔交易的资金为 1 万元。假设每手玉米合约的保证金要求大致为 2000 元。那么 1 万元除以 2000 元得 5,即交易者可以持有 5 手玉米合约的头寸。

(2)分散投资与集中投资

虽然分散投资是限制风险的一个办法,但对期货投机来说,要把握分散投资的度。期货投机不同于证券投资之处在于,期货投机主张纵向投资分散化,而证券投资主张横向投资多元化。所谓纵向投资分散化是指选择少数几个熟悉的品种在不同的阶段分散资金投入;所谓横向投资多元化是指可以同时选择不同的证券品种组成证券投资组合,这样都可以起到分散投资风险的作用。

二、期货套利交易

(一)期货套利的概念

期货套利是指利用相关市场或相关合约之间的价差变化,在相关市场或相关合约上进行方向相反的交易,以期价差发生有利变化时同时将持有头寸平仓而获利的交易行为。通常,套利被视为投机交易中的一种特殊的交易方式。

对于套利交易是否是投机交易的一种形式,在国外有着不同的观点。在早期,理论界一般也将套利交易归入投机的范畴,把套利交易看成投机的一种形式。但后来有些专家、学者开始将套利视为与投机交易不同的一种交易方式,认为其在期货市场中具有独立的性质,并发挥着特定的作用。美国著名期货专家、金融期货的创始人利奥·梅拉梅德曾经指出,"期货市场套利者与其他交易主体大不一样,套利者利用同一商品在两个或更多合约月份之间的价差,而不是任何一个合约的价格进行交易。因此,他们的潜在利润不是基于商品价格的上涨或下跌,而是基于不同合约月份之间价差的扩大或缩小,依此构成其套利的头寸"。可见,在他看来套利者是一个与投机者或套期保值者都不同的独立群体。

(二)期货套利的分类

一般来说,期货套利交易主要是指期货价差套利。所谓价差套利(Spread),是指利用期货市场上不同合约之间的价差进行的套利行为。价差套利也可称为价差交易、套期图利。价差套利根据所选择的期货合约的不同,又可分为跨期套利、跨品种套利和跨市套利:

1. 跨期套利(Calendar Spread),是指在同一市场(即同一交易所)同时买入或卖出同种商品不同交割月份的期货合约,以期在有利时机同时将这些期货合约对冲平仓获利。

2. 跨品种套利,是指利用两种或三种不同的但相互关联的商品之间的期货合约价格差异进行套利,即同时买入或卖出某一交割月份的相互关联的商品期货合约,以期在有利时机同时将这些合约对冲平仓获利。

3. 跨市套利,是指在某个交易所买入(或卖出)某一交割月份的某种商品合约的同时,在另一个交易所卖出(或买入)同一交割月份的同种商品合约,以期在有利时机分别在两个交易所同时对冲在手的合约而获利。

(三)期货套利与投机的区别

期货套利是与期货投机交易不同的一种交易方式,在期货市场中发挥着特殊的作用。期货套利与期货投机交易的区别主要体现在:

第一,期货投机交易只是利用单一期货合约绝对价格的波动赚取利润,而套利是从相关市场或相关合约之间的相对价格差异变动套取利润。期货投机者关心和研究的是单一合约的涨跌,而套利者关心和研究的则是两个或多个合约相对价差的变化。

第二,期货投机交易在一段时间内只做买或卖,而套利则是在同一时间买入和卖出相关期货合约,或者在同一时间在相关市场进行反向交易,同时扮演多头和空头的双重角色。

第三,期货套利交易赚取的是价差变动的收益。通常情况下,因为相关市场或相关合约价格变化方向大体一致,所以价差的变化幅度小,因而承担的风险也较小。而普通期货投机赚取的是单一的期货合约价格有利变动的收益,与价差的变化相比,单一价格变化幅度较大,因而承担的风险也较大。

第四,期货套利交易成本一般要低于投机交易成本。一方面,套利的风险较小,因此,在保证金的收取上要小于普通期货投机,从而大大节省了资金的占用;另一方面,通常进行相关期货合约的套利交易至少同时涉及两个合约的买卖。在国外,为了鼓励套利交易,一般规定套利交易的佣金支出比单笔交易的佣金费用要高,但比单独做两笔交易的佣金费用之和要低。所以说,套利交易的成本较低。

(四)期货套利的作用

套利在本质上是期货市场上的一种投机交易,但与普通期货投机交易相比,风险较低。

因为套利正是利用期货市场中有关价格失真的机会,并预期该价格失真会最终消失,从中获取套利利润。套利交易在客观上有助于使扭曲的期货市场价格重新恢复到正常水平,因此,它的存在对期货市场的健康发展起到了非常重要的作用。主要表现在两个方面:

第一,套利行为有助于期货价格与现货价格、不同期货合约价格之间的合理价差关系的形成。套利交易的获利来自于对不合理价差的发现和利用,套利者会时刻注意市场动向,如果发现价差存在异常,则会通过套利交易以获取利润。而他们的套利行为,客观上会对相关价格产生影响,促使价差趋于合理。

第二,套利行为有助于市场流动性的提高。套利行为的存在增大了期货市场的交易量,承担了价格变动的风险,提高了期货交易的活跃程度,有助于交易者的正常进出和套期保值操作的顺利实现,有效地降低了市场风险,促进了交易的流畅化和价格的理性化,因而起到了市场润滑剂和减震剂的作用。

三、期货套利交易策略

(一)期货套利交易

1. 期货价差的定义

期货价差是指期货市场上两个不同月份或不同品种期货合约之间的价格差。与投机交易不同,在价差交易中,交易者不关注某一个期货合约的价格向哪个方向变动,而是关注相关期货合约之间的价差是否在合理的区间范围。如果价差不合理,交易者可以利用这种不合理的价差对相关期货合约进行方向相反的交易,等价差趋于合理时再同时将两个合约平仓来获取收益。因而,价差是价差套利交易中非常重要的概念,而"Spread"一词本身也有价差的含义。

在价差交易中,交易者要同时在相关合约上进行方向相反的交易,也就是说,交易者要同时建立一个多头头寸和一个空头头寸,这是套利交易的基本原则。如果缺少了多头头寸或空头头寸,就像一个人缺了一条腿一样无法正常行走,因此,套利交易中建立的多头和空头头寸被形象地称为套利的"腿"(Legs,也可称为"边"或"方面")。

大多数套利活动都是由买入和卖出两个相关期货合约构成的,因而套利交易通常具有两条"腿"。但也有例外的情况,例如跨品种套利中,如果涉及的相关商品不止两种,比如在大豆、豆粕和豆油三个期货合约间进行的套利活动,可能包含了一个多头、两个空头或者一个空头、两个多头,在这种情况下,套利交易可能会有三条"腿"。

计算建仓时的价差,应用价格较高的一"腿"减去价格较低的一"腿"。例如,某套利者买入 5 月份铝期货合约的同时卖出 6 月份的铝期货合约,价格分别为 15730 元/吨和 15830 元/吨,因为 6 月份价格高于 5 月份价格,因此价差为 6 月份价格减去 5 月份价格,即 100 元/吨。

在计算平仓时的价差时,为了保持计算上的一致性,也要用建仓时价格较高合约的平仓价格减去建仓时价格较低合约的平仓价格。例如,在前面的例子中,套利者建仓之后,5 月份铝期货价格上涨至 16010 元/吨,6 月份涨幅相对较小,为 15870 元/吨,如果套利者按照此价格同时将两个合约对冲了结该套利交易,则在平仓时的价差仍应该用 6 月份的价格减去 5 月份的价格,即为－140 元/吨(而不是用 5 月份价格减去 6 月份价格,即 140 元/吨)。因为只有计算方法一致,才能恰当地比较价差的变化。

2. 价差的扩大与缩小

由于套利交易是利用相关期货合约间不合理的价差来进行的,价差能否在套利建仓之后"回归"正常,会直接影响到套利交易的盈亏和套利的风险。具体来说,如果套利者认为目前某两个相关期货合约的价差过大时,他会希望在套利建仓后价差能够缩小(Narrow);同样,如果套利者认为目前某两个相关期货合约的价差过小时,他会希望套利建仓后价差能够扩大(Widen)。

如果当前(或平仓时)价差大于建仓时价差,则价差是扩大的;反之,则价差是缩小的。我们可以通过下面的例子来说明。

【例 2-16】 某套利者在 8 月 1 日买入 9 月份白糖期货合约的同时卖出 11 月份白糖期货合约,价格分别为 5720 元/吨和 5820 元/吨,到了 8 月 15 日,9 月份和 11 月份白糖期货价格分别变为 5990 元/吨和 6050 元/吨,价差变化为:

8 月 1 日建仓时的价差:5820－5720＝100(元/吨)

8 月 15 日的价差:6050－5990＝60(元/吨)

由此可以判断出,8 月 15 日的价差相对于建仓时缩小了,即价差缩小 40 元/吨。

3. 价差套利的盈亏计算

在计算套利交易的盈亏时,可分别计算每个期货合约的盈亏,然后进行加总,可以得到整个套利交易的盈亏。

【例 2-17】 某套利者以 4326 元/吨的价格买入 1 月的螺纹钢期货,同时以 4570 元/吨的价格卖出 5 月的螺纹钢期货。持有一段时间后,该套利者以 4316 元/吨的价格将 1 月合约卖出平仓,同时以 4553 元/吨的价格将 5 月合约买入平仓。该套利交易的盈亏计算如下:

1 月份的螺纹钢期货合约亏损＝4326－4316＝10(元/吨)

5 月份的螺纹钢期货合约盈利＝4570－4553＝17(元/吨)

套利结果＝－10＋17＝7(元/吨)

按照这种计算方法,可以算出该套利交易后每吨螺纹钢盈利 7 元。

4. 套利交易指令

在套利交易实施中,多数交易所为了给套利交易提供便利,往往会设计套利指令,套利者可使用套利指令来完成套利操作。套利指令通常不需要标明买卖各个期货合约的具体价格,只要标注两个合约价差即可,非常便利。并且,在有些国家的交易所(例如美国),套利交易还可以享受佣金、保证金方面的优惠待遇。

在指令种类上,套利者可以选择市价指令或限价指令,如果要撤销前一笔套利交易的指令,则可以使用取消指令。

(1)套利市价指令的使用。如果套利者希望以当前的价差水平尽快成交,则可以选择使用市价指令。套利市价指令是指交易将按照市场当前可能获得的最好的价差成交的一种指令。在使用这种指令时,套利者不需注明价差的大小,只需注明买入和卖出期货合约的种类和月份即可;具体成交的价差如何,则取决于指令执行时点上市场行情的变化情况。该指令的优点是成交速度快。但也存在缺点,即在市场行情发生较大变化时,成交的价差可能与交易者最初的意图有较大差距。

【例 2-18】　某交易者看到当前大连商品交易所 1 月份和 5 月份棕榈油期货的市场价格分别为 8300 元/吨和 8480 元/吨,价差为 180 元/吨,该交易者认为此价差过大,有套利机会,并希望尽快入市买入 1 月份、卖出 5 月份棕榈油期货合约进行套利。该交易者发出以下指令:

买入 1 月份棕榈油期货合约:卖出 5 月份棕榈油期货合约。

在上述指令中,虽然交易者没有明确标明套利的价差,但却表明了套利者希望以当前的 180 元/吨的价差水平即刻成交。在这个指令的下达过程中,实际成交的价差并不一定是 180 元/吨。因为从指令下达到执行有一个很短的时间间隔,这期间棕榈油期货价格可能会发生变化,价差也会随之变化。如果 1 月份和 5 月份棕榈油期货在指令下达到交易系统时的价格分别为 8290 元/吨和 8460 元/吨,则将会以 170 元/吨的价差成交。一般情况下,如果市场行情没有发生突然变化,采用市价指令可以使套利者迅速以大约 180 元/吨的价差建仓。

(2)套利限价指令的使用。如果套利者希望以一个理想的价差成交,可以选择使用套利限价指令。套利限价指令是指当价格达到指定价位时,指令将以指定的或更优的价差来成交。限价指令可以保证交易能够以指定的甚至更好的价位来成交。在使用限价指令进行套利时,需要注明具体的价差和买入、卖出期货合约的种类和月份。该指令的优点在于可以保证交易者以理想的价差进行套利,但是限价指令只有在价差达到所设定的价差时才可以成交,因此,使用该指令不能保证立刻成交。

【例 2-19】　某交易者 9 月 3 日看到郑州商品交易所 11 月份和次年 1 月份 PTA(精对苯二甲酸)期货的市场价格分别为 8582 元/吨和 8708 元/吨,价差为 126 元/吨。某交易者认为价差偏小,想买入 1 月份、卖出 11 月份 PTA 期货合约进行套利,但他根据市场的走势判断,目前的价差可能还会进一步缩小,希望能够以 120 元/吨的价差建仓,以期获得更多的利润,于是该交易者发出如下限价指令:

买入 1 月份 PTA 期货合约;卖出 11 月份 PTA 期货合约;1 月份 PTA 期货合约高于 11 月份 PTA 期货合约价格 120 元/吨。

使用该限价指令意味着只有当 1 月份与 11 月份 PTA 期货价格的价差等于或小于 120 元/吨时,该指令才能够被执行。由此可以看出,套利者并不关注买入和卖出 PTA 期货合约的价格,而是关注相关合约之间的价差。理论上说,使用限价指令可能得到的成交结果有多种,现任意列举三种如下。

情况一:两合约价格同时上涨,11 月份和 1 月份 PTA 期货价格分别涨至 8589 元/吨和 8709 元/吨,价差变为 120 元/吨,指令立即以该价差被执行,这种情况表明交易按指定价差成交。

情况二:两合约价格同时下跌,11 月份和 1 月份 PTA 期货价格分别跌至 8563 元/吨和 8683 元/吨,价差变为 120 元/吨,指令立即以该价差被执行,这种情况表明交易按指定价差成交。

情况三:两合约价格同时上涨,11 月份和 1 月份 PTA 期货价格分别涨至 8596 元/吨和 8716 元/吨,价差变为 120 元/吨,但当指令下达至交易系统时,两合约价格发生小幅变化,最终以 117 元/吨的价差成交,在这种情形下交易按照比指定条件更理想的价差成交。

(二)跨期套利

根据所买卖的期货合约交割月份及买卖方向的不同,跨期套利可以分为牛市套利、熊市套利、蝶式套利三种。

1. **牛市套利(Bull Spread)**

当市场出现供给不足、需求旺盛的情形,导致较近月份的合约价格上涨幅度大于较远期的上涨幅度,或者较近月份的合约价格下跌幅度小于较远期的下跌幅度。无论是正向市场还是反向市场,在这种情况下,买入较近月份的合约同时卖出远期月份的合约进行套利盈利的可能性比较大,我们称这种套利为牛市套利。一般来说,牛市套利对于可储存的商品且在相同的作物年度最有效。例如,买入 5 月棉花期货同时卖出 9 月棉花期货。适用于牛市套利的可储存的商品有小麦、棉花、大豆、糖、铜等。对于不可储存的商品,如活牛、生猪等,不同交割月份的商品期货价格间的相关性很低或根本不相关,进行牛市套利是没有意义的。

【例 2-20】 设 10 月 26 日,次年 5 月份棉花合约价格为 27075 元/吨,次年 9 月份合约价格为 27725 元/吨,两者价差为 650 元/吨。交易者预计棉花价格将上涨,次年 5 月与次年 9 月的期货合约的价差将有可能缩小。于是,交易者买入 50 手次年 5 月份棉花期货合约的同时卖出 50 手次年 9 月份棉花期货合约。12 月 26 日,次年 5 月和次年 9 月的棉花期货价格分别上涨为 27555 元/吨和 28060 元/吨,两者的价差缩小为 505 元/吨。交易者同时将两种期货合约平仓,从而完成套利交易,交易结果见表 2-14。

表 2-14　牛市套利实例(行情与预测相同)

10 月 26 日	买入 50 手次年 5 月份棉花期货合约,价格为 27075 元/吨	卖出 50 手次年 9 月份棉花期货合约,价格为 27725 元/吨	价差 650 元/吨
12 月 26 日	卖出 50 手次年 5 月份棉花期货合约,价格为 27555 元/吨	买入 50 手次年 9 月份棉花期货合约,价格为 28060 元/吨	价差 505 元/吨
每条"腿"的盈亏状况	盈利 480 元/吨	亏损 335 元/吨	价差缩小 145 元/吨
最终结果	盈利 145 元/吨,总盈利为 145 元/吨×50 手×5 吨/手＝36250 元		

　　该例中,交易者预计棉花期货价格将上涨,两个月后,棉花期货价格的走势与交易者的判断一致,最终交易结果使套利者获得了 36250 元的盈利。现假设,若两个月后棉花价格并没有出现交易者预计的上涨行情,而是出现了一定程度的下跌,交易者的交易情况见例 2-21。

　　【例 2-21】 设 10 月 26 日,次年 5 月份棉花合约价格为 27075 元/吨,次年 9 月份合约价格为 27725 元/吨,两者价差为 650 元/吨。交易者预计棉花价格将上涨,次年 5 月与次年 9 月的期货合约的价差将有可能缩小。于是,交易者买入 50 手次年 5 月份棉花期货合约的同时卖出 50 手次年 9 月份棉花期货合约。12 月 26 日,次年 5 月和次年 9 月的棉花期货价格不涨反跌,价格分别下跌至 26985 元/吨和 27480 元/吨,两者的价差缩小为 495 元/吨。交易者同时将两种期货合约平仓,从而完成套利交易,交易结果见表 2-15。

表 2-15　牛市套利实例(行情与预测相反)

10 月 26 日	买入 50 手次年 5 月份棉花期货合约,价格为 27075 元/吨	卖出 50 手次年 9 月份棉花期货合约,价格为 27725 元/吨	价差 650 元/吨
12 月 26 日	卖出 50 手次年 5 月份棉花期货合约,价格为 26985 元/吨	买入 50 手次年 9 月份棉花期货合约,价格为 27480 元/吨	价差 495 元/吨
每条"腿"的盈亏状况	亏损 90 元/吨	盈利 245 元/吨	价差缩小 155 元/吨
最终结果	盈利 155 元/吨,总盈利为 155 元/吨×50 手×5 吨/手＝38750 元		

　　该例中,交易者预计棉花期货价格将上涨,两个月后棉花期货价格不涨反跌,虽然棉花价格走势与交易者的判断相反,但最终交易结果仍然使套利者获得了 38750 元的盈利。

　　在上述两个例子中,我们可以发现,只要两个合约月份的价差趋于缩小,交易者就可以实现盈利,而与棉花期货价格的涨跌无关。同样,我们也可以使用买进套利或卖出套利的概念对这两个例子进行判断。该交易者进行的都是卖出套利操作,两种情况下价差分别缩小 145 元/吨和 155 元/吨。因此,可以很容易判断出这两种情况下该套利者每吨盈利 145 元和 155 元,250 吨总盈利为 36250 元和 38750 元。

　　由上述两例可以判断,套利是在正向市场进行的,如果在反向市场上,近期价格要高于远期价格,牛市套利是买入近期合约同时卖出远期合约。在这种情况下,牛市套利可以归入买进套利这一类中,则只有在价差扩大时才能够盈利。

　　在进行牛市套利时,需要注意的一点是:在正向市场上,牛市套利的损失相对有限而获利的潜力巨大。这是因为:在正向市场进行牛市套利,实质上是卖出套利,而卖出套利获利的条件是价差要缩小。如果价差扩大的话,该套利可能会亏损,但是由于在正向市场上价差变大的幅度要受到持仓费水平的制约,价差如果过大,超过了持仓费,就会产生套利行为,会限制价差扩大的幅度。而价差缩小的幅度则不受限制,在上涨行情中很有可能出现近期合约价格上涨幅度远远超过远期合约的可能性,使正向市场变为反向市场,价差可能从正值变为负值,价差会大幅度缩小,使牛市套利获利巨大。

2. 熊市套利(Bear Spread)

当市场出现供给过剩、需求相对不足时,一般来说,较近月份的合约价格下降幅度往往要大于较远期合约价格的下降幅度,或者较近月份的合约价格上升幅度小于较远合约价格的上升幅度。无论是正向市场还是在反向市场,在这种情况下,卖出较近月份的合约同时买入远期月份的合约进行套利,盈利的可能性比较大,我们称这种套利为熊市套利。在进行熊市套利时需要注意,当近期合约的价格已经相当低时,以至于它不可能进一步偏离远期合约时,进行熊市套利是很难获利的。

【例2-22】 设交易者在7月8日看到,11月份上海期货交易所天然橡胶期货合约价格21955元/吨,次年1月份合约价格为22420元/吨,前者比后者低465元/吨。交易者预计天然橡胶价格将下降,11月与次年1月的期货合约的价差将有可能扩大。于是,交易者卖出60手(1手为5吨)11月份天然橡胶期货合约的同时,买入60手次年1月份合约。到了9月8日,11月和次年1月的天然橡胶期货价格分别下降为21215元/吨和21775元/吨,两者的价差为560元/吨,价差扩大。交易者同时将两种期货合约平仓,从而完成套利交易,交易结果见表2-16。

表2-16　熊市套利实例(行情与预测相同)

7月8日	卖出60手11月份天然橡胶期货合约,价格为21955元/吨	买入60手次年1月份天然橡胶期货合约,价格为22420元/吨	价差465元/吨
9月8日	买入60手11月份天然橡胶期货合约,价格为21215元/吨	卖出60手次年1月份天然橡胶期货合约,价格为21775元/吨	价差560元/吨
每条"腿"的盈亏状况	盈利740元/吨	亏损645元/吨	价差扩大95元/吨
最终结果	盈利95元/吨,总盈利为95元/吨×60手×5吨/手＝28500元		

该例中,交易者预计天然橡胶期货价格将下跌,两个月后,天然橡胶期货价格的走势与交易者的判断一致,最终交易结果使套利者获得了28500元的盈利。现假设,若两个月后天然橡胶期货价格并没有像交易者预计的那样下跌,而是出现了上涨行情,交易者的交易情况见例2-23。

【例2-23】 设交易者在7月8日看到,11月份上海期货交易所天然橡胶期货合约价格为21955元/吨,次年1月份合约价格为22420元/吨,前者比后者低465元/吨。交易者预计天然橡胶期货价格将下降,11月与次年1月的期货合约的价差将有可能扩大。于是,交易者卖出60手(1手为5吨)11月份天然橡胶期货合约的同时买入60手次年1月份合约。到了9月8日,11月和次年1月的天然橡胶期货价格不降反涨,价格分别上涨至22075元/吨和22625元/吨,两者的价差为550元/吨,价差扩大。交易者同时将两种期货合约平仓,从而完成套利交易,交易结果见表2-17。

表 2-17　熊市套利实例（行情与预测相反）

7月8日	卖出 60 手 11 月份天然橡胶期货合约，价格为 21955 元/吨	买入 60 手次年 1 月份天然橡胶期货合约，价格为 22420 元/吨	价差 465 元/吨
9月8日	买入 60 手 11 月份天然橡胶期货合约，价格为 22075 元/吨	卖出 60 手次年 1 月份天然橡胶期货合约，价格为 22625 元/吨	价差 550 元/吨
每条"腿"的盈亏状况	亏损 120 元/吨	盈利 205 元/吨	价差扩大 85 元/吨
最终结果	盈利 85 元/吨，总盈利为 85 元/吨×60 手×5 吨/手＝25500 元		

　　该例中，交易者预计天然橡胶期货价格将下跌，两个月后天然橡胶价格不跌反涨，虽然天然橡胶期货价格走势与交易者的判断相反，但最终交易结果仍然使套利者获得了 25500 元的盈利。

　　在上述两个例子中，我们可以发现，只要天然橡胶两个合约月份的价差趋于扩大，交易者就可以实现盈利，而与天然橡胶期货价格的涨跌无关。同样，我们也可以使用买进套利或卖出套利的概念对这两个例子进行判断。该交易者进行的是买进套利，在这两个例子中价差分别扩大了 95 元/吨和 85 元/吨，因此，可以判断该套利者每吨盈利为 95 元和 85 元，总盈利为 28500 元和 25500 元。

　　由上述两个例子可以判断，套利是在正向市场进行的，如果在反向市场上，近期价格要高于远期价格，熊市套利是卖出近期合约同时买入远期合约。在这种情况下，熊市套利可以归入卖出套利这一类中，则只有在价差缩小时才能够盈利。

　　3. 蝶式套利（Butterfly Spread）

　　蝶式套期图利是跨期套利中的又一种常见的形式。它是由共享居中交割月份一个牛市套利和一个熊市套利的跨期套利组合。由于近期和远期月份的期货合约分居于居中月份的两侧，形同蝴蝶的两个翅膀，因此称之为蝶式套期图利。

　　蝶式套利的具体操作方法是：买入（或卖出）近期月份合约，同时卖出（或买入）居中月份合约，并买入（或卖出）远期月份合约，其中，居中月份合约的数量等于近期月份和远期月份数量之和。这相当于在近期与居中月份之间的牛市（或熊市）套利和在居中月份与远期月份之间的熊市（或牛市）套利的一种组合。例如，套利者同时买入 2 份 5 月份玉米合约、卖出 6 份 7 月份玉米合约、买入 4 份 9 月份玉米合约。

　　蝶式套期图利与普通的跨期套利的相似之处，都是认为同一商品但不同交割月份之间的价差出现了不合理的情况。但不同之处在于，普通的跨期套利只涉及两个交割月份合约的价差，而蝶式套利认为居中交割月份的期货合约价格与两旁交割月份合约价格之间的相关关系出现了差异情况。

　　【例 2-24】　2 月 1 日，3 月份、5 月份、7 月份的大豆期货合约价格分别为 4050 元/吨、4130 元/吨和 4175 元/吨，某交易者认为 3 月份和 5 月份之间的价差过大而 5 月份和 7 月份之间的价差过小，预计 3 月份和 5 月份的价差会缩小而 5 月份与 7 月份的价差会扩大，于是该交易者以该价格同时买入 150 手（1 手为 10 吨）3 月份合约、卖出 350 手 5 月份合约、买入 200 手 7 月份合约。到了 2 月 18 日，三个合约的价格均出现不同幅度的下跌，3 月份、5 月份和 7 月份的合约价格分别跌至 3850 元/吨、3910 元/吨和 3970 元/吨，于是该交易者同时将三个合约平仓。在该蝶式套利操作中，套利者的盈亏状况见表 2-18。

表 2-18 蝶式套利盈亏分析

	3 月份合约	5 月份合约	7 月份合约
2 月 1 日	买入 150 手,4050 元/吨	卖出 350 手,4130 元/吨	买入 200 手,4175 元/吨
2 月 18 日	卖出 150 手,3850 元/吨	买入 350 手,3910 元/吨	卖出 200 手,3970 元/吨
各合约盈亏状况	亏损 200 元/吨,总亏损为 200×150×10=300000(元)	盈利 220 元/吨,总盈利为 220×350×10=770000(元)	亏损 205 元/吨,总亏损为 205×200×10=410000(元)
净盈亏	净盈利=−300000+770000−410000=60000(元)		

可见，蝶式套利是两个跨期套利互补平衡的组合，可以说是"套利的套利"。蝶式套利与普通的跨期套利相比，从理论上看，风险和利润都较小。

（三）跨品种套利

跨品种套利可分为两种情况，一是相关商品间的套利，二是原料与成品间的套利。

1. 相关商品间的套利

一般来说，商品的价格总是围绕着内在价值上下波动，而不同的商品因其内在的某种联系，如需求替代品、需求互补品、生产替代品或生产互补品等，使得它们的价格存在着某种稳定合理的比值关系。但由于受市场、季节、政策等因素的影响，这些有关联的商品之间的比值关系又经常偏离合理的区间，表现出一种商品被高估、另一种被低估的情况，从而为跨品种套利带来了可能。在此情况下，交易者可以通过期货市场卖出被高估的商品合约，买入被低估商品合约进行套利，等有利时机出现后分别平仓，从中获利。例如，铜和铝都可以用来作为电线的生产原材料，两者之间具有较强的可替代性，铜的价格上升会引起铝的需求量上升，从而导致铝价格的上涨。因此，当铜和铝的价格关系脱离了正常水平时，就可以利用这两个品种进行跨品种套利。具体做法是：买入（或卖出）一定数量的铜期货合约，同时卖出（或买入）与铜期货合约交割月份相同数量相当的铝期货合约，待将来价差发生有利变化时再分别平仓了结，以期获得价差变化的收益。

【例 2-25】 6 月 1 日，次年 3 月份上海期货交易所铜期货合约价格为 54390 元/吨，而次年 3 月份该交易所铝期货合约价格为 15700 元/吨，前一合约价格比后者高 38690 元/吨。套利者根据两种商品合约间的价差分析，认为价差小于合理的水平，如果市场机制运行正常，这两者之间的价差会恢复正常。于是，套利者决定买入 30 手(1 手为 5 吨)次年 3 月份铜合约的同时卖出 30 手次年 3 月份铝合约，以期未来某个有利时机同时平仓获取利润。6 月 28 日，该套利者以 54020 元/吨卖出 30 手次年 3 月份铜合约的同时，以 15265 元/吨买入 30 手次年 3 月份铝合约，了结平仓。交易情况见表 2-19。

表 2-19 沪铜/铝套利实例

6月1日	买入 30 手次年 3 月份铜合约,价格为 54390 元/吨	卖出 30 手次年 3 月份铝合约,价格为 15700 元/吨	价差 38690 元/吨
6月28日	卖出 30 手次年 3 月份铜合约,价格为 54020 元/吨	买入 30 手次年 3 月份铝合约,价格为 15265 元/吨	价差 38755 元/吨
每条"腿"的盈亏状况	亏损 370 元/吨	盈利 435 元/吨	
套利结果	净盈利(435 元/吨－370 元/吨)×30 手×5 吨/手＝9750 元		

2. 原料与成品间的套利

原料与成品间的套利是指利用原材料商品和它的制成品之间的价格关系进行套利。最典型的是大豆与其两种制成品——豆油和豆粕之间的套利。在我国,大豆与豆油、豆粕之间一般存在着"100％大豆＝18％豆油＋78.5％豆粕＋3.5％损耗"的关系(出油率的高低和损耗率的高低要受大豆的品质和提取技术的影响,因而比例关系也处在变化之中)。因而,也就存在"100％大豆×购进价格＋加工费用＋预期利润＝18％豆油×销售价格＋78.5％豆粕×销售价格"的平衡关系。三种商品之间的套利,有两种做法:大豆提油套利和反向大豆提油套利。

(1) 大豆提油套利。大豆提油套利是大豆加工商在市场价格关系基本正常时进行的,目的是防止大豆价格突然上涨,或豆油、豆粕价格突然下跌,从而产生亏损,或使已产生的亏损降至最低。大豆加工商对大豆的购买和产品的销售不能够同时进行,因而存在着一定的价格变动风险。大豆提油套利的做法是:购买大豆期货合约的同时卖出豆油和豆粕的期货合约,当在现货市场上购入大豆或将成品最终销售时再将期货合约对冲平仓。这样,大豆加工商就可以锁定产成品和原料间的价差,防止市场价格波动带来损失。

(2) 反向大豆提油套利。反向大豆提油套利是大豆加工商在市场价格反常时采用的套利。当大豆价格受某些因素的影响出现大幅上涨时,大豆可能与其产品出现价格倒挂,大豆加工商将会采取反向大豆提油套利的做法:卖出大豆期货合约,买进豆油和豆粕的期货合约,同时缩减生产,减少豆粕和豆油的供给量,三者之间的价格将会趋于正常,大豆加工商在期货市场中的盈利将有助于弥补现货市场中的亏损。

(四) 跨市套利

在期货市场上,许多交易所都交易相同或相似的期货商品,如芝加哥期货交易所、大连商品交易所、东京谷物交易所都进行玉米、大豆期货交易;伦敦金属交易所、上海期货交易所、纽约商品交易所都进行铜、铝等有色金属交易。一般来说,这些品种在各交易所间的价格会有一个稳定的差额,一旦这一差额发生短期的变化,交易者就可以在这两个市场间进行套利,购买价格相对较低的合约,卖出价格相对较高的合约,以期在期货价格趋于正常时平仓,赚取低风险利润。

【例 2-26】 7 月 1 日,堪萨斯期货交易所(简称堪所)12 月份小麦期货合约价格为730 美分/蒲式耳,同日芝加哥期货交易所(简称芝所)12 月份小麦期货合约价格为 740 美分/蒲式耳。套利者认为,虽然堪所的合约价格较低,但和正常情况相比仍稍高,预测两交易所 12 月份合约的价差将扩大。据此分析,套利者决定卖出 20 手(1 手为 5000 蒲式耳)

堪所 12 月份小麦合约,同时买入 20 手芝所 12 月份小麦合约,以期未来某个有利时机同时平仓获取利润。7 月 10 日,该套利者以 720 美分/蒲式耳买入 20 手堪所 12 月分小麦合约,同时以 735 美分/蒲式耳卖出 20 手芝所 12 月份小麦合约,了结平仓。交易情况见表 2-20。

表 2-20　跨市套利实例

7 月 1 日	卖出 20 手堪所 12 月份小麦合约,价格为 730 美分/蒲式耳	买入 20 手芝所 12 月份小麦合约,价格为 740 美分/蒲式耳	价差 10 美分/蒲式耳
7 月 10 日	买入 20 手堪所 12 月份小麦合约,价格为 720 美分/蒲式耳	卖出 20 手芝所 12 月份小麦合约,价格为 735 美分/蒲式耳	价差 15 美分/蒲式耳
每条"腿"的盈亏状况	获利 10 美分/蒲式耳	亏损 5 美分/蒲式耳	
套利结果	净盈利(0.10 美元/蒲式耳－0.05 美元/蒲式耳)×20 手×5000 蒲式耳/手＝5000 美元		

(五) 期货套利操作的注意要点

为使期货套利者最大限度地规避可能产生的风险,提高获利的机会,期货套利交易者在实际操作过程中应该注意以下基本要点。

1. 套利必须坚持同时进出

进行套利时,必须坚持同时进出,也就是开仓时同时买入卖出,平仓时也要同时卖出买入。在实际操作中,套利者在进行套利开仓时,通常是同时买入和卖出的。但是在准备平仓的时候,许多套利者自以为是,先了结价格有利的那笔交易。这样他在套利中只剩下一只脚跛行,换句话说,也就是将套利交易做成了投机交易,假如市场真如他所愿,当然可以获利;但是一旦价格对其不利,将遭受更大的损失,不仅会逐渐将卖盘的获利消耗掉,甚至会出现亏损,所以必须坚持同时进出。

2. 下单报价时明确指出价格差

根据国外交易所的规定,在套利交易中,无论是开仓还是平仓,下达交易指令时,要明确写明买入合约与卖出合约之间的价格差。套利的关键在于合约间的价格差,与价格的特定水平没有关系。以价格差代替具体价格,可以更加灵活,只要价差符合,可以按任何价格成交。

3. 不要在陌生的市场做套利交易

这实际上是一个常识问题。由于套利者一般是通过合约之间的价差赚取利润,而对具体的商品并无需求,因此,套利者通常关心的是合约之间的价差,对交易的期货品种并没有浓厚的兴趣。但是要进行农产品期货市场的跨期套利和跨市套利,套利者就必须了解该农产品何时收获上市、年景如何、仓储运输条件怎样。在进行套利前,必须具备这些基本知识,否则应该远离这个市场。

4. 不能因为低风险和低额保证金而做超额套利

套利确实有降低风险的作用,而且在国外交易所为了鼓励套利,套利的保证金数额比一般的投机交易低 25%～75%。可是不要因为这样,就把交易数量盲目扩大。这样一来,如果价差并不向预期的方向发展,这时投资者面临的亏损额与他的合约数量是成正比的,无形中增加了风险。此外,超额套利后,佣金也随套利量的增加而增加,套利的优势也无法正常地发挥出来。

5. 不要用锁单来保护已亏损的单盘交易

锁单不是套利交易,锁单无法把握不同合约间的价差收益。在期货市场上进行交易,亏损是正常的,在出现亏损时就应该忍痛了结,不肯服输的投资者有时可能会出现更大的损失。但是在实际交易过程中,有的投资者买入一份期货合约后,价格出现节节下跌,本来应该迅速平仓出场。可他仍寄希望于奇迹发生、价格出现反弹,于是继续留在市场中观望。为了避免更糟的情况发生,他又卖出同一种期货合约以形成套利的模式。其理由是如果价格继续下跌,卖出的这份合约将可以补偿当初买入合约的一部分损失。事实上,后来卖出的期货合约只能起到已有损失不再扩大的作用,先前买入的期货合约的亏损已经客观存在,采用锁单的方法是无法将其挽回的。

6. 注意套利的佣金支出

一般来说,套利是同时做两笔交易,期货经纪商总是想从投资者的套利中收取双份的全额佣金。在如何征收套利的佣金上,各方看法不一,各个交易所规定也不同。按国外的惯例,套利的佣金支出比一个单盘交易的佣金费用要高,但又不及一个单盘交易的两倍。当投资者下达套利指令时,应明确表示,这是一笔套利。如果投资者不能做到将进行套利的两笔交易同时进场和出场,则期货经纪商和交易所是不会承认这是一笔套利交易的,佣金仍要按两笔单盘交易收取。虽然佣金费用占交易额的比例较小,但如果交易额巨大时,也是一笔不小的支出。

另外,在跨市套利的操作中,还应特别注意以下几方面因素:

第一,运输费用。运输费用是决定同一期货品种在不同交易所间价差的主要因素。一般来说,交易所离产地较近则期货价格较低,离产地较远则期货价格较高,两者之间的正常差价为两地间的运费。投资者在进行跨市套利时,应着重考虑两地间的运输费用差价的关系。

第二,交割品级的差异。跨市套利虽然是在同一品种间进行,但不同交易所对交割品的品质级别和替代品升贴水有不同的规定,这在一定程度上造成了各交易所间价格的差别。投资者在进行跨市套利时,对此应有充分的了解。

第三,交易单位和报价体系。投资者在进行跨市套利时,可能会遇到交易单位和报价体系不一致的问题,应将不同交易所的价格按相同计量单位进行折算,才能进行价格比较。

第四,汇率波动。如果在不同国家的市场进行套利,还要承担汇率波动的风险。投资者在进行套利前,应对可能出现的损失进行全面估量。

第五,保证金和佣金成本。跨市套利需要投资者在两个市场缴纳保证金和佣金,保证金的占用成本和佣金费用要计入投资者的成本之中。只有交易者预计的套利收益高于上述成本时,才可以进行跨市套利。

应当指出的是,套利尽管从总体上来说风险较小,但期货市场是复杂多变的,理论上风险较小不等于实践中风险就一定小,当套利遇到诸如现货交割月、市场供求状况急剧变化以及其他破坏正常价格关系的情况时,仍然具有相当大的风险性。对此,交易者应对自己的交易策略和模型进行认真的设计,反复验证,以确保成功率。

翻转课堂任务单

一、翻转教学目标

1. 通过相关案例资料查阅学习,加深对本章知识的认识,增强查阅资料、分析和解决问题能力;

2. 培养自主学习能力,加深对现实问题的认识,通过小组讨论交流,提升合作学习能力及精神;

3. 适应课程教学和专业发展需要,收集商品期货交割方面的资料并为下次翻转课堂教学作准备。

二、翻转课堂学习任务

1. 对本章内容小结

要求字数不超过 200 字。

2. 思考讨论题

(1) 简述期货合约、交易单位的概念。

(2) 简述期货交易的交割方式及交割等级的概念。

(3) 简述强行平仓制度的内涵。

(4) 简述套期保值的内涵。

(5) 要实现"风险对冲",必须具备哪些条件?

(6) 简述基差的概念及影响基差的主要因素。

3. 构建学习项目资源任务

要求:以小组为单位每人选择一项下列任务。

(1) 举例说明升贴水的含义;

(2) 卖出套期保值的应用案例资料收集;

(3) 买入套期保值的应用案例资料收集;

(4) 基差变动与卖出套期保值案例资料收集;

(5) 基差变动与买入套期保值案例资料收集;

(6) 举例说明金字塔式买入卖出期货投机操作方法。

4. 完成项目内容报告

(1) 完成结果为 Word 文档＋PPT＋视频

其中 PPT＋视频可以以小组为单位完成。

(2) 建立问题档案

针对所选任务学习后,记录疑问及小组讨论结果。

(3) 学习反思

1) 记录问题解决的过程;方法;收获(发现、感悟与理解)。

2) 存在问题与改进设想。

第三章 商品期货交割

第一节 大宗商品期货交割概述

一、期货交割方式

期货交易的交割方式分为实物交割和现金交割两种。实物交割是指交易双方在交割日将合约所载商品的所有权按规定进行转移、了结未平仓合约的过程。而现金交割是指交易双方在交割日对合约盈亏以现金方式进行结算的过程。在期货市场中,商品期货通常都采用实物交割方式,金融期货中有的品种采用实物交割方式,有的品种则采用现金交割方式。现金交割由于不进行实物交收,只是以交割时的现货价格作为交易盈亏和资金划拨的依据,因此,实行现金交割的品种,其现货标的价格应具有可确定性特点,而且是标准的,唯一的。农产品的地域差价十分明显,不具有现金交割的条件,而股指期货的交易标的是股票指数,具有虚拟性和唯一确定性,更适合采用现金交割方式。近年,国外一些交易所也探索将现金交割的方式用于商品期货。我国商品期货市场不允许进行现金交割。

现金交割的具体办法,可用香港恒生指数期货为例进行说明。假设某投资者在 10 月份以 11000 点的价格卖出 12 月份交割的恒生指数期货合约 1 手,至 12 月末最后交易日仍未平仓。如果该合约的最终结算价为 10000 点,则该投资者交割时盈利:(11000－10000)×50 港元＝50000 港元(不考虑手续费)。相同的情况下,如果交易方向相反,不是卖出 1 手,而是买入 1 手恒生指数合约,则该投资者亏损 50000 港元。

我国商品期货交易,全部采用实物交割方式。实物交割方式包括集中交割和滚动交割两种。

(一)集中交割方式

集中交割:即所有到期合约在交割月份最后交易日过后一次性集中交割的交割方式。

集中交割又可分为一次性交割和期转现交割两种形式。

一次性交割:到期合约在规定的交割期内进行集中的、一次性的实物交割。特点:简单、明了。但是有时间局限。

期转现交割:买卖双方场外达成协议后,将期货头寸转为现货头寸进行交割,是对一次性交割的有益补充。

集中交割方式以郑州商品交易所和上海期货交易所为例。

1. 郑州商品交易所一号棉花交割程序

（1）最后交易日（合约交割月份第 10 个交易日）闭市后，交易所依据"按数量取整、最少配对数"的原则通过计算机对交割月份持仓合约进行交割配对。交割关系一经确定，买卖双方不得擅自调整或变更。

（2）最后交易日后的第一个交易日（即通知日），买卖双方通过会员服务系统确认《交割通知单》。会员未收到《交割通知单》或对《交割通知单》有异议的，应在通知日 17 时之前以书面形式通知交易所，在规定时间内没有提出异议的，则视为对《交割通知单》认可。

（3）最后交易日后的第二个交易日（即交割日）上午 9 时之前，买方会员应当将尚欠货款划入交易所账户，卖方会员应当将标准仓单持有凭证交到交易所结算部。买卖双方应当在规定时间到交易所结算部办理具体交割及结算手续，同时，买方会员把投资者名称和税务登记证号等事项提供给卖方会员。

（4）交割日，交易所收取买方会员全额货款，并于当日将全额货款的 80% 划转给卖方会员，同时将卖方会员仓单交付买方会员。余款在买方会员确认收到卖方会员转交的增值税专用发票时结清。发票的传递、余款的结算，会员均应盖章和签字确认。

2. 上海期货交易所天然橡胶交割程序

实物交割的日期：合约到期月份的 16 日至 20 日（节假日顺延）为实物交割期。

（1）买方申报意向。买方在最后交易日（合约交割月份的 15 日）的下一个工作日的 12：00 前，向交易所提交所需商品的意向书。内容包括品名、牌号、数量及指定交割仓库名等。

（2）卖方交标准仓单和增值税专用发票。卖方在 18 日 16：00 以前将已付清仓储费用的标准仓单及增值税专用发票交给交易所。如 18 日为法定假日则顺延至节假日后的第一个工作日，若是 20 日，则卖方必须在 12：00 前完成交割。

（3）交易所分配标准仓单。交易所根据已有资源，向买方分配标准仓单。如有不能用于下一期货合约交割的标准仓单，交易所按所占当月交割总量的比例向买方分摊。

（4）买方交款、取单。买方必须在最后交割日 14：00 前到交易所交付货款，交款后取得标准仓单。

（5）卖方收款。交易所在最后交割日 16：00 前将货款付给卖方。

（二）滚动交割方式

滚动交割方式以郑州商品交易所为例。

1. 凡持有标准仓单的卖方会员均可在进入交割月前一个交易日至交割月最后交易日的交易期间，凭标准仓单到交易所办理标准仓单抵押手续，以头寸形式释放相应的交易保证金。卖方会员必须到交易所办理撤销标准仓单抵押后，方可提出交割申请。

2. 交易所实行"三日交割法"。

第一日为配对日。凡持有标准仓单的卖方会员均可在交割月第一个交易日至最后交易日的交易期间，通过席位提出交割申请。没有进行仓单质押的交割申请提出后，释放相应的交易保证金；卖方会员在当日收市前可通过席位撤销已提出的交割申请，撤销交割申请后，重新收取相应的保证金。交割月买方会员无权提出交割申请。交易所根据卖方会员的交割申请，于当日收市后采取计算机直接配对的方法，为卖方会员找出持该交割月多头合约时间最长的买方会员。交割关系一经确定，买卖双方不得擅自调整或变更。

第二日为通知日。买卖双方在配对日的下一交易日收市前到交易所签领交割通知单。

第三日为交割日。买卖双方签领交割通知的下一个交易日为交割日。买方会员必须在交割日上午 9 时之前将尚欠货款划入交易所账户。卖方会员必须在交割日上午 9 时之前将标准仓单持有凭证交到交易所。

（三）实物交割的基本流程

1. 卖方发货；

2. 仓库验收、签发仓单；

3. 卖方缴单、收款；

4. 买方缴款、收单；

5. 买方提货。

（四）实物交割的配套规则

1. 商品质量规则

标准合约、交割细则、注册商品管理规定。

2. 仓库作业规则

指定交割仓库管理办法。

3. 标准仓单

标准仓单管理办法。

4. 具体规定

交割细则。

二、大宗商品最小交割单位

常见各品种最小交割单位见表 3-1。

表 3-1　大宗商品最小交割单位

交易所	品种	交割月份	最小交割单位
上海	铜、铝、锌	1—12 月	25 吨（5 手）
	螺纹钢、线材	1—12 月	300 吨（30 手）
	黄金	1—12 月	3000 克（3 手）
	燃料油	1—11 月（除 2 月）	100 吨（10 手）
	天然橡胶	1—12 月（除春节月）	5 吨（1 手）
大连	黄大豆 1 号、黄大豆 2 号、玉米	1、3、5、7、9、11 月	10 吨（1 手）
	豆粕、豆油	1、3、5、7、8、9、11、12 月	10 吨（1 手）
	棕榈油	1—12 月	5 吨（1 手）
	聚乙烯、聚氯乙烯	1—12 月	5 吨（1 手）
郑州	棉花	1、3、5、7、9、11 月	40 吨（8 手）
	PTA	1—12 月	5 吨（1 手）

续　表

交易所	品种	交割月份	最小交割单位
郑州	菜籽油	1、3、5、7、9、11月	5吨(1手)
	强麦、硬麦、早籼稻、白糖	1、3、5、7、9、11月	10吨(1手)

三、各品种的最后交易日

各品种的最后交易日见表3-2。

表3-2　各品种的最后交易日

交易所	品种	最后交易日
上海	铜、铝、锌、天然橡胶、黄金、螺纹钢、线材	交割月份15日(遇节假日顺延)
	燃料油	合约交割月份前一月的最后一个交易日
大连	黄大豆1号、黄大豆2号、豆粕、豆油、玉米、聚乙烯、棕榈油、聚氯乙烯	交割月份的第10个交易日
郑州	强麦、硬麦、早籼稻	交割月份的倒数第7个交易日
	棉花、白糖、PTA、菜籽油	交割月份的第10个交易日
中金所	沪深300指数期货	最后交易日(合约到期月份的第三个周五)

四、各品种的交割时间

各品种的交割时间见表3-3。

表3-3　各品种的交割时间

交易所	品种	交割时间
上海	铜、铝、锌、天然橡胶、黄金、螺纹钢、线材	最后交易日后连续5个交易日(遇节假日延后)
	燃料油	合约交割月份第一交易日至第五交易日
大连	黄大豆1号	合约交割月份第一交易日到最后交易日后第7个交易日
	豆粕	合约交割月份第一交易日到最后交易日后第4个交易日
大连	黄大豆2号、豆油	合约交割月份第一交易日到最后交易日后第3个交易日
	聚乙烯、聚氯乙烯、棕榈油、玉米	合约交割月份第一交易日到最后交易日后第2个交易日
郑州	强麦、硬麦、早籼稻、棉花、白糖、PTA、菜籽油	合约交割月份第一交易日到最后交易日后第2个交易日
中金所	沪深300指数	最后交易日(合约到期月份的第3个周五)

五、国内三家交易所交割流程

国内三家交易所交割流程见表3-4。

表 3-4　国内三家交易所交割流程

<table>
<tr><td rowspan="4" style="writing-mode:vertical">上海期货交易所</td><td colspan="5" align="center">5 日交割法</td></tr>
<tr><td></td><td align="center">第一交割日</td><td align="center">第二交割日</td><td align="center">第三交割日</td><td align="center">第四、第五交割日</td></tr>
<tr><td>交割内容</td><td>申报——买方申报意向；卖方交标准仓单。</td><td>配对——交易所分配标准仓单。</td><td>买方交款、取仓单，卖方收款(此时只能收到80%的货款)。</td><td>卖方交增值税专用发票(交易所在收到增值税发票后将20%的余款划入卖方会员)。</td></tr>
<tr><td>注意事项</td><td colspan="4">1. 买方客户需在最后交易日把交割货款全额打入期货公司。
2. 买方需配合期货公司及时提供正确的开票资料。
3. 卖方客户需保证在最后交易日通过上海标准仓单管理系统将标准仓单授权给期货公司。</td></tr>
</table>

<table>
<tr><td rowspan="3" style="writing-mode:vertical">大连商品交易所</td><td></td><td align="center">集中交割</td><td align="center">滚动交割</td></tr>
<tr><td>交割内容</td><td>1. 最后交易日结算后，交易所按照"最小配对数原则"对未平仓合约进行配对。
2. 最后交割日 15 时前，买方补足全额货款，卖方交齐对应的标准仓单和增值税发票，交易所进行仓单分配，将未发生违约的买卖双方的货款和标准仓单进行转移。
3. 最后交割日 15 时后，交易所向未违约买方会员开具标准仓单持有凭证；未违约且已交增值税发票的卖方会员收到全额货款。</td><td>1. 配对日交易时间，买卖方进行申报。
2. 配对日收市时，对有效买卖申报意向进行确认并平仓，结算时以当日结算价作为滚动交割的交割结算价并计算平仓盈余。
3. 配对日后第二个交易日(交收日)，买方会员补足全额货款。
4. 交收日闭市后，交易所给买方会员开具标准仓单持有凭证，将 80% 货款付给卖方会员。
5. 交易所在收到卖方会员提交的增值税专用发票后，将剩余的 20% 的货款付给卖方会员。</td></tr>
<tr><td>注意事项</td><td>1. 大连所所有交易品种都能进行集中交割。
2. 考虑因为货款划转的时间，买方客户需在最后交易日收盘前把交割款全额打入期货公司。
3. 买方需配合期货公司及时提供正确的增值税发票开票资料。
4. 卖方需按时提供增值税发票。</td><td>考虑因为货款划转的时间，买方客户需在交易所规定的配对日前一日把交割货款全额打入期货公司。</td></tr>
</table>

<table>
<tr><td rowspan="3" style="writing-mode:vertical">郑州商品交易所</td><td colspan="2" align="center">三日交割(配对日、通知日、交割日)</td></tr>
<tr><td>交割内容</td><td>1. 配对日：
a. 交割月第一交易日到交割月最后交易日前一个交易日 14:30 之前卖方进行申报(棉花卖方需公布仓单信息)，买方响应卖方申报；收市时，对有效交割申报进行确认并平仓。
b. 交割月最后交易日闭市后，计算机按配对原则予以配对。(棉花交割品种最后交易日下午不交易，卖方在 13:30 前公布相应仓单信息，买方在 13:30—14:30 自主选择配对仓单。)
2. 通知日：配对日下一个交易日买卖双方会员通过交易所会员服务系统确认《交割通知单》。
3. 交割：通知日下一个交易日，买方补足全额货款，交易所将仓单分配买方会员，将 80% 货款付给卖方会员。交易所在收到卖方会员提交的增值税专用发票后，将剩余的 20% 货款付给卖方会员。</td></tr>
<tr><td>注意事项</td><td>1. 买方客户需在配对日把交割款全额打入期货公司。
2. 买方需配合期货公司及时提供正确的增值税发票开票资料。
3. 卖方需按时提供增值税发票。</td></tr>
</table>

第二节 标准仓单

一、标准仓单的基本介绍

(一) 概念

由指定交割仓库完成入库商品验收、确认合格后在交易所标准仓单管理系统中签发给货主的,用于提取商品的凭证。

(二) 标准仓单管理系统

标准仓单已实现电子化,各项仓单业务都能通过标准仓单系统实现,系统由交易所建立、维护、管理。

(三) 标准仓单账户

标准仓单业务参与者应在标准仓单管理系统中先开立标准仓单账户,方可持有标准仓单,参与标准仓单业务。标准仓单账户实行一户一码。

(四) 上海标准仓单管理系统开户材料

1. 填写《上海期货交易所仓单系统用户信息表》(需三份);
2. 填写《上海期货交易所标准仓单账户开户登记表》(需三份);
3. 填写《上海期货交易所标准仓单管理系统用户服务协议》(需两份);
4. 提供企业营业执照复印件一份(需加盖企业公章);
5. 提供企业税务登记证复印件一份(需加盖企业公章);
6. 提供企业组织机构代码证复印件一份(需加盖企业公章);
7. 提供企业增值税一般纳税人证明复印件一份(需加盖企业公章),或最近的两份增值税发票复印件(需加盖企业公章);
8. 提供开户经办人身份证复印件一份(需加盖企业公章);
9. 提供法人身份证复印件一份(需加盖企业公章)。

二、标准仓单的生成、流转和注销

在实物交割的具体实施中,买卖双方并不是直接进行实物商品的交收,而是代表商品所有权的标准仓单的转换,因此,标准仓单在实物交割中扮演十分重要的角色。标准仓单经交易所注册后生效。交易所通过计算机办理标准仓单的注册登记、交割、交易、质押和注销等业务。标准仓单的持有形式为标准仓单持有凭证。标准仓单持有凭证是交易所开具的代表标准仓单所有权的有效凭证,是在交易所办理标准仓单交割、交易、转让、质押、注销的凭证,受法律保护。标准仓单数量因交割、交易、转让、质押、注销等业务发生变化时,交易所收回原标准仓单持有凭证,签发新的标准仓单持有凭证。会员持有的标准仓单持有凭证必须由专人保管,不得涂改、伪造。如有遗失,会员须及时到交易所办理挂失等手续。标准仓单可用于交割、转让、提货、质押等。

（一）标准仓单的生成

标准仓单生成包括交割预报、商品入库、验收、指定交割仓库签发及交易所注册等环节。具体规定如下：

1. 会员或客户向指定交割仓库发货前，必须由会员到交易所办理交割预报，由交易所统一安排指定交割仓库。未办理交割预报入库的商品不能生成标准仓单。

2. 指定交割仓库凭《交割预报表》安排货位、接收商品，并按交易所有关规定对入库商品的种类、质量、包装等进行检验。

3. 入库商品检验合格后，指定交割仓库填写《储存商品检验证明》（附指定交割仓库商品检验报告）报交易所。交易所或交易所委托质检机构对指定交割仓库检验合格的商品进行核查，确认无误后，允许指定交割仓库向会员或客户开具《标准仓单注册申请表》。《标准仓单注册申请表》上需注明会员号、客户码、交割品种、交割月份、申请数量，需加盖指定交割仓库公章和法定代表人章、仓库经办人签章、客户章（签字），同时注明开具日期及指定交割仓库仓储费用付止日。会员或客户与指定交割仓库结清有关费用后，领取《标准仓单注册申请表》。

4. 会员或客户凭指定交割仓库开具的《标准仓单注册申请表》到交易所领取标准仓单持有证。标准仓单自交易所注册之日起生效。

（二）标准仓单的流转

标准仓单流转是指标准仓单用于在交易所履行到期合约的实物交割、标准仓单交易及标准仓单在交易所外转让。

标准仓单在交易所进行实物交割的，其流转程序如下：

1. 卖方客户背书后交卖方交易会员；

2. 卖方会员背书后交至交易所；

3. 交易所盖章后交买方会员；

4. 买方经纪会员背书后交买方客户；

5. 买方非经纪会员、买方客户背书后至仓库办理有关手续；

6. 仓库或其代理人盖章后，买方非经纪会员、买方客户方可提货或转让。

标准仓单转让必须通过会员在交易所办理过户手续，同时结清有关费用。交易所向买方签发新的标准仓单持有凭证，原标准仓单持有凭证同时作废。未通过交易所办理过户手续而转让的标准仓单，发生的一切后果由标准仓单持有人自负。

（三）标准仓单的注销

标准仓单的注销是指标准仓单合法持有人到交易所办理标准仓单退出流转的行为及其程序。标准仓单持有人注销标准仓单，须通过会员提交标准仓单注销申请及相应的标准仓单持有凭证。标准仓单注销申请包括：会员名称、会员号、客户名称、客户码、注销品种、数量、提货仓库意向。交易所根据会员申请及指定交割仓库的具体情况安排提货仓库，开具《提货通知单》，并注销相应的标准仓单，结清有关费用。货主在实际提货日3天前，凭《提货通知单》与指定交割仓库联系有关出库事宜。货主提货时，须向指定交割仓库提供提货人身份证、提货人所在单位证明，同时与仓库结清自标准仓单注销日次日至提货日的有关费用。货主必须在《提货通知单》开具后 10 个工作日内到指定交割仓库办理提货手续。逾期未办的,按现货提货单处理,凭现货提货单提取的商品,指定交割仓库不保证全部商品质量符合期货合约规定的标准。

第三节　实物交割业务

一、上海期货交易所交割基本规定

(一)基本规定

1. 最后交易日后,所有未平仓合约的持有者必须以实物交割方式履约。

2. 客户的实物交割必须由会员在交易所内办理。

3. 不能交付/接收增值税发票的客户不允许交割。

对于自然人,之前铜、铝、锌、天然橡胶、燃料油合约可持仓至最后交易日,黄金合约持仓不能进入交割月,螺纹钢和线材合约最后 3 个交易日不允许持仓。

1107 合约起,所有品种统一规定为最后 3 个交易日自然人不允许持仓。

(二)交割期

最后交易日后的连续 5 个工作日,依次称为第一、二、三、四、五交割日,第五交割日称为最后交割日。

(三)交割结算价

燃料油:最后 10 个交易日的交易结算价按照时间的加权平均价。

黄金、天然橡胶:最后 5 个有成交交易日的成交价格按照成交量的加权平均价。

其他品种:最后交易日的交易结算价。

二、上海期货交易所标准交割流程

(一)第一交割日

1. 买方申报意向(客户按数量、商标、仓库、品级/规格等偏好,由会员提交)。

2. 卖方客户授权,卖方会员提交有效标准仓单(付清仓储费至最后交割日,且在生产有效期及质量/检验有效期内)。

(二)第二交割日

交易所分配仓单。原则:时间优先、数量取整、就近配对、统筹安排。不能用于下一合约交割的仓单按比例分摊。

(三)第三交割日

1. 买方交款、取仓单,14:00 前办理。买方会员应及时将仓单分配给买方客户。

2. 卖方收款。

(四) 第四、五交割日

1. 卖方交增值税发票,交易所清退其相应交易保证金。

2. 增值税发票流转:

卖出客户—卖出会员—交易所—买入会员—买入客户

卖出客户—交易所—买入客户(黄金)

三、上海期货交易所交割月份和日期

表 3-5　上海期货交易所交割月份和日期

	铜/铝/锌/铅	天然橡胶	螺纹钢/线材	黄金/白银	燃料油
交割月份	1—12 月	1—11 月 2 月除外	1—12 月	1—12 月	1—12 月 春节月份除外
最后交易日	合约交割月份的 15 日(遇法定节假日顺延)				合约交割月份前一月份的最后一个交易日
交割日期	合约交割月份的 16 日至 20 日(遇法定节假日顺延)				最后交易日后连续五个工作日

四、交割结算价

我国期货合约的交割结算价通常为该合约交割配对日的结算价或为该期货合约最后交易日的结算价。交割商品计价以交割结算价为基础,再加上不同等级商品质量升贴水以及异地交割仓库与基准交割仓库的升贴水。

升贴水,是指在确定远期汇率时,通过对汇率走势的分析确定其上升还是下跌。如果远期汇率比即期汇率贵则为升水;反之,便宜的话则为贴水。相应的涨跌价格就是升水金额和贴水金额。升贴水的制定就是为了平衡在实际交收中出现的有可能的偏差。拿苹果现货盘来说,交收中如果一级果高于 55%,每高 1%升水 20 元/吨;一级果低于 35%,每低 1%贴水 20 元/吨。说白了就是苹果等级比规定中的好点多给点钱,差点就少给点。

在期货市场上,现货的价格低于期货的价格,则基差为负数,远期期货合约的价格高于近期期货合约的价格,这种情况叫"期货升水",也称"现货贴水",远期期货价格合约超出近期期货合约价格的部分,称"期货升水率"(Contango);如果远期期货合约的价格低于近期期货合约的价格、现货的价格高于期货的价格,则基差为正数,这种情况称为"期货贴水",或称"现货升水",远期期货合约价格低于近期期货合约价格的部分,称"期货贴水率"(Backwardation)。

其中基差是指某一特定商品在某一特定时间和地点的现货价格与该商品在期货市场的期货价格之差,即:基差=现货价格-期货价格。基差包含着两个成分,即现货与期货市场间的"时"与"空"两个因素。前者反映两个市场间的时间因素,即两个不同交割月份的持有成本,它又包括仓储费、利息、保险费和损耗费等,其中利率变动对持有成本的影响很大;后者则反映现货与期货市场间的空间因素。基差包含着两个市场之间的运输成本和持有成本。这也正是在同一时间里,两个不同地点基差不同的主要原因。

由此可知,各地区的基差随运输费用而不同。但就同一市场而言,不同时期的基差理论上应充分反映着持有成本,即持有成本的那部分基差是随着时间而变动的,离期货合约到期的时间越长,持有成本就越大;而当非常接近合约的到期日时,就某地的现货价格与期货价格而言必然相近或相等。

我们平时看到的比较多的诸如 LME 铜的升贴水、CBOT 豆的升贴水以及新加坡油的升贴水指的都是这种基差变化。

期货升贴水既可以指商品现货与期货交割月份间的价格关系,也可以用来表示实物交割中替代交割物与标准交割物间的价格关系,还可以指商品不同交割地之间的价格关系。升贴水反映某种商品在一定条件下与标准物的特定价格关系,所以升贴水的变化对期货价格的影响非常大,投资者对升贴水的变化也非常敏感。

升贴水可分为四类:第一,现货价格与期货价格间的升贴水;第二,替代交割物与标准交割物间的升贴水;第三,跨年度交割的升贴水;第四,不同交割地间的升贴水。

上海期货交易所的交割结算价是该期货合约最后交易日的交易结算价;燃料油期货交割结算价为最后 10 个交易日交易结算价按照时间的加权平均价。

郑州商品交易所的交割结算价为期货合约配对日前 10 个交易日(含配对日)交易结算价的算术平均价。

大连商品交易所,滚动交割结算价为配对日结算价;集中交割结算价为期货合约自交割月第一个交易日起至最后交易日所有成交价格的加权平均价。

中国金融期货交易所的期货交割结算价为最后交易日标的指数最后 2 小时的算术平均价。

五、期货转现货

期货转现货,简称期转现。期转现是指持有同一交割月份合约的多空双方之间达成现货买卖协议后,变期货仓位为现货仓位的交易。期转现方法是:达成协议的双方共同向交易所提出申请,获得交易所批准后,分别将各自持仓按双方商定的平仓价格由交易所代为平仓(现货的买方在期货市场须持有多头仓位,现货的卖方在期货市场须持有空头仓位),同时双方按达成的现货买卖协议进行与期货合约标的物种类相同、数量相当的现货交换。

(一)期转现必要性

1. 期转现有利于降低交割成本

粮食期货中引进期转现,有利于粮食经营企业、面粉加工企业和食品企业顺利接到现货,节约搬运、整理和包装等费用。

2. 期转现使买卖双方可以灵活地选择交货地点、时间和品级等

期转现能够满足加工企业和生产经营企业对不同品级货物的要求,加工企业和生产经营企业可以灵活地选择交货地点,降低了交货成本,弥补了期货标准化过程中所失去的灵活性。

3. 期转现可以提高资金的利用效率

期转现既可以使生产、经营和加工企业回避价格风险,又可以使企业提高资金利用效

率。加工企业如果在合约到期集中交割,必须一次拿出几百万甚至几千万把原料购进,增加了库存量,一次性占用了大量资金。期转现可以使企业根据加工需要分批分期地购回原料,减轻了资金压力,减少了库存量。生产经营企业也可以提前或分批收到资金,用于生产。

4. 期转现比"平仓后购销现货"更有优越性

期转现使买卖双方在确定现货买卖价格的同时,确定了相应的期货平仓价格,由此可以保证期现市场风险同时锁定。如果买卖双方采取平仓后再购销现货,双方现货价格商定后,可能由于平仓时期货价格波动而给一方带来损失。

5. 期转现比远期合同交易和期货交易更有利

期转现比远期合同交易和期货实物交割更有利。远期合同交易有违约问题和被迫履约问题,期货实物交割存在交割品级、交割时间和地点的选择等灵活性缺陷问题,而且成本较高。期转现能够有效地解决上述问题。

(二)操作步骤

期转现流程:寻找对手;商定平仓和现货交收价格;向交易所申请;交易所核准;办理手续;纳税。

下面是郑商所期转现操作步骤:

第一步:商定远期交货意向。

买卖双方如果达成远期交货意向并希望远期价格稳定(保值或成本稳定),买卖双方可以初步商定远期交收货物,并通过期货市场保值。

第二步:买卖双方在期货市场上建仓。

买卖双方在期货市场上选择与远期交收货物最近的合约月份建仓,建仓量和远期货物量相当,建仓时机和价格分别由双方根据市况自行决定。这相当于通过期货市场,买卖双方签订了一个远期合同。

第三步:进行期转现。

1)协商现货交收价格和平仓价格。到买卖双方希望交货的日期,买卖双方首先商定平仓价格(在审批日期货价格限制范围内)和现货交收价格。

商定的平仓价格和现货交收价格之间的差额要合理。差额的确定要考虑期转现节约的交割成本、仓储费和利息等。

2)签订期转现协议和现货买卖协议,并报交易所审批。商定成功后,买卖双方要签订《期货转现货协议(审批)表》和现货买卖协议或仓单转让协议,带上述协议到交易所交割部申请期转现,交易所根据上述材料进行审批。

3)交易所接到《期货转现货协议(审批)表》和现货买卖协议或仓单转让协议后进行核对,符合条件的,第二日批准,并在批准当日的 15 时闭市后当即平仓。不符合条件的,通知买卖双方的会员,会员要及时通知客户。

4)办理手续。如果用仓单期转现,批准日的下一日,买卖双方到交易所办理仓单过户和货款划转,并交纳规定手续费。如果用仓单以外货物进行期转现,买卖双方按照现货买卖协议进行现货交收。

5)纳税。用仓单期转现的,买卖双方到税务部门办理纳税手续。

期转现步骤：

第一步：寻找期转现对象。希望期转现的一方可自行寻找期转现对方，或通过交易所发布期转现信息，寻找期转现对方。

第二步：进行期转现（方法同上述第三步）。

（三）期转现操作案例

【例 3-1】　8 月初，美国一出口商根据出口合同，需要在 10 月份购买小麦 50000 吨。为了防止价格上涨，在芝加哥期货交易所作了买期保值，即买入 11 月份小麦期货合约 367 手（约 50000 吨），价格 830 元/吨（折合人民币元，下同）。

9 月中旬，一小麦储存商为了防止小麦现货价格的下跌，也在这个市场卖出 11 月份小麦期货合约 400 手（54432 吨），价格为 850 元/吨。10 月 14 日，11 月份小麦期货合约的价格上涨到 912 元/吨（结算价格），现货价格为 890 元/吨左右。这时，出口商需要小麦，向储存商询购小麦，得知上述储存商也在期货市场作了卖期保值，因而希望购买小麦和平仓期货头寸同时进行。假若到期交割成本 35 元/吨，储存和利息等成本 5 元/吨。

第一方案：期转现

小麦储存商同意期转现，则出口商和储存商可按下述程序达成期转现协议：双方商定 10 月 15 日签订现货合同，合同规定双方以 890 元/吨的价格交收小麦，同时签署期转现协议，协议规定买卖双方按照 910 元/吨的价格平仓头寸 367 手。

1. 出口商实际购入小麦价格

出口商平仓盈亏：910 元/吨－830 元/吨＝80 元/吨

商定的交收小麦价格：890 元/吨

实际购入小麦价格：890 元/吨－80 元/吨＝810 元/吨

出口商购买小麦的实际价格比建仓价格低，也比交割方式得到小麦的价格低。

2. 小麦储存商实际销货价格

储存商平仓盈亏：850 元/吨－910 元/吨＝－60 元/吨

商定的交收小麦价格：890 元/吨

实际销售小麦价格：890 元/吨－60 元/吨＝830 元/吨

小麦储存商实际销售价格低于建仓价格 850 元/吨，如果到期交割要付出其他成本 40 元/吨，因此，相对交割来说，给小麦储存商节约成本 20 元/吨。

第二方案：交易所平仓后买卖现货

如果小麦出口商和储存商分别在交易所平仓，再买卖小麦，得到的购销小麦价格如下（假如双方平仓价格有三种可能）。

出口商和储存商平仓价格：900 元/吨，910 元/吨，920 元/吨

出口商实际购入小麦价格：820 元/吨，810 元/吨，800 元/吨

储存商实际销售小麦价格：840 元/吨，830 元/吨，820 元/吨

平仓价格为 900 元/吨时，出口商平仓购买小麦的实际成本比期转现购买小麦的实际成本高（820＞810），对出口商不利；小麦储存商销售的实际收益比期转现方式销售小麦的实际收益要高（840＞830），对储存商有利。如果平仓价格为 920 元/吨，出口商平仓购买小麦实际支付比期转现购买小麦实际成本低（800＜810），对出口商有利；储存商销售小麦

的实际收益比期转现方式销售小麦实际收益要少(820＜830),对储存商不利。由于交易所平仓价格不确定,因此,期转现方法对买卖双方来说是中间有利的。

(四) 期转现的期限规定

期转现的期限规定见表3-6。

表 3-6　期转现的期限规定

交易所	品种	期转现的期限规定
上海期货交易所	铜、铝、锌、天然橡胶、黄金、螺纹钢、线材	欲进行期转现合约的交割月份的上一月份合约最后交易日后的第一个交易日起至交割月份最后交易日前二个交易日(含当日)止
	燃料油	欲进行期转现合约的交割月份的上一月份的第一个交易日起至倒数第二个交易日(含当日)止
大连商品交易所	黄大豆、玉米、豆粕、豆油、聚乙烯、聚氯乙烯、棕榈油	该合约上市之日起至交割月份前一个月倒数第三个交易日(含当日)
郑州商品交易所	小麦、棉花、白糖、PTA、菜籽油、早籼稻	期货合约自上市之日起到该合约最后交易日期间,均可进行期转现。但一号棉期货合约的最后交易日,交易所不办理其期转现业务

六、交割会发生的费用

进行交割会发生的费用见表3-7。

表 3-7　交割费用

交易所	品种	主要交割费用
上海期货交易所	铜	入库费:(专用线)24元/吨,(自送)15元/吨 出库费:(专用线)24元/吨,(自提)10元/吨 仓储费:(库房)0.4元/吨/天,(场货)0.25元/吨/天
	铝	仓单过户费:3元/吨　分检费:5元/吨 代办车皮申请:5元/吨
	锌	代办提运:2元/吨 加急费:3元/吨 打包费:(铜)20元/吨,(铝)35元/吨,(锌)30元/吨
	螺纹钢	入库费:(专用线)18元/吨,(码头)15元/吨,(自送)15元/吨 出库费:(专用线)18元/吨,(码头)15元/吨,(自提)15元/吨
	线材	仓储费:0.15元/吨/天
	天然橡胶	入库费:15元/吨　仓储费:0.8元/吨/天 出库费:15元/吨　仓单过户费:10元/吨
	燃料油	仓储费:1.2元/吨/天　仓单过户费:0.5元/吨

续　表

交易所	品种	主要交割费用
大连商品交易所	黄大豆1号	入库、出库费用实行最高限价 仓储费：0.4～0.5元/吨/天　检验费：2元/吨
	黄大豆2号	入库、出库费用实行最高限价 仓储费：0.4～0.5元/吨/天　检验费：3元/吨
	豆粕	入库、出库费用实行最高限价 仓储费：0.5元/吨/天　检验费：3元/吨
	玉米	入库、出库费用实行最高限价 仓储费：0.5～0.6元/吨/天　检验费：1元/吨
	豆油	入库、出库费用实行最高限价 仓储费：0.9元/吨/天　检验费：3元/吨
	棕榈油	入库、出库费用实行最高限价 仓储费：0.9元/吨/天　检验费：3元/吨
	聚乙烯	入库、出库费用实行最高限价 仓储费：1元/吨/天　检验费：2100元/样 取样费：600元/样
	聚氯乙烯	入库、出库费用实行最高限价 仓储费：1元/吨/天　检验费：3000元/样 取样费：1500元/样
郑州商品交易所	强麦	仓储费：0.3元/吨/天 仓单转让费：1元/吨 汽车出入库费用：8元/吨（含卸/装车、搬运、码/拆垛） 火车出入库费用：25元/吨（含卸/装车、搬运、码/拆垛） 入（出）库检验费：1元/吨
	硬麦	仓储费：0.22元/吨/天（含保险费） 仓单转让费：1元/吨 入库费：汽车散粮6元/吨（卸车、入库、检验等） 出库费：汽车散粮5元/吨（扒垛、装车等）
	早籼稻	仓储费：0.4元/吨/天 仓单转让费：1元/吨 入库费：汽车6元/吨，铁路18元/吨 出库费：汽车5元/吨，铁路18元/吨
	白糖	白糖入库费用每年9月份由各交割仓库制定 白糖出库费用不得超过如下标准： 火车运输：24元/吨 汽车运输：10元/吨 船舶运输：26元/吨 仓储费：5月1日至9月30日为0.45元/吨/天，其他时间收取标准为0.4元/吨/天 检验费：最高不超过450元/样 仓单转让费：1元/吨

交易所	品种	主要交割费用
郑州商品交易所	棉花	入库费： 火车：小包 28 元/吨，大包 38 元/吨 汽车：15 元/吨 出库费： 火车：小包 30 元/吨，大包 40 元/吨 汽车：15 元/吨 入库公检费：25 元/吨 入库复检费：15 元/吨 出库复检费：15 元/吨 仓储费：0.6 元/吨/天 仓单转让费：2 元/吨
	PTA	仓储费(含保险费)：0.4 元/吨/天 入库复检费：10 元/吨 出库复检费：10 元/吨 检验费用最高 2100 元/样，抽样费用为 2000 元/样 仓单转让费：1 元/吨
	菜籽油	出入库费用收取标准，每年 5 月份由各交割仓库制定，经交易所审批后公告。出入库费用由卖方客户承担。 菜籽油标准仓储费(含保险费)：0.9 元/吨/天 检验费不超过 610 元/样(不含抽样、差旅等杂费) 仓单转让费：1 元/吨

七、各品种仓单注销时间规定

各品种仓单注销时间规定见表 3-8。

表 3-8　各品种仓单注销时间规定

品种	仓单注销时间
天然橡胶	自商检证、质检证(或检测/鉴定报告)签发之日起 90 天内有效
螺纹钢、线材	自生产日期起 90 天之内仓单有效
大豆、玉米、聚乙烯、聚氯乙烯	在每年的 3 月份最后一个工作日之前必须进行标准仓单注销
豆粕	在每年的 3、7、11 月份最后一个工作日之前必须进行标准仓单注销
豆油	在每年的 12 月份最后一个工作日之前必须进行标准仓单注销
棕榈油	棕榈油标准仓单在每个交割月份最后交割日后 3 个工作日内注销
白糖	在每年 11 月份最后一个工作日之前，用上一制糖年度生产的白糖注册的标准仓单，必须办理注销手续
棉花	N 年生产的棉花注册的标准仓单，至 N+2 年 3 月的最后一个工作日(含该日)必须办理注销手续

续 表

品种	仓单注销时间
小麦	在每年(N 年)7 月合约结束后,上上年($N-2$ 年)生产的硬冬白小麦、优质强筋小麦仓单全部注销
早籼稻	N 年 8 月 1 日起注册的标准仓单,有效期至 $N+1$ 年 7 月份最后一个工作日(含该日),到期注销的上生产年度产早籼稻标准仓单,经检验符合交割有关规定的,可以重新申请注册。到期注销的非上生产年度产早籼稻标准仓单,不允许重新注册
菜籽油	N 年 6 月 1 日起注册的菜籽油标准仓单至 $N+1$ 年 5 月份最后一个工作日(含该日)必须办理注销手续
PTA	每年 9 月第 12 个交易日(不含该日)之前注册的 PTA 标准仓单,在该月第 15 个交易日(含该日)之前全部注销,该月第 16 个交易日(含该日)之后开始受理新仓单的注册申请

八、交割违约

期货合约的买卖双方有下列行为之一的,构成交割违约:

(一)在规定交割期限内卖方未能如数交付有效标准仓单的;

(二)在规定交割期限内买方未能如数解付货款的;

(三)卖方交付的商品不符合规定标准的。

会员在期货合约实物交割中发生违约行为,交易所应先代为履约。交易所可采用征购和竞卖的方式处理违约事宜,违约会员应负责承担由此引起的损失和费用。交易所对违约会员还可处以支付违约金、赔偿金等处罚。

翻转课堂任务单

一、翻转教学目标

1. 通过思考讨论及完成学习项目资源任务,加深对本章内容的理解;

2. 通过查阅资料,增强主动发现问题探研问题的能力;

3. 培养自主学习能力,加深对现实问题的认识,通过小组讨论交流,提升合作学习能力及精神;

4. 适应课程教学和专业发展需要,收集金融期货交易方面的资料并为下次翻转课堂教学作准备。

二、翻转课堂学习任务

1. 对本章内容小结

要求字数不超过 200 字。

2. 思考讨论题

(1) 简述期货交易的交割方式。

(2) 简述集中交割与滚动交割的含义。

(3) 简述标准仓单的概念。

(4) 标准仓单生成主要包括哪些环节？

(5) 简述期转现的含义及其方法。

3. 构建学习项目资源任务

要求：以小组为单位每人选择一项下列任务。

(1) 实物交割的基本流程案例资料收集；

(2) 期转现操作案例资料收集；

(3) 期货合约买卖双方交割违约案例资料收集。

4. 完成项目内容报告

(1) 完成结果为 Word 文档＋PPT＋视频

其中 PPT＋视频可以以小组为单位完成。

(2) 建立问题档案

针对所选任务学习后，记录疑问及小组讨论结果：

(3) 学习反思

1) 记录问题解决的过程；方法；收获（发现、感悟与理解）。

2) 存在问题与改进设想。

第四章　金融期货交易

第一节　股指期货

一、股票指数与股指期货

股指期货(Stock Index Futures)的全称是股票价格指数期货(也可简称为股价指数期货、期指)。它是指以股价指数为标的物的标准化期货合约,双方约定在未来的某个特定日期,可以按照事先确定的股价指数的大小,进行标的指数的买卖。股指期货交易的标的物是股票价格指数。自 1982 年 2 月美国堪萨斯期货交易所上市价值线综合平均指数期货交易以来,股指期货日益受到各类投资者的重视,交易规模迅速扩大,交易品种不断增加。目前,股指期货交易已成为金融期货中、也是所有期货交易品种中的第一大品种。

(一) 股票指数的概念与主要股票指数

所谓股票指数,是衡量和反映所选择的一组股票的价格变动指标。不同股票市场有不同的股票指数,同一股票市场也可以有多个股票指数。不同股票指数的区别主要在于其具体的编制方法不同,即具体的抽样和计算方法不同。一般而言,在编制股票指数时,首先需要从所有上市股票中选取一定数量的样本股票。在确定了样本股票之后,还要选择一种计算简便、易于修正并能保持统计口径一致和计算公式连续的编制工具。通常的计算方法有三种:算术平均法、加权平均法和几何平均法。在此基础上,确定一个基期日,并将某一既定的整数(如 10、100、1000 等)定为该基期的股票指数。以后,则根据各时期的股票价格和基期股票价格的对比,计算出升降百分比,即可得出该时点的股票指数。

目前,世界上影响范围较大、具有代表性的股票指数有以下几种。

1. 道琼斯平均价格指数

道琼斯指数不但在美国受到普遍重视,而且是世界各国都十分重视的指数。在某种程度上,道琼斯指数已被视作反映美国政治、经济、社会状况的指示器和风向标。目前道琼斯指数由一系列指数组成,其中最负盛名的还是"平均"系列指数,包括道琼斯工业平均指数(DJIA)、道琼斯运输业平均指数(DJTA)、道琼斯公用事业平均指数(DJUA)和道琼斯综合平均指数(DJCA)。在"平均"系列指数中,道琼斯工业平均指数最为著名,应用也最为广泛。它属于价格加权型指数,其成分股由美国最大和最具流动性的 30 只蓝筹股构成。道琼斯工业平均指数最初的计算方法是用简单算术平均法求得,但是当遇到股票的除权除息时,股票指数将发生不连续的现象。1928年后,道琼斯股票价格平均指数就改用新的计算方法,即在计点的股票除权或除息时采用修正连接技术,修正通过改变指数除数进行,此举保持了指数的连续性,从而使指数得到了完善,并逐渐被推广到全世界。

2. 标准普尔500指数

标准普尔指数是美国标准普尔公司(Standard & Poor's)编制的,常被简称为S&P指数。标准普尔公司是世界著名的分析咨询机构,早在20世纪20年代就开始编制股票指数。最初的指数由233种股票组成,1957年调整后,样本数扩大到500种,其中包括工业股425种、铁路股15种、公用事业股60种。但历年以来经数次调整,除样本总数500不变外,入选的成分股还是有着很大变化。尤其是近几年标准普尔公司推出S&P美国指数后,S&P500指数作为美国指数的一个组成部分,更加突出了美国股市中大公司的代表作用。S&P500指数的计算方法为加权算术平均法,以1941—1943年这3年作为基期,基期价格是这3年中的均价,而基期指数则定为10。由于S&P500指数包括股票数量多,对美国股市的覆盖面与代表性高于道琼斯指数,且计算方法采用加权算术平均法,能够精确地反映美国股票市场的变化,因此其备受世界各国的关注。

3. 道琼斯欧洲STOXX50指数

道琼斯欧洲STOXX50指数(DJ Euro STOXX50)由在欧盟成员国法国、德国等12国资本市场上市的50只超级蓝筹股组成。该指数由STOXX公司设计,于1998年2月28日引入市场,基准值为1000点,基准日期为1991年12月31日,并定于每年9月修订一次。道琼斯欧洲STOXX50指数的加权方式是以其50只成分股的浮动市值来计算,同时规定任意一只成分股在指数中的权重上限为10%。STOXX50指数成分股涵盖了银行、公用、保险、电信、能源、技术、化工、工业品、汽车、食品饮料、医疗、原材料等大部分行业。

4. 金融时报指数

金融时报指数(又称富时指数)是由英国伦敦证券交易所编制,并在《金融时报》(Financial Times)上发表的股票指数。根据样本股票的种数,金融时报指数分别有30种股票指数、100种股票指数及500种股票指数等三种指数。其中,伦敦金融时报100指数(FTSE 100)是英国最具代表性的股价指数,该指数自1984年1月3日起编制并公布,指数基值定为1000,挑选了100家有代表性的大蓝筹公司股票,代表了伦敦股票市场81%的市值,被称为反映英国经济的"晴雨表"。

5. 日经225指数

日经225股价指数(Nikkei 225)是《日本经济新闻》编制和公布的、以反映日本股票市场价格变动的股价指数。这一指数以在东京证券交易所第一市场上市的225种股票为样本股,包括制造业、金融业、运输业等行业。该指数从1950年9月开始编制,最初根据东京证券所第一市场上市的225家公司的股票算出修正平均股价,1975年5月1日《日本经济新闻》采用道式修正法计算。日经指数的样本股原则上固定不变,以1950年算出的平均股价176.21元为基数。由于该指数从1950年起连续编制,具有较好的可比性,成为反映和分析日本股票市场价格长期变动趋势最常用和最可靠的指标。

6. 中国香港恒生指数

中国香港恒生指数是由香港恒生银行于 1969 年 11 月 24 日开始编制的用以反映香港股市行情的一种股票指数。该指数的成分股最初由在中国香港上市的较有代表性的 33 家公司的股票构成,其中金融业 4 种、公用事业 6 种、地产业 9 种、其他行业 14 种。恒生指数最初以 1964 年 7 月 31 日为基期,基期指数为 100,以成分股的发行股数为权数,采用加权平均法计算;后由于技术原因改为以 1984 年 1 月 13 日为基期,基期指数定为 975.47。恒生指数现已成为反映中国香港政治、经济和社会状况的主要风向标。截至 2010 年 9 月,恒生指数成分股数量已增至 45 个。

7. 沪深 300 指数

沪深 300 指数是由中证指数公司编制、维护和发布的。该指数的 300 只成分股从沪深两家交易所选出,是反映国内沪、深两市整体走势的指数。沪深 300 指数以 2004 年 12 月 31 日为基期,以该日 300 只成分股的调整市值为基期值,基期指数定为 1000 点,于 2005 年 4 月 8 日正式推出。截至 2010 年 1 月,样本股包括 208 家沪市个股和 92 家深市个股,选择标准为规模大、流动性好的股票。每半年定期调整一次,每次调整比例一般不超过 10%。在指数的加权计算中,沪深 300 指数以调整股本作为权重,调整股本是对自由流通股本分级靠档后获得的,以调整后的自由流通股本为权重。指数样本覆盖了沪深市场六成左右的市值,具有良好的市场代表性。

（二）股票市场风险与股指期货

股票市场的风险可以归纳为两类:一是系统性风险,是指对整个股票市场或绝大多数股票普遍产生不利影响导致股票市场变动的风险。系统性风险造成的后果带有普遍性,其主要特征是对所有股票均产生不同程度的影响。系统性风险主要是由政治、经济及社会环境等宏观因素造成的。根据引发系统性风险的原因不同,系统性风险可以细分为政策风险、利率风险、购买力风险和市场风险等。二是非系统性风险。它是指由于公司的经营管理、财务状况、市场销售、重大投资等因素发生重大变化而导致对某一只股票或者某一类股票价格发生大幅变动的风险。这种风险主要影响某一种证券,与市场上的其他证券没有直接联系。根据现代证券组合理论,在股票投资管理中,投资者可以通过分散化投资来降低股票组合的非系统性风险,但是无法规避全局性因素变动而带来的系统性风险。投资者可以通过在股指期货市场上进行套期保值交易来有效管理股市系统性风险。

（三）股指期货与股票交易的区别

股指期货是以股票指数为基础衍生出来的,股票指数是以一揽子股票价格为基准的,因此股指期货和股票有一定的联系。但股指期货属于期货领域,股票则属于现货领域,因而在交易制度上又存在着明显的区别。以我国股指期货与股票交易为例,股指期货和股票的区别见表 4-1。

表 4-1　股指期货和股票的区别

	股指期货	股票
交易对象	股指期货合约	股票
交易方式	保证金交易	全额交易(除融资证券外)
买卖顺序	双向交易	一般投资者需要先买后卖
交易限制	当日开仓可以当日平仓	当日买入不能当日卖出
结算方式	当日无负债结算	无当日无负债结算
到期日	有,不能无限期持有	发行股票的上市公司只要没有摘牌,股票就可以永久交易下去,既可以短期持有,也可以长期投资
交易时间	非最后交易日: 上午 9:15—11:30(第一节) 下午 1:00—3:15(第二节) 最后交易日: 上午 9:15—11:30(第一节) 下午 1:00—3:00(第二节)	上午 9:30—11:30 下午 1:00—3:00

二、沪深 300 股指期货的基本制度规则

(一) 沪深 300 股指期货合约解读

沪深 300 股指期货合约具体条款(见表 4-2)与其他品种相似,但也有自身的特点,在此,分别对沪深 300 股指期货合约细则中的条款进行说明。

表 4-2　沪深 300 股指期货合约文本

合约标的	沪深 300 指数
合约乘数	每点 300 元
报价单位	指数点
最小变动价位	0.2 点
合约月份	当月、下月及随后两个季月
交易时间	上午 9:15—11:30,下午 1:00—3:15
最后交易日交易时间	上午 9:15—11:30,下午 1:00—3:00
每日价格最大波动限制	上一个交易日结算价的 ±10%
最低交易保证金	合约价值的 12%
最后交易日	合约到期月份的第 3 个周五,遇法定节假日顺延
交割日期	同最后交易日
手续费	手续费标准为成交金额的万分之零点五

续　表

交割方式	现金交割
交易代码	IF
上市交易所	中国金融期货交易所

1. 合约乘数

一张股指期货合约的合约价值用股指期货指数点乘以某一既定的货币金额表示,这一既定的货币金额称为合约乘数。股票指数点越大,或合约乘数越大,股指期货合约价值也就越大。沪深 300 股指期货的合约乘数为每点人民币 300 元。当沪深 300 股指期货指数点为 3000 点时,合约价值等于 3000 乘以 300 元,即 90 万元;当指数点为 4000 点时,合约价值等于 4000 乘以 300 元,即 120 万元。

2. 最小变动价位

股指期货合约以指数点报价。报价变动的最小单位即为最小变动价位,合约交易报价指数点必须是最小变动价位的整数倍。沪深 300 股指期货的最小变动价位为 0.2 点,意味着合约交易报价的指数点必须为 0.2 点的整数倍。每张合约的最小变动值为 0.2 乘以 300 元,即 60 元。

3. 合约月份

股指期货的合约月份是指股指期货合约到期进行交割所在的月份。不同国家和地区股指期货合约月份的设置不尽相同。在境外期货市场上,股指期货合约月份的设置主要有两种方式:一种是季月模式(季月是指 3 月、6 月、9 月和 12 月)。欧美市场采用的就是这种设置方式,如芝加哥商业交易所的 S&P500 指数期货的合约月份以 3 月、6 月、9 月、12 月为循环月份。如果当前时间是 2015 年 2 月,S&P500 指数期货的合约月份为 2015 年 3 月、6 月、9 月、12 月和 2016 年 3 月、6 月、9 月、12 月。另外一种是以近期月份为主,再加上远期季月。如我国香港的恒生指数期货和我国台湾的台指期货的合约月份就是两个近月加两个季月。

沪深 300 股指期货合约的合约月份为当月、下月及随后两个季月,共四个月份合约。如果当前时间是 2015 年 9 月 4 日,那么期货市场上同时有以下 4 个合约在交易:IF1509、IF1510、IF1512、IF1603。这四个合约中,IF1509、IF1510 是当月和下月合约;IF1512、IF1603 是随后两个季月合约。

4. 每日价格最大波动限制

为了防止价格大幅波动所引发的风险,国际上通常对股指期货交易规定每日价格最大波动限制。比如,新加坡交易所的日经 225 指数期货规定当天的涨跌幅度不超过前一交易日结算价的 ±2000 点。但并非所有交易所都采取每日价格波动限制,例如中国香港的恒生指数期货、英国的 FTSE 100 指数期货交易就没有此限制。沪深 300 股指期货的每日价格波动限制为上一交易日结算价的 ±10%。季月合约上市首日涨跌停板幅度为挂盘基准价的 ±20%。上市首日有成交的,于下一交易日恢复到合约规定的涨跌停板幅度;上市首日无成交的,下一交易日继续执行前一交易日的涨跌停板幅度。沪深 300 股指期货合约最后交易日涨跌停板幅度为上一交易日结算价的 ±20%。

5. 保证金比例

合约交易保证金是指投资者进行期货交易时缴纳的用来保证履约的资金,一般占交易合约价值的一定比例。

沪深 300 股指期货合约最低交易保证金为合约价值的 12%,这一水平是正常情况下交易所针对结算会员收取的保证金标准。交易所有权根据市场风险状况进行调整。比如出现连续的单边市或交易所规定的其他情况时,交易所都有可能会提高保证金比例。结算会员、非结算会员在交易所规定的保证金标准的基础上,会对投资者加收一定数量的保证金。

(二) 沪深 300 股指期货交易规则

1. 持仓限额制度

设置持仓限额的目的是防止少数资金实力雄厚者超量持仓而操纵、影响市场。有些交易所为了及早发现与监控大户的动向,还设置了大户持仓申报制度。

沪深 300 股指期货的持仓限额是指中国金融期货交易所规定的会员或者客户对某一合约单边持仓的最大数量。同一客户在不同会员处开仓交易,其在某一合约单边持仓合计不得超出该客户的持仓限额。会员和客户的股指期货合约持仓限额具体规定为:进行投机交易的客户号某一合约单边持仓限额为 100 手;某一合约结算后单边总持仓量超过 10 万手的,结算会员下一交易日该合约单边持仓量不得超过该合约单边总持仓量的 25%;进行套期保值交易和套利交易的客户号的持仓按照交易所有关规定执行,不受该持仓限额限制。会员、客户持仓达到或者超过持仓限额的,不得同方向开仓交易。

2. 交易指令

沪深 300 股指期货的交易指令分为市价指令、限价指令及中国金融期货交易所规定的其他指令。

交易指令每次最小下单数量为 1 手,市价指令每次最大下单数量为 50 手,限价指令每次最大下单数量为 100 手。

3. 每日结算价

在股指期货交易中,大多数交易所采用当天期货交易的收盘价作为当天的结算价,美国芝加哥商业交易所的 S&P500 期指合约与中国香港的恒生指数期货合约交易都采用此法。

4. 交割方式与交割结算价

股指期货合约的交割普遍采用现金交割方式,即按照交割结算价,计算持仓者的盈亏,按此进行资金的划拨,了结所有未平仓合约。股指期货的交割结算价通常是依据现货指数来确定的,这样可以有效地保证期指与现指的到期趋同。

交割结算价的选取,不同交易所存在差异。例如美国芝加哥商业交易所的 S&P500 指数期货的交割结算价是以最后结算日(即周五上午)现指特别开盘报价(Special Opening Quotation,简称 SOQ)为交割结算价;中国香港的恒生指数期货采取最后交易日现指每 5 分钟报价的平均值整数为交割结算价。

沪深 300 股指期货合约的相关规定是:股指期货合约采用现金交割方式;股指期货合约最后交易日收市后,交易所以交割结算价为基准,划付持仓双方的盈亏,了结所有未平仓合约。沪深 300 股指期货的交割结算价为最后交易日标的指数最后两小时的算术平均值。计算结果保留至小数点后两位。交易所有权根据市场情况对股指期货的交割结算价进行调整。

5.股指期货投资者适当性制度

沪深 300 股指期货市场实行股指期货投资者适当性制度。该制度按照"把适当的产品销售给适当的投资者"的原则,从资金实力、投资经历、知识测试等方面对投资者进行了限制性的规定,从而规避了中小投资者因盲目参与而遭受较大损失的可能。股指期货投资者适当性制度主要包含以下要点:

(1) 自然人申请开户时保证金账户可用资金余额不低于人民币 50 万元;

(2) 具备股指期货基础知识,开户测试不低于 80 分;

(3) 具有累计 10 个交易日、20 笔以上的股指期货仿真交易成交记录,或者最近三年内具有 10 笔以上的商品期货交易成交记录。

对于一般法人投资者申请开户除具有以上三点要求外,还应该具备:

(1) 净资产不低于人民币 100 万元;

(2) 具有相应的决策机制和操作流程:决策机制主要包括决策的主体与决策程序,操作流程应当明确业务环节、岗位职责以及相应的制衡机制。

三、股指期货套期保值交易

(一)β 系数与最佳套期保值比率

股指期货套期保值是同时在股指期货市场和股票市场进行反方向的操作,最终达到规避系统性风险目的的行为。

股指期货与商品期货在套期保值操作中有一个很大的差别,即在商品期货中,期货合约交易的对象与现货交易中的对象是一致的,比如 100 吨大豆,对应着 10 手期货合约(每张合约 10 吨)。然而,在股指期货中,只有买卖指数基金或严格按照指数的构成买卖一揽子股票,才能做到完全对应。事实上,对绝大多数的股市投资者而言,并不总是按照指数成分股来构建股票组合。要有效地对投资者的股票组合进行保值,需要确定一个合理买卖股指期货合约的数量,这需要引入 β 系数这一概念。

1.单个股票的 β 系数

假定某股票的收益率(R_i)和指数的收益率(R_m)有表 4-3 中的关系。

表 4-3 某股票收益率和指数收益率对应关系

股票收益率(R_i)/%	10	3	15	9	3
指数收益率(R_m)/%	4	2	8	6	0

我们可以通过散点图来观察它们之间的关系,并用一条直线来拟合它们。估算出直线方程如下:

$$R_i = \alpha + \beta R_m$$

其中,α 和 β 是直线方程的系数,上述问题就转化为如何确定最佳的 α 和 β 了。由于 i 只

是用来代替 R_i 的理论值,两者之间的平均偏差越小越好,即 $\sum(R_i-i)^2$ 最小。

这样,就得到拟合直线 $I=2+1.5R_m$,系数 1.5 是该直线的斜率,它表示了该股收益率的增减幅度是指数收益率同方向增减幅度的 1.5 倍,比如指数收益率增加 3%,该股票收益率增加 4.5%;指数收益率减少 2%,则该股票收益率减少 3%。如果 β 系数等于 1,则表明股票收益率的增减幅度与指数收益率的增减幅度保持一致。显然,当 β 系数大于 1 时,说明股票的波动或风险程度高于以指数衡量的整个市场;而当 β 系数小于 1 时,说明股票的波动或风险程度低于以指数衡量的整个市场。

2. 股票组合的 β 系数

当投资者拥有一个股票组合时,就要计算这个组合的 β 系数。假定一个组合 P 由 n 个股票组成,第 i 个股票的资金比例为 X_i($X_1+X_2+\cdots+X_n=1$);β_i 为第 i 个股票的 β 系数。则有 $\beta=X_1\beta_1+X_2\beta_2+\cdots+X_n\beta_n$。注意,$\beta$ 系数是根据历史资料统计而得到的,在应用中,通常就用历史的 β 系数来代表未来的 β 系数。股票组合的 β 系数比单个股票的 β 系数可靠性要高,这一点对于预测应用的效果来说也是同样的。在实际应用中,也有一些使用者为了提高预测能力,还对 β 系数做进一步的修改与调整。

3. 股指期货套期保值中合约数量的确定

有了 β 系数,就可以计算出冲抵现货市场中股票组合的风险所要买入或卖出的股指期货合约的数量:

买卖期货合约数＝现货总价值/(期货指数点×每点乘数)×β 系数

其中,公式中的"期货指数点×每点乘数"实际上就是一张期货合约的价值。从公式中不难看出:当现货总价值和期货合约的价值已定下来后,所需买卖的期货合约数就与 β 系数的大小有关。β 系数越大,所需的期货合约数就越多;反之,则越少。

(二)股指期货卖出套期保值

卖出套期保值是指交易者为了回避股票市场价格下跌的风险,通过在股指期货市场卖出股票指数的操作,在股票市场和股指期货市场上建立盈亏冲抵机制的行为。进行卖出套期保值的情形主要是:投资者持有股票组合,担心股市大盘下跌而影响股票组合的收益。

【例 4-1】 国内某证券投资基金在某年 9 月 2 日时,其收益率已达到 26%,鉴于后市不太明朗,下跌的可能性很大,为了保持这一业绩到 12 月,决定利用沪深 300 股指期货实行保值。假定其股票组合的现值为 2.24 亿元,并且其股票组合与沪深 300 指数的 β 系数为 0.9。假定 9 月 2 日的现货指数为 5400 点,而 12 月到期的期货合约为 5650 点。该基金首先要计算卖出多少期货合约才能使 2.24 亿元的股票组合得到有效保护。

应该卖出的期货合约数＝224000000/(5650×300)×0.9≈119(张)

12 月 2 日,现货指数跌到 4200 点,而期货指数跌到 4290 点(现货指数跌 1200 点,跌幅约为 22.22%,期货指数跌 1360 点,跌幅大致为 24.07%),这时该基金买进 119 张期货合约进行平仓,则该基金的损益情况为:股票组合市值缩水 22.22%×0.9＝20%,市值减少 1.792 亿元,减少市值 0.448 亿元;期货合约上赢得 119×1360×300＝0.48552 亿元,两者基本相等,实现避险目的。如表 4-4 所示。

表 4-4　股指期货卖出套期保值实例

时间	现货市场	期货市场
9 月 2 日	股票总值 2.24 亿元,沪深 300 现指为 5400 点	卖出 119 张 12 月到期的沪深 300 股指期合约,期指为 5650 点,合约总值为 119×5650×300＝2.01705 亿元
12 月 2 日	沪深 300 现指跌至 4200 点,该基金持有的股票价值缩水为 1.792 亿元	买进 119 张 12 月到期的深沪 300 股指期货合约平仓,期指为 4290 点,合约总值为 119×4290×300＝1.53153 亿元
盈亏	亏损 0.448 亿元	盈利 0.48552 亿元

如果到了 12 月 2 日,股票指数和股指期货合约价格都上涨了,结果便是期货市场出现亏损,但股票组合升值,盈亏相抵之后,基本上仍能实现当初的愿望,即保持以往的收益率业绩。

（三）股指期货买入套期保值

买入套期保值是指交易者为了回避股票市场价格上涨的风险,通过在股指期货市场买入股票指数的操作,在股票市场和股指期货市场上建立盈亏冲抵机制的行为。进行买入套期保值的情形主要是:投资者在未来计划持有股票组合,担心股市大盘上涨而使购买股票组合成本上升。

【例 4-2】某机构在 4 月 15 日得到承诺,6 月 10 日会有 300 万元资金到账。该机构看中 A、B、C 三只股票,现在价格分别为 20 元、25 元、50 元。如果现在就有资金,每个股票投入 100 万元就可以分别买进 5 万股、4 万股和 2 万股。由于现在处于行情看涨期,他们担心资金到账时,股价已上涨,就买不到这么多股票了。于是,采取买进股指期货合约的方法锁定成本。

假定相应的 6 月到期的期指为 1500 点,每点乘数为 100 元。三只股票的 β 系数分别为 1.5、1.3 和 0.8。首先计算应该买进多少期指合约。

三只股票组合的 β 系数＝1.5×1÷3＋1.3×1÷3＋0.8×1÷3＝1.2

应该买进期指合约数＝3000000/(1500×100)×1.2＝24(张)

6 月 10 日,该机构如期收到 300 万元,这时现指与期指均已涨了 10%,即期指涨至 1650 点,而三只股票分别上涨至 23 元(上涨 15%)、28.25 元(上涨 13%)、54 元(上涨 8%)。如果仍旧分别买进 5 万股、4 万股和 2 万股,则共需资金 23 元×5 万＋28.25 元×4 万＋54 元×2 万＝336 万元,显然,资金缺口为 36 万元。

由于他们在指数期货上做了多头保值,6 月 10 日将期指合约卖出平仓,共计可盈利 24×(1650－1500)×100＝36 万(元),正好与资金缺口相等。可见,通过套期保值,该机构实际上已把一个多月后买进股票的价格锁定在 4 月 15 日的水平上了。同样,如果到时股指和股票价格都跌了,实际效果仍旧如此。这时,该机构在期指合约上亏了,但由于股价低了,去除亏损的钱后,余额仍旧可以买到足额的股票数量。表 4-5 仅列出价格上涨时的情况。

表 4-5   股指期货买入套期保值实例

时间	现货市场	期货市场
4 月 15 日	预计 6 月 10 日可收到 300 万元,准备购进 A、B、C 三只股票,当天三只股票的市场价位: A 股票 20 元,β 系数 1.5 B 股票 25 元,β 系数 1.3 C 股票 50 元,β 系数 0.8 按此价格,各投资 100 万元,可购买: A 股票 5 万股 B 股票 4 万股 C 股票 2 万股	买进 24 张 6 月到期的指数期货合约,期指点为 1500 点,合约总值为 $24 \times 1500 \times 100 = 360$ 万(元)
6 月 10 日	收到 300 万元,但股票价格已上涨至: A 股票 23 元(上涨 15%) B 股票 28.25 元(上涨 13%) C 股票 54 元(上涨 8%) 如仍按计划数量购买,资金缺口为 36 万元	卖出 24 张 6 月到期的指数期货合约平仓,期指点为 1650 点,合约总值为 $24 \times 1650 \times 100 = 396$ 万(元)
盈亏	亏损 36 万元	盈利 36 万元

四、股指期货投机与套利交易

(一)股指期货投机策略

股指期货市场的投机交易是指交易者根据对股票价格指数和股指期货合约价格的变动趋势做出预测,通过看涨时买进股指期货合约,看跌时卖出股指期货合约而获取价差收益的交易行为。股指期货的投机交易在流程和形式上与商品期货的投机交易类似,第二章已有详细介绍,此处不再赘述。但由于股指期货的标的是股票指数,其反映的信息面更为广泛,因此交易者应做好对各种经济信息的研究,综合研判股指期货的价格走势。

一般而言,分析股指期货价格走势有两种方法:基本面分析方法和技术面分析方法。基本面分析方法重在分析对股指期货价格变动产生影响的基本面因素,这些因素包括国内外政治因素、经济因素、社会因素、政策因素等多个方面,通过分析基本面因素的变动对股指可能产生的影响来预测和判断股指未来变动方向。技术面分析方法重在分析行情的历史走势,寄希望通过分析当前价和量的关系,再根据历史行情走势来预测和判断股指未来变动方向。通常情况下,股指期货的成交量、持仓量和价格的关系见表 4-6。

表 4-6   股指期货量价关系

价格	交易量	持仓量	市场趋势
上涨	增加	上升	坚挺:新开仓增加,多头占优
上涨	减少	上升	疲软:新开仓增加,空头占优
下跌	增加	下降	疲软:平仓增加,空头买入平仓占优,主动性多仓不大
下跌	减少	下降	坚挺:平仓增加,多头卖出平仓占优,主动性多仓不大

续　表

价格	交易量	持仓量	市场趋势
上涨	不活跃	上升	坚挺：多头占优的情况下平仓减小
上涨	增加	上升	疲软：空头占优的情况下平仓减小
下跌	不活跃	下降	空头被逼平仓——空头可能在高位回补
下跌	增加	下降	多头被逼平仓——多头可能在低位回补

基本面分析方法和技术面分析方法各有优劣，一般在进行投机交易时需要将两种方法有机结合，以提高判断的准确率。

（二）股指期货期现套利

股指期货合约交易在交割时采用现货指数，这一规定不但具有强制期货指数最终收敛于现货指数的作用，而且也会使得在正常交易期间，期货指数与现货指数维持一定的动态联系。在各种因素影响下，期货指数起伏不定，经常会与现货指数产生偏离，但是当这种偏离越出一定的范围时，就会产生套利机会。交易者可以利用这种套利机会从事套利交易，获取无风险利润。

在判断是否存在期现套利机会时，依据现货指数来确定股指期货理论价格非常关键，只有当实际的股指期货价格高于或低于理论价格时，套利机会才有可能出现。

1. 股指期货合约的理论价格

根据期货理论，期货价格与现货价格之间的价差主要是由持仓费决定的。股指期货也不例外。假定甲拥有一笔市场流动性极好的基础资产，现在市场价值 1 万美元。乙想获得这份资产，与甲签订买卖协议。如果买卖是即时的，则定价问题极易解决，就是 1 万美元。但如果签订的是一份 3 个月后交割的远期合约，该如何定价呢？站在甲的立场上看，1 万美元肯定太低，因为还不如现在卖给他人，取得现款后将其贷出，3 个月后的本利和不止 1 万美元。所以，站在甲的立场上看，远期合约价格必须考虑在资产持有期中发生的成本即持有成本。假定持有成本由资金成本和储存成本组成，当市场年利率为 6％时，按单利计算，3 个月的利率为 1.5％，相应的利息为 150 美元。又假设期末应付出的储存费为 100 美元，则对甲来说，10250 美元的要价是合理的，低于这个价格，甲是不会答应的。同样，站在乙的立场上考虑，如果签约价格高于 10250 美元，还不如现在贷款借入 1 万美元，买下这份资产，3 个月后，还掉本利和 10150 美元（假定利率同前），再支付 100 美元的储存费，总计价格也不过是 10250 美元。显然 10250 美元的签约价格对甲、乙双方而言都是可以接受的，也是公平合理的价格。这种考虑资产持有成本的远期合约价格，就是所谓远期合约的"合理价格"，也称为远期合约的理论价格。

就股票这种基础资产而言，由于它不是有形商品，故不存在储存成本。但其持有成本同样有两个组成部分：一项是资金占用成本，这可以按照市场资金利率来度量；另一项则是持有期内可能得到的股票分红红利，然而，由于这是持有资产的收入，当将其看作成本时，只能是负值成本。前项减去后项，便可得到净持有成本。当前项大于后项时，净持有成本大于零；反之，当前项小于后项时，净持有成本便小于零。平均来看，市场利率总是大于股票分红率的,故净持有成本通常是正数。但是,如果考察的时间较短,期间正好有一大笔红利收入,则在短时期内,有可能净持有成本为负。

【例 4-3】　买卖双方签订一份 3 个月后交割一揽子股票组合的远期合约,该一揽子股票组合与香港恒生指数构成完全对应,现在市场价值为 75 万港元,即对应于恒生指数 15000 点(恒指期货合约的乘数为 50 港元)。假定市场年利率为 6%,且预计一个月后可收到 5000 港元现金红利,该远期合约的合理价格计算过程是:

资金占用 75 万港元,相应的利息为 750000 港元 $\times$ 6% $\times$ 3 $\div$ 12 $=$ 11250 港元,一个月后收到红利 5000 港元,再计剩余两个月的利息为 5000 $\times$ 6% $\times$ 2 $\div$ 12 $=$ 50 港元,本利和共计为 5050 港元;净持有成本 $=$ 11250 $-$ 5050 $=$ 6200 港元;该远期合约的合理价格应为 750000 $+$ 6200 $=$ 756200 港元。

如果将上述金额用指数点表示,则为:750000 港元相当于 15000 指数点;利息为 15000 $\times$ 6% $\times$ 3 $\div$ 12 $=$ 225 点;红利 5000 港元相当于 100 个指数点,再计剩余两个月的利息为 100 $\times$ 6% $\times$ 2 $\div$ 12 $=$ 1 个指数点,本利和共计为 101 个指数点;净持有成本为 225 $-$ 101 $=$ 124 个指数点;该远期合约的合理价格应为 15000 $+$ 124 $=$ 15124 点。

期货合约与远期合约同样具有现时签约并在日后约定时间交割的性质。尽管两者之间有一定的区别,但从交易者可以选择最后参与交割来看,其定价机制并没有什么差别。事实上,可以用严格的数学方法来证明,在一系列合理的假设条件下,股指期货合约的理论价格与远期合约的理论价格是一致的。

股指期货理论价格的计算公式可表示为:$F(t,T) = S(t) + S(t) \times (r-d) \times (T-t)/365 = S(t) \times [1 + (r-d) \times (T-t)/365]$,其中:$t$ 为所需计算的各项内容的时间变量;T 代表交割时间;$T-t$ 就是 t 时刻至交割时的时间长度,而如果用一年的 365 天去除,通常以天为计算单位,$(T-t)/365$ 的单位显然就是年了;$S(t)$ 为 t 时刻的现货指数;$F(t,T)$ 表示 T 时交割的期货合约在 t 时的理论价格(以指数表示;r 为年利息率;d 为年指数股息率)。

相关的假设条件有:暂不考虑交易费用,期货交易所需占用的保证金以及可能发生的追加保证金也暂时忽略;期、现两个市场都有足够的流动性,使得交易者可以在当前价位上成交;融券以及卖空极易进行,且卖空所得资金随即可以使用。

计算公式(以指数表示)如下:

持有期利息公式为:$S(t) \times r \times (T-t)/365$;

持有期股息收入公式为:$S(t) \times d \times (T-t)/365$;

持有期净成本公式为:$S(t) \times r \times (T-t)/365 - S(t) \times d \times (T-t)/365 = S(t) \times (r-d) \times (T-t)/365$。

注意:在计算时既可以采用单利计算法,也可以采用复利计算法。但从实际效果来看,由于套利发生的时间区间通常都不长,两者之间的差别并不大。

2. 股指期货期现套利操作

股指期货合约实际价格恰好等于股指期货理论价格的情况比较少,多数情况下股指期货合约实际价格与股指期货理论价格总是存在偏离。当前者高于后者时,称为期价高估(Overvalued);当前者低于后者时,称为期价低估(Undervalued)。

（1）期价高估与正向套利。当存在期价高估时，交易者可通过卖出股指期货同时买入对应的现货股票进行套利交易，这种操作称为"正向套利"。假定数据如前，但实际恒生期指为 15200 点，高出理论指数 15124 点 76 点。这时交易者可以通过卖出恒指期货，同时买进对应的现货股票进行套利交易。步骤为：

1）卖出一张恒指期货合约，成交价位 15200 点，同时以 6% 的年利率贷款 75 万港元，买进相应的一揽子股票组合。

2）一个月后，将收到的 5000 港元股息收入按 6% 的年利率贷出。

3）再过两个月，即到交割期，将恒指期货对冲平仓，同时将一揽子股票卖出。注意，交割时期、现价格是一致的。表 4-7 列出了交割时指数的 3 种不同情况：情况 A 的交割价高于原期货实际成交价（15200 点），情况 C 的交割价低于原现货实际成交价（15000 点），情况 B 的交割价介于两者之间。显然，不论最后的交割价是高还是低，该交易者从中可收回的资金数都是相同的 76 万港元，加上收回贷出的 5000 港元的本利和为 5050 港元，共计收回资金 76.505 万港元。

4）还贷。75 万港元 3 个月的利息为 1.125 万港元，须还本利共计 76.125 万港元，而回收资金总额与还贷资金总额之差 765050－761250＝3800（港元）即是该交易者获得的净利润。这笔利润正是实际期价与理论期价之差（15200－15124）×50＝3800（港元）。

表 4-7　期价高估时的套利情况

套利	情况 A	情况 B	情况 C
交割价	15300 点	15100 点	14900 点
期货盈亏	15200－15300＝－100 点，即亏损 5000 港元	15200－15100＝100 点，即盈利 5000 港元	15200－14900＝300 点，即盈利 1.5 万港元
现货盈亏	15300－15000＝300 点，即盈利 1.5 万港元，共可收回 76.5 万港元	15100－15000＝100 点，即盈利 5000 港元，共可收回 75.5 万港元	14900－15000＝－100 点，即亏损 5000 港元，共可收回 74.5 万港元
期现盈亏合计	200 点，即 1 万港元，共可收回 76 万港元	200 点，即 1 万港元，共可收回 76 万港元	200 点，即 1 万港元，共可收回 76 万港元

（2）期价低估与反向套利。当存在期价低估时，交易者可通过买入股指期货的同时卖出对应的现货股票进行套利交易，这种操作称为"反向套利"。假定基本数据同上，实际恒生期指为 15040 点，比 15124 点的理论指数低 84 点。这时交易者可以通过买进期货，同时卖出相应的现货股票组合来套利。具体步骤为：

1）以 15040 点的价位买进一张恒指期货合约，同时借入一揽子对应的股票在股票市场按现价 15000 点卖出，得款 75 万港元，再将这 75 万港元按市场年利率 6% 贷出 3 个月。

2）3 个月后，收回贷款本利合计 761250 港元，然后在期货市场将恒指期货卖出平仓，同时在现货市场上买进相应的股票组合，将这个股票组合还给原出借者，同时还必须补偿股票所有者本来应得的分红本利和 5050 港元。

3）与上例相同，不论最后的交割价为多少，期货和现货两个市场的盈亏总额都是相同的。由于套利是在期、现两个市场同时反向操作，将利润锁定，不论价格涨跌，都不会因此而产生风险,故常将期现套利交易称为"无风险套利",相应的利润称为"无风险利润"。从理论上讲,这种套利交易是不需资本的,因为所需资金都是借来的,所需支付的利息已经在套利过程中考虑了,故套利利润实际上是已扣除机会成本后的净利润。当然,在以上分析中,略去了一些影响因素,例如交易费用以及融券问题、利率问题等与实际情况是否吻合等,这会在一定程度上影响套利操作和效果。

3. 交易成本与无套利区间

无套利区间是指考虑交易成本后,将期指理论价格分别向上移和向下移所形成的一个无利润区间。在这个区间中,套利交易不但得不到利润,反而将导致亏损。具体而言,若将期指理论价格上移一个交易成本之后的价位称为无套利区间的上界,将期指理论价格下移一个交易成本之后的价位称为无套利区间的下界,只有当实际的期指高于上界时,正向套利才能够获利;反之,只有当实际期指低于下界时,反向套利才能够获利。

假设 TC 为所有交易成本的合计数,则显然无套利区间的上界应为 $F(t,T)+TC=S(t)[1+(r-d)\times(T-t)/365]+TC$;而无套利区间的下界应为 $F(t,T)-TC=S(t)[1+(r-d)\times(T-t)/365]-TC$。相应的无套利区间应为:$\{S(t)[1+(r-d)\times(T-t)/365]-TC,S(t)[1+(r-d)\times(T-t)/365]+TC\}$。

【例 4-4】 设 $r=5\%,d=1.5\%$,6 月 30 日为 6 月期货合约的交割日,4 月 1 日、5 月 1 日、6 月 1 日及 6 月 30 日的现货指数分别为 1400 点、1420 点、1465 点及 1440 点,这几日的期货理论价格计算如下:4 月 1 日至 6 月 30 日,持有期为 3 个月,即 3/12 年,$F(4$ 月 1 日,6 月 30 日)$=1400\times[1+(5\%-1.5\%)\times3\div12]=1412.25$(点);5 月 1 日至 6 月 30 日,持有期为 2 个月,即 2/12 年,$F(5$ 月 1 日,6 月 30 日)$=1420\times[1+(5\%-1.5\%)\times2\div12]\approx1428.28$(点);6 月 1 日至 6 月 30 日,持有期为 1 个月,即 1/12 年,$F(6$ 月 1 日,6 月 30 日)$=1465\times[1+(5\%-1.5\%)\times1\div12]\approx1469.27$(点);6 月 30 日至 6 月 30 日,持有期为 0 年,$F(6$ 月 30 日,6 月 30 日)$=1440\times[1+(5\%-1.5\%)\times0\div12]=1440$(点)。

【例 4-5】 基本数据如上例,又假定(1)借贷利率差 $ar=0.5\%$;(2)期货合约买卖手续费双边为 0.2 个指数点,同时,市场冲击成本也是 0.2 个指数点;(3)股票买卖的双边手续费及市场冲击成本各为成交金额的 0.6%,即合计为成交金额的 1.2%,如以指数点表示,则为 $1.2\%\times S(t)$。4 月 1 日、6 月 1 日的无套利区间计算如下:

4 月 1 日股票买卖的双边手续费及市场冲击成本为 $1400\times1.2\%=16.8$(点);期货合约买卖双边手续费及市场冲击成本为 0.4 个指数点;借贷利率差成本为 $1400\times0.5\%\times3\div12=1.75$(点);三项合计,$TC=16.8+0.4+1.75=18.95$(点)。无套利区间上界为 $1412.25+18.95=1431.2$(点);无套利区间下界为 $1412.25-18.95=1393.3$(点)。无套利区间为 $[1393.3,1431.2]$。上下界幅宽为 $1431.2-1393.3=37.9$(点)。

6 月 1 日股票买卖的双边手续费及市场冲击成本为 $1465\times1.2\%=17.58$(点);期货合约买卖双边手续费及市场冲击成本为 0.4 个指数点;借贷利率差成本为 $1465\times0.5\%\times1\div12\approx0.61$(点);三项合计,$TC\approx17.58+0.4+0.61=18.59$(点)。无套利区间上界为 $1469.27+18.59=1487.86$(点);无套利区间下界为 $1469.27-18.59=1450.68$(点)。无套利区间为 $[1450.68,1487.86]$。上下界幅宽为 $1487.86-1450.68=37.18$(点)。无论是从组成 TC 的公式中还是例题中都不难看出:借贷利率差成本与持有期的长度有关,它随着持有期缩短而减小,当持有期为零时(即交割日),借贷利率差成本也为零;而交易费用和市场冲击成本却是与持有的长短无关的,即使到交割日,它也不会减少。因而,无套利区间的上下界幅宽主要是由交易费用和市场冲击成本这两项所决定的。

4. 套利交易中的模拟误差

准确的套利交易意味着卖出或买进股指期货合约的同时,买进或卖出与其相对应的股票组合。如果实际交易的现货股票组合与指数的股票组合不一致,势必导致两者未来的走势或回报不一,从而导致一定的误差。这种误差,通常称为模拟误差。

模拟误差来自两方面。一方面是因为组成指数的成分股太多,如 S&P500 指数是由 500 只股票组成的。短时期内同时买进或卖出这么多的股票难度较大,并且准确模拟将使交易成本大大增加,因为对一些成交不活跃的股票来说,买卖的冲击成本非常大。通常,交易者会通过构造一个取样较小的股票投资组合来代替指数,这会产生模拟误差。另一方面,即使组成指数的成分股并不太多,如道琼斯工业指数仅由 30 只股票组成,但由于指数大多以市值为比例构造,严格按比例复制很可能会产生零碎股,如出现某股应买进 1245 股的结果,而股市买卖通常的最小单位为手,在国内是 100 股,这 45 股就是零碎股,这也会产生模拟误差。

模拟误差会给套利者原先的利润预期带来一定的影响。举例来说,如果期价高出无套利区间上界 5 个指数点,交易者进行正向套利,理论上到交割期可以稳挣 5 个点,但是如果买进的股票组合(即模拟指数组合)到交割期落后于指数 5 个点,套利者将什么也挣不到。当然,如果买进的股票组合到交割期领先指数 5 个点,那该套利者就将挣到了 10 个点。这会增加套利结果的不确定性,因而,在套利交易活动中,套利者应该对模拟误差给予足够的重视。

5. 期现套利程式交易

期现套利交易对时间要求非常高,必须在短时间内完成期指的买卖以及许多股票的买卖,传统的报价交易方式难以满足这一要求,因此必须依赖程式交易(Program Trading)系统。

程式交易系统由四个子系统组成,就是套利机会发觉子系统、自动下单子系统、成交报告及结算子系统以及风险管理子系统。

套利机会发觉子系统在运作时必须同步链接股票现货市场与股指期货市场的行情信息。除此之外,子系统内要预置与套利者自身有关的信息模块,如无套利区间计算所需要的各种参数、各种股票组合模型及相应的误差统计、套利规模的设定等。按此设计的套利机会发觉子系统将会及时发现市场是否存在套利机会,或及时发现对已有的套利头寸是否存在了结的机会,一旦产生机会,便会向交易者发出提示或按照预定的程序向自动下单子系统发出下单指令。

成交报告及结算子系统的作用是对成交情况迅速进行结算并提供详尽的报告,使套利者可以动态掌握套利交易的情况,对其进行评估,并在必要时对原有套利模式进行修正。

风险管理子系统可以对模拟误差风险及其他风险进行控制,同时它也会发挥管理指数期货保证金账户的作用。

通过运用程式交易,套利者可以在较短时间内发现套利机会,并且快速执行套利操作,从而有效获取套利收益。

(三)股指期货跨期套利

跨期套利是在同一交易所同一期货品种不同交割月份期货合约间的套利。与一般的跨期套利相同,它是利用不同月份的股指期货合约的价差关系,买进(卖出)某一月份的股指期货的同时卖出(买进)另一月份的股指期货合约,并在未来某个时间同时将两个头寸平仓了结的交易行为。

1. 不同交割月份期货合约间的价格关系

股指期货一般都有两个以上合约,其中交割期离当前较近的称为近期合约,交割月离当前较远的称为远期合约。当远期合约价格大于近期合约价格时,称为正常市场或正向市场;近期合约价格大于远期合约价格时,称为逆转市场或反向市场。

在正常市场中,远期合约与近期合约之间的价差主要受到持有成本的影响。股指期货的持有成本相对低于商品期货,而且可能收到的股利在一定程度上可以降低股指期货的持有成本。当实际价差高于或低于正常价差时,就存在获利的机会。例如,假定3月和2月沪深300股指期货的正常价差为100点,当3月和2月沪深300股指期货的实际价差为200点,明显高于100点的水平,此时可通过买入低价合约、同时卖出高价合约的做法进行套利,从而获取稳定利润。当然,价差随着这种活动而逐渐减少,直至归于正常价差。

在逆转市场上,两者的价格差没有限制,取决于近期供给相对于需求的短缺程度,以及购买者愿意花费多大代价换取近期合约。根据以上关系,再结合具体的市场行情及对市况发展趋势的分析预测,就可以判断不同交割月份合约价格间的关系是否正常。如果不正常,无论价差过大还是过小,投资者都可以相机采取套利交易,待价格关系恢复正常时同时对冲了结,以获取套利利润。

2. 不同交割月份期货合约间存在理论价差

根据股指期货定价理论,可以推算出不同月份的股指期货之间存在理论价差。现实中,两者的合理价差可能包含更多因素,但基本原理类似。

设:$F(T_1)$为近月股指期货价格;$F(T_2)$为远月股指期货价格;S为现货指数价格;r为利率;d为红利率。

$$F(T_1) = S[1+(r-d)T_1/365]$$
$$F(T_2) = S[1+(r-d)T_2/365]$$

可推出:

$$F(T_2) - F(T_1) = S[1+(r-d)T_2/365] - S[1+(r-d)T_1/365]$$
$$= S(r-d)T_2/365 - S(r-d)T_1/365 = S(r-d)(T_2-T_1)/365$$

此即为两个不同月份的股指期货的理论价差,当实际价差与理论价差出现明显偏离时,可以考虑进行套利交易,等到价差回归到合理水平时同时了结头寸结束交易。由于股指期货的价格受众多因素的影响,实际价格可能会经常偏离理论价格,因此完全依据理论价格进行套利分析和交易可能会面临较大的不确定性。

股指期货跨月套利也可以完全根据价差/价比分析法进行分析和操作。通过分析两个不同月份期货合约的价差和价比数据,并观察和统计数据分布区间和概率。当实际价差出现在大概率分布区间之外时可以考虑建立套利头寸;当价差或价比重新回到大概率区间时,平掉套利头寸获利了结。

【例 4-6】 假定利率比股票分红高 3%,即 r−d＝3%。5 月 1 日上午 10 时,沪深 300 指数为 3500 点,沪深 300 股指期货 9 月合约价格为 3600 点,6 月合约价格为 3550 点,9 月期货合约与 6 月期货合约之间的实际价差为 50 点,而理论价差为:$S(r-d)(T_2-T_1)/365=3500\times3\%\times3/12=26.25$ 点,因此授资者认为价差很可能缩小,于是买入 6 月合约,卖出 9 月合约。5 月 1 日下午 2 时,9 月合约涨至 3650 点,6 月合约涨至 3620 点。9 月期货合约与 6 月期货合约之间的实际价差缩小为 30 点。在不考虑交易成本的情况下,投资者平仓后每张合约获利为 20 点×300 元/点＝6000 元。

表 4-8　跨期套利损益实例

5 月 1 日上午 10:00	买入 1 手 6 月合约,价格为 3550 点	卖出 1 手 9 月合约,价格为 3600 点	价差 50 点
5 月 1 日下午 2:00	卖出 1 手 6 月合约,价格为 3620 点	买入 1 手 9 月合约,价格为 3650 点	价差 30 点
每张合约损益	＋70 点	−50 点	价差缩小 20 点
最终盈亏	盈利 20 点×300 元/点＝6000 元		

第二节　外汇期货

一、外汇与外汇期货概述

(一) 外汇的概念

外汇是国际汇兑的简称。外汇的概念有动态和静态之分。动态意义上的外汇,是指把一国货币兑换为另一国货币以清偿国际债务的金融活动。从这个意义上说,外汇等同于国际结算。静态意义上的外汇又有广义和狭义之分,广义的静态外汇是指一切以外币表示的资产,而狭义的静态外汇是指以外币表示的可以用于国际结算的支付手段和资产,这也是人们通常意义上所称的外汇。各国外汇管理法令中所称的外汇一般是指广义的外汇。例如,我国 2008 年 8 月修订后的《中华人民共和国外汇管理条例》中规定的外汇范围就是指广义的外汇,它包括:

1. 外币现钞,包括纸币、铸币;

2. 外币支付凭证或者支付工具,包括票据、银行存款凭证、银行卡等;

3. 外币有价证券,包括债券、股票等;

4. 特别提款权;

5. 其他外汇资产。

(二) 汇率及其标价方法

如同商品有价格一样,外汇也有价格。汇率就是指以一国货币表示的另一国货币的价格,即两种不同货币的比价,表明一个国家货币折算成另一个国家货币的比例。由于国际进行贸易与非贸易往来,各国之间需要办理国际结算,所以一个国家的货币对其他国家的货币,都规定有一个汇率。折算两个国家的货币,首先要确定用哪个国家的货币作为标准。由于折算的标准不同,汇率的标价方法可分为直接标价法、间接标价法和美元标价法。

1. 直接标价法

直接标价法是包括中国在内的世界上绝大多数国家目前都采用的汇率标价方法。直接标价法是指以本币表示外币的价格,即以一定单位(1、100 或 1000 个单位)的外国货币作为标准,折算为一定数额本国货币的标价方法。例如,某日中国国家外汇管理局公布的外汇牌价为 100 美元/人民币 679.73,表示 100 美元可以兑换 679.73 元人民币;100 欧元/人民币 870.94,表示 100 欧元可以兑换 870.94 元人民币;100 英镑/人民币 1046.75,表示 100 英镑可以兑换 1046.75 元人民币,采用的就是直接标价法。

在直接标价法下,外国货币的数额固定不变,本国货币的数额则随着外国货币或本国货币币值的变化而改变。外汇汇率的涨跌与本国货币标价数额的增减趋势是一致的,本国货币标价数的提高就表示外汇汇率的上涨,表明单位外币所能换取的本币增多,外国货币升值,本国货币贬值;反之,本国货币标价数的减少就表示外汇汇率的下降,表明外国单位货币所能换取的本币减少,外国货币贬值,本国货币升值。例如,中国外汇交易市场上的汇率标价 100 美元/人民币由 679.73 变为 681.26,表明要用更多的人民币才能兑换 100 美元,外国货币(美元)升值,即外汇汇率上升,本国货币(人民币)贬值。

2. 间接标价法

英国、美国和欧元区均采用间接标价法。间接标价法是以外币表示本币的价格,即以一定单位(1、100 或 1000 个单位)的本国货币作为标准,折算为一定数额外国货币的标价方法。例如,某日纽约外汇市场的汇率标价为 1 美元/英镑 0.6433,表示 1 美元可兑换 0.6433 英镑;1 美元/日元 83.31,表示 1 美元可兑换 83.31 日元;某日伦敦外汇市场的汇率标价为 1 英镑/美元 1.5544,表示 1 英镑可兑换 1.5544 美元,这些采用的就是间接标价法。在间接标价法下,本国货币的数额固定不变,外国货币的数额则随着本国货币或外国货币币值的变化而改变。外汇汇率的涨跌与外国货币标价数额的增减是反方向的,外国货币标价数的提高就表示外汇汇率的下跌,表明单位本币所能换取的外币增多,本国货币升值,外国货币贬值;反之,则相反。例如,伦敦外汇市场的汇率标价 1 英镑/美元由 1.5406 变为 1.5544,表明要用更多的美元才能兑换 1 英镑,本国货币(英镑)升值,外国货币(美元)贬值,即外汇汇率下跌。

3. 美元标价法

直接标价法和间接标价法都是针对本国货币和外国货币之间的关系而言的,在两种货币当中有一种是本国货币,而另一种是外国货币。因此,对于某个国家或某个外汇市场来说,本币以外其他各种货币之间的比价无法用直接标价法或间接标价法来判断。实际上非本币货币之间的汇价往往是以一种国际主要货币为标准的。第二次世界大战以后,特别是欧洲货币市场兴起以来,国际金融市场之间的外汇交易量迅速增长,为便于在国际进行外汇业务交易,银行间的报价都以美元为标准来表示各国货币的价格,这就是"美元标价法"，目前它是国际金融市场上通行的标价法。

美元标价法即以若干数量非美元货币来表示一定单位美元的价值的标价方法，美元与非美元货币的汇率作为基础，其他货币两两间的汇率则通过套算而得。目前，除欧元、英镑、澳元、新西兰元等几种货币外，其他货币都以美元为基准货币进行标价。例如：USD/JPY＝83.31，是指 1 美元兑 83.31 日元；USD/CAD＝1.0282，是指 1 美元兑 1.0282 加拿大元。至于欧元、英镑、澳元、新西兰元的标价则采用以本身为基准货币、以美元为标价货币的方法。例如：EUR/USD＝1.2971，表示 1 欧元兑 1.2971 美元；GBP/USD＝1.5516，表示 1 英镑兑 1.5516 美元。

（三）外汇风险

外汇风险，又称汇率风险，是指经济主体以外币计价的资产或负债，因汇率变动而引起的价值变化给外汇持有者或外汇交易者造成经济损失的可能性。外汇风险的种类很多，按其内容不同，大致可分为交易风险、会计风险、经济风险和储备风险。

1. 交易风险

是指在约定以外币计价成交的交易过程中，由于结算时的汇率与交易发生时即签订合同时的汇率不同而引起亏损或获得收益的可能性。

交易风险的主要表现是：

（1）以即期或延期付款为支付条件的商品或服务的进出口，在装运货物或提供服务后而尚未收支货款或服务费用期间，外汇汇率变化所造成的风险。

（2）以外币计价的国际信贷活动，在债权债务未清偿前所存在的风险。

（3）待交割的远期外汇合同，在该合同到期时，由于外汇汇率变化，交易的一方可能要拿出更多或较少货币去换取另一种货币的风险。

（4）国外筹资中的汇率风险。借入一种外币而需要换成另一种外币使用，筹资人在借入货币与使用货币之间由于汇率变动而面临的风险。

交易风险是最常见而又最重要的一种风险。

2. 会计风险

又称折算风险或转换风险，是指由于外汇汇率的变动而引起的企业资产负债表中某些外汇资金项目金额变动的可能性。当公司将其以外币计量的资产负债、收入费用等折成以本币表示的有关项目时，汇率的变动很可能给公司造成账面价值变化，这种风险就是由货币转换带来的。

例如：某中国企业年初进口了 50 万美元的设备，按照当时汇率为 100 美元＝712.40 元人民币，换算为 356.2 万元人民币，在该企业资产负债表上外汇资金项目的负债记录为 356.2 万元人民币。在会计期末对外币业务账户金额进行换算时，汇率变化为 100 美元＝683.80 元人民币，这时这笔负债经过重新折算，仅为 341.9 万元人民币。同样数额的负债经过不同汇率的折算，最终账面价值减少了 14.3 万元人民币，这就是会计风险。

3. 经济风险

又称经营风险，是指意料之外的汇率变动引起企业产品成本、销售价格、产销数量等发生变化，从而导致企业未来经营收益变化的不确定性。对经济风险的分析是一种汇率分析，是企业从整体上进行预测、规划和进行经济分析的一个具体过程。经济风险的分析很大程度上取决于公司的预测能力,预测的准确程度将直接影响该公司在融资、销售与生产等方面的战略决策。

4. 储备风险

是指国家、银行、公司等持有的储备性外汇资产因汇率变动而使其实际价值增加或减少的可能性。这种风险有时会因某些突发性因素而变得异常巨大,如战争、政府倒台等,给资产持有者带来巨额损失。

综上所述,会计风险是指过去的、已发生了的以外币计价的交易因汇率变动而造成的资产或负债的变化,是账面价值的变化;交易风险和储备风险是当前交易或结算中因汇率变化而造成的实际的经济损失或经济收益;而经济风险是因汇率变化对未来的经营收益所产生的潜在的影响。

20世纪70年代初,浮动汇率制实行后,各国的货币汇率大幅度、频繁地波动,这大大加大了涉外经济主体的外汇风险,市场对外汇风险的防范要求也日益提高。为了规避日渐增大的外汇风险,基于外汇的各种衍生金融工具不断出现,而外汇期货则是其中应用最为广泛和最为有效的手段之一。

(四) 外汇期货及其产生和发展

1. 外汇期货的概念

外汇期货(Foreign Exchange Futures)是以货币为标的物的期货合约。在外汇期货市场买卖外汇期货合约的交易,称为外汇期货交易。

2. 外汇期货的产生和发展

外汇期货是金融期货中最早出现的品种。1972年5月16日芝加哥商业交易所的国际货币市场分部(IMM)推出外汇期货合约,标志着外汇期货的诞生。

外汇期货是随着固定汇率制的瓦解和浮动汇率制的出现而产生的。1944年,第二次世界大战即将结束,西方主要工业化国家在美国的布雷顿森林召开了会议,创建了国际货币基金组织。根据布雷顿森林协议,每1美元币值相当于1/35金衡盎司黄金含量,并规定各国的中央银行将本国的货币汇率与美元含金量挂钩,将汇率波动范围限制在上下各1%之内,这就是所谓的固定汇率制。20世纪60年代,随着美国经济实力相对下降,国际收支逆差日益增大,以及欧洲经济得到恢复和实力相对增强,固定汇率制度开始发生动摇。原联邦德国等欧洲先进工业国家积累了大量的美元外汇,由于害怕美国无法兑现自由兑换的承诺,纷纷向美国挤兑黄金,造成美国黄金储备急剧减少。为挽救此局面,美国政府不得不于1971年8月15日宣布实行"新经济政策",停止其对外国政府和中央银行履行美元兑黄金的义务。年底,"十国集团"在美国签订"史密森协定",宣布美元对黄金贬值7.89%,且汇率波动范围限制扩大到2.25%。但是,此举仍无法阻挡美元危机的继续发生与进一步加剧。1973年2月,美国政府不得不宣布美元再一次贬值10%,引发各国政府的不满,纷纷宣布其货币与美元脱钩。布雷顿森林体系就此崩溃,浮动汇率制从此取代了固定汇率制。芝加哥商业交易所一直关注着货币市场,意识到一旦布雷顿森林体系瓦解,浮动汇率制必将给期货市场带来新的机遇。为此,董事长梅拉梅德在1971年专程拜访了诺贝尔经济学奖得主弗里德曼博士。弗里德曼博士非常赞同当布雷顿森林体系瓦解时推出外汇期货,并于当年12月写下了题为《货币需要期货市场》的论文,极大地鼓舞了芝加哥商业交易所开设外汇期货的信心。芝加哥商业交易所随即着手组建国际货币市场分部,并于 1972 年 5 月 16 日正式推出英镑、加拿大元、德国马克、日元、瑞士法郎、墨西哥比索及意大利里拉 7 种外汇期货合约交易。IMM 推出的外汇期货,可谓适逢其时,随后产生的经济动荡以及布雷顿森林体系的正式崩溃使外汇期货在市场上很快站稳了脚跟。

进入 20 世纪 80 年代以来,外汇期货市场迅速发展。当时,国际经济往来十分活跃,国际贸易和国际金融发展迅猛,各国政府、银行、企业和居民个人都积累了巨额的外币资产和负债。但是,频繁剧烈的汇率变动也加大了这些外币持有者和交易者所面临的风险,他们迫切需要寻找理想的回避汇率风险的金融工具。美国经营外汇期货的交易所随之增加。1978 年纽约商品交易所增加了外汇期货业务,1979 年纽约证券交易所也宣布设立一个新的交易所来专门从事外币和金融期货。

随着外汇期货在美国的迅猛发展,其他国家和地区纷纷仿效。1982 年 9 月,伦敦国际金融期货交易所在芝加哥商业交易所国际货币市场分部的帮助下开始外汇期货交易。澳大利亚、加拿大、荷兰、新加坡、日本等国家也开设了外汇期货交易市场。此后,外汇期货市场得到迅速发展,并连续多年保持旺盛的发展势头。它不仅为广大投资者和金融机构等经济主体提供了有效的套期保值工具,而且也为套利者和投机者提供了新的获利手段。但随着欧元的逐步流通,奥地利、比利时、德国、希腊、法国等国家的货币均被欧元所替代,导致外汇市场上交易品种明显减少,外汇期货期权的交易量也有所减少。外汇期货期权交易量较小的另一个重要原因是外汇市场比较完善与发达。以银行和金融机构为主的外汇市场遍布全球各个国家和地区,交易网点数不胜数。除了现货交易方式外,还有众多的衍生品交易方式,在这种情况下,外汇期货交易的空间一定程度上被挤压了。20 世纪 90 年代以来,随着全球化和交易电子化的发展,一些新兴国家和地区的外汇期货市场也逐渐发展起来,但是和金融期货中的后起之秀股指期货和利率期货相比,全球外汇期货期权的交易量仍然较小。根据美国期货业协会的统计,2009 年,在全球期货期权交易量中,股指期货和期权居各大类期货和期权交易量首位,占 36%;个股期货和期权交易量占 31.38%;利率期货和期权交易量占 13.94%;而外汇品种所占的比重只有 5.56%,是金融期货期权中交易量最小的品种。在美国,除芝加哥商业交易所外,中美洲商品交易所、纽约棉花交易所、费城证券交易所也进行外汇期货交易,但数量并不大,因而影响力远不如芝加哥商业交易所。在美国以外进行外汇期货交易的主要交易所有:伦敦国际金融期货交易所(LIFFE)、新加坡交易所(SGX)、东京国际金融期货交易所(TIFFE)、法国国际期货交易所(MATIF)等,每个交易所基本都有本国货币与其他主要货币交易的期货合约。

近几年全球的外汇期货期权交易发展很快。根据美国期货业协会统计,2009 年世界 70 家主要交易所交易的期权期货合约总量约为 177 亿张,比 2008 年的总交易量仅仅增加了 0.12%。但 2009 年全球成交外汇期货期权合约约为 9.85 亿张,比 2008 年增长 64.8%。从世界范围看,目前外汇期货期权交易的主要市场在美国、印度和巴西等国家,其中印度国家证券交易所(NSE)和印度大宗商品交易所(MCX)的美元/印度卢比合约交易总量高达 4.5 亿张,占全球外汇期货期权交易总量的 46%。美国芝加哥商业交易所的外汇期货期权成交量约为 1.45 亿张,占全球同类产品的比例为 15%。巴西期货交易所外汇期货期权成交量约为 1.04 亿张,占全球同类产品的比例达 11%。中国曾长期实行严格的外汇管制,汇率由国家统一制定。20 世纪 80 年代末 90 年代初,随着中国外汇管制的放松,汇率风险逐渐显现。1992 年 6 月 1 日,上海外汇调剂中心在国内率先开办了外汇期货交易。但由于多方面的原因,我国的外汇期货交易一直处于低迷状态。1993 年 7 月和 1994 年 6 月,国家外汇管理局和国务院分别发出通知关闭了外汇期货市场。国内金融机构只有在符合外汇管理部门有关规定并经国家外汇管理局批准的前提下,才可根据实际需要,适当进行避险性境外衍生工具交易。2006 年 4 月,中国外汇交易中心与芝加哥商业交易所达成合作协议。根据这一协议,中国外汇交易中心的会员单位可以通过外汇交易中心,参与芝加哥商业交易所全球电子交易平台国际货币市场分部的汇率和利率产品交易。中国外汇交易中心将作为 CME 的超级清算会员,为交易这些货币产品的市场参与者提供交易便利和清算服务,这为国内金融机构开辟了一种参与境外衍生品交易的新渠道。

(五) 外汇期货交易与其他外汇交易方式的比较

1. 外汇期货交易与远期外汇交易

在外汇交易市场上,存在着一种传统的远期外汇交易(Forward Exchange Transaction)方式。远期外汇交易是指交易双方在成交后并不立即办理交割,而是事先约定币种、金额、汇率、交割时间等交易条件,到期才进行实际交割的外汇交易。尽管远期外汇交易的发展已有近百年的历史,但由于这种交易是一种分散的市场机制,只有经营外汇业务的大银行才能进行。一般客户要想到外汇市场上进行远期外汇买卖,就必须与大银行建立良好的信用关系。因此,远期外汇交易的发展受到了一定的限制。到 20 世纪 70 年代,国际上汇率的剧烈变动使得传统的远期外汇交易方式已经不能满足银行和各类投资者规避或减少风险的要求,因此,外汇期货作为一种新的外汇交易方式产生了。尽管它们在许多方面有着相同或相似之处,但外汇期货交易的产生并不意味着它能在国际金融市场上取代传统的银行间的远期外汇交易。相反,它们各有不同的特征,能够在国际金融市场上并存发展。

(1) 外汇期货交易与远期外汇交易的联系

1) 这两种交易的客体是完全相同的,即都是外汇。这两种交易是有关联的两种交易活动,它们的区别只不过是进行外汇交易的途径不同。

2) 外汇期货交易与远期外汇交易的交易原理是一样的。两种交易的买卖双方都是为了规避汇率风险,达到套期保值或投机获利的目的,而约定在一个未来的时间,按照约定的价格和交易条件,交收一定金额的外汇资产。

3) 外汇期货交易与远期外汇交易的经济作用是一致的。两种交易的作用都是为了便利国际贸易,提供风险转移和价格发现的机制。

(2) 外汇期货交易与远期外汇交易的区别

1) 外汇期货交易是在一定的交易场所中,在交易所规定的交易时间里,采取公开竞价的交易方式进行的,这种交易竞争性很强。远期外汇交易一般由银行和其他金融机构采用场外交易的方式达成,没有固定的交易场所和交易时间的限制。

2) 因为外汇期货交易是在一定的交易场所中进行,所以只有交易所会员与会员之间才可以进行交易,非交易所会员买卖外汇期货合约必须委托会员进行。远期外汇交易则无上述限制,交易双方可以直接买卖,也可以委托经纪人进行。

3) 外汇期货合约是一种标准化合约。合约对交易币种、合约金额、交割月份、交割方式、交割地点、合约价格波动的限制事先都有规定,因此,外汇期货合约流动性强,易于转让。远期外汇交易则由双方根据需要自行商定合约细则,并且交易双方都有要求对方履行义务的权利,而没有允许对方转让权利和责任的义务。这种合约的流动性低,大多数合约都由最初的交易双方进行结清。

4) 外汇期货交易双方均须缴纳保证金,并通过期货交易所逐日结算,逐日计算盈亏,补交或退回多余的保证金。保证金制度使得交易双方违约的可能性减少。而远期外汇交易是否缴纳保证金,视双方的信用关系而定,大多数情况下不缴纳保证金,主要依靠对方的信用,因而风险也相对增加了。远期外汇交易盈亏要到合约到期日才结清。

5) 外汇期货交易的结算工作由结算机构负责。结算机构负责处理每日未结清合约的金额、现金支付和交割程序。在每个交易日结束时,结算机构根据当日结算价格计算盈亏,并通过保证金的增减进行结算。远期外汇交易没有结算机构,由双方在协议的结算日自行结算。

2. 外汇期货交易与外汇保证金交易

外汇保证金交易(Foreign Exchange Margin Trading)最初产生于 20 世纪 80 年代的伦敦。外汇保证金交易,也称为按金交易,它是指利用杠杆投资的原理,在金融机构之间以及金融机构与个人投资者之间通过银行或外汇经纪商进行的一种即期或远期外汇买卖方式。交易者无须支付全额的合约金额,只需支付一定比例的交易保证金就可按一定融资倍数进行 100% 额度的交易。如果融资比例在 20 倍,那么投资者只需要支付 5% 左右的保证金就能够进行外汇交易了。

(1) 外汇期货交易与外汇保证金交易的联系

1) 这两种外汇交易都采用固定合约的形式,即所有的交易品种的数量、品质等合约要素都是固定的,合约中唯一可变的是价格。

2) 这两种外汇交易都实行保证金制度,利用杠杆方式投资,做到以小博大。

3) 这两种外汇交易方式都可以进行双向操作,即投资者既可以看涨也可以看跌:既可以在低价买入,高价卖出中获利;也可以在高价先卖出,然后在低价买入而获利。

(2) 外汇期货交易与外汇保证金交易的区别

1) 在外汇期货交易中,所有交易者都必须通过期货交易所的会员参与交易。而外汇保证金交易没有类似期货交易所这样固定的交易所,它的交易市场是无形的和不固定的,所有交易都在投资者与金融机构以及金融机构之间通过各银行或外汇经纪公司进行。

2) 外汇保证金交易不像外汇期货一样涉及交割日、交割月的概念,它没有到期日,交易者可以无限期持有头寸。

3) 相对外汇期货而言,外汇保证金交易的币种更丰富,任何国际上可兑换的货币都能成为交易品种。

4) 外汇保证金交易的交易时间是 24 小时不间断地进行交易(除周末全球休市)。投资者可以根据及时的信息在任一时间进入外汇市场进行买卖,并即时做出反应。而进行外汇期货交易的交易所的营业时间则都有一定的限制。

（六）国际主要外汇期货合约

外汇期货合约，是指期货交易所制定的一种标准化合约，合约对交易币种、合约金额、交易时间、交割月份、交割地点等内容都有统一的规定。在外汇期货中买卖的就是这种标准化合约。不同期货交易所制定的外汇期货合约的主要内容基本相同。芝加哥商业交易所是最早开设外汇期货交易的场所，也是美国乃至世界上最重要的外汇期货交易场所。活跃的外汇交易品种有欧元、日元、加拿大元、英镑及澳元等。所以，这里主要介绍芝加哥商业交易所的主要外汇期货合约。表4-9是欧元期货合约细则，其他货币期货合约条款基本与之相近。

表4-9　欧元期货合约

合约月份	6个连续的季度月
交易单位	125000 欧元
最小变动价位	0.0001 点，每合约 12.50 美元；价差套利最小变动价位减半
每日价格波动限制	200 点（7:20 至 7:35 之间），每合约 2500 美元，7:35 以后不设价格限制
交易时间	上午 7:20 至下午 2:00（场内公开叫价）（周一至周五）；下午 4:30 至次日下午 4:00（全球电子交易系统）
最后交易日	交割日期前第 2 个营业日（通常为星期一）的上午 9:16
交割日期	合约交割月份的第 3 个星期三
交割地点	结算所指定的各货币发生国银行
大户报告制度	每个交易者持有期货合约及期权合约头寸（包括所有月份）的净多或净空超过 10000 张时，必须向交易所报告

不同币种的期货合约有关交易单位、最小变动价位的规定不尽相同，表4-10为芝加哥商业交易所主要外汇期货合约的交易单位和最小变动价位。

表4-10　芝加哥商业交易所主要外汇期货合约的交易单位和最小变动价位

币种	交易单位	最小变动价位
欧元	125000 欧元	0.0001，每合约 12.50 美元
英镑	62500 英镑	0.0002，每合约 12.50 美元
日元	12500000 日元	0.000001，每合约 12.50 美元
瑞士法郎	125000 瑞士法郎	0.0001，每合约 12.50 美元
澳元	100000 澳元	0.0001，每合约 10 美元
加拿大元	100000 加拿大元	0.0001，每合约 10 美元

芝加哥商业交易所人民币外汇期货合约见表4-11。

表 4-11　芝加哥商业交易所人民币期货合约表

合约月份	连续 13 个日历月再加上 2 个延后的季度月
交易单位	1000000 人民币元
最小变动价位	0.00001 点,每合约 10 美元;价差套利最小变动价位减半
每日价格波动限制	不设价格限制
交易时间	周日下午 5:00 至次日下午 4:00(美国中部时间);周一至周五下午 5:00 至次日下午 4:00(美国中部时间);周六休收市,周日下午 5:00(美国中部时间)重新开市(全球电子交易系统)
最后交易日	合约最后交易时间为北京时间第三个星期三之前的一个交易日(通常为周二)上午 9:00,相当于美国冬令时中部时间下午 7:00 或者夏令时中部时间次日下午 8:00
交割方式	现金交割,交割价格以中国人民银行于该合约最后交易日上午 9:15(北京时间)公布的汇率为准
大户报告制度	每个交易者持有期货合约及期权合约头寸(包括所有月份)的净多或净空超过 6000 张时,必须向交易所报告;现货月合约限制为 2000 张

二、影响汇率的因素

外汇期货交易中,人们最为关注的莫过于汇率的高低和汇率的变动。外汇期货交易的参与者,无论其入市动机如何,都要对未来的汇率走势作出判断。判断的准确与否,将直接影响到他们的交易盈亏状况。因此,了解影响汇率走势的各种因素,是进行外汇期货交易的重要前提。

在不同的货币制度下汇率有不同的制定方法。在金本位制下,决定汇率的基础是铸币平价,也称金平价,即两国货币的含金量之比。在纸币制度下,理论上决定汇率的基础仍应是两国纸币的金平价,但由于纸币贬值的现象普遍存在,纸币的汇率应以贬值了的纸币实际代表的金量为依据,同时受经济、政治等多种因素的影响。表面上来看,影响汇率变动的因素似乎相当复杂,但归结起来,汇率的走势是由供求关系决定的。一般来讲,影响外汇供求的因素包括基本经济因素、宏观经济政策因素、政治因素、中央银行干预因素、外汇储备因素以及心理因素等。

(一) 基本经济因素

经济因素是影响汇率走势的基本因素。如果要深入分析外汇期货市场的形势和预测未来的变化,就要对一些影响汇率的经济指标进行分析。

1. 经济增长率

一个国家的经济增长是由国内生产总值的增长来衡量的,经济增长率是决定汇率长期变化的根本因素。经济增长率的差异对汇率变动产生的影响是多方面的。一国经济增长率高,意味着国民收入增加,国内需求水平提高,将会带来进口的增加,从而导致经常项目逆差。这样,会使本国货币汇率下跌。如果该国经济是以出口导向型为主的,经济的高速增长是伴随着出口的增加而增长的,那么出口的增长常常会超过进口的增长,这样会减缓本国货币汇率下跌的压力。同时,一国经济增长率的提高,意味着劳动生产率的提高,这样通过成本降低改善本国产品的竞争地位而有利于增加出口,抑制进口。另外,经济增长率高使得该国货币在外汇市场上被看好,有利于吸引外国资金的流入,往往会通过资本项目的改善抵消经常项目的赤字,因而该国货币汇率也有上升的趋势。从 20 世纪 80 年代以来美元的走势变化可以看出,在美国经济增长强劲时期,美元也保持强势地位;在美国经济增长相对主要国家走弱的时期,美元也趋于贬值。

2. 国际收支状况

国际收支状况是一国对外经济活动的综合反映,它对汇率的影响非常直接、迅速、明显。在国际收支各项目中,对汇率变动影响最大的是贸易项目和资本项目。贸易项目的顺差或逆差和资本项目的顺差或逆差直接影响货币汇率的上升或下降。

国际贸易是影响外汇汇率十分重要的因素,从一国对外贸易状况对汇率造成的影响出发,可以看出国际收支状况直接影响汇率的变动。当一国出口大于进口而产生贸易顺差,而国际收支的其他项目又不足以弥补时,一国国际收支就会出现顺差,就会引起外国对该国货币需求的增加与外汇供给的增加,从而导致该国货币汇率上升;相反,当一国进口大于出口而产生贸易逆差时,国际收支出现逆差,对该国货币需求就会减少,该国外汇就会减少,从而导致该国货币汇率下降,该国货币贬值。例如,美元汇率自 20 世纪 90 年代中期开始下跌的一个重要原因,就是美国的贸易逆差日益严重;相反,近年来中国由于大量的贸易顺差,国际收支情况较好,人民币对外汇率呈不断上升的趋势。同样,当一国资本项目有大量逆差,国际收支的其他项目又不足以弥补时,该国国际收支会出现逆差,从而引起本国货币对外汇率下跌。

3. 通货膨胀率

通货膨胀是影响汇率变动的一个长期因素,它对汇率的影响一般要经过一段时间才能显现出来。20 世纪 70 年代后,随着浮动汇率取代了固定汇率,通货膨胀对汇率变动的影响变得更为重要了。在纸币流通的条件下,两国货币之间的汇率,从根本上说是由各自所代表的价值量的对比关系决定的。一国货币的对内价值是通过国内的一般物价水平反映的,该国发生通货膨胀即意味着国内物价上涨,物价是一国货币价值在商品市场的体现,通货膨胀也就意味着该国货币代表的价值量下降。在国内外商品市场紧密联系的情况下,由于通货膨胀,国内物价上涨,一般会引起出口商品的减少和进口商品的增加,从而对外汇市场的供求关系发生影响,导致该国汇率变动。同时,一国货币对内价值的下降必定影响其对外价值,削弱该国货币在国际市场上的信用地位,而且人们会因通货膨胀而预期该国货币的汇率将趋于疲软,把手中持有的该国货币转化为其他货币,从而导致该国汇率下跌。因此,一般来说,当一国的通货膨胀率高于另一国的通货膨胀率,则该国货币实际所代表的价值相对另一国货币在减少,该国货币汇率就会下降;反之,则会上升。

4. 利率水平

一国的利率水平对外汇汇率有着非常重要的影响。利率是货币的价格,是投资成本和投资收益的决定因素,利率的高低影响着一国资金的流动。在国际资本流动规模巨大且日益频繁的当今世界,利率差异对汇率变动的影响比过去更为重要了。在一个国家里,信贷紧缩时,利率上升;信贷松动时,利率下降。而在国际上,利率的差异会引起资金在各国移动,资本一般总是从利率低的国家流向利率高的国家。这样,如果一国的利率水平高于其他国家,就会吸引追求较高利息收入的大量资本流入,本国资本流出减少,资本账户收支得到改善,同时在国际市场上会抢购这种货币,本国货币升值,引起汇率上升;反之,如果一国的利率水平低于其他国家,则会造成资本大量流出,外国资本流入减少,恶化资本账户收支,同时在国际市场上会抛售这种货币,引起汇率下跌。利率提高或降低的幅度越大,对本币汇率的影响也越大。20 世纪 80 年代前半期,美国虽然存在着大量的贸易逆差和巨额的财政赤字,但美元依然坚挺,就是美国实行高利率政策,使大量资本从日本和西欧流入美国的结果。进入 21 世纪,尤其是金融危机以来,美国的利率水平在较长一段时间内保持在低位,美元也相对处于贬值通道中。

(二)宏观经济政策因素

宏观经济政策指的是一国为实现充分就业、价格稳定、经济增长和国际收支平衡的目标而实施的经济政策,主要是财政政策和货币政策。宏观经济政策会通过对产出、就业、通货膨胀等经济因素的影响,进而对汇率产生影响。

1. 财政政策

从长期看,一国的财政收支状况是影响该国货币对外比价的基本因素,是汇率预测的主要指标之一。当一国财政收支不平衡时,其货币汇率的升降主要取决于该国政府所选择的财政政策。如果一国出现财政赤字,政府为弥补财政赤字会实行紧缩性的财政政策。紧缩性的财政政策可以通过减少政府开支、增加税收或两者并用的方式来实现。政府公共支出的减少会通过乘数效应带来多倍的国民收入的减少,进而会减少进口需求,促使该国货币升值。政府如果采取提高税率来增加财政收入,则会通过两种渠道影响汇率:一方面,税率提高会降低个人的可支配收入,使个人消费需求减少;另一方面,提高税率会增加企业的投资成本,使企业投资需求减少,进而导致进口减少,出口增加,从而导致汇率上升。相反,如果一国实行扩张性的财政政策,则最终会促使本币贬值。当然,扩张性或紧缩性的财政政策并不必然导致货币的贬值或升值,还要分析国家的宏观经济形势以及采取的具体措施的影响。

2. 货币政策

各国政府采取何种货币政策,在很大程度上也直接关系着货币的强弱,货币政策对汇率的影响主要是通过货币供应量的变动和利率的变动来实现的。如果一国政府实行扩张性的货币政策,增加货币供应量,降低利率,则该国货币的汇率将下跌。这是因为增加货币供应量将使国内物价水平上升,降低利率则使资本流出增加,资本流入减少,这两种情况都会引起本币对外比价的降低。反之,紧缩性的货币政策则会导致本币对外比价的提高。20 世纪 80 年代初美元的强劲势头在很大程度上就是美国采取紧缩政策的结果。

(三)中央银行干预因素

各国中央银行或货币当局对外汇市场的干预也是影响汇率的一个不容忽视的重要因素。当前,各国政府为保持汇率稳定以及经济的健康发展,都会对外汇市场进行直接干预。某一国家的中央银行单独或与其他多个国家的中央银行联手直接在外汇市场上买进或卖出外汇,通过入市干预直接影响外汇市场供求。中央银行的干预必定可以改变市场的走势,但情形是十分短暂的,货币价格的长期性趋势始终反映其经济的表现,这种干预并不能从根本上改变汇率的长期趋势。中央银行的干预行动只是希望市场汇价的变化更有秩序,或希望汇价水平可以稳定下来,并不是企图要扭转市场形势。

无论如何,一国中央银行或多国中央银行对外汇市场进行的单独或联手干预都是应该重视的。固定汇率制度在第二次世界大战后维持了25年之久,这与各国货币当局通过直接干预抵消了市场供求因素对汇率的影响是分不开的。进入20世纪80年代以来,浮动汇率制走上了各国货币当局联合干预的阶段。对共同入市干预外汇市场的作用效果,要从各国联手的态度坚决与否来确定。有的国家对于联手干预只是做个姿态,并不真正地采取实际措施,从而使干预的力度大大降低。

按照干预汇市时是否同时采取其他金融政策,中央银行入市干预可分为冲销式干预和非冲销式干预。冲销式干预是指中央银行在干预外汇市场的同时,采取其他金融政策工具与之配合,以改变因外汇干预而造成的货币供应量的变化;反之,非冲销式干预就是指中央银行在干预外汇市场时不采取其他金融政策与之配合,即不改变因外汇干预而造成的货币供应量的变化。不同的干预方式对汇率的影响是不同的。由于冲销式干预基本上不改变货币供应量,从而很难引起利率的变化,对汇率的影响是比较小的。而非冲销式干预直接改变了货币供应量,从而有可能改变利率以及其他经济变量,所以它对汇率的影响是比较持久的。

(四) 政治因素

政治因素对外汇汇率走势的影响很大。政治因素一般来得很突然,很难预测。如选举和政权更迭、政变或战争、政府官员丑闻或下台以及罢工等重大政治事件和重大政策改变,都会影响国际经济交易和资本流动,从而引起汇率变化。当一个国家或地区政权更迭时,新政府可能更换当地的交易货币单位,令该种货币大幅贬值甚至沦为废纸。当一个国家发生政变或爆发战争的时候,该国的货币就会呈现不稳定而下跌。政府的改选更替、财政部长或中央银行行长易人也会给外汇市场的预期心理带来不同程度的影响,从而引起汇率变动。

目前,美元在外汇市场仍占统治地位。一般情况下,如果是在美国以外的政治危机,会促使美元汇率上涨。每当政治形势不明朗或是局势动荡期间,美元便会充当"资金避难所"的角色,人们纷纷抛出其他货币而购入美元,资金涌入美元市场寻求庇护,于是便刺激美元汇价上升了。相反,如果美国出现政治危机,则美元首当其冲,汇率下跌。政治形势的稳定与否关系着货币的稳定与否。通常,一国的政治形势越稳定,该国的货币汇率越稳定。

(五) 外汇储备因素

一国外汇储备的多少反映了该国干预外汇市场和稳定汇率的能力。如果一国外汇储备增加,外汇市场对本币的信心增加,会促使本币升值;反之,外汇储备减少,则会影响外汇市场对该国货币稳定的信心,从而引发该国货币贬值。

影响汇率的众多因素之间,关系错综复杂,对汇率的作用方式也不同,或单独起作用,或综合起作用,或相互抵消。在实际运用中,不同时期各种因素对汇率变动的影响也相当复杂。因此,只有对各种因素进行综合全面的考察,对具体情况作具体分析,才能对汇率变动的分析做出较为正确的结论。

三、外汇期货交易

外汇期货交易一般可分为外汇期货套期保值交易、外汇期货投机和套利交易。

(一) 外汇期货套期保值交易

为了规避外汇风险,可进行外汇期货套期保值交易。外汇期货套期保值是指在期货市场和现汇市场上做币种相同、数量相等、方向相反的交易,即在现汇市场上买进或卖出外汇的同时,又在期货市场上卖出或买进金额大致相当的期货合约,通过在即期外汇市场和外汇期货市场上建立盈亏冲抵机制而使其价值大致保持不变,实现保值。外汇期货套期保值具体可分为卖出套期保值和买入套期保值两类。

1. 外汇期货卖出套期保值

外汇期货卖出套期保值,又称外汇期货空头套期保值,是指在现汇市场上处于多头地位的人,为防止汇率下跌的风险,在外汇期货市场上卖出期货合约。适合做外汇期货卖出套期保值的情形主要包括:(1)持有外汇资产者担心未来货币贬值;(2)出口商和从事国际业务的银行预计未来某一时间将会得到一笔外汇,为了避免外汇汇率下跌造成损失。

【例 4-7】 某美国投资者发现欧元的利率高于美元利率,于是他决定购买 50 万欧元以获高息,计划投资 3 个月,但又担心在这期间欧元对美元贬值。为避免欧元汇价贬值的风险,该投资者利用芝加哥商业交易所外汇期货市场进行空头套期保值,每手欧元期货合约为 12.5 万欧元。具体操作过程见表 4-12。

表 4-12　外汇期货空头套期保值实例

日期	即期市场	期货市场
3 月 1 日	当日欧元即期汇率为 EUR/USD=1.3432,购买 50 万欧元,付出 67.16 万美元	卖出 4 手 6 月到期的欧元期货合约,成交价格为 EUR/USD=1.3450
6 月 1 日	当日欧元即期汇率为 EUR/USD=1.2120,出售 50 万欧元,得到 60.6 万美元	买入 4 手 6 月到期的欧元期货合约对冲平仓,成交价格为 EUR/USD=1.2101,与 3 月 1 日的卖出价格相比,期货合约下跌 0.1349 个点,即 1.3450−1.2101=0.1349,每个点的合约价值为 12.5 万美元,4 手合约共获利:12.5×4×0.1349 =6.745(万美元)
盈方	亏损 6.56 万美元	盈利 6.745 万美元

从表 4-12 中可以看出,该投资者投资 50 万欧元,因欧元汇价下跌而在即期外汇市场上损失 6.56 万美元,但由于他同时在外汇期货市场上做了套期保值交易,期货市场获利

6.745 万美元,使得即期市场的损失可以从期货市场的获利中得到弥补。当然,若欧元汇价在这期间上涨,该投资者在即期市场的获利也将被期货市场的损失所抵消。由此可见,无论汇价在此期间如何变动,外汇期货市场的套期保值的操作实质上是为现货外汇资产锁定汇价,消除或减少其受汇价上下波动的影响。

2. 外汇期货买入套期保值

外汇期货买入套期保值,又称外汇期货多头套期保值,是指在现汇市场处于空头地位的人,为防止汇率上升带来的风险,在期货市场上买进外汇期货合约。适合做外汇期货买入套期保值的情形主要包括:(1)外汇短期负债者担心未来货币升值;(2)国际贸易中的进口商担心付汇时外汇汇率上升造成损失。

【例 4-8】 在 6 月 1 日,某美国进口商预期 3 个月后需支付进口货款 2.5 亿日元,目前的即期汇率为 USD/JPY=146.70(表示 1 美元兑 146.70 日元),该进口商为避免 3 个月后因日元升值而需付出更多的美元来兑换成日元,就在芝加哥商业交易所外汇期货市场买入 20 手 9 月到期的日元期货合约,进行多头套期保值,每手日元期货合约代表 1250 万日元,具体操作过程见表 4-13。

表 4-13 外汇期货多头套期保值实例

日 期	即期市场	期货市场
6 月 1 日	当日即期汇率为 USD/JPY=146.70,2.5 亿日元价值 1704158 美元	买入 20 手 9 月份到期的日元期货合约,成交价为 JPY/USD=0.006835,即 6835 点(外汇期货市场上 1 个点=0.000001,该报价相当于即期市场报价法的 USD/JPY=146.30)
9 月 1 日	当日即期汇率为 USD/JPY=142.35,从即期市场买入 2.5 亿日元,需付出 1756235 美元。与 6 月 1 日相比,需要多支付 52077 美元	卖出 20 手 9 月份到期的日元期货合约对冲平仓,成交价格为 7030 点(相当于即期市场报价法的 USD/JPY=142.25)。每张日元期货合约共获利 195 点,每个点代表 12.5 美元,共 20 张合约,总盈利 48750 美元
盈方	成本增加 52077 美元	盈利 48750 美元

上述例子显示,该进口商于 3 个月后实际支付日元货款时,因日元汇价上升而需多付出 52077 美元的成本,但因他同时在外汇期货市场上做了多头套期保值,使成本的增加可从期货市场的获利中大致得到弥补。当然,若 9 月 1 日的日元汇价下跌,则即期市场上的成本减少的好处将被期货市场的亏损大致抵消。

(二) 外汇期货投机和套利交易

1. 外汇期货投机交易

外汇期货投机交易是指通过买卖外汇期货合约,从外汇期货价格的变动中获利并同时担风险的交易行为。投机者根据对外汇期货价格走势的预测,购买或出售一定数量的某一交割月份的外汇期货合约,有意识地使自己处于外汇风险暴露之中。一旦外汇期货价格的走势与自己的预测一致,则出售或购买以上合约进行对冲,可从中赚取买卖差价。如果外汇期货价格的走势与自己的预测相反,投机者则要承担相应的风险损失。外汇期货投机交易可分为空头投机交易和多头投机交易两种类型。

(1) 空头投机交易。空头投机交易是指投机者预测外汇期货价格将要下跌,从而先卖后买,希望高价卖出、低价买入对冲的交易行为。

【例 4-9】 3 月 10 日,某投机者预测英镑期货将进入熊市,于是在 1 英镑=1.4967 美元的价位卖出 4 手 3 月期英镑期货合约。3 月 15 日,英镑期货价格果然下跌。该投机者在 1 英镑=1.4714 美元的价位买入 2 手 3 月期英镑期货合约。此后,英镑期货进入牛市,该投资者只得在 1 英镑=1.5174 美元的价位买入另外 2 手 3 月期英镑期货合约平仓。其盈亏如下:$(1.4967-1.4714) \times 62500 \times 2 = 3162.5$(美元),$(1.4967-1.5174) \times 62500 \times 2 = -2587.5$(美元)。在不计算手续费的情况下,该投机者从英镑期货的空头投机交易中获利 575 美元(3162.5-2587.5)。

(2) 多头投机交易。多头投机交易是指投机者预测外汇期货价格将要上升,从而先买后卖,希望低价买入、高价卖出对冲的交易行为。

【例 4-10】 6 月 10 日,某投机者预测瑞士法郎期货将进入牛市,于是在 1 瑞士法郎=0.8774 美元的价位买入 2 手 6 月期瑞士法郎期货合约。6 月 20 日,瑞士法郎期货价格果然上升。该投机者在 1 瑞士法郎=0.9038 美元的价位卖出 2 手 6 月期瑞士法郎期货合约平仓。其盈亏如下:$(0.9038-0.8774) \times 125000 \times 2 = 6600$(美元),在不计算手续费的情况下,该投机者在瑞士法郎期货的多头投机交易中获利 6600 美元。

2. 外汇期货套利交易

外汇期货套利交易是指交易者同时买进和卖出两种相关的外汇期货合约,此后一段时间再将其手中合约同时对冲,从两种合约相对的价格变动中获利的交易行为。外汇期货套利形式与商品期货套利形式大致相同,可分为跨市场套利、跨币种套利和跨月套利三种类型。

(1) 跨市场套利。跨市场套利是指交易者根据对同一外汇期货合约在不同交易所的价格走势的预测,在一个交易所买入一种外汇期货合约,同时在另一个交易所卖出相同数量同种外汇期货合约,从而进行套利交易。

【例 4-11】 4 月 10 日,某交易者在 CME 国际货币市场分部以 1 英镑=1.5363 美元的价格买进 200 手 6 月期英镑期货合约,同时在伦敦国际金融期货交易所以 1 英镑=1.5486 美元的价格卖出 500 手 6 月期英镑期货合约。(之所以卖出 500 手合约,是因为 CME 国际货币市场分部与伦敦国际金融期货交易所的英镑期货合约的交易单位不同,前者是 62500 英镑/手,后者则是 25000 英镑/手。因此,为保证实际价值基本一致,前者买进 200 手合约,后者则要卖出 500 手合约。)5 月 10 日,该交易者以 1 英镑=1.4978 美元的价格分别在两个交易所对冲手中合约。其交易过程见表 4-14。

表 4-14 外汇期货跨市场套利交易实例

日期	CME 国际货币市场分部	伦敦国际金融期货交易所
4 月 10 日	买入 200 手 6 月期英镑期货合约 价格:1.5363 美元/英镑 总价值:19203750 美元	卖出 500 手 6 月期英镑期货合约 价格:1.5486 美元/英镑 总价值:19357500 美元

续 表

日期	CME 国际货币市场分部	伦敦国际金融期货交易所
5月10日	卖出 200 手 6 月期英镑期货合约 价格：1.4978 美元/英镑 总价值：18722500 美元	买入 500 手 6 月期英镑期货合约 价格：1.4978 美元/英镑 总价值：18722500 美元
盈亏	亏损 481250 美元	盈利 635000 美元

该交易者在 CME 国际货币市场分部上亏损 481250 美元，在伦敦国际金融期货交易所中盈利 635000 美元，通过跨市场套利交易净盈利 153750 美元。其中的原因就在于两个交易所的 6 月份英镑期货合约价格都降低了，而且 CME 国际货币市场分部的降幅（0.0385 美元/英镑）低于伦敦国际金融期货交易所的降幅（0.0508 美元/英镑），从而在 CME 国际货币市场分部做多的损失低于在伦敦国际金融期货交易所做空的盈利，净盈利正是来源于两个交易所该种期货合约的相对价格变动，即（0.0508－0.0385）×12500000＝153750（美元）。

进行跨市场套利的经验法则是：

①两个市场都进入牛市，A 市场的涨幅高于 B 市场，则在 A 市场买入，在 B 市场卖出。

②两个市场都进入牛市，A 市场的涨幅低于 B 市场，则在 A 市场卖出，在 B 市场买入。

③两个市场都进入熊市，A 市场的跌幅高于 B 市场，则在 A 市场卖出，在 B 市场买入。

④两个市场都进入熊市，A 市场的跌幅低于 B 市场，则在 A 市场买入，在 B 市场卖出。

（2）跨币种套利。跨币种套利是交易者根据对交割月份相同而币种不同的期货合约在某一交易所的价格走势的预测，买进某一币种的期货合约，同时卖出另一币种相同交割月份价值相近的期货合约，从而进行套利交易。

【例 4-12】 6 月 10 日，CME 国际货币市场分部 6 月期瑞士法郎的期货价格为 0.8774 美元/瑞士法郎，6 月期欧元的期货价格为 1.2116 美元/欧元，那么 6 月期瑞士法郎期货对欧元期货的套算汇率为 1 瑞士法郎＝0.72 欧元（0.8774 美元/瑞士法郎÷1.2116 美元/欧元），预计 6 月 20 日瑞士法郎对欧元的汇率将上升。某交易者在 CME 国际货币市场分部买入 100 手 6 月期瑞士法郎期货合约，同时卖出 72 手 6 月期欧元期货合约。（之所以卖出 72 手合约是因为瑞士法郎期货合约与欧元期货合约的交易单位不同，前者是 125000 瑞士法郎，后者则是 125000 欧元，而两者的套算率为 1∶0.72。因此，为保证实际价值基本一致，前者买入 100 手合约，后者则要卖出 72 手合约。）6 月 20 日，瑞士法郎对欧元的汇率果真从 0.72 上升为 0.73，该交易者分别以 0.9068 美元/瑞士法郎和 1.2390 美元/欧元的价格对冲手中合约。其交易过程见表 4-15。

表 4-15　外汇期货跨币种套利交易实例

期货　　日期	6 月期瑞士法郎	6 月期欧元
6 月 10 日	买入 100 手 6 月期瑞士法郎期货合约 价格：0.8774 美元/瑞士法郎 总价值：10967500 美元	卖出 72 手 6 月期欧元期货合约 价格：1.2116 美元/欧元 总价值：10904400 美元
6 月 20 日	卖出 100 手 6 月期瑞士法郎期货合约 价格：0.9068 美元/瑞士法郎 总价值：11335000 美元	买入 72 手 6 月期欧元期货合约 价格：1.2390 美元/欧元 总价值：11151000 美元
盈亏	盈利 367500 美元	亏损 246600 美元

该交易者在瑞士法郎期货交易中盈利 367500 美元，在欧元期货交易中亏损 246600 美元，通过跨币种套利交易净盈利 120900 美元。进行跨币种套利的经验法则是：

①预期 A 货币对美元贬值，B 货币对美元升值，则卖出 A 货币期货合约，买入 B 货币期货合约。

②预期 A 货币对美元升值，B 货币对美元贬值，则买入 A 货币期货合约，卖出 B 货币期货合约。

③预期 A、B 两种货币都对美元贬值，但 A 货币的贬值速度比 B 货币快，则卖出 A 货币期货合约，买入 B 货币期货合约。

④预期 A、B 两种货币都对美元升值，但 A 货币的升值速度比 B 货币快，则买入 A 货币期货合约，卖出 B 货币期货合约。

⑤预期 A 货币对美元汇率不变，B 货币对美元升值，则卖出 A 货币期货合约，买入 B 货币期货合约。若 B 货币对美元贬值，则相反。

⑥预期 B 货币对美元汇率不变，A 货币对美元升值，则买入 A 货币期货合约，卖出 B 货币期货合约。若 A 货币对美元贬值，则相反。

(3) 跨月套利。跨月套利是指交易者根据对币种相同而交割月份不同的期货合约在某一交易所的价格走势的预测，买进某一交割月份的期货合约，同时卖出另一交割月份相同数量的同种期货合约，从而进行套利交易。

【例 4-13】　2 月 10 日，某交易者在 CME 国际货币市场分部买入 100 手 6 月期欧元期货合约，价格为 1.3606 美元/欧元，同时卖出 9 月期欧元期货合约，价格为 1.3466 美元/欧元。5 月 10 日，该交易者分别以 1.3526 美元/欧元和 1.2691 美元/欧元的价格将手中合约对冲。其交易过程见表 4-16。

表 4-16　外汇期货跨月套利交易实例

日期	6 月期欧元	9 月期欧元
2 月 10 日	买入 100 手 6 月期欧元期货合约 价格：1.3606 美元/欧元 总价值：17007500 美元	卖出 100 手 9 月期欧元期货合约 价格：1.3466 美元/欧元 总价值：16832500 美元

日期	6 月期欧元	9 月期欧元
5 月 10 日	卖出 100 手 6 月期欧元期货合约 价格：1.3526 美元/欧元 总价值：16907500 美元	买入 100 手 9 月期欧元期货合约 价格：1.2691 美元/欧元 总价值：15863750 美元
盈亏	亏损 100000 美元	盈利 968750 美元

该交易者在 6 月期欧元期货交易中损失 100000 美元，在 9 月期欧元期货交易中盈利 968750 美元，通过跨月套利交易净盈利 868750 美元。

进行跨月套利的经验法则是：

①如果较远月份的合约价格升水，并且两国利率差将下降，则买入较近月份的期货合约，卖出较远月份的期货合约。

②如果较远月份的合约价格升水，并且两国利率差将上升，则买入较远月份的期货合约，卖出较近月份的期货合约。

③如果较远月份的合约价格贴水，并且两国利率差将下降，则买入较远月份的期货合约，卖出较近月份的期货合约。

④如果较远月份的合约价格贴水，并且两国利率差将上升，则买入较近月份的期货合约，卖出较远月份的期货合约。

综上所述，外汇期货市场的存在为许多经济主体提供了一个规避汇率风险的场所。外汇期货交易虽然不可能完全消除进行各种贸易和金融交易的全部风险，但至少规避了大部分风险，增加了经济主体在经营上的稳定性。同时，外汇期货交易因合约条款的标准化而具有很好的市场流动性，交易手续简便，费用低廉，且只需付少量保证金即可达到规避风险的目的，节约了资金成本。

第三节　利率期货

一、利率期货概述

利率期货（Interest Rate Futures）是指以利率类金融工具为标的物的期货合约。利率期货合约的买卖称为利率期货交易。投资者可以利用利率期货管理和对冲利率波动所引起的风险。

（一）利率与利率期货

1. 利率和利率类金融工具

（1）利率和基准利率。利率表示一定时期内利息与本金的比例，通常用百分比表示。基准利率是金融市场上具有普遍参照作用和主导作用的基础利率，其他利率水平或金融资产价格均可根据基准利率水平来确定。基准利率的水平和变化决定其他各种利率的水平和变化。基准利率一般由各货币当局发布，其对于引导市场利率的形成有重要意义。

比如,人民币基准利率是指中国人民银行发布的商业银行和其他金融机构的系列存贷款的指导性利率,美元基准利率是指美国联邦储备委员会(Federal Reserve Board)发布的联邦基金利率。

(2)与利率期货相关的金融工具。利率期货合约的标的是利率类金融工具。下面对几种与利率期货相关的标的作简单介绍。

1)欧洲美元(Eurodollar)。欧洲美元是指美国境外金融机构的美元存款和美元贷款。因为这种境外美元存贷业务开始于欧洲,所以称为欧洲美元。欧洲美元不受美国政府监管,不须提供存款准备,不受资本流动限制。欧洲美元与美国境内流通的美元是同一货币,具有同等价值。欧洲美元出现于 20 世纪 50 年代初,曾因其具有供应充裕、运用灵活、存贷不受任何国家管汇法令的干预和限制等特点,为各国政府或大企业提供了巨额资金,对第二次世界大战后西欧各国的经济恢复和发展起了积极的推动作用。目前,最大的、最有指标意义的欧洲美元交易市场在伦敦,欧洲美元已经成为国际金融市场上最重要的融资工具之一。

2)欧元银行间拆放利率(Euro Interbank Offered Rate,Euribor)。欧元银行间拆放利率是指在欧元区资信较高的银行间欧元资金的拆放利率,自 1999 年 1 月开始使用。欧元银行间拆放利率有隔夜、1 周、2 周、3 周、1～12 个月等各种不同期限的利率,最长的欧元银行间拆放利率期限为 1 年。欧元银行间拆放利率的确定方法类似伦敦银行间拆放利率(Libor),它是欧洲市场欧元短期利率的风向标,其发布时间为欧洲中部时间的上午 11 时,以 365 日为 1 年计息。

3)美国国债(U.S. Treasury Securities)。美国国债市场将国债分为短期国债(T-Bills)、中期国债(T-Notes)和长期国债(T-Bonds)三类。美国短期国债是指偿还期限不超过 1 年的国债,美国中期国债是指偿还期限在 1 至 10 年之间的国债,美国长期国债是指偿还期限在 10 年以上的国债。美国短期国债通常采用贴现方式发行,到期按照面值进行兑付。比如,1000000 美元面值的 1 年期国债,接照 4% 的年贴现率发行,其发行价为 960000 美元,到期兑付 1000000 美元,因此 40000 美元的差价相当于是利息,其年贴现率为 40000 美元÷1000000 美元=4%。然而,该国债的年收益率应该是 40000 美元÷960000 美元=4.17%,要大于其年贴现率。

美国中长期国债通常是附有息票的附息国债。附息国债的付息方式是在债券期满之前,按照票面利率每半年(或每年、每季度)付息一次,最后一笔利息在期满之日与本金一起偿付。比如,10 年期国债的票面利率为 6%,面值为 100000 美元,每半年付息一次,则债券持有人每隔半年可得到 3000 美元的利息;10 年期满时,债券持有人将得到 103000 美元,即在得到 3000 美元利息的同时收回 100000 美元本金。

2. 利率期货的分类

根据利率期货合约标的期限的不同,利率期货分为短期利率期货和中长期利率期货两类。

短期利率期货合约的标的主要有利率、短期政府债券、存单等,期限不超过 1 年。如 3 个月欧元银行间拆放利率,3 个月英镑利率,28 天期墨西哥比索银行间利率,3 个月欧洲美元存单,13 周美国国债等。

中长期利率期货合约的标的主要为各国政府发行的中长期债券,期限在 1 年以上。如 2 年期、3 年期、5 年期、10 年期的美国中期国债,美国长期国债,德国国债(German Bonds),英国国债(Gilts)等。

(二)利率期货价格波动的影响因素

通常利率期货价格和市场利率呈反方向变动。一般地,如果市场利率上升,利率期货价格将会下跌;反之,如果市场利率下降,利率期货价格将会上涨。因而,如何准确地分析和预测市场利率的变化,对于投资者分析利率期货价格的走势和波动至关重要。影响市场利率以及利率期货价格的主要因素如下。

1. 政策因素

一国的财政政策、货币政策、汇率政策对市场利率变动的影响最为直接与明显。

(1)财政政策。扩张性的财政政策,通过财政分配活动来增加和刺激社会的总需求,造成对资金需求的增加,市场利率将上升;紧缩性的财政政策,通过财政分配活动来减少和抑制社会的总需求,会造成对资金需求的减少,市场利率将下降。

(2)货币政策。扩张性的货币政策是通过提高货币供应增长速度来刺激总需求,在这种政策下,取得信贷更为容易,市场利率会下降;紧缩性的货币政策是通过削减货币供应的增长率来降低总需求水平,在这种政策下,取得信贷较为困难,市场利率也随之上升。

(3)汇率政策。一国政府一般通过利用本国货币汇率的升降来控制进出口及资本流动以达到国际收支均衡之目的。汇率将通过影响国内物价水平、影响短期资本流动而间接地对利率产生影响。

2. 经济因素

(1)经济周期。在经济周期的不同阶段,商品市场和资金市场的供求关系会发生相应的变化,包括财政政策和货币政策在内的宏观经济政策也会随之做出相应调整,从而对市场利率水平及其走势产生重要影响。

(2)通货膨胀率。通货膨胀率的高低不仅影响市场利率的变化,而且影响人们对市场利率走势的预期。市场利率的变动通常与通货膨胀率的变动方向一致。

(3)经济状况。经济增长速度较快时,社会资金需求旺盛,市场利率会上升;经济增长速度放缓,社会资金需求相对减少,市场利率会下跌。

3. 全球主要经济体利率水平

由于国际资本流动十分频繁,一国的利率水平很容易受到其他国家或经济体利率水平的影响。在经济全球化的今天,全球主要经济体的利率水平会直接或间接地影响一个国家的利率政策和利率水平。

4. 其他因素

包括人们对经济形势的预期、消费者收入水平、消费者信贷等因素也会在一定程度上影响市场利率的变化。在分析影响市场利率和利率期货价格时,要特别关注宏观经济数据及其变化,主要包括国内生产总值、工业生产指数、消费者物价指数、生产者物价指数、零售业销售额、失业率、耐用品订单及其他经济指标等。经济统计数据的好坏直接影响经济政策的变化和投资者的市场预期,进而影响到市场利率水平和利率期货价格的变动。

(三) 利率期货的产生和发展

在布雷顿森林体系下,全球主要工业国家均以凯恩斯主义为指导思想,为刺激消费需求和投资需求的增加而推行低利率政策。一旦市场利率出现上升趋势,就采取扩大货币供应量的方法来降低利率,将利率稳定下来。到了20世纪70年代,利率管制政策的负面效应日渐显露出来,造成严重的经济滞胀局面以及布雷顿森林体系的解体,各国经济政策纷纷被迫改弦更张,弗里德曼的货币主义理论被各国政府所青睐。与放弃固定汇率制一样,控制利率、稳定利率不再是金融政策的目标,而是转向以控制货币供应量为主。利率逐渐成为政府着意用来调控经济、干预汇率的一个政策工具。利率管制政策的放松或取消使得市场利率波动日益频繁,利率风险成为各类经济体,尤其是金融机构所面临的主要风险。在这种背景下,利率期货应运而生。

1975年10月20日,芝加哥期货交易所推出了历史上第一张利率期货合约——政府国民抵押协会(Government National Mortgage Association,GNMA)抵押凭证(Collateralized Depository Receipt,CDR)期货合约。政府国民抵押协会抵押凭证是美国住房和城市发展部批准的银行或金融机构以房屋抵押方式发行的一种房屋抵押债券,平均期限12年,最长期限可达30年,当时是一种流动性较好的信用工具。政府国民抵押协会抵押凭证期货合约交易推出后,很快取得成功,随后一系列利率期货品种相继推出。1976年1月,芝加哥商业交易所国际货币市场分部推出了13周的美国国债期货交易;1977年8月,芝加哥期货交易所推出了美国长期国债期货交易;1981年7月,芝加哥商业交易所国际货币市场分部、芝加哥期货交易所同时推出可转让定期存单(CDs)期货交易;1981年12月,推出3个月欧洲美元期货交易。其中,芝加哥商业交易所的欧洲美元期货在美国市场首度引入了现金交割制度(此前澳大利亚悉尼期货交易所已于1980年推出了现金交割的美元期货)。

继美国之后,很多国家和地区期货市场陆续推出利率期货。1982年,伦敦国际金融期货交易所(LIFFE)推出利率期货品种;1985年,东京证券交易所(TSE)开始利率期货交易;1990年2月7日,中国香港期货交易所推出3个月银行间同业拆放利率期货;法国、澳大利亚、新加坡等国家也先后推出利率期货。

利率期货自推出之后发展非常迅猛,交易量很快超过了传统的商品期货,并一直在全球期货市场占有较大的市场份额,目前仅次于股指期货,为全球第二大期货品种。在美国市场,利率期货的成交量占比曾经在很长一段时间超过期货市场总成交量的一半以上,占全球第一位。

近年来,在全球期货市场交易活跃的短期利率期货品种有:芝加哥商业交易所的3个月欧洲美元期货;纽约泛欧交易所集团(NYSE Euronext)伦敦国际金融期货交易所的3个月欧元银行间拆放利率期货,3个月英镑利率期货(Short Sterling Futures);巴西证券期货交易所(BM&FBOVESPA)的1天期银行间拆款期货(One-Day Interbank Deposit Futures);墨西哥衍生品交易所(MexDer)的28天期银行间利率期货(28-Day Interbank Equilibrium Interest Rate Futures)等。

在全球期货市场交易活跃的中长期利率期货品种有:芝加哥期货交易所的美国2年期国债期货(2-Year Treasury Note Futures)、3年期国债期货(3-Year Treasury Note

Futures)、5 年期国债期货(5-Year Treasury Note Futures)、10 年期国债期货(10-Year Treasury Note Futures)和美国长期国债期货(Treasury Bond Futures);欧洲期货交易所的德国国债期货,包括德国短期国债期货(Euro-Schatz Futures,剩余期限为 1.75 到 2.25 年),德国中期国债期货(Euro-Bobl Futures,剩余期限为 4.5 到 5.5 年),德国长期国债期货(Euro-Bund Futures,剩余期限为 8.5 到 10.5 年);伦敦国际金融期货交易所的英国政府长期国债期货(Long Gilt Futures);悉尼期货交易所(SFE)的 3 年期澳大利亚国债期货(ASX3-Year Treasury Bond Futures)等。

二、利率期货的报价与交割

从利率期货发展历史来看,在很长一段时间,美国利率期货市场处于全球领先地位。本小节以美国市场利率期货品种为例,介绍利率期货的报价与交割。

(一)美国短期利率期货的报价与交割

美国短期利率期货合约报价不是直接标出合约标的价格,而是采用一种相对简洁且与合约标的相关的指数进行报价交易,即用"100 减去不带百分号的贴现率或利率"进行报价,我们称其为指数式报价。短期利率期货合约的交割一般采用现金交割方式。

1. 美国 13 周国债期货的报价与交割

(1)报价方式

美国 13 周国债通常是按照贴现方式发行,到期按照面值兑付。如果投资者以 990000 美元的发行价格购买了面值为 1000000 美元的 13 周(3 个月或 91 天期)的美国国债,意味着其持有 13 周后该国债到期时,可以兑付 1000000 美元现金。该国债的年贴现率为:$[(1000000-990000)/1000000] \times (12/3) \times 100\% = 4\%$;投资者该笔投资的投资收益率为:$[(1000000-990000)/990000] \times (12/3) \times 100\% = 4.04\%$。如果投资者以 985000 美元的发行价格购买了面值为 1000000 美元的 13 周美国国债。该国债的年贴现率为:$[(1000000-985000)/1000000] \times (12/3) \times 100\% = 6\%$;投资者该笔投资的投资收益率为:$[(1000000-985000)/985000] \times (12/3) \times 100\% = 6.09\%$。短期国债价格与贴现率之间具有反向关系,即价格越高,贴现率越低,也即收益率越低。显然,这与投资者熟知的低价买进、高价卖出法则正好相反。为了弥补这一缺陷,芝加哥商业交易所的 13 周国债期货合约报价采用"100 减去不带百分号的标的国债年贴现率"的形式。交易所规定该合约的最小变动价位为 1/2 个基点(1 个基点是指数的 1%,即 0.01,代表的合约价值为 $1000000 \times 0.01\% \times 3/12 = 25$ 美元),即 0.005,合约的最小变动价值为 12.5 美元。

例如,当美国 13 周国债期货成交价为 98.580 时,意味着其年贴现率为$(100-98.580) \times 1\% = 1.42\%$,也即意味着面值 1000000 美元的国债期货以 $1000000 \times [1-1.42\%/(12/3)] = 996450$ 美元的价格成交;当成交价格为 99.000 时,意味着其年贴现率为 1%,国债期货价格为 997500 美元。如果投资者以 98.580 价格开仓买入 10 手美国 13 周国债期货合约,以 99.000 价格平仓。若不计交易费用,其盈利为 42 点/手,即 $42 \times 25 = 1050$(美元/手)。

(2)交割方式

芝加哥商业交易所的美国 13 周国债期货合约采用现金交割方式(最初曾采用实物交

割方式）。芝加哥商业交易所规定,该合约的交割结算价以最后交易日(合约月份第3个星期三)现货市场上 91 天期国债拍卖的最高贴现率为基础,用 100 减去不带百分号的该贴现率为最终交割结算价。所有到期未平仓合约都按照交割结算价格进行差价交割结算。

2. 欧洲美元期货的报价与交割

(1) 报价方式

欧洲美元期货合约的报价采用芝加哥商业交易所国际货币市场分部 3 个月欧洲美元伦敦拆放利率指数,或 100 减去按 360 天计算的不带百分号的年利率(比如年利率为2.5%,报价为 97.500)形式。芝加哥商业交易所的 3 个月欧洲美元期货合约的标的是本金为 1000000 美元、期限为 3 个月的欧洲美元定期存单。交易所规定,最近到期合约最小变动价位为 1/4 个基点(1 个基点是指数的 1%,即 0.01,代表的合约价值为 $1000000 \times 0.01\% \times 3/12 = 25$ 美元),即 0.0025,代表合约的最小变动价值为 6.25 美元。其他挂牌合约最小变动价位为 1/2 个基点,即 0.005,代表合约的最小变动价值为 12.5 美元。当 3个月欧洲美元期货合约的成交价格为 98.580 时,意味着到期交割时合约的买方将获得一张本金为 1000000 美元、年利率为 $(100 - 98.580) \times 1\% = 1.42\%$、3 个月利率为 $(100 - 98.580) \times 1\% \times 3/12 = 0.355\%$ 的存单。当 3 个月欧洲美元期货成交价格为 99.000 时,意味着到期交割时合约的买方将获得一张本金为 1000000 美元、年利率为 $(100 - 99.000) \times 1\% = 1\%$、3 个月利率为 $(100 - 99.00) \times 1\% \times 3/12 = 0.25\%$ 的存单。因而,3 个月欧洲美元期货成交价格越高,意味着买方获得的存单的存款利率越低;3 个月欧洲美元期货成交价格越低,意味着买方获得的存单的存款利率越高。相应地,市场利率上升,3 个月欧洲美元期货价格一般会走低;市场利率下跌,3 个月欧洲美元期货价格一般会走高。

例如,投资者以 98.580 价格买入 3 个月欧洲美元期货 10 手,以 99.000 价格平仓卖出。若不计交易费用,其收益为 42 点/手[$(99.000 - 98.580)/0.01 = 42$],即 $42 \times 25 = 1050$(美元/手),总收益为 10500 美元。

(2) 交割方式

3 个月欧洲美元期货合约标的是本金为 1000000 美元,期限为 3 个月期欧洲美元定期存单。但由于 3 个月欧洲美元定期存款存单实际是很难转让的,进行实物交割实际是不现实的,因而 3 个月欧洲美元期货合约采用现金交割。芝加哥商业交易所规定,欧洲美元期货合约的交割结算价以最后交易日伦敦时间上午 11:00 的伦敦银行间拆放利率抽样平均利率为基准,用 100 减去该抽样平均利率(不带百分号)便得到最后交割结算价。所有到期未平仓合约都按照交割结算价格进行差价交割结算。

(二) 美国中长期国债期货的报价与交割

芝加哥期货交易所的美国中长期国债期货交易在全球具有代表性,其主要交易品种有 2 年期、3 年期、5 年期、10 年期美国中期国债期货和美国长期国债期货。美国期货市场中长期国债期货采用价格报价法,报价按 100 美元面值的国债期货价格报价,交割采用实物交割方式。

1. 报价方式

美国期货市场中长期国债期货采用价格报价法,报价按 100 美元面值的标的国债价格报价。在美国中长期国债期货报价中,比如 118′222(或 118-222),报价由三部分组成:

①118′②22③2。其中"①"部分称为国债期货报价的整数部分,"②""③"两个部分称为国债报价的小数部分。

"①"部分的价格变动的"1点"代表100000美元/100=1000美元,比如从118上涨为119,称为价格上升1点。

"②"部分数值为"00到31",采用32进位制,价格上升达到"32"向前进位到整数部分加"1",价格下降跌破"00"向前整数位借"1"得到"32"。此部分价格变动"1/32点"代表1000×1/32=31.25美元,比如从"05"涨到"06",或跌到"04"。

"③"部分用"0""2""5""7"四个数字标示。其中"0"代表0;"2"代表1/32点的1/4,即0.25/32点;"5"代表1/32点的1/2,即0.5/32点;"7"代表1/32点的3/4即0.75/32点。

以美国10年期国债期货为例,其合约面值为100000美元,按100美元面值的标的国债价格报价。这里,1点对应合约价值为1000美元,1/32点为31.25美元,1/32点的1/2为15.625美元。合约的最小变动价位为1/32点的1/2,为15.625美元;跨月套利交易最小变动价位为1/32点的1/4,为7.8125美元。当10年期国债期货合约报价为126-175(或126′175)时,表示该合约价值为126546.88美元(1000美元×126+31.25美元×17+31.25美元×1/2=126546.875美元,四舍五入为126546.88美元)。如果上述报价变为125-020(或125′020),则表示下跌了1-155(或1′155),即合约价值下跌了1484.38美元(1000美元×1+31.25美元×15+31.25美元×1/2=1484.375美元,四舍五入为1484.38美元)。

2. 交割方式

美国中长期国债期货采用实物交割方式。由于国债发行采用无纸化方式,国债的交割只需通过联邦电子转账系统进行划转即可完成。

在中长期国债的交割中,卖方具有选择交付券种的权利。卖方自然会根据各种情况来挑选最便宜的国债来交割,即最便宜可交割债券(Cheapest to Deliver,CTD)。最便宜可交割债券是指最有利于卖方进行交割的债券。

以10年期的美国中期国债期货为例,其合约规定,中长期国债期货的卖方可选择在交割月任意一个营业日内交割。10年期国债期货交割时,卖方可以用任何一种符合条件的国债进行交割。其主要条件为,从交割月第一个交易日算起,该债券剩余的持有日期至少在6.5年以上,但不超过10年。由于可交割债券息票率可以不同,期限也可以不同,各种可交割债券的价格与国债期货的价格没有直接的可比性。为此,引入了转换因子(Conversion Factor),并用转换因子将可交割债券转换成息票率为6%的标准债券进行价格比较。

转换因子通常被定义为在假定所有期限债券的年利率均为6%(每半年计复利一次)的前提下,某债券在交割月第一个交易日的价格与面值的比值。为了便于计算,债券的剩余期限和距付息日的时间取整到最近的3个月。如果在取整后,债券的剩余期限为6个月的倍数,就假定下一次付息是在6个月之后。如果在取整后,债券的剩余期限不是6个月的倍数(即包含另外的3个月),假定在3个月后付息,在支付利息中应扣除应计利息。在此基础上,期货交易所为了方便投资者查对,通常会提前公布转换因子表。通过转换因子,各种不同剩余期限、不同票面利率的可交割债券均可折算成期货合约标准交割债券。

用可交割债券的转换因子乘以期货交割价格得到转换后该债券的价格。

需要说明的是,在国债期货交易中,成交价格是不包括应付利息的,国债的应付利息需在交割时另行计算。买方收到卖方的国债,按规定给卖方的付款包括两部分,一部分为国债交易价格,一部分为国债从上次付息日至交割日之间自然产生的应付利息。在国债期货实物交割中,卖方交付可交割债券应收入的总金额为:

1000 美元×期货交割价格×转换因子+应计利息

【例 4-14】 某国债发行日为 2008 年 8 月 15 日,到期日为 2018 年 8 月 15 日,共发行了 290 亿美元,票面利率为 4%。2010 年 12 月 15 日,10 年期国债期货 2010 年 12 月合约交割价格为 120-160,卖方准备以此种国债进行交割。请问卖方交付 100000 美元的该国债,其收入多少?

经查,此国债在 2010 年 12 月交割,其转换因子为 0.8806。该国债上一次付息日为 2010 年 8 月 15 日,8 月 15 日至交割日 12 月 15 日相隔 4 个月,含有 4 个月的应计利息。卖方交付 100000 美元的该国债应收总金额为:

(120+16/32)×0.8806×1000+100000×4%×4/12=107445.6(美元)

三、利率期货交易

(一)利率期货套期保值

利用利率期货进行套期保值规避的是市场利率变动为投资者带来的风险。利率期货套期保值策略分为卖出套期保值和买入套期保值两大类。利率期货卖出套期保值者最初在期货市场上卖出利率期货合约,目的是对冲市场利率上升为其带来的风险;利率期货买入套期保值者最初在期货市场买入利率期货合约,目的是对冲市场利率下降为其带来的风险。

1. 利率期货卖出套期保值

利率期货卖出套期保值是通过期货市场开仓卖出利率期货合约,以期在现货和期货两个市场建立盈亏冲抵机制,规避市场利率上升的风险。其适用的情形主要有:

(1)持有固定收益债券,担心利率上升导致其债券价格下跌或者收益率相对下降;

(2)利用债券融资的筹资人担心利率上升导致融资成本上升;

(3)资金的借方担心利率上升导致借入成本增加。

【例 4-15】 5 月 3 日,市场贷款利率为 2.75%。根据经营需要,某公司预计在 8 月份要借入 3 个月期的 2000 万美元资金。因担心利率上升,借款成本增加,该公司在芝加哥商业交易所以 98.300 价格卖出 20 张 9 月份到期的欧洲美元期货合约;8 月 3 日,因利率上升,9 月份合约价跌到 96.000,该公司以此价格平仓 20 张 9 月份合约,同时以 5% 的利率借入 2000 万美元。具体操作过程见表 4-17。

表 4-17 利率期货卖出套期保值实例

日期	现货市场	期货市场
5 月 3 日	市场贷款利率为 2.75%,如借入 2000 万美元,3 个月的利息成本为 2000 万美元×2.75%×3/12=13.75 万美元	卖出 20 张芝加哥商业交易所的 9 月份到期的欧洲美元期货合约,成交价为 98.300

日期	现货市场	期货市场
8月3日	借入2000万美元,借款利率为5%,3个月利息成本为2000万美元×5%×3/12=25万美元	买入20张9月份到期的欧洲美元期货合约平仓,成交价为96.000
盈亏	亏损25−13.75=11.25(万美元)	盈利20×(98.300−96.000)×100×25=11.5(万美元)

经过3个月,市场利率由2.75%上升为5%,使得该公司的借款利息成本为25万美元,与5月初相比增加了11.25万美元。但由于该公司利用欧洲美元期货做了卖出套期保值,在期货市场上盈利11.5万美元,其实际借款利息成本为25−11.5=13.5万美元,实际借款利率为(13.5/2000)×12/3×100%=2.7%。通过套期保值,该公司避免了利率上升带来的损失,将其8月份的借款成本仍然锁定在5月初的水平。当然,如果到了8月份,市场利率没有上升,反而下降,则该公司在期货市场上会有亏损,但此时借款成本也会下降,其实际借款成本仍然能够锁定在5月初的水平。

2.利率期货买入套期保值

利率期货买入套期保值是通过期货市场开仓买入利率期货合约,以期在现货和期货两个市场建立盈亏冲抵机制,规避市场利率下降的风险。其适用的情形主要有:

(1)计划买入固定收益债券,担心利率下降导致债券价格上升;

(2)承担按固定利率计息的借款人担心利率下降导致资金成本相对增加;

(3)资金的贷方担心利率下降导致贷款利率和收益下降。

【例4-16】 3月15日,某欧洲财务公司预计于6月10日收到10000000欧元,该公司打算将其投资于3个月期的定期存款,当时存款利率为2.65%。该公司担心未来利率会下跌,于是利用伦敦国际金融期货交易所的欧元银行间拆放利率期货合约进行买入套期保值交易,其操作过程见表4-18。

表4-18 利率期货多头套期保值实例

日期	现货市场	期货市场
3月15日	预期于6月10日收到10000000欧元,打算将其转为3个月期的定期存款,当时的存款利率为2.65%	以97.40的价格买进10张9月份到期的3个月欧元银行间拆放利率期货合约
6月10日	存款利率跌到1.75%,收到10000000欧元,以此利率存入银行	以98.29的价格卖出10张9月份到期的3个月欧元银行间拆放利率期货合约平仓
盈亏	亏损10000000×(2.65%−1.75%)×3/12=22500欧元	盈利(98.29−97.40)×100×25×10=22250欧元

从该公司的套期保值过程可以看出,由于存款利率下跌,公司减少了利息收入22500欧元。但由于事先在期货市场上卖出了利率期货,平仓获利22250欧元。基本

上可以弥补现货市场上的损失。如从收益率来看,该公司实际所得的利息收入为10000000×1.75%×3/12=43750(欧元),加上期货市场所得的盈利,则其总收益为43750+22250=66000(欧元)。因而,其存款利率相当于(66000÷10000000)/3×12×100%=2.64%。实际存款利率与建立套期保值头寸初期利率(2.65%)非常接近,实现了风险对冲的目的。

当然,如果到了6月10日,利率不跌反升,这时该公司虽然在期货市场亏损了,但在现货市场上得到了更多的利息,其实际存款利率仍将维持在2.65%左右。

(二) 利率期货投机和套利

利率期货投机就是通过买卖利率期货合约,从利率期货价格变动中博取风险收益的交易行为。

利率期货套利交易是指投资者同时买进和卖出数量相当的两个或两个以上相关的利率期货合约,期待合约间价差向自己有利方向变动,择机将其持仓同时平仓获利,从价差变动中博取风险收益的交易行为。

1. 利率期货投机

若投机者预期未来利率水平将下降,利率期货价格将上涨,便可买入期货合约,期待利率期货价格上涨后平仓获利;若投机者预期未来利率水平将上升,利率期货价格将下跌,则可卖出期货合约,期待利率期货价格下跌后平仓获利。

【例4-17】 10月20日,某投资者认为未来的市场利率水平将会下降,于是以97.300价格买入50手12月份到期的欧洲美元期货合约。一周之后,该期货合约价格涨到97.800,投资者以此价格平仓。若不计交易费用,该投资者将获利50个点,即1250美元/手,总盈利为62500美元。

2. 利率期货套利

利率期货套利交易是利用相关利率期货合约间价差变动来进行的。在利率期货交易中,跨市场套利机会一般很少,跨期套利和跨品种套利机会相对较多。下面简要介绍利率期货跨期套利和跨品种套利。

(1) 利率期货跨期套利

在利率期货交易中,当同一市场、同一品种、不同交割月份合约间存在着过大或过小的价差关系时,就存在着跨期套利的潜在机会。近期、远期利率期货合约间价差套利分为利率期货牛市套利、利率期货熊市套利和利率期货蝶式套利三种。

【例4-18】 2010年4月2日,某投资者认为美国5年期国债期货2010年9月合约和2010年12月合约之间的价差偏离。于是采用熊市套利策略建立套利头寸,卖出100手9月合约同时买入100手12月合约,成交价差为1'12(当时9月、12月合约价格分别为118'240和117'120)。4月30日,该投资者以0'30的价差平仓原套利头寸(当时两合约的价格分别为119'200和118'220)。

表 4-19 美国 5 年期国债期货跨月套利实例

4月2日	卖出 100 手 5 年期国债期货 9 月合约	买入 100 手 5 年期国债期货 12 月合约	成交价差为 $1'12$
4月30日	买入平仓 5 年期国债期货 9 月合约	卖出平仓 5 年期国债期货 12 月合约	成交价差为 $0'30$
盈亏状况	不计交易费用,投资者可获利 $0'14$,总盈利为 $14 \times 31.25 \times 100 = 43750$(美元)		价差缩小 $0'14$

投资者在该笔套利交易中,入市时价差为 $1'12$,平仓时价差为 $0'30$,若不计交易费用,投资者可获利 $0'14$,总盈利为 $14 \times 31.25 \times 100 = 43750$(美元)。

(2)利率期货跨品种套利

在利率期货交易中,当同一市场、相同交割月份、不同品种合约间存在着过大或过小的价差关系时,就存在着跨品种套利的潜在机会。相同交割月份的利率期货合约在合约运行期间,影响因素基本一致,套利收益稳定性会更高。利率期货跨品种套利交易根据套利合约标的不同,主要分为短期利率期货、中长期利率期货合约间套利和中长期利率期货合约间套利两大类。比如,美国期货市场短期利率期货交易主要集中在芝加哥商业交易所,只有欧洲美元期货最为活跃;中长期利率期货交易主要集中在芝加哥期货交易所,不同期限的美国中长期国债期货多个品种的交易都比较活跃,品种间套利机会较多。因而,在美国期货市场的短期利率期货合约间套利比较困难,短期利率期货、中长期利率期货合约间套利和中长期利率期货合约间套利相对容易。

1)短期利率期货、中长期利率期货合约间套利。短期利率期货合约与中长期利率期货合约的标的差异较大,投资者可以根据其不同合约期货价格变动的规律性寻找相应的套利机会。例如,某套利者认为未来长期收益率相对于短期收益率将上升,投资者可以在芝加哥期货市场卖出美国中长期国债期货合约,同时买入欧洲美元期货合约进行跨品种套利。套利合约间价差向投资者持仓有利方向运行时,择机同时平仓即可获取套利收益。

2)中长期利率期货合约间套利。在欧美期货市场,中长期利率期货多个品种交易活跃程度较高,合约间套利机会也较多。根据中长期利率期货合约标的不同,其价格变化对影响因素敏感程度不同来进行跨品种套利是一种常见策略。一般地,市场利率上升,标的期限较长的国债期货合约价格的跌幅会大于期限较短的国债期货合约价格的跌幅,投资者可以择机持有较长期国债期货的空头和较短期国债期货的多头,以获取套利收益;市场利率下降,标的期限较长的国债期货合约价格的涨幅会大于期限较短的国债期货合约价格的涨幅,投资者可以择机持有较长期国债期货的多头和较短期国债期货的空头,以获取套利收益。

第四节 期 权

一、期权概述

(一) 期权合约概念

期权合约的产生：1973年芝加哥期权交易所(CBOE)推出股票看涨期权。期权合约是期货合约的一个发展,它与期货合约的区别在于期权合约的买方有权利而没有义务一定要履行合约。

期权合约是指由交易所统一制定的、规定买方有权在合约规定的有效期限内以事先规定的价格买进或卖出相关期货合约的标准化合约。所谓标准化合约就是说,除了期权的价格是在市场上公开竞价形成的,合约的其他条款都是事先规定好的,具有普遍性和统一性。

(二) 期权合约内容

期权合约的内容包括：合约名称、交易单位、报价单位、最小变动价位、每日价格最大波动限制、执行价格、执行价格间距、合约月份、交易时间、最后交易日、合约到期日、交易手续费、交易代码、上市交易所。

1. 期权合约三要素

期权合约主要有三项要素：权利金、执行价格和合约到期日。

2. 期权合约内容及要素的名词解释

(1) 交易单位：是指每手期权合约所代表标的的数量。

(2) 最小变动价位：是指买卖双方在出价时,权利金价格变动的最低单位。

(3) 每日价格最大波动限制：是指期权合约在一个交易日中的权利金波动价格不得高于或低于规定的涨跌幅度,超出该涨跌幅度的报价视为无效。

(4) 执行价格：是指期权的买方行使权利时事先规定的买卖价格。执行价格确定后,在期权合约规定的期限内,无论价格怎样波动,只要期权的买方要求执行该期权,期权的卖方就必须以此价格履行义务。如：期权买方买入了看涨期权,在期权合约的有效期内,若价格上涨,并且高于执行价格,则期权买方就有权以较低的执行价格买入期权合约规定数量的特定商品;而期权卖方也必须无条件地以较低的执行价格履行卖出义务。对于外汇期权来说,执行价格就是外汇期权的买方行使权利时事先规定的汇率。

(5) 执行价格间距：是指相邻两个执行价格之间的差,并在期权合约中载明。在郑商所设计的硬冬白麦期权合约中规定,在交易开始时,将以执行价格间距规定标准的整倍数列出以下执行价格：最接近相关硬冬白麦期货合约前一天结算价的执行价格(位于两个执行价格之间的,取其中较大的一个),以及高于此执行价格的3个连续的执行价格和低于此执行价格的3个连续的执行价格。

(6) 合约月份：是指期权合约的交易月份。

（7）最后交易日：是指某一期权合约能够进行交易的最后一日。

（8）合约到期日：是指期权合约必须履行的最后日期。欧式期权规定只有在合约到期日方可执行期权。美式期权规定在合约到期日之前的任何一个交易日（含合约到期日）均可执行期权。同一品种的期权合约在有效期时间长短上不尽相同，按周、季度、年以及连续月等不同时间期限划分。

（9）权利金：又称期权费、期权金，是期权的价格。权利金是期权合约中唯一的变量，是由买卖双方在国际期权市场公开竞价形成的，是期权的买方为获取期权合约所赋予的权利而必须支付给卖方的费用。对于期权的买方来说，权利金是其损失的最高限度。对于期权卖方来说，卖出期权即可得到一笔权利金收入，而不用立即交割。

（10）期权履约：有以下三种情况。

1）买卖双方都可以通过对冲的方式实施履约。

2）买方也可以将期权转换为期货合约的方式履约（在期权合约规定的敲定价格水平获得一个相应的期货部位）。

3）任何期权到期不用，自动失效。如果期权是虚值，期权买方就不会行使期权，直到到期任期权失效。这样，期权买方最多损失所交的权利金。

3. 远期合约

（1）远期合约概念

远期合约是 20 世纪 80 年代初兴起的一种保值工具，它是一种交易双方约定在未来的某一确定时间，以确定的价格买卖一定数量的某种金融资产的合约。合约中要规定交易的标的物、有效期和交割时的执行价格等项内容。是期权合约的一种形式。

远期合约指合约双方同意在未来日期按照固定价格交换金融资产的合约，承诺以当前约定的条件在未来进行交易，会指明买卖的商品或金融工具种类、价格及交割结算的日期。远期合约是必须履行的协议，不像可选择不行使权利（即放弃交割）的期权。远期合约亦与期货不同，其合约条件是为买卖双方量身定制的，通过场外交易达成，而后者则是在交易所买卖的标准化合约。远期合约规定了将来交换的资产、日期、价格和数量，合约条款因合约双方的需要不同而不同。远期合约主要有远期利率协议、远期外汇合约、远期股票合约。

远期合约是现金交易，买方和卖方达成协议在未来的某一特定日期交割一定质量和数量的商品。价格可以预先确定或在交割时确定。

远期合约是场外交易，如同即期交易一样，交易双方都存在风险。因此，远期合约通常不在交易所内交易。伦敦金属交易所中的标准金属合约是远期合约，它们在交易所大厅中交易。

在远期合约签订之时，它没有价值，支付只在合约规定的未来某一日进行。在远期市场中经常用到两个术语：

1）如果即期价格低于远期价格，市场状况被描述为正向市场或溢价（Contango）。

2）如果即期价格高于远期价格，市场状况被描述为反向市场或差价（Backwardation）。

（2）远期价格的决定

原则上，计算远期价格是用交易时的即期价格加上持有成本。根据商品的情况，持有成本要考虑的因素包括仓储、保险和运输等等。

远期价格＝即期或现金价格＋持有成本

尽管在金融市场中的交易与在商品市场中的交易有相似之处，但它们之间也存在着很大的差别。例如，如果远期的石油价格很高，在即期市场上买进一油轮的石油并打算在将来卖掉的行动似乎是一项很有吸引力的投资。

一般来说，商品市场对供求波动更为敏感。例如，收成会受到气候和自然灾害的影响，商品消费会受到技术进步、生产加工过程以及政治事件的影响。事实上，许多商品市场使用的交易工具在生产者与消费者之间直接进行交易，而不是提供套期保值与投机交易的机会。

然而，在商品市场中也存在着基础金属、石油和电力的远期合约，在船运市场中用到了远期货运协议（Forward Freight Agreements，FFAs）。

（3）远期合约与近期合约的风险性比较

远期合约较近期合约交易周期长，时间跨度大，所蕴含的不确定性因素多，加之远期合约成交量及持仓量不如近期合约大，流动性相对差一些，因此呈现远期合约价格波动较近期合约价格波动剧烈且频繁。

（三）期权交易与期货交易的联系

期权交易与期货交易之间既有区别又有联系。其联系是：

第一，两者均是以买卖远期标准化合约为特征的交易。第二，在价格关系上，期货市场价格对期权交易合约的敲定价格及权利金确定均有影响。一般来说，期权交易的敲定价格是以期货合约所确定的远期买卖同类商品交割价为基础，而两者价格的差额又是权利金确定的重要依据。第三，期货交易是期权交易的基础，期权交易的内容一般均为是否买卖一定数量期货合约的权利。期货交易越发达，期权交易的开展就越具有基础。因此，期货市场发育成熟和规则完备为期权交易的产生和开展创造了条件；期权交易的产生和发展又为套期保值者和投机者进行期货交易提供了更多可选择的工具，从而扩大和丰富了期货市场的交易内容。第四，期货交易可以做多做空，交易者不一定进行实物交收。期权交易同样可以做多做空，买方不一定要实际行使这个权利，只要有利，也可以把这个权利转让出去。卖方也不一定非履行不可，而可在期权买入者尚未行使权利前通过买入相同期权的方法以解除他所承担的责任。第五，由于期权的标的物为期货合约，因此期权履约时买卖双方会得到相应的期货部位。

期货主要是方向性工具，期权主要是对付波动率方面的工具。

二、权利金的构成及影响因素

期权权利金（Premium），也称为期权费、期权价格，是期权买方为取得期权合约所赋予的权利而支付给卖方的费用。

（一）期权权利金的构成

期权的权利金由内涵价值和时间价值组成。期权的内涵价值（Intrinsic Value）是指在不考虑交易费用和期权费的情况下，买方立即执行期权合约可获取的行权收益。期权的时间价值（Time Value），又称外涵价值，是指权利金扣除内涵价值的剩余部分，它是期权有效期内标的物市场价格波动为期权持有者带来收益的可能性所隐含的价值。

（二）期权权利金的影响因素

1.标的物市场价格和执行价格

期权的执行价格与标的物的市场价格是影响期权价格的重要因素。

执行价格与市场价格的相对差额决定了内涵价值的有无及其大小。在标的物市场价格一定时，执行价格的大小决定着期权内涵价值的高低，即当期权处于实值状态，执行价格与看涨期权的内涵价值呈负相关关系，与看跌期权的内涵价值呈正相关关系。同样，在执行价格一定时，标的物市场价格的上涨或下跌决定着期权内涵价值的大小，对于实值期权，标的物市场价格与看涨期权的内涵价值呈正相关关系，与看跌期权的内涵价值呈负相关关系。由于虚值和平值期权的内涵价值为0，所以，当期权处于虚值或平值状态时，标的物市场价格的上涨或下跌及执行价格的高低不会使内涵价值发生变化。

执行价格与标的物市场价格的相对差额也决定着时间价值的有无和大小。一般来说，执行价格与标的物市场价格的相对差额越大，则时间价值就越小；反之，相对差额越小，则时间价值就越大。

2.标的物市场价格波动率

标的物市场价格波动率是指标的物市场价格的波动程度，它是期权定价模型中的重要变量。标的物市场价格的波动率越高，期权的价格也应该越高。

3.期权合约的有效期

期权合约的有效期是指距期权合约到期日剩余的时间。在其他因素不变的情况下，期权有效期越长，美式期权的价值越高，但欧式期权的价值并不必然增加。由于美式期权的行权机会多于相同标的和剩余期限的欧式期权，所以，在其他条件相同的情况下，剩余期限相同的美式期权的价值不应该低于欧式期权的价值。

4.无风险利率

当利率提高时，期权买方收到的未来现金流的现值将减少，从而使期权的时间价值降低；反之，当利率下降时，期权的时间价值会增加。但是，利率水平对期权时间价值的整体影响是十分有限的。此外，利率的提高或降低会影响标的物的市场价格，从而影响期权内涵价值。无风险利率对期权价格的影响，要结合当时的经济环境以及利率变化对标的物市场价格的影响，考虑对期权内涵价值的影响方向及程度，然后综合对时间价值的影响，得出最终的影响结果。

三、期权交易损益分析及应用

（一）买进看涨期权

1.买进看涨期权损益

看涨期权的买方在支付一笔权利金后，便享有了按约定的执行价格买入相关标的物的权利，但不负有必须买进的义务，从而锁定了标的物市场价格下跌可能存在的潜在损失。

$$损益 = \begin{cases} S-X-C, & S>X, \\ -C, & S \leq X. \end{cases}$$

其中,S 代表标的物的市场价格;X 代表执行价格;C 代表看涨期权的权利金。

买进看涨期权的损益状况如图 4-1 所示,图中表示的是,在不考虑交易费用的情况下,看涨期权买方的最大损益状况。

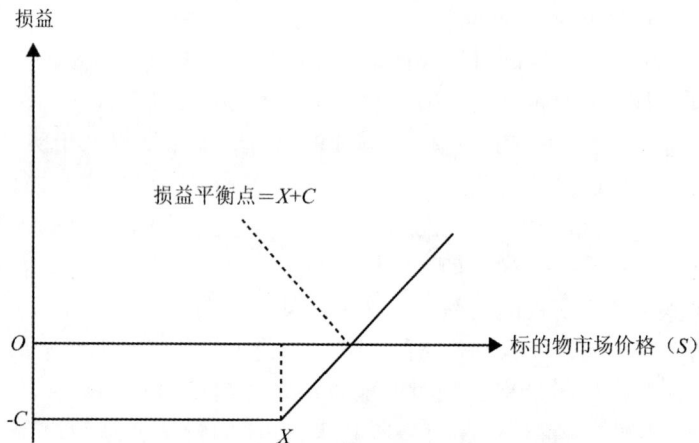

图 4-1　买进看涨期权损益状况

标的物市场价格变化对看涨期权多头损益的影响如表 4-20 所示。

表 4-20　标的物市场价格变化对看涨期权多头损益的影响

标的物市场价格范围	标的物市场价格的变动方向及买方损益	期权头寸处置方法
$0 \leqslant S \leqslant X$	处于亏损状态。无论 S 上涨或下跌,最大损失不变,等于权利金	不执行期权。可卖出期权对冲平仓;或持有到期,期权作废
$X < S < X + C$	处于亏损状态。亏损会随着 S 上涨而减少,随着 S 下跌而增加	可执行期权;也可卖出期权对冲平仓;或持有到期期权被自动执行
$S = X + C$（损益平衡点）	损益＝0	可执行期权;也可卖出期权对冲平仓;或持有到期期权被自动执行
$S > X + C$	处于盈利状态,损益为 $S - (X + C)$,盈利随着 S 下跌而减少,随着 S 上涨而增加	可执行期权;也可卖出期权对冲平仓;或持有到期期权被自动执行 行权收益＝标的物市场价格－执行价格－权利金 平仓收益＝权利金卖出价－权利金买入价

2. 买进看涨期权的运用

买进看涨期权适用的市场环境:标的物市场处于牛市,或预期后市看涨,或认为市场已经见底。在上述市场环境下,标的物市场价格大幅波动或预期波动率提高对看涨期权买方更为有利。

(二) 卖出看涨期权

1. 卖出看涨期权损益

看涨期权卖方损益与买方正好相反,买方的盈利即为卖方的亏损,买方的亏损即为卖方的盈利,看涨期权卖方能够获得的最高收益为卖出期权收取的权利金。

卖出看涨期权的损益如下:

$$损益=\begin{cases}C,\ S\leqslant X,\\ -S+X+C,\ S>X.\end{cases}$$

卖出看涨期权的损益状况如图 4-2 所示,图中表示的是,在不考虑交易费用的情况下,看涨期权卖方的最大损益状况。

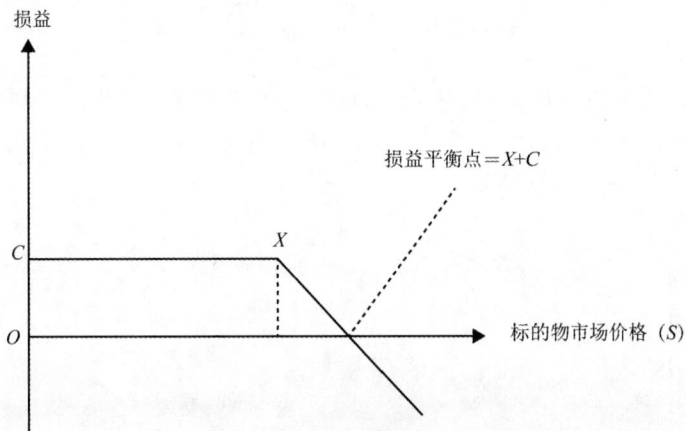

图 4-2 卖出看涨期权损益状况

标的物市场价格变化对看涨期权空头损益的影响如表 4-21 所示。

表 4-21 标的物市场价格变化对看涨期权空头损益的影响

标的物市场价格范围	标的物市场价格的变动方向及卖方损益	期权头寸处置方法
$0\leqslant S\leqslant X$	处于盈利状态。无论 S 上涨或下跌,最大盈利不变,等于权利金	买方不会执行期权。卖方可买入期权对冲平仓,或持有到期,赚取权利金(期权不会被执行)
$X<S<X+C$	处于盈利状态。盈利会随着 S 上涨而减少,随着 S 下跌而增加	可买入期权对冲平仓;或接受买方行权,履行期权合约;或持有到期,期权被自动执行,履行期权合约
$S=X+C$(损益平衡点)	损益=0	可买入期权对冲平仓;或接受买方行权,履行期权合约;或持有到期,期权被自动执行,履行期权合约
$S>X+C$	处于亏损状态,损益为$-S+(X+C)$亏损随着 S 下跌而减少,随着 S 上涨而增加	可买入期权对冲平仓;或接受买方行权,履行期权合约;或持有到期,期权被自动执行,履行期权合约平仓损失=权利金卖出价-权利金买入价(买入价>卖出价)行权损失=执行价格-标的物平仓买入价格+权利金

2. 卖出看涨期权的运用

卖出看涨期权适用的市场环境:标的物市场处于熊市,或预测后市下跌,或认为市场已经见顶。

（三）买进看跌期权

1. 买进看跌期权损益

看跌期权的买方在支付一笔权利金后,便可享有按约定的执行价格卖出相关标的物的权利,但不负有必须卖出义务,从而锁定了标的物市场价格下跌可能存在的潜在损失。

买进看跌期权的损益如下:

$$损益 = \begin{cases} X-P-S, & S<X \text{ 时,} \\ -P, & S \geqslant X \text{ 时.} \end{cases}$$

其中,S 代表标的物的市场价格;X 代表执行价格;P 代表看跌期权的权利金。

买进看跌期权的损益状况如图 4-3 所示,图中表示的是,在不考虑交易费用的情况下,看跌期权买方的最大损益状况。

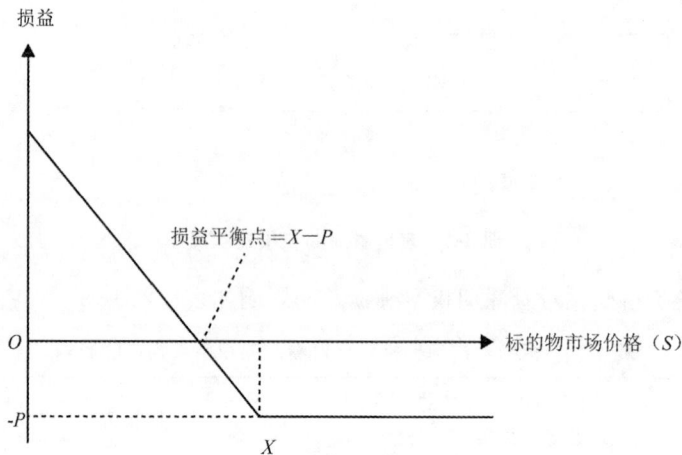

图 4-3　买进看跌期权损益状况

标的物市场价格变化对看跌期权多头损益的影响如表 4-22 所示。

表 4-22　标的物市场价格变化对看跌期权多头损益的影响

标的物市场价格范围	标的物市场价格的变动方向及买方损益	期权头寸处置方法
$S \geqslant X$	处于亏损状态。无论 S 上涨或下跌,最大损失不变,等于权利金	不执行期权。可卖出期权对冲平仓;或持有到期,期权作废
$X-P<S<X$	处于亏损状态。亏损会随着 S 下跌而减少,随着 S 上涨而增加	可执行期权;也可卖出期权对冲平仓;或持有到期,期权自动被执行
$S=X-P$	损益为 0	可执行期权;也可卖出期权对冲平仓;或持有到期,期权自动被执行
$S<X-P$	处于盈利状态,损益为$(X-P)-S$。盈利随着 S 上涨而减少,随着 S 下跌而增加,最大盈利为 $X-P$	可执行期权;也可卖出期权对冲平仓;或持有到期,期权自动被执行

2. 买进看跌期权的运用

买进看跌期权适用的市场环境:标的物处于熊市,或预期后市下跌,或认为市场已经见顶。在上述市场环境下,标的物市场价格大幅波动或预期波动率提高,对看跌期权买方更为有利。

(四) 卖出看跌期权

1. 卖出看跌期权损益

与看涨期权相似,看跌期权卖方损益与买方正好相反,买方的盈利即为卖方的亏损,买方的亏损即为卖方的盈利,看跌期权卖方能够获得的最高收益为卖出期权收取的权利金。

卖出看跌期权的损益如下:

$$损益=\begin{cases} P, & S\geqslant X, \\ S-(X-P), & S<X. \end{cases}$$

卖出看跌期权的损益状况如图 4-4 所示,图中表示的是,在不考虑交易费用的情况

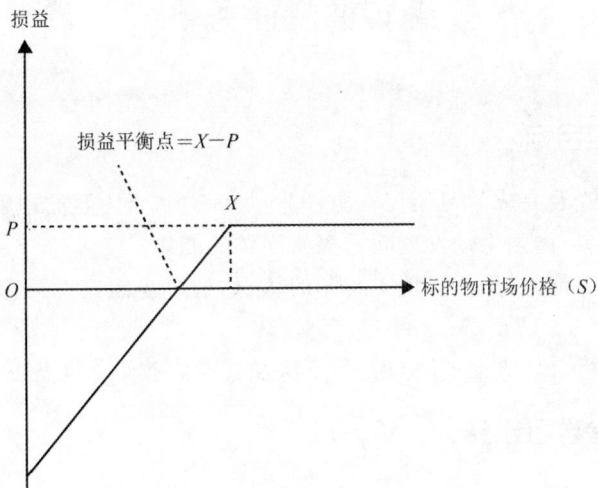

图 4-4　卖出看跌期权损益状况

下,看跌期权卖方的最大损益状况。

标的物市场价格变化对看跌期权空头损益的影响如表 4-23 所示。

表 4-23　标的物市场价格变化对看跌期权空头损益的影响

标的物市场价格范围	标的物市场价格的变动方向及卖方损益	期权头寸处置方法
$S\geqslant X$	处于盈利状态。无论 S 上涨或下跌,最大盈利不变,等于权利金	买方不会执行期权。卖方可买入期权对冲平仓;或持有到期,赚取权利金(期权不会被执行)
$X-P<S<X$	处于盈利状态。盈利会随着 S 上涨而增加,随着 S 下跌而减少	可买入期权对冲平仓;或接受买方行权,履行期权合约;或持有到期,期权被自动执行,履行期权合约

续　表

标的物市场价格范围	标的物市场价格的变动方向及卖方损益	期权头寸处置方法
$S=X-P$	损益＝0	可买入期权对冲平仓；或接受买方行权，履行期权合约；或持有到期等待期权被自动执行，履行期权合约
$S<X-P$	处于亏损状态，损益为 $S-(X-P)$。亏损随着 S 上涨而减少，随着 S 下跌而增加，最大亏损＝$X-P$	可买入期权对冲平仓；或接受买方行权，履行期权合约；或持有到期等待期权被自动执行，履行期权合约

2. 卖出看跌期权的运用

卖出看跌期权适用的市场环境：标的物市场处于牛市，或预期后市看涨，或认为市场已经见底。

翻转课堂任务单

一、翻转教学目标

1. 通过思考讨论及完成学习项目资源任务，加深对本章内容的理解；

2. 通过查阅资料，增强主动发现问题探研问题的能力；

3. 培养自主学习能力，加深对现实问题的认识，通过小组讨论交流，提升合作学习能力及精神；

4. 收集期货价格分析方面的资料并为下次翻转课堂教学作准备。

二、翻转课堂学习任务

1. 对本章内容小结

要求字数不超过 200 字。

2. 思考讨论题

(1) 简述股指期货的含义。

(2) 简述股票指数的概念与主要股票指数。

(3) 简述股指期货与股票交易的区别。

(4) 沪深 300 股指期货合约最低交易保证金为多少？

(5) 简述外汇的概念。

(6) 影响汇率的因素主要有哪些？

3. 构建学习项目资源任务。

要求：以小组为单位每人选择一项下列任务

(1) 股指期货卖出套期保值案例资料收集；

(2) 股指期货买入套期保值案例资料收集；

（3）外汇期货卖出套期保值案例资料收集；

（4）外汇期货买入套期保值案例资料收集；

（5）期权交易损益分析及应用案例资料收集。

4. 完成项目内容报告

（1）完成结果为 Word 文档＋PPT＋视频

其中 PPT＋视频可以以小组为单位完成。

（2）建立问题档案

针对所选任务学习后，记录疑问及小组讨论结果。

（3）学习反思

1）记录问题解决的过程；方法；收获（发现、感悟与理解）。

2）存在问题与改进设想。

第五章　期货价格分析

第一节　期货行情解读

正确解读期货行情,是对期货市场价格做出分析和预测的前提,是期货市场参与者开展期货交易之前的必修课。期货行情主要通过期货行情表和期货行情图反映出来。

一、期货行情表

期货行情表提供了某一时间点上某种期货合约交易的基本信息。表 5-1 是 2010 年 10 月 22 日大连商品交易所的期货行情表。期货行情表清晰地反映出一系列的价格指标和数量指标。

(一) 合约

豆 1、豆 2、豆粕、豆油、玉米、棕榈油、聚乙烯、聚氯乙烯等,表示的是在期货交易所中进行交易的期货品种。每一期货品种都会被赋予一个代码,作为不同期货品种的标识。

期货品种代码和合约到期月份组合在一起,便能够清楚地指示出某一特定的期货合约。以 a1011 为例,"a"代表期货品种是黄大豆 1 号(简称"豆 1"),"1011"代表合约到期月份是 2010 年 11 月。在表 5-1 中,"豆 1"这一期货品种有 9 种不同的合约正在进行交易,分别是 a1011、a1101、a1103、a1105、a1107、a1109、a1111、a1201 和 a1203,其合约到期月份依次为 2010 年 11 月,2011 年 1 月、3 月、5 月、7 月、9 月、11 月,2012 年 1 月和 3 月。

(二) 开盘价

开盘价,又称开市价,是指某一期货合约每个交易日开市后的第一笔买卖成交价格。在我国,开盘价是交易开始前 5 分钟经集合竞价产生的。集合竞价未产生成交价格的,以集合竞价后的第一笔成交价为开盘价。表 5-1 中的第 2 列是不同期货合约的开盘价,其中 a1011 期货合约的开盘价为 4030 元/吨。

(三) 最高价

最高价是开盘后到目前为止某一期货合约的最高成交价格。表 5-1 中的第 3 列是不同期货合约的最高价,其中 a1011 期货合约的最高价为 4030 元/吨。

(四) 最低价

最低价是开盘后到目前为止某一期货合约的最低成交价格。表 5-1 中的第 4 列是不同期货合约的最低价,其中 a1011 期货合约的最低价为 3990 元/吨。

表 5-1 大连商品交易所期货行情（2010 年 10 月 22 日）

合约	开盘价	最高价	最低价	最新价	涨跌	买价	买量	卖价	卖量	成交量	持仓量	收盘价	结算价	昨收盘	昨结算
a1011	4030	4030	3990	4008	−3	3970	1	4009	1	32	424	4008	3997	3996	4011
a1101	4061	4118	4061	4107	−10	4107	105	4112	1	2576	31298	4107	4109	4098	4117
a1103	4165	4205	4165	4205	−4	4180	1	4213	1	16	156	4205	4187	4201	4209
a1105	4305	4313	4283	4293	−19	4291	72	4293	226	131828	203032	4293	4301	4290	4312
a1107	4385	4385	4350	4368	2	4350	2	4388	2	18	1040	4368	4362	4359	4366
a1109	4400	4456	4396	4430	1	4430	14	4431	18	192122	224818	4430	4432	4412	4429
a1111	4447	4490	4432	4433	−39	4435	3	4471	1	12	854	4433	4458	4420	4472
a1201	4488	4516	4478	4502	13	4495	3	4502	3	604	2912	4502	4498	4471	4489
a1203	4500	4510	4500	4500	12	4500	4	4519	1	44	168	4500	4508	4480	4488

豆1	成交：327252	豆2	成交：36	豆粕	成交：1586190	豆油	成交：1380352	玉米	成交：1003256	棕榈油	成交：273760	聚乙烯	成交：655724	聚氯乙烯	成交：46608	总计	成交：5273178
	持仓：464702		持仓：256		持仓：2221420		持仓：934696		持仓：808856		持仓：210172		持仓：237554		持仓：54824		持仓：4932480

豆1 豆2 豆粕 豆油 玉米 棕榈油 聚乙烯 聚氯乙烯 （使用帮助）（快速链接）（技术分析）（增 / 删自选） 大连商品交易所

（五）最新价

最新价是某一期货合约在最新成交的一笔交易中的成交价格。表 5-1 中的第 5 列是不同期货合约的最新价，其中 a1011 期货合约的最新价为 4008 元/吨。

（六）涨跌

涨跌是某一期货合约在当日交易期间的最新价与上一交易日的结算价之差。表 5-1 中的第 6 列是不同期货合约的涨跌，其中 a1011 期货合约的涨跌为 -3 元/吨。其含义是当日最新价(4008 元/吨)与上一交易日结算价(4011 元/吨)的差是 -3 元/吨。

（七）买价

买价是某一期货合约当前的最高申报买入价。表 5-1 中的第 7 列是不同期货合约的买价，其中 a1011 期货合约当前的最高申报买入价为 3970 元/吨。

（八）买量

买量是与当前的最高申报买入价对应的买入量，单位为"手"。表 5-1 中的第 8 列是不同期货合约的买量，其中 a1011 期货合约当前的最高申报买入量为 1 手。

（九）卖价

卖价是某一期货合约当前的最低申报卖出价。表 5-1 中的第 9 列是不同期货合约的卖价，其中 a1011 期货合约当前的最低申报卖出价为 4009 元/吨。

（十）卖量

卖量是与当前的最低申报卖出价对应的卖出量，单位为"手"。表 5-1 中的第 10 列是不同期货合约的卖量，其中 a1011 期货合约当前的最低申报卖出量为 1 手。

（十一）成交量

成交量是开盘后到目前为止某一期货合约的买卖双方达成交易的合约数量，单位为"手"。目前，我国商品期货的成交量采取"双边计算"。例如，买方按照成交价买入 16 手某一期货合约，卖方按照此成交价卖出 16 手该期货合约，则成交量为 32 手。表 5-1 中的第 11 列是不同期货合约的成交量，其中 a1011 期货合约的成交量为 32 手。

在期货交易中，为避免重复计算，成交量一般只计算买入合约的数量或卖出合约的数量。我国金融期货的成交量与国际通行规则一致，采取"单边计算"。

（十二）持仓量

持仓量是到目前为止某一期货合约交易中未平仓合约的数量，单位为"手"。目前，我国商品期货的持仓量采取"双边计算"。如果买卖双方均为开仓手，则持仓量增加 2 手；如果一方为开仓而另一方为平仓，则持仓量不变；如果买卖双方均为平仓手，则持仓量减少 2 手。表 5-1 中的第 12 列是不同期货合约的持仓量，其中 a1011 期货合约的持仓量为 424 手。

在期货交易中，多头的未平仓合约数量与空头的未平仓合约数量相等。我国金融期货的持仓量与国际通行规则一致，采取"单边计算"，只计算多头的未平仓合约数量或空头的未平仓合约数量。

（十三）收盘价

收盘价是某一期货合约在当日交易中的最后一笔成交价格。表 5-1 中的第 13 列是不同期货合约的收盘价，其中 a1011 期货合约的收盘价为 4008 元/吨。

（十四）结算价

结算价是某一期货合约当日所有成交价格的加权平均，与成交价格相对应的成交量作为权重。若当日无成交价格，则以上一交易日的结算价作为当日的结算价。表 5-1 中的第 14 列是不同期货合约的结算价，其中 a1011 期货合约的结算价为 3997 元/吨。

（十五）昨收盘

昨收盘是某一期货合约在上一交易日的最后一笔成交价格。表 5-1 中的第 15 列是不同期货合约的昨收盘，其中 a1011 期货合约的上一交易日收盘价为 3996 元/吨。

（十六）昨结算

昨结算是某一期货合约在上一交易日的结算价。表 5-1 中的第 16 列是不同期货合约的昨结算，其中 a1011 期货合约的上一交易日结算价为 4011 元/吨。

在期货行情表的下方，不同到期月份的某一期货合约的成交量和持仓量进行了加总。例如，9 种不同到期月份的黄大豆 1 号期货合约的成交量合计为 327252 手，持仓量合计为 464702 手。同时，豆 1、豆 2、豆粕、豆油、玉米、棕榈油、聚乙烯、聚氯乙烯等 8 个期货品种，成交量和持仓量合计分别为 5273178 手和 4932480 手。

二、期货行情图

期货行情图主要反映了某一时段某种期货合约的价格和成交量的走势。期货行情图常见的是蜡烛图（Candle Stick，又称 K 线图）和条形图（Bar Chart，又称竹线图）。图 5-1 是到期月份为 2011 年 1 月的黄大豆 1 号期货合约的行情图。

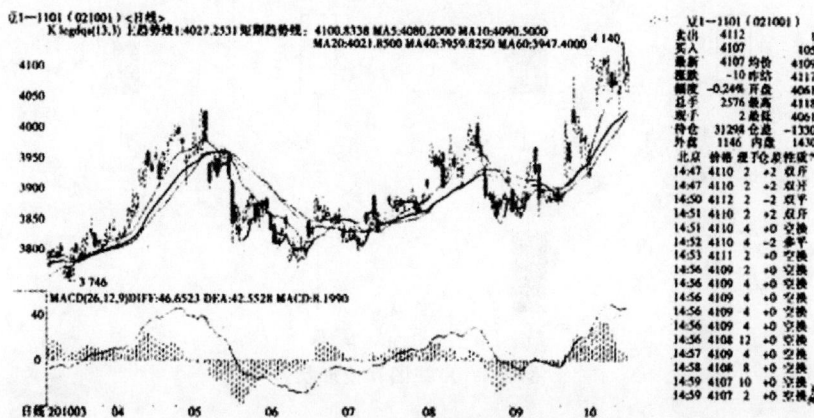

图 5-1　黄大豆 1 号期货行情 K 线图

（一）K 线图

按时间单位不同，K 线图又分为分钟图、小时图、日线图、周线图、月线图等。图 5-1

为日 K 线图,横轴代表时间,纵轴代表价格。日 K 线图中的每一根蜡烛都表示出了一个交易日当中的开盘价、收盘价、最高价和最低价。

以日 K 线图为例,蜡烛上端的线段是上影线,下端的线段是下影线,分别表示当日的最高价和最低价;中间的长方形被称为实体或柱体,表示当日的开盘价和收盘价。图 5-2 中的左图表示"低开高收"的市况,即收盘价高于开盘价,称为阳线。阳线通常用红色表示。图 5-2 中的右图表示"高开低收"的市况,即开盘价高于收盘价,称为阴线。阴线通常用绿色表示。观察日 K 线图,可以很明显地看出该交易日的市况是"低开高收"还是"高开低收"。

图 5-2　阳线和阴线

K 线图的形状多种多样,除了以上标准形状外,还包括下列形状(图 5-3)。图 5-3 中的 a 为光头阳线,表示以最低价开盘,以最高价收盘;图 5-3 中的 b 为光头阴线,表示以最高价开盘,以最低价收盘;图 5-3 中的 c 为带有下影线的阳线(阳线锤子),表示以最高价收盘;图 5-3 中的 d 为带有下影线的阴线(阴线锤子),表示以最高价开盘;图 5-3 中的 e 为带有上影线的阳线(阳线带帽),表示以最低价开盘;图 5-3 中的 f 为带有上影线的阴线(阴线带帽),表示以最低价收盘;图 5-3 中的 g 为十字星,表示开盘价与收盘价同价;图 5-3 中的 h 为平盘线,表示开盘价、收盘价、最高价和最低价相同。

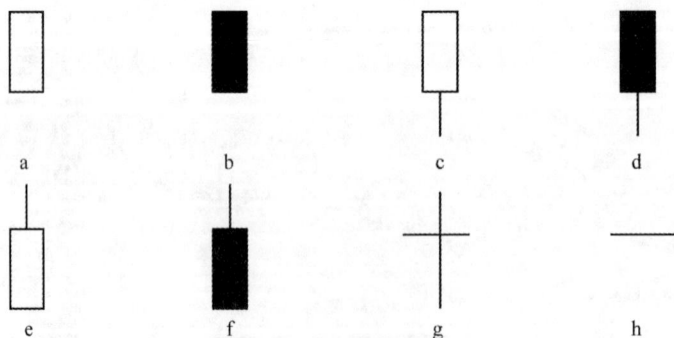

图 5-3　K 线图其他形状

(二) 竹线图

竹线图与 K 线图的表示方法不同,但内容构成完全一样。图 5-4 就是竹线图的形状。图中的竖线是一个交易日中的最高价和最低价的连线;一条与竖线垂直且位于竖线左侧的短横线,表示该日的开盘价;一条与竖线垂直且位于竖线右侧的短横线,表示该日的收

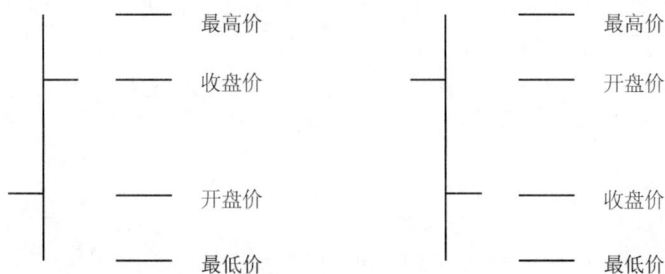

图 5-4 竹线图形状

盘价。通常,在竹线图中并不标出开盘价。

(三)行情图中的文字信息

在图 5-1 的右侧,还给出了"豆 1—1101"期货合约的基本交易信息。

1. 总手。这是开盘后到目前为止该期货合约总成交量或手数,图 5-1 中的总手为 2576。

2. 现手。这是刚刚撮合成交的该期货合约数量或手数,图 5-1 中的现手为 2。一天内的现手数累计起来就是总手数。

3. 仓差。这是持仓差的简称,即持仓量的增减变化情况,具体指目前持仓量与上一交易日收盘时持仓量的差。仓差为正,表示目前的持仓量增加;仓差为负,表示目前的持仓量减少。图 5-1 中,仓差为−1330,表示目前的持仓量较之上一交易日收盘时的持仓量减少 1330 手。

4. 外盘和内盘。这与股票交易中的外盘和内盘含义相同。以主动卖出指令成交的纳入"外盘",以主动买入指令成交的纳入"内盘"。"外盘"+"内盘"="总手"。图 5-1 中,外盘为 1146 手,内盘为 1430 手,其含义是有 1146 手期货合约卖出成交,有 1430 手期货合约买入成交。进一步,若内盘较大,则意味着多数的买入报价都得到卖方认可,显示市场中的卖方较强势;若外盘较大,则意味着多数的卖出报价都得到买方认可,显示市场中的买方较强势;若内盘与外盘大体相近,则意味着市场中买卖双方的力量相当。

5. 多开与空开。这是多头开仓与空头开仓的简称。

6. 多平和空平。这是多头平仓和空头平仓的简称。

7. 双开。这表明买卖双方都是入市开仓,一方买入开仓,另一方卖出开仓。

8. 双平。这表明买卖双方都持有未平仓合约,一方卖出平仓,另一方买入平仓。

9. 多换。这是多头换手的简称,表明在买卖双方中,一方为买入开仓,另一方为卖出平仓,意味着"新的多头换出旧的多头"。

10. 空换。这是空头换手的简称,表明在买卖双方中,一方为卖出开仓,另一方为买入平仓,意味着"新的空头换出旧的空头"。

(四)分时图

在分时图(见图 5-5)中,将每分钟内的最新价标出并连线,以反映期货价格的运动。在图的下方还表示出成交量、量比等一些常用指标。量比是指每分钟的均量除以前五日每分钟的均量,反映了即时的量与前面几天量的对比关系,是短线操作很重要的一个指标。在分时图中,黄色曲线表示该品种期货即时成交的平均价格,即当天成交总金额除以成交合约;黑色曲线表示该品种期货即时成交的价格。在图的下方,柱线表示每分钟的成交量,曲线表示每分钟的持仓量。图的右方为成交信息,动态地显示每笔成交的价格和手数等。

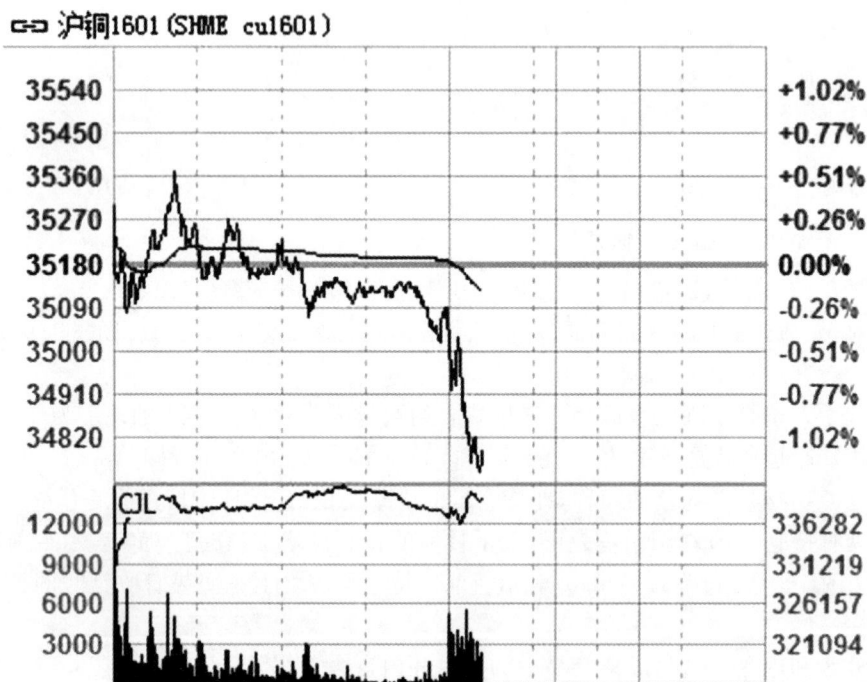

图 5-5　沪铜 1601 期货行情分时图

第二节　期货价格的基本分析

对期货价格的分析包括基本分析和技术分析,本节主要对期货价格的基本分析展开讨论。

一、基本分析及其特点

基本分析(Fundamental Analysis)基于供求决定价格变动的理论,从供求关系出发分析和预测期货价格变动趋势。期货价格的基本分析具有以下特点:

1. 以供求决定价格变动为基本理念。基本分析认为市场价格是由供给和需求共同决定的,而供给和需求的变化将引起价格变动。因此,唯有客观分析影响供求的各种因素,才能对期货价格作出正确判断。

2. 分析价格变动的中长期趋势。基本分析更注重对市场价格的基本运动方向的把握,因而更多地用于对市场价格变动的中长期趋势的预测。

二、需求分析

(一) 需求及其构成

需求是指在一定的时间和地点,在各种价格水平下买方愿意并有能力购买的产品数量。本期需求量由当期国内消费量、当期出口量和期末结存量构成。

1. 当期国内消费量。国内消费量包括居民消费量和政府消费量,主要受消费者人数、消费者的收入水平或购买能力、消费结构、相关产品价格等因素的影响。

2. 当期出口量。出口量是在本国生产的产品销往国外市场的数量。出口量主要受国际市场供求状况、内销和外销价格比、关税和非关税壁垒、汇率等因素的影响。出口是国外市场对本国产品的需求,若总产量既定,出口量增加则国内市场供给量减少,出口量减少则国内市场供给量增加。

3. 期末结存量。期末结存量如同蓄水池,当本期产品供大于求时,期末结存量增加;当供不应求时,期末结存量减少。从期末结存量的变动,可以反映本期的产品供求状况,并对下期的产品供求状况产生影响。

(二) 影响需求的因素

1. 价格。需求与价格之间的关系可以通过需求曲线来表示。横轴表示数量,纵轴表示价格,需求曲线向右下方倾斜(见图 5-6)。一般来说,在其他条件不变的情况下,价格越高,需求量越小;价格越低,需求量越大。价格与需求之间这种反方向变化的关系,就是需求法则。

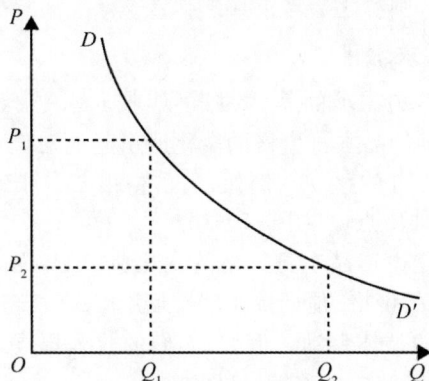

图 5-6 需求曲线

2. 收入水平。消费者的收入水平决定其支付能力或购买力。一般来说,收入增加,消费者会增加购买量;收入减少,需求会相应降低。有些产品的需求与消费者的收入水平成反比,我们称其为劣等品。

3. 偏好。偏好就是偏爱和喜好。有的人不爱喝咖啡,所以不管咖啡的价格多么便宜或是自己的收入水平多高,都不会去购买或只是少量购买。而有的人喜欢喝咖啡,因此他可以接受较高的价格。人们对某种产品的偏好会发生变化。如果消费者由喜欢喝茶转为喜欢喝咖啡,就会减少对茶的购买量而增加对咖啡的购买量。

4. 相关产品价格。相关产品包括替代品和互补品。苹果和梨,菜籽油、棕榈油和豆油,羊肉和牛肉之间存在着替代关系。如果苹果的价格不变而梨的价格降低,消费者就会增加梨的购买,从而减少对苹果的需求。这就是说,梨的价格变化会影响人们对苹果的需求。汽车和汽油、床屉和床垫、眼镜架和镜片之间存在着互补关系。如果汽油的价格一涨再涨,汽车的销量就会受到影响。由此可见,某种产品的需求不仅与自身的价格有关,还与其替代品或互补品的价格有关。

5. 消费者的预期。当消费者预期某种产品的价格将会上涨时,需求就会增加;当消费者预期某种产品的价格将会下跌时,需求就会减少。

将以上影响需求的各种因素综合起来,我们便得到需求函数,其公式如下:$D = f(P, T, I, Pr, Pe)$,其中,D 表示一定时期内某种产品的需求,P 表示该产品的价格,T 表示消费者的偏好,I 表示消费者的收入水平,Pr 表示相关产品的价格,Pe 表示消费者的预期。

(三)需求的价格弹性

需求的价格弹性表示需求量对价格变动的反应程度,或者说价格变动1%时需求量变动的百分比。需求的价格弹性可用公式表示为:

$$需求的价格弹性 = 需求变动量(\%)/价格变动(\%) = \frac{\Delta Q/Q}{\Delta P/P}$$

式中:Q 表示需求量;ΔQ 表示需求变动的绝对数量;P 表示价格;ΔP 表示价格变动的绝对数量。

需求弹性实际上是需求量对价格变动做出反应的敏感程度,不同的产品具有不同的弹性。当价格稍有升降,需求量就大幅减少或增加,称之为需求富有弹性;反之,当价格大幅升降,需求量却少有变化,则称之为需求缺乏弹性。

(四)需求量变动与需求水平变动

需求量的变动是指在影响需求的其他因素(如收入水平、偏好、相关产品价格、预期等)不变的情况下,只是由于产品本身价格的变化所引起的对该产品需求的变化。需求量的变动表现为需求曲线上的点的移动。例如,当价格由 P_A 涨到 P_B 时,需求由 Q_A 降至 Q_B,需求曲线上的 A 点移到 B 点(见图5-7)。

需求水平的变动并不是由产品本身价格的变化所引起,而是由除此之外的其他因素(如收入水平、偏好、相关产品价格、预期等)变化所引起的对该产品需求的变化。需求水平的变动表现为需求曲线的整体移动。例如,人们的收入提高,需求曲线就向右移动;人们预期价格将下降,需求曲线就向左移动(见图5-8)。

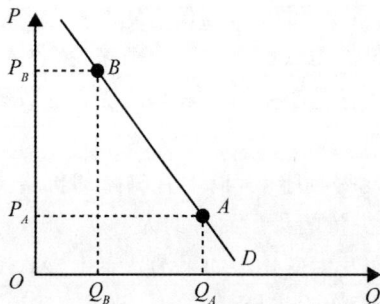

图 5-7　需求量的变动　　　　图 5-8　需求水平的变动

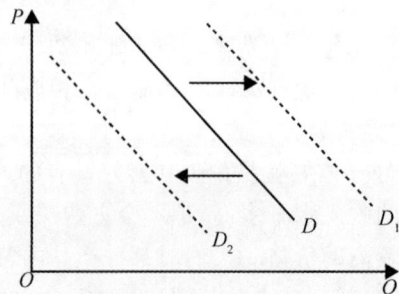

三、供给分析

（一）供给及其构成

供给是指在一定的时间和地点，在各种价格水平下卖方愿意并能够提供的产品数量。本期供给量由期初库存量、当期国内生产量和当期进口量构成。

1. 期初库存量。期初库存量也就是上一期的期末结存量。期初库存量的多少，直接影响本期的供给。库存充裕，就会制约价格的上涨；库存较少，则难以抑制价格上涨。对于耐储藏的农产品、金属产品和能源化工产品，分析期初库存量是非常必要的。

2. 当期国内生产量。不同产品的产量受到不同因素的影响。例如，农产品的产量与天气状况密切相关，矿产品的产量会因为新矿的发现和开采而大增。因此，需要对具体产品产量的影响因素进行具体分析。

3. 当期进口量。进口量是本国市场销售的在国外生产的产品数量。进口量主要受国内市场供求状况、内销和外销价格比、关税和非关税壁垒、汇率等因素的影响。进口是国外生产者对本国的供给，若国内需求旺盛，进口量增加；反之，则进口量减少。

（二）影响供给的因素

1. 价格。供给与价格之间的关系可以通过供给曲线来表示。横轴表示数量，纵轴表示价格，供给曲线向右上方倾斜（见图5-9）。一般说来，在其他条件不变的情况下，价格越高，供给量越大；价格越低，供给量越小。价格与供给之间这种同方向变化的关系，就是供给法则。

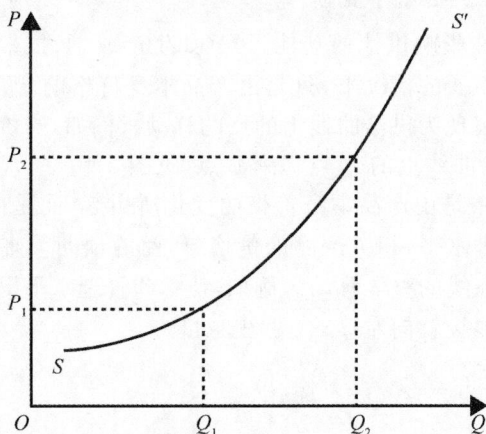

图 5-9　供给曲线

2. 生产成本。生产产品要投入各种生产要素，当要素价格上涨时，生产成本提高，利润就会降低，厂商将减少供给。反过来，当要素价格下跌导致生产成本降低时，厂商会选择增加供给，从而赚得更多的利润。

3. 技术和管理水平。产品是在一定的技术和管理水平下生产出来的。技术进步和管理水平提高，会提高生产效率，增加供给。

4. 相关产品的价格。同一块土地既可以种植小麦也可以种植玉米，如果小麦价格上涨，玉米价格不变，那么农民就会增加小麦的种植，减少玉米的种植。这就说明小麦价格的变化会影响玉米的供给。豆油和豆粕是同一生产过程中的两种不同产品,如果豆油价格下跌,厂商就会减少豆油的生产,豆粕的产量同时也就减少了。这就说明豆油价格的变化会影响豆粕的供给。

5. 厂商的预期。厂商预期某种产品的价格将上涨,可能会把现在生产的产品储存起来,以期在未来以更高的价格卖出,从而减少当期的供给。反之,厂商预期某种产品的价格将下跌,就会将储存的产品卖出,以获取更多利润,从而增加当期的供给。

将以上影响供给的各种因素综合起来,我们便得到供给函数,其公式如下:$S = f(P, M, V, Pr, Pe)$。其中,S 表示一定时期内某种产品的供给,P 表示价格,M 表示生产成本,V 表示技术和管理水平,Pr 表示相关产品的价格,Pe 表示厂商的预期。

(三) 供给的价格弹性

供给的价格弹性表示供给量对价格变动的反应程度,或者说价格变动1%时供给量变动的百分比。供给的价格弹性可用公式表示为:

$$供给的价格弹性 = 供给变动量(\%) / 价格变动(\%) = \frac{\Delta S / S}{\Delta P / P}$$

式中:S 表示供给量;ΔS 表示供给变动的绝对数量;P 表示价格;ΔP 表示价格变动的绝对数量。

供给弹性实际上是供给量对价格变动作出反应的敏感程度,不同的产品具有不同的弹性。当价格稍有升降,供给量就大幅增加或减少,称之为供给富有弹性;反之,当价格大幅升降,供给量却少有变化,则称之为供给缺乏弹性。

(四) 供给量变动与供给水平变动

供给量的变动是指在影响供给的其他因素(如生产成本、技术和管理水平、相关产品的价格、厂商的预期等)不变的情况下,只是由产品本身价格的变化所引起的该产品供给的变化。供给量的变动表现为供给曲线上的点的移动。例如,当价格由 P_A 涨到 P_B 时,供给量由 Q_A 升至 Q_B,供给曲线上的 A 点移到 B 点(见图 5-10)。

供给水平的变动并不是由产品本身价格的变化所引起,而是由除此之外的其他因素(如生产成本、技术和管理水平、相关产品的价格、厂商的预期等)的变化所引起的。供给水平的变动表现为供给曲线的整体移动。例如,技术和管理水平提高,供给曲线就向右移动;生产成本上升,供给曲线就向左移动(见图 5-11)。

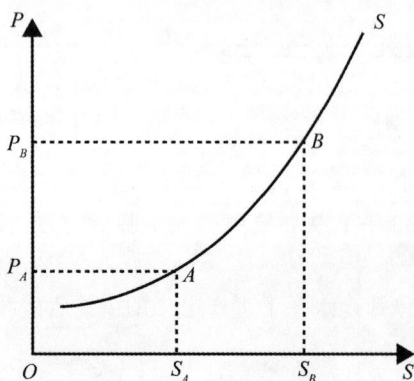

图 5-10　供给量的变动　　　　图 5-11　供给水平的变动

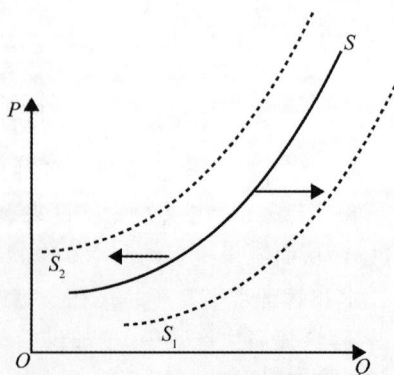

四、影响供求的其他因素

上述的需求和供给分析是现代经济学中的一般原理,也是期货价格基本分析的基础。因为期货市场具有不同于现货市场的特殊性,所以在一般的供求分析的基础上,还需要对影响期货品种供求的其他因素给予特别的关注。这些因素包括经济波动和周期因素、金融货币因素、政治因素、政策因素、自然因素、心理因素等。

(一)经济波动和周期因素

在开放条件下,期货市场价格波动不仅受国内经济波动和周期的影响,而且受世界经济景气状况的影响。经济周期一般由危机、萧条、复苏和高涨四个阶段构成。在经济周期性波动的不同阶段,产品的供求和价格都具有不同的特征(见图 5-12),进而影响期货市场的供求状况。

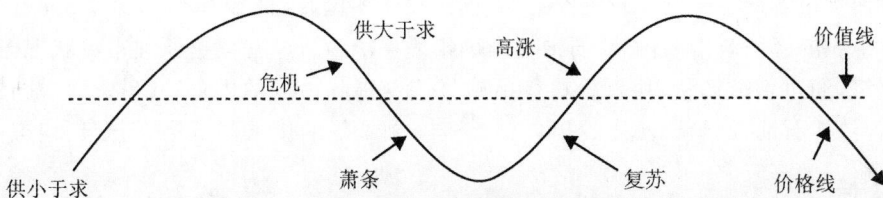

图 5-12　经济周期性波动

(二)金融货币因素

金融货币因素对期货市场供求的影响主要表现在利率和汇率两个方面。

货币政策是世界各国普遍采用的一项主要宏观经济政策,其核心是对货币供应量的管理。为了刺激经济增长、增加就业,中央银行实行宽松的货币政策,降低利率,增加流通中的货币量,一般物价水平随之上升;为了抑制通货膨胀,中央银行实行紧缩的货币政策,提高利率,减少流通中的货币量,一般物价水平随之下降。随着金融深化和虚拟经济的发展,利率在现代市场经济中的地位和作用日益重要。利率的高低不仅影响一般商品的价格水平,而且直接决定资产的定价。资产价格取决于资产的未来收益与利率之比。一般地,利率上升,资产价格降低;利率下降,资产价格提高。

随着经济全球化的发展,国际贸易和国际投资的范围和规模不断扩大。汇率对于国际贸易和国际投资有着直接影响。当本币升值时,本币的国际购买力增强,有利于对外投资。同时,以外币表示的本国商品的价格上升,以本币表示的外国商品的价格下降,这将有利于进口而不利于出口。当本币贬值时,外币的国际购买力增强,有利于吸引外商直接投资。同时,以外币表示的本国商品的价格下降,以本币表示的外国商品的价格上升,这将有利于出口而不利于进口。特别是世界主要货币汇率的变化,对期货市场有着显著的影响。例如,目前国际大宗商品大多以美元计价,美元贬值将直接导致大宗商品价格的普遍上涨。

(三)政治因素

期货市场对国家、地区和世界政治局势变化的反应非常敏感。罢工、大选、政变、内战、国际冲突等,都会导致期货市场供求状况的变化和期货价格的波动。例如,2001 年"9·11"恐怖袭击事件在美国发生后,投资者纷纷抛售美元,购入黄金保值,使得世界黄金期货市场价格暴涨,同时,石油及铜、铝等重要的有色金属产品也暴涨,而美元则大幅贬值。

(四) 政策因素

除了上面讨论的货币政策,一国政府还采用财政政策对宏观经济进行调控。财政政策的核心是增加或减少税收,这直接影响生产供给和市场需求状况。产业政策也是各个国家经常采用的经济政策。产业政策往往有着特定的产业指向,即扶持或抑制什么产业发展。例如,为了应对 2008 年国际金融危机,中国出台的十大产业振兴规划就明确了政府鼓励发展的产业,同时中国还提出了相应的政策措施。产业政策一般主要通过财政手段和货币手段实现其政策目标。

对期货市场产生影响的政策因素,不仅来自于各国政府的宏观调控政策,而且来自于各国际组织的经济政策。例如,石油输出国组织(OPEC)经常根据原油市场状况,制定一系列政策,通过削减产量、协调价格等措施来控制国际市场的供求和价格。目前,国际大宗商品,包括石油、铜、糖、小麦、可可、锡、茶叶、咖啡等的供求和价格,均受到相应国际组织的影响。

(五) 自然因素

自然因素主要是气候条件、地理变化和自然灾害等。具体来讲,包括地震、洪涝、干旱、严寒、虫灾、台风等方面的因素。期货交易所上市的粮食、金属、能源等商品,其生产和消费与自然条件密切相关。自然条件的变化也会对运输和仓储造成影响,从而也间接影响生产和消费。自然因素对农产品的影响尤其大、制约性尤其强。当自然条件不利时,农作物的产量受到影响,从而使供给趋紧,刺激期货价格上涨;反之,如气候适宜,会使农作物增产,从而增加市场供给,促使其期货价格下跌。例如,巴西是咖啡和可可等热带作物的主要供应国,如果巴西出现灾害性天气,那么将对国际上咖啡和可可的价格影响很大。

(六) 心理因素

心理因素是指投机者对市场的信心。当人们对市场信心十足时,即使没有什么利好消息,价格也可能上涨;反之,当人们对市场失去信心时,即使没有什么利空因素,价格也会下跌。当市场处于牛市时,一些微不足道的利好消息都会刺激投机者的看好心理,引起价格上涨,利空消息往往无法扭转价格坚挺的走势;当市场处于熊市时,一些微不足道的利空消息都会刺激投机者的看淡心理,引起价格下跌,利好消息往往无法扭转价格疲软的走势。在期货交易中,市场心理变化往往与投机行为交织在一起,相互制约、相互依赖,产生综合效应。过度投机将造成期货价格与实际的市场供求相脱节。

五、供求与均衡价格

(一) 均衡价格的决定

均衡价格是现代经济学的基本概念,市场供给量与需求量正好相等时所形成的价格便是均衡价格,此时的供给量(需求量)便是均衡数量。图 5-13 表示了供求均衡和均衡价格。在 P_1 的价格上,供给量大于需求量,出现过剩。过剩将使价格下跌,从而刺激需求量增加。在 P_2 的价格上,需求量大于供给量,出现短缺。短缺将使价格上涨,从而刺激供给量增加。显然,只有在供给曲线与需求曲线的交叉点上,供给和需求才停止调整,市场价格稳定在 P_0 的水平上。在均衡的价格水平上,市场不存在过剩和短缺,均衡数量为 Q_0。

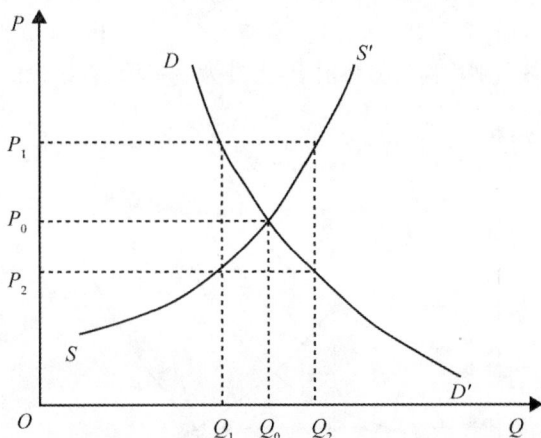

图 5-13　均衡价格的决定

(二)需求变动对均衡价格的影响

在供给曲线不变的情况下,需求曲线的右移会使均衡价格提高,均衡数量增加;需求曲线的左移会使均衡价格下降,均衡数量减少(见图 5-14)。当需求曲线为 DD' 时,均衡价格和均衡数量分别为 P_0 和 Q_0。如果需求水平提高,从而导致需求曲线向右移到 D_1D_1',这时对应于价格 P_0,需求量会超过供给量,其缺口为 $Q_3 - Q_0$。在这种情况下,价格将提高,最终稳定在 P_1 的水平上,新的均衡价格和均衡数量分别为 P_1 和 Q_1;与之相反,如果需求水平降低,需求曲线由原来的 DD' 向左移到 D_2D_2',则新的均衡价格和均衡数量分别为 P_2 和 Q_2。

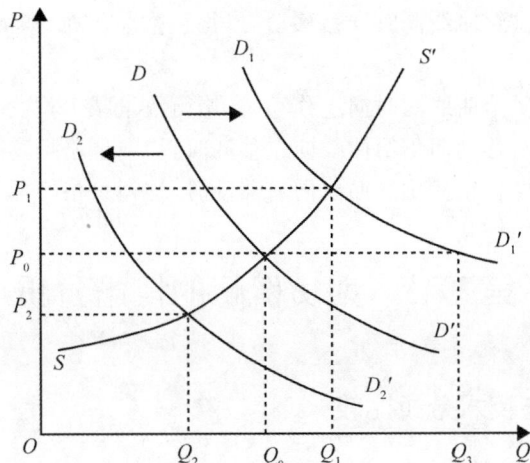

图 5-14　需求与均衡

（三）供给变动对均衡价格的影响

在需求曲线不变的情况下,供求曲线的右移会使均衡价格下降,均衡数量增加;供给曲线的左移会使均衡价格提高,均衡数量减少(见图 5-15)。当供给曲线为 SS′时,均衡价格和均衡数量分别为 P_0 和 Q_0。如果供给水平提高,从而导致供给曲线向右移到 $S_1 S_1′$,这时均衡价格将由 P_0 下降为 P_1,而均衡数量则由 Q_0 增加到 Q_1;与之相反,如果供给水平降低,曲线由原来的 SS′向左移到 $S_2 S_2′$,则均衡价格将由 P_0 上升为 P_2,而均衡数量由 Q_0 减少到 Q_2。

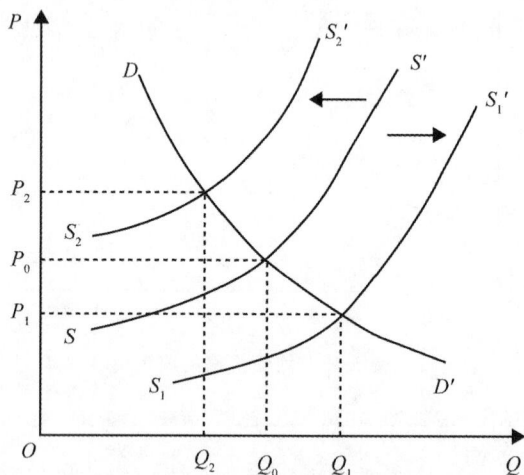

图 5-15　供给与均衡

（四）供求变动对均衡价格的共同影响

以上两方面的分析可以概括为:需求水平的变动引起均衡价格与均衡数量同方向变动;供给水平的变动引起均衡价格反方向变动,引起均衡数量同方向变动。当供给曲线和需求曲线同时发生变动时,我们亦可运用这一定理对变动的总效应加以分析,具体有以下四种情况:

1. 当需求曲线和供给曲线同时向右移动时,均衡数量增加,均衡价格则不确定,可能提高、不变或下降。

2. 当需求曲线和供给曲线同时向左移动时,均衡数量减少,均衡价格则不确定。

3. 当需求曲线向右移动而供给曲线向左移动时,均衡价格提高,均衡数量则不确定。

4. 当需求曲线向左移动而供给曲线向右移动时,均衡价格降低,均衡数量则不确定。

第三节　期货价格的技术分析

一、基本分析与技术分析比较

（一）技术分析及其特点

技术分析($Technical\ Analysis$)基于市场交易行为本身,通过分析技术数据来对期货价格走势做出预测。技术数据的表现形式主要是各种图形和指标,其实质内容主要是价格和数量。在技术分析看来,市场供求及影响供求的诸多因素已经反映在市场价格当中,通过对价格本身的分析即可以预测价格的未来走势。技术分析以三项基本假设为前提:

1. 包容假设。技术分析笃信"市场行为反映一切"。市场参与者在进行交易时,其行为本身已经反映了影响市场价格的诸多供求因素。因此,研究市场交易行为本身即可对价格走势作出判断,而无须关心价格背后的影响因素。

2. 惯性假设。技术分析笃信"价格趋势呈惯性运动"。市场价格虽然呈现出不断上下波动的现象,但在市场中存在着趋势。不仅如此,在反转信号出现之前,趋势是有惯性的,即价格沿着原有的方向运动。因此,利用技术数据分析出价格趋势和反转信号即可对价格走势作出判断,而无须关心价格背后的影响因素。

3. 重复假设。技术分析笃信"历史将会重演"。以往出现过的市场价格走势或表现出来的价格形态,会在未来再现。因此,依照过往的历史经验和规律即可对价格走势作出判断,而无须关心价格背后的影响因素。

(二) 基本分析与技术分析的关系

在分析和预测期货价格时,不同的市场参与者对基本分析和技术分析会有不同的侧重。其原因就在于两者各有各的预测依据和准绳,各有长短,难分伯仲。所以,期货价格分析往往将这两种方法结合使用,互相补充。

基本分析注重对影响因素和变量之间因果联系的分析,其优势在于预测期货价格的变动趋势。而技术分析更关注价格本身的波动,其优势在于预测期货价格的短期变化和入市时机的选择。两者的结合运用就表现为,通过基本分析判断出期货价格的变动趋势后,运用技术分析来确定入市的时机。

基本分析基于市场供求变动而作出判断,因此需要充分掌握影响供求变动的诸多因素。掌握如此大量的影响因素的难度是不言而喻的,即使真的掌握了所有的影响因素,要对市场价格做出准确判断也不是一件容易的事。因为在影响供求的诸多因素中,有些推动价格上涨,有些推动价格下跌,正向和反向的力量综合在一起,最终会推动价格上涨还是下跌,往往不容易判断。因此,在实际的期货价格分析中,人们总是要分清主要因素和次要因素,采取"抓大放小"的做法。在基本分析中,"时滞"也是难以避免的,即在各种影响因素浮出水面之前,市场行为可能已经做出了反映;在基本分析做出涨跌判断之前,市场价格已经出现了涨跌。基于此,基本分析更多地被用于对期货价格变动趋势的分析和预测。

市场供求双方的交易行为和力量对比首先通过市场价格变化反映出来,换言之,市场价格的上下波动在第一时间就反映出了市场供求关系的变化。技术分析是基于过往和当下的市场价格来判断未来的价格走势,无须掌握大量的影响因素,因此凭借各种图形和指标就可以及时地做出分析和预测。同时,这种分析和预测具有短期特征,更多地被用于对买入和卖出时机的判断。

"低买高卖"是市场交易中亘古不变的法则,当市场参与者做出买入或卖出的判断后,也依然需要面对何时(即在哪个价位)买入或卖出的抉择。因为市场价格往往是在波动中上升,在波动中下降,即使对牛市或熊市做出了正确判断,如果不能正确把握入市时机,其结果仍然可能事与愿违。

基本分析和技术分析各有各的长处和短处,因此应兼备两者而互补长短。对于期货市场参与者而言,只有掌握了基本分析才有能力判断市场运行的涨跌大势,从而决定交易部位,做出是买入还是卖出的判断。同时,只有掌握了技术分析才有能力拿捏入市时机,从而取得较为有利的交易价格,做到"逢低吸纳,逢高抛出"。

二、图形分析

期货交易具有连续性,因此用 K 线图或竹线图记录的价格变动,会呈现出不同的图形特征。这些图形当中存在着价格趋势和价格形态,价格趋势又分为上升趋势、下降趋势和横行趋势,价格形态主要包括整理形态和反转形态。

(一) 价格趋势分析

1. 趋势。趋势即价格运动方向,包括上升趋势、下降趋势和横行趋势。上升趋势由一系列较高的高点和较高的低点构成,高点和低点逐步向上移动。在前一个低点被突破之前,就形成一个完整的上升趋势(见图 5-16)。下降趋势由一系列较低的低点和较低的高点构成,高点和低点逐步向下移动。在前一个高点被突破之前,就形成一个完整的下跌趋势(见图 5-17)。上升趋势是价格的高峰和谷底越来越高,一波比一波高;下降趋势是价格的高峰和谷底越来越低,一波比一波低。在上升或下降趋势中,价格的回落或回涨并不是价格趋势出现逆转。这两种趋势可用趋势线来表示,上升趋势线将一系列低点相连接,而下降趋势线则是将一系列高点相连接。

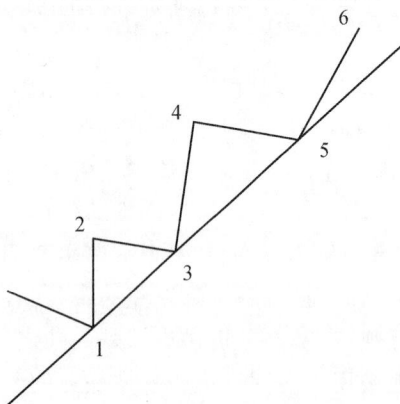

图 5-16　上升趋势　　　　　　图 5-17　下降趋势

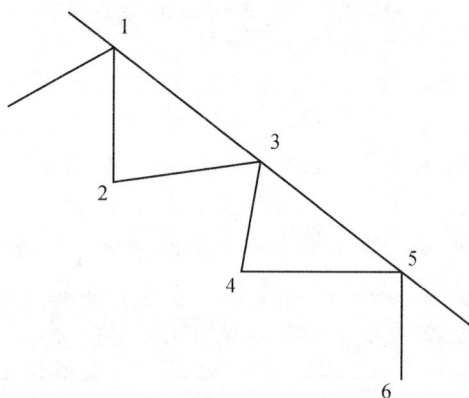

此外,还有横行趋势。这是指价格的高峰和谷底呈水平状横向发展,通常被称为盘整或"无趋势"。一般来说,在上升趋势中应该买入,在下跌趋势中应该卖出,遇到横行趋势则退出市场,静观其变。

2. 轨道。轨道是指连接价格高点和低点的两条线,形成几乎平行的通道。轨道分为上升趋势轨道和下降趋势轨道。在上升趋势线上的短期高点间,画一条与上升趋势线平行的虚线,就形成了上升轨道(见图 5-18)。同样,在下降趋势线上的短期低点间,画一条与下降趋势线平行的虚线,就形成了下降轨道(见图 5-19)。

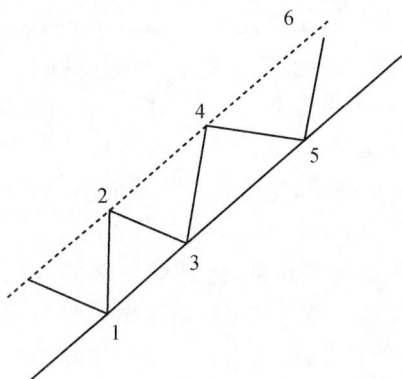

图 5-18　上升轨道

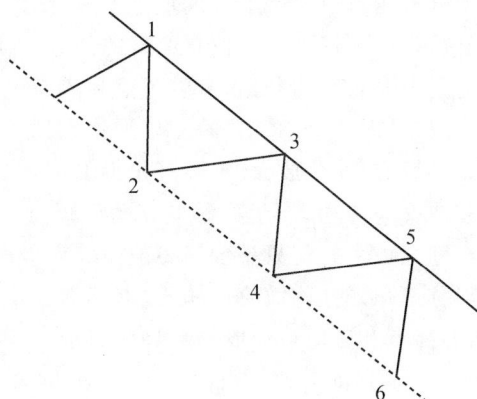

图 5-19　下降轨道

在图 5-18 中,市价平行顺趋势上升。短线操作时,价格跌至下界线,为买进时机,如图 5-18 中第 3 点就是买进处;价格涨至上界线,为卖出时机,如图 5-18 中第 4 点就是卖出处。同理,在图 5-19 中,第 3 点是卖出时机,第 4 点是买入时机。

3. 支撑线(*Support Line*)和阻力线(*Resistance Line*)。价格在波动过程中的某一阶段,往往会出现两个或两个以上的最高点和最低点,用一条直线把这些价格最高点连接起来,就形成阻力线;把这些价格最低点连接起来,就形成支撑线。支撑线对价格有一定的支持作用,阻止价格下降;而阻力线对价格上升有一定的抑制作用,阻碍价格上升。支撑点或阻力点越密集,其支持力或阻力就越大。当价格跌破支撑线时,表示价格有继续下降的可能,可卖出合约;当价格突破阻力线时,表示价格有继续上升的可能,可买入合约。支撑线与阻力线并不是固定不变的,这两者随价格的运动会发生转换:当买方强过卖方,致使价格突破先前的阻力价格,阻力可以变成支撑(见图 5-20);当卖方强过买方,致使价格跌破先前的支持价格,则支撑可以变成阻力(见图 5-21)。

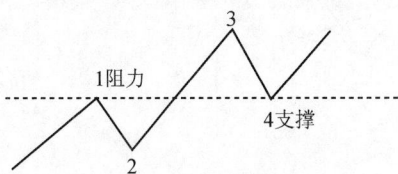

图 5-20　阻力变支撑

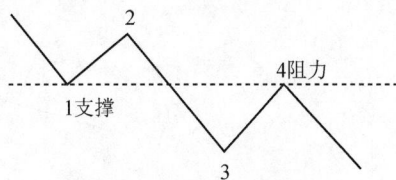

图 5-21　支撑变阻力

(二) 整理形态分析

整理形态代表当前市场暂时休整,下一步市场运动将与此前趋势的原方向一致,而不是反转。主要的整理形态包括三角形、旗形、矩形等。

1. 三角形。三角形的形成表示市场内买方和卖方彼此争持:买方在价格偏低时买入,价位因而上涨;卖方在价格偏高时卖出,价位因而回落。这种情况在未有大突破之前会反复出现,波幅也会越来越窄,各高点间的连线和各低点间的连线形成三角形。理论上,三角形可以向上或向下突破。三角形通常分为上升三角形、下降三角形和对称三角形。上升三角形有一条上升的底线和一条水平的顶线(见图 5-22)。上升三角形代表升市,当收市价穿过顶线时,便是突破的信号。通常,伴随着成交量放大,上升三角形的突破可认为是上升行情的开始,可以考虑买入合约。下降三角形有一条下降的顶线和一条水平的底线(见图 5-23)。下降三角形代表跌市,当收市价穿过底线时,便是突破的信号。通常,伴随着成交量放大,下降三角形的突破可认为是下跌行情的开始,可以考虑卖出合约。在成交量方面,当价格移向三角形顶点时成交量缩小,当价格向上或向下突破时,成交量会随之放大。若只是价格突破而成交量没有放大,通常是假突破。

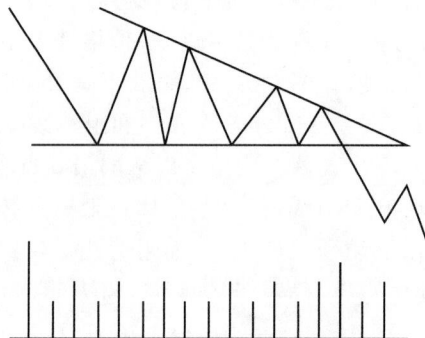

对称三角形又称敏感三角形,是近期的价格高点越来越低,近期的价格低点越来越高,将各高点和各低点连成的趋势线交于一点(见图 5-24)。它表示市场中买方和卖方争持不下,价位有待突破。当供求失衡,价位向上或向下突破后,市场价格将按此突破方向前进。通常,价格在三角形内震荡趋缓时成交量会减少,当价格突破时成交量会明显放大。

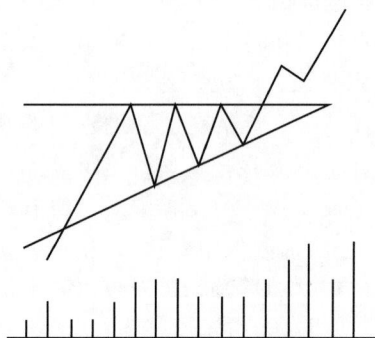

图 5-22　上升三角形　　　　图 5-23　下降三角形

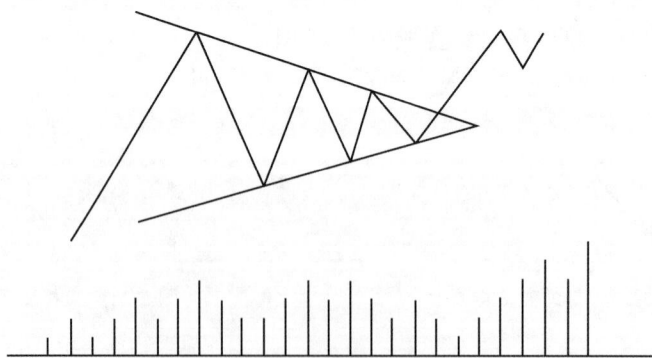

图 5-24　对称三角形

2. 旗形。旗形是伴随成交量的放大,价格出现大幅上升或下降(形成旗杆)后,进入短期整理,直到走势再次突破。旗形是由两条平行的趋势线构成,它又可分为上升旗形(见图 5-25)和下降旗形两种。通常,在旗形形成时成交量较小,趋势突破后成交量剧增,表明价格趋势重新开始。

3. 矩形。矩形又称箱形,表示当前市场处于盘整阶段,价格在两条水平的平行线之间

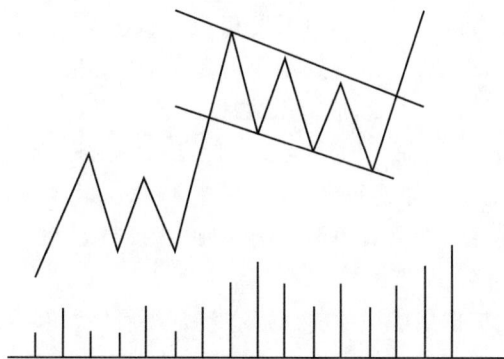

图 5-25　旗形

运动,突破后仍将继续原来的走势(见图5-26)。矩形走势形成时,表示买卖双方全力交战,互不退让,在高价区卖方抛空,在低价区买方购入,形成两条明显的上下界线。当一方力量增强,伴随成交量放大,收市价位突破界线后,箱形整理便告结束,而突破口则指示出价格的方向。

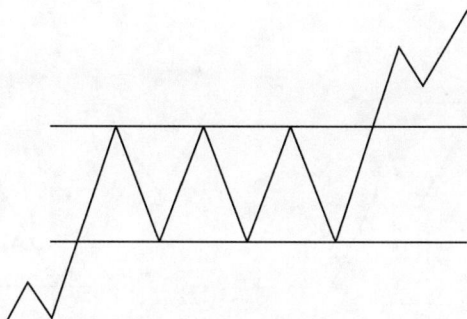

图 5-26　矩形

(三) 反转形态分析

反转形态表示价格趋势将与此前趋势的原方向相反。通常,反转形态的形成要有三个因素,即要有主要趋势的存在、成交量要与价格变动相配合和重要趋势线的突破。

1. 头肩形。头肩形是可靠性较高的反转形态,通常分头肩顶(见图5-27)和头肩底(见图5-28)。

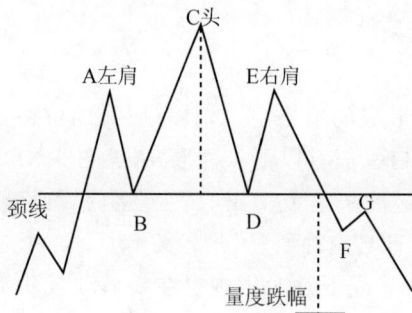

图 5-27　头肩顶

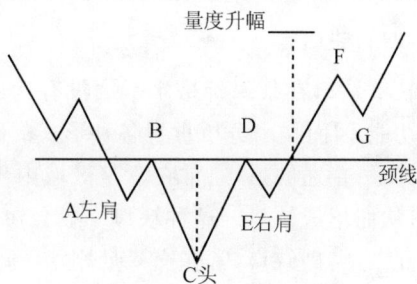

图 5-28　头肩底

181

在头肩顶形态中,左右两肩(A 和 E)高度相当,头(C)高于两肩,低点(B 和 D)相连而成颈线。在头肩顶形态形成前,市价处于上升趋势,当价格升至 A 点时,成交量大增,获利回吐的卖压使价位回落至 B 点,成交量也减少,左肩形成。其后市价回升,出现新高点,但成交量未能同步放大,因而又回落至前一低点水平附近,形成头部。然后市价再次反弹,但涨势乏力,价位低于头部就回落,且成交量也较少,形成右肩。价位跌破颈线一定幅度,可以认为跌势将展开。在头肩顶形态确立后,从顶点 C 到颈线的垂直距离,可以看作突破颈线后价格最小跌幅。

相对于头肩顶,在底部形成的类似转向形态便是头肩底。其形成过程与头肩顶相似,只是将整个过程倒转过来,即在一个长期跌市中,市价再一次下跌,成交量相对减少,接着价位出现反弹,形成左肩。其后市价第二次下跌,创出新低,随成交量增加,价位逐步回升,形成头部。然后成交量继续减少,当市价第三次下跌时,没有创出新低就回升,形成右肩。右肩形成后,市随成交量较大的上升冲破颈线,可认为升势已经展开。

2. 双重顶和双重底。双重顶和双重底通常由两个几乎等高的峰或谷组成。双重顶的顶部呈 M 形,双重底的底部呈 W 形,因而亦称之为 M 顶(见图 5-29)和 W 底(见图 5-30)。

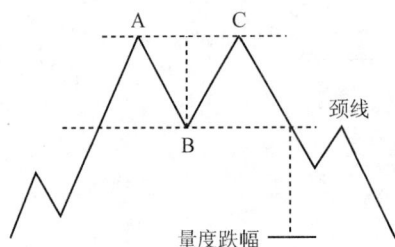

图 5-29 双重顶

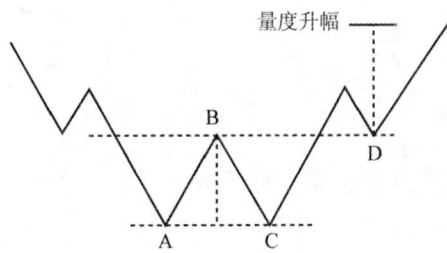

图 5-30 双重底

双重顶是价位急速上升至某一价格水平回跌,然后价位再次回升至前一峰顶,最后回落跌破颈线,形成双顶。同理,双重底是价位急速下跌至某一价格水平回升,然后价位再次回跌至前一谷底,最后回升突破颈线,形成双底。在双顶和双底形态中,当价格冲至第一个峰顶或谷底时,成交量通常较小,因而后劲乏力。但当价格突破颈线时,成交量开始放大,当价位突破一定幅度后,可以看作有效突破,市势由此开始反转。通常,双顶或双底后的涨跌最小变动幅度,是从顶点或底点到颈线的垂直距离。

(四) 缺口

缺口是指在某一价格水平因没有达成交易而形成的价格空当,具有明显的价格走势预测功能.因而技术分析重视各种形式的缺口。缺口一般有以下 4 种形式(见图 5-31)。

其一,普通缺口,通常在盘整区域内出现。在过度买进或卖出时,常会引起价格剧烈波动,从而形成缺口。这种缺口一般会在几个交易日之内补回,因此意义不大。

其二,突破缺口,常在交易量剧增、价格大幅上涨或下跌时出现。在头肩顶或头肩底等反转形态完成之后出现的突破缺口,包含两种意义:一是表示反转形态已经完成;二是表示未来的走势将会加速进行,它常常伴随着一轮上涨或下跌行情。

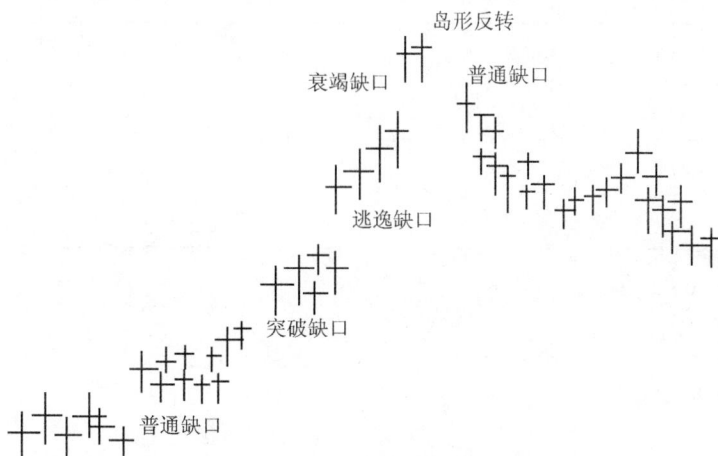

图 5-31　缺口和岛形反转

其三,逃逸缺口,通常在价格暴涨或暴跌时出现。因为这种缺口经常出现于中期或长期的升跌势的中央,具有度量升跌幅度的作用,所以又称中途缺口或测量缺口。它可用来测算投资者获利的空间,度量方法是从逃逸缺口到该趋势完成时的距离,应大致等于从该趋势开始时到逃逸缺口之间的距离。逃逸缺口一般会在突破缺口之后出现,这两种缺口多数不会在短期内回补。

其四,衰竭缺口,又称消耗性缺口,常出现在价格发生关键性转变的交易日,属于一种反转信号。当长期涨势或跌势快要到尽头的时候,衰竭缺口的出现可以确认为反转提示。如果处在上升趋势,表示期货价格将要下降;如果处在下跌趋势,表示期货价格将要上涨。此种缺口多数会在数天内回补,成为短线操作的好时机。

在牛市尽头、熊市开始,或熊市尽头、牛市开始的过渡阶段,有时出现两边为缺口,中间为成交量显著增加的小范围盘桓价格区域,呈岛屿状,称为岛形反转形态(见图 5-31)。

三、指标分析

(一) 移动平均线(Moving Average,MA)

1. 移动平均线的一般原理。运用移动平均线预测期货价格的理论基础,是统计学的平均数原理,即将一系列不规则的微小的价格波动予以剔除,来反映价格的主要变动趋势,从而帮助预测未来的价格走势。根据计算方法,移动平均线分为简单移动平均线、加权移动平均线和指数平滑移动平均线等。根据计算期的长短,又可分为短期、中期和长期移动平均线。通常以 5 日、10 日移动平均线观察市场的短期走势,以 30 日、60 日移动平均线观察中期走势,以 13 周、26 周移动平均线观察长期走势。时间愈短,说明当期价格主要受较近的前期价格的影响;时间愈长,则说明较远的前期价格对当期价格依然存在着较大的影响。移动平均数通常用每天的收盘价来计算,以简单平均为例,计算公式为:$SMAt=(P_t+P_{t-1}+\cdots+P_{t-n+1})/n$($P_t$:当期价格,n:天数)。以玉米期货 4 日移动平均线为例,计算方法见表 5-2。

表 5-2　简单移动平均数的计算

天数	1	2	3	4	5	6
价格	2.20	2.16	2.60	2.80	2.40	2.32

$$SMA_4 = \frac{2.20+2.16+2.60+2.80}{4} = \frac{9.76}{4} = 2.44$$

$$SMA_5 = \frac{2.16+2.60+2.80+2.40}{4} = \frac{9.96}{4} = 2.49$$

$$SMA_6 = \frac{2.60+2.80+2.40+2.32}{4} = \frac{10.12}{4} = 2.53$$

表 5-2 在纵轴表示价格,横轴表示时间的坐标图中,将移动平均数各点标出,用平滑曲线连接各点,即得到移动平均线。对于不同的商品期货,存在着不同最佳天数的移动平均线。这种现象是受该种商品本身波动特性影响的结果。

2. 移动平均线与收盘价的组合运用。运用某一移动平均线预测和判断后市价格,一般将移动平均线与每日的收盘价曲线相比较,以两者之间的偏离关系作为依据,当两者相交时就是买进或卖出时机。在具体运用中,可以参考以下 8 条法则(见图 5-32)。

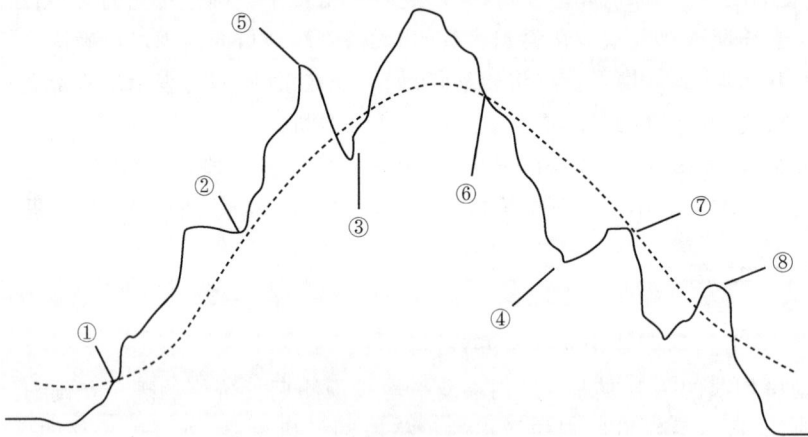

图 5-32　移动平均线与收盘价组合

移动平均线(图 5-32 中虚线)从下降逐渐转为水平,且开始向上抬头,而收盘价从下向上突破移动平均线,便是买进时机。如图 5-32 中①所示。

收盘价在移动平均线之上移动,其间价格下跌但没有跌破移动平均线;还有一特征就是收盘价越来越远离移动平均线后突然回跌,但未跌破移动平均线,然后又再度上升,也是买入时机。如图 5-32 中②所示。

收盘价在移动平均线上方运动,离移动平均线越来越远,然后价位下跌,跌至移动平均线下方;价位向上突破移动平均线,是买进时机。

如图 5-32 中③所示。

收盘价在移动平均线之下运动，突然暴跌，远离移动平均线，是买进时机。如图 5-32 中④所示。收盘价在移动平均线之上运动，且处于上升行情，越来越远离移动平均线，表示近期牛市冲天，但买方可能会获利回吐，使价位回跌，因此是卖出时机。如图 5-32 中⑤所示。

移动平均线从上升趋势转为水平，收盘价从上向下突破移动平均线，是卖出时机。如图 5-32 中⑥所示。

收盘价在移动平均线之下运动，回升时未超越移动平均线，且移动平均线已由水平转为下移的趋势，是卖出时机。如图 5-32 中⑦所示。

收盘价在移动平均线之下运动，移动平均线也呈下跌趋势，一旦出现反弹，就应该趁高价卖出。如图 5-32 中⑧所示。

综合以上 8 条法则，可以发现：当移动平均线从下降转为水平且有向上发展的趋势，价位在移动平均线下方向上突破，回跌时若不跌破移动平均线，是最佳买进时机；当移动平均线从上升转为水平且向下运动，价位从移动平均线上方向下突破，回升时若无力穿透移动平均线，是最佳卖出时机。

3. 多条移动平均线的组合运用。投资者可以运用多条移动平均线的组合来对期货价格走势作出判断和预测。当短期移动平均线从下向上穿过长期移动平均线时，可以作为买进信号，当短期移动平均线从上向下穿过长期移动平均线时，可以作为卖出信号。例如，将短期（10 日）、中期（20 日）和长期（50 日）移动平均线组合运用（见图 5-33）。具体做法是：在下跌趋势中，当 10 日移动平均线向上穿过 20 日移动平均线时，是准备买入时机。当 20 日移动平均线向上穿过 50 日移动平均线时，是确认买入时机。图中的 A 点被称为黄金交叉点，意味着在此时买入的盈利机会大。在上升趋势中，当 10 日移动平均线向下穿过 20 日移动平均线时，是准备卖出时机。当 20 日移动平均线向下穿过 50 日移动平均线时，是确认卖出时机。图 5-33 中的 B 点被称为死亡交叉点，意味着在此之后市场行情开始下跌。

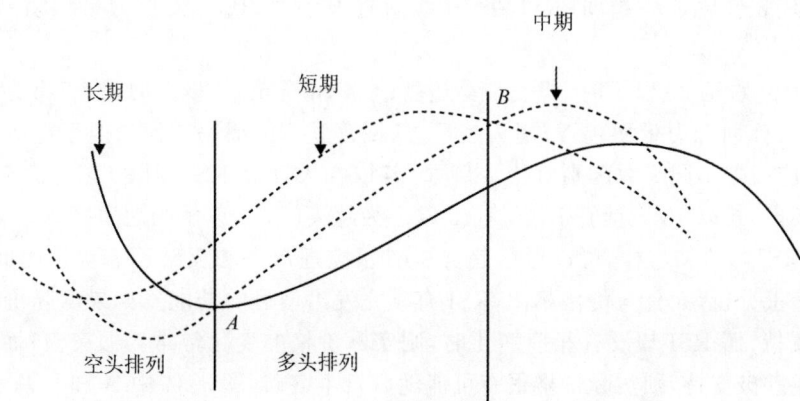

图 5-33　多条移动平均线组合

(二)相对强弱指数

1. 相对强弱指数的计算。相对强弱指数(Relative Strength Index,RSI)是反映市场气势强弱的指标。通过计算某一段时间内价格看涨时的合约买进量占整个市场中买涨与卖跌合约总量的份额,来分析市场多空力量对比态势,从而判断买卖时机。这里所说的市场买涨与卖跌合约总量,是指价格看涨时的合约买进量与看跌时的合约卖出量总和。价格看涨时的合约买进量就是市场买力或买涨力量,价格看跌时的合约卖出量就是市场卖力或卖跌力量。买卖力量的对比和抗衡,表明了市场气势,预示市场价格涨跌态势。RSI是通过对价格涨跌幅度的计算,来反映市场气势强弱的。RSI 的计算公式为:

$$RSI = UP \div (UP + DOWN) \times 100$$

以 9 日的 RSI 为例(见表 5-3),具体步骤是:(1)依次逐日将收市价与前一日收市价相减,如为正数则表示价格上涨,如为负数则表示价格下跌;(2)将所有的涨幅相加得到 UP,将所有的跌幅相加得到 DOWN;(3)将 UP 和 DOWN 两值代入公式,便可计算出 RSI 值。

表 5-3　RSI 的计算

天数	1	2	3	4	5	6	7	8	9
涨跌	—	↑	↓	↑	↑	↓	↓	↑	↓
幅度	0	1.2	1.6	1	0.8	0.8	1.2	1.4	1.2

根据不同商品和不同预测目标,RSI 可采用不同天数,如 6 天、9 天、15 天等。天数过短,RSI 过于敏感;天数过长,则 RSI 反应过慢。因此,在运用 RSI 时应合理确定 RSI 的天数值。

2. RSI 的应用。RSI 介于 0 和 100 之间,反映着市场买卖气势。运用该指标预测期货市场价格,主要有以下原则:

第一,RSI 向上穿越 50 线并位于其上时,代表价位走势趋强;RSI 向下穿越 50 线并位于其下时,代表价位走势趋弱;RSI 在 50 线附近波动时,代表买卖力量均衡,市势并不明朗。

第二,RSI 跌至 20 以下时,代表市势超卖;当 RSI 升至 80 以上时,代表市势超买。超卖越严重,反弹回升力量便越强;超买越严重,回落整理的概率越高。对于超买区与超卖区的规定,应根据不同天数区别对待。例如,若以 9 天计算 RSI,则 80 以上为超买区,20 以下为超卖区;若以 15 天计算 RSI,则 70 以上为超买区,30 以下为超卖区。

第三,RSI 与价格一样,可以形成趋势、轨道、整理形态和反转形态等。因此,投资者可以从形态上分析,而且与价格相比,RSI 有领先发出信号的功能。如果实际价格升破阻力或跌破支持,而 RSI 却没有相应变化时,则实际价格的变化常常为假突破;而如果 RSI 升破阻力或跌破支持,则实际价格很有可能随后发生突破(图 5-34 中 A 和 B 两点)。

第四,当 RSI 变化与价格走势发生背离时,价格走势通常会逆转。如果实际价格上升幅度大并创出新高,而 RSI 上升幅度小并未创出新高,则价位可能回落;如果实际价格下跌幅度大并创出新低,而 RSI 下降幅度小并未创出新低,则价位可能反弹。

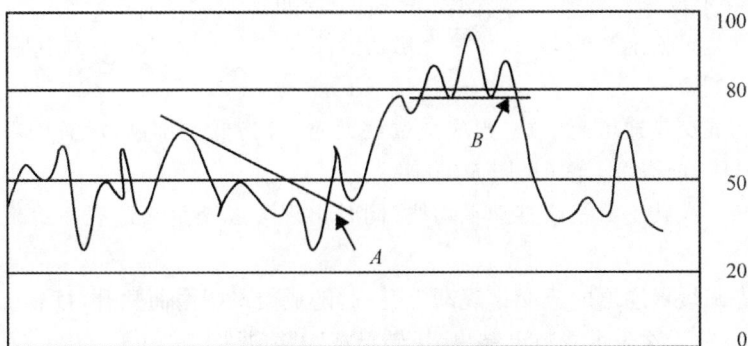

图 5-34　相对强弱指数

运用 RSI 预测行情时,应注意背离走势。同时,还应注意不可因为 RSI 已进入超买、超卖便盲目入市。因为在超买、超卖区内,有时即使 RSI 的微幅波动,价位也可能持续大涨或大跌。也就是说,在"一边倒"的行情中 RSI 可能失真。

四、成交量和持仓量分析

在期货价格分析和预测中,往往将各种图形和指标与成交量和持仓量结合起来运用。

(一)成交量与价格

成交量是重要的人气指标,它能反映市场的供求关系和买卖双方力量的强弱。通过对成交量与价格之间关系的分析,可以判断价格走势和价格运动的强烈程度。成交量与价格的关系,通常有以下几种情况:

1. 价格随成交量递增而上升,这种量增价涨的关系表示价格将继续上升(见图 5-35①)。

2. 在涨势中,价格随递增的成交量上涨;当价格调整后再上涨创出新高价时,成交量

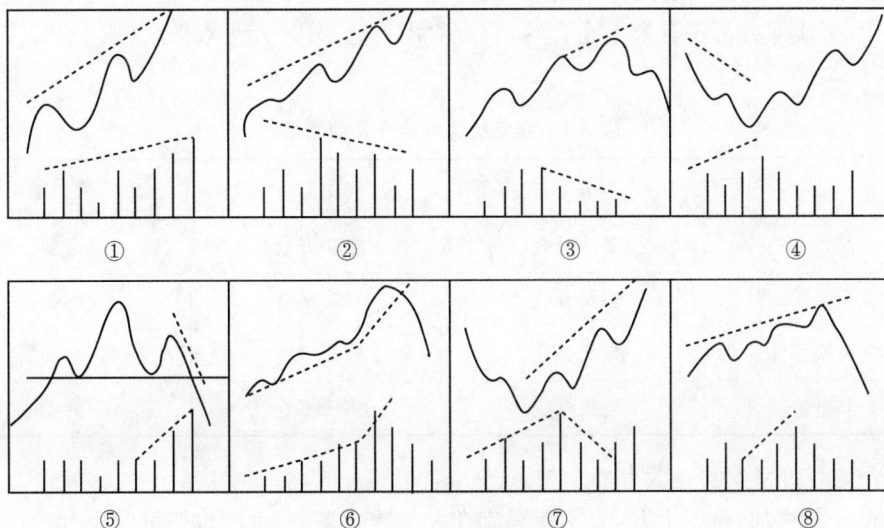

图 5-35　成交量与价格

却没有创新高,形成量价背离。这暗示价格将回跌(见图 5-35②)。

3. 成交量是价格上涨的动力,价格上涨而成交量萎缩。这显示动力不足,价格将反转回跌(见图 5-35③)。

4. 价格随成交量递增而下跌,当成交量放大时,价格低位徘徊,没有创新低。这表明多头市场已形成,价格将上涨(见图 5-35④)。

5. 价格向下跌破支撑线或移动平均线,同时出现大成交量。这表明价格将继续下跌(见图 5-35⑤)。

6. 价格先随缓慢递增的成交量逐渐上升,后随成交量剧增而骤升,接着成交量大幅萎缩,价格急剧下跌。这表示涨势已结束,反转已成大势(见图 5-35⑥)。

7. 价格持续下跌一段时间后,出现恐慌性抛售,随成交量剧增,价格跌至新低。这预示空头市场行将结束,价格可能上涨(见图 5-35⑦)。

8. 价格长时间持续上涨,出现急剧增加的成交量,此后价格上涨乏力,高位徘徊。这预示不久将转势下跌(见图 5-35⑧)。

(二) 持仓量与价格

持仓量的变化反映了期货市场中资金流向的变动。持仓量增加表明资金流入市场;反之则表明资金流出市场。持仓量的增减取决于交易者在期货市场中的买卖活动,包括以下 4 种情况(见表 5-4):

第一,买卖双方都是入市开仓,一方买入开仓,另一方卖出开仓(即双开)时,持仓量增加。

第二,在买卖双方中,一方为买入开仓,另一方为卖出平仓(即多头换手)时,持仓量不变。这意味着"新买方向旧买方买进"。

第三,在买卖双方中,一方为卖出开仓,另一方为买入平仓(即空头换手)时,持仓量不变。这意味着"旧卖方向新卖方买进"。

第四,买卖双方都持有未平仓合约,一方卖出平仓,另一方买入平仓(双平)时,持仓量减少。

表 5-4　交易行为与持仓量的关系

	买方	卖方	持仓量
双开	多头开仓	空头开仓	增加
多头换手	多头开仓	空头平仓	不变
空头换手	空头开仓	多头平仓	不变
双平	空头开仓	多头平仓	减少

持仓量与价格变动一般有如下关系:

1. 持仓量增加,价格上升,表示新买方在大量建仓多头,近期价格继续上升。

2. 持仓量增加,价格下跌,表示新卖方在大量建仓空头,近期价格继续下跌。

3. 持仓量减少,价格上升,表示多头获利卖出平仓离场,短期内价格可能转跌。

4. 持仓量减少，价格下跌，表示空头获利买入平仓离场，短期内价格可能转升。

（三）成交量、持仓量和价格的关系

成交量和持仓量作为次级技术指标，能够辅助确认图表中的技术信号，不宜单独基于成交量或持仓量而做出交易决策。交易者通常将成交量、持仓量和价格三者结合起来，以此来判断价格走势（见表 5-5）。

表 5-5　价格走势

	价格	成交量	持仓量	价格走势
1	上涨↑	增加↑	增加↑	继续上涨↑
2	下跌↓	增加↑	增加↑	继续下跌↓
3	上涨↑	减少↓	减少↓	转为下跌↓
4	下跌↓	减少↓	减少↓	转为上涨↑
5	上涨↑	增加↑	减少↓	转为下跌↓
6	下跌↓	增加↑	减少↓	转为上涨↑

1. 成交量、持仓量增加，价格上升，表示新买方大量吸纳，市场行情看好，近期价格可能继续上升。成交量和持仓量增加，说明了新入市交易者买卖的合约数超过了原交易者平仓的合约数、市场价格上升又说明市场上买气压倒卖气，市场处于技术性强市，新交易者正在入市做多。

2. 成交量、持仓量增加，价格下跌，表示新卖方大量抛售，近期价格将继续下跌，但如果过度抛售，价格有可能反弹回升。这种情况表明，此时不断有更多的新交易者入市，且在新交易者中卖方力量压倒买方，因此市场处于技术性弱市，价格将进一步下跌。

3. 成交量、持仓量减少，价格上升，表示卖空者大量补进平仓，短期内价格向上，但不久将可能回落。成交量和持仓量下降说明市场上原交易者正在对冲了结其合约。价格上升又表明，市场上原卖出者在买入补仓时其力量超过了原买入者卖出平仓的力量，市场处于技术性弱市，主要体现在空头回补，而不是主动性做多买盘。

4. 成交量、持仓量减少，价格下跌，表示买空者大量抛售平仓，市场出现技术性调整，短期内价格可能继续下降，但不久将可能回升。成交量和持仓量减少说明市场上原交易者的平仓合约超过新交易者的开仓合约。价格下跌又说明，市场上原买入者在卖出平仓时其力量超过了原卖出者买入补仓的力量，即多头平仓了结离场意愿更强，而不是市场主动性地增加空头。因此，持仓量和价格下跌表明市场处于技术性强市.多头正平仓了结。

5. 成交量增加、持仓量减少，价格上升，表示买空者获利回吐，卖空者补进平仓，后市看淡，价格将会下跌，处于技术性弱市。

6. 成交量增加、持仓量减少，价格下跌，表示买空者抛售平仓，卖空者获利回补，后市看好，价格将会上升，处于技术性强市。

综上可以得出结论：如果成交量和持仓量都增加，目前的价格走势将持续；如果成交量和持仓量都减少，目前的价格走势则会反转；如果成交量与持仓量反方向变化，则无论价格上升还是下降，后市都将发生反转。

五、波浪理论

波浪理论(Wave Principle)是由艾略特(R. N. Elliott)创立的一种价格趋势分析工具。波浪理论认为,股票价格的涨跌波动,如同大自然的潮汐和波浪一样,一波接一波、一浪接一浪,周而复始,循环不息,具有规律性和周期性。该理论也被广泛应用于期货交易中。

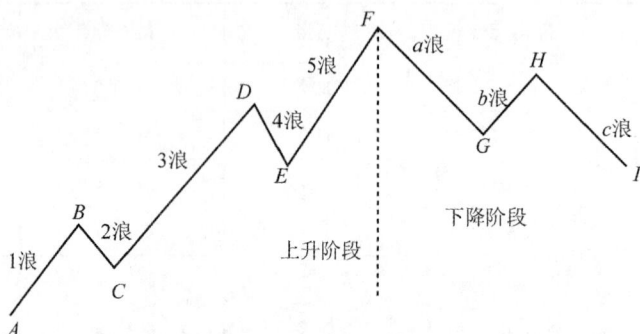

图 5-36　上升波浪

期货市场的上升行情和下跌行情都是在波浪中上行和下行的,波浪分为上升浪和下降浪。一个完整的波浪包括 8 个小浪。前 5 浪以数字编号,后 3 浪则分别用 a、b、c 表示。以上升行情为例(见图 5-36),在 8 浪中,可以分为上升和下降两个阶段。其中,上升阶段由 3 个上升浪(1、3、5)和两个下降浪(2、4)组成;下降阶段由 2 个下降浪(a、c)和 1 个上升浪(b)组成。在上升阶段,一浪高过一浪;在下降阶段,一浪比一浪低。一个完整波浪中的 8 个小浪之间存在着比例关系,依此可以预测价格下跌和上涨的幅度。同时,8 个小浪在持续时间上也是相互关联的,可以为做出买入或卖出的判断提供参考。

翻转课堂任务单

一、翻转教学目标

1. 通过思考讨论及完成学习项目资源任务,加深对本章内容的理解;

2. 通过查阅资料,增强主动发现问题探研问题的能力;

3. 培养自主学习能力,加深对现实问题的认识,通过小组讨论交流,提升合作学习能力及精神;

4. 收集物流增值服务方面的资料并为下次翻转课堂教学作准备。

二、翻转课堂学习任务

1. 对本章内容小结

要求字数不超过 200 字。

2.思考讨论题

(1)我国商品期货的成交量是怎么计算的？

(2)我国金融期货的成交量是怎么计算的？

(3)期货价格基本分析基于什么理论？有什么特点？

(4)影响供给的因素主要有哪些？

(5)谈谈成交量与持仓量变化对价格的影响。

3.构建学习项目资源任务

要求：以小组为单位每人选择一项下列任务。

(1)熟悉模拟期货交易软件，自选一项期货品种，对影响期货价格的基本因素进行分析；

(2)熟悉模拟期货交易软件，自选一项期货品种，对期货价格走势进行技术分析；

(3)熟悉模拟期货交易软件，自选一项期货品种，对 K 线基本形态和常见 K 线组合图进行技术分析。

4.完成项目内容报告

(1)完成结果为 Word 文档＋PPT＋视频

其中 PPT＋视频可以以小组为单位完成。

(2)建立问题档案

针对所选任务学习后，记录疑问及小组讨论结果。

(3)学习反思

1)记录问题解决的过程；方法；收获(发现、感悟与理解)。

2)存在问题与改进设想。

第二篇

物流增值服务

第六章　物流增值服务

第一节　物流增值服务

一、物流增值服务概述

（一）物流的概念

"兵马未动,粮草先行",这是我国古代军事家的"后勤"战略思想。在西方,物流(Logistics)最早是指军事后勤。第二次世界大战后,物流这一概念被运用于经济领域。简单地说,物流是关于在需要的时候,在指定的地点,得到所需的物品。也可以用 7 个"恰当"(7R)来表示物流的概念:恰当的产品(Right Product)、恰当的数量(Right Quantity)、恰当的条件(Right Condition)、恰当的地点(Right Place)、恰当的时间(Right Time)、恰当的顾客(Right Customer)、恰当的成本(Right Cost)。

7 个恰当指出了物流的基本活动,它既强调空间和时间的重要性,也强调了成本和服务的重要性。当物流系统发生变动时,物流管理者应不断评价成本与服务水平的合适性。

物流可以从不同角度进行定义,在国际上,最普遍采用的是美国物流管理协会(Council of Logistics Management)关于物流管理的定义:"物流是为了满足顾客需求而进行的对货物、服务及信息从起始地到消费地的流动过程,以及为能有效、低成本地进行而从事的计划、实施和控制行为。"

我国物流与采购协会将物流定义为:"物品从供应地向接收地的实体流动过程。根据实际需要,将运输、储存、搬运、包装、流通加工、配送、信息处理等基本功能实施有机结合。"

这一定义给物流过程提供了一个系统性决策的框架。物流过程综合了运输、存货、流通加工、管理、仓储、物料搬运系统及包装和其他相关活动,包括在整个供应链流动的成本与服务水平的权衡取舍。

另一方面,物流包含效率(Efficiency)和效益(Profitability)两方面,其最终目的是满足客户的需求与企业的目标。

（二）物流增值服务概念

物流增值服务（Value-added Logistics Service）:物流增值服务是指在完成物流基本任务的基础上,根据客户需要提供的各种延伸业务活动,为客户提供其他服务性的项目。

物流的增值服务包括广义的增值物流和狭义的增值物流。广义的增值物流是传统意义的第三方物流服务的延伸,如运输、仓储、分拣、包装、订单处理、配送方面的增值服务,侧重点在于如何使物流过程更有效率,更及时准确,更节省物流成本。狭义的增值物流是指一些第三方物流的服务行业,如生产、流通加工、重新包装、贴标签和售后服务中心等等,将传统需由生产部门完成的一部分工作委托给在相关领域有经验有竞争优势的物流企业来承担,从而降低委托方的运作费用以及物流成本,满足甚至超出客户所持有的期望值,帮助提高企业产品或者服务的市场占有率、竞争优势及消费者形象,物流企业也因此共享自己所创造出来的增值价值。

因此物流服务向上可以延伸到市场调查与预测、采购及订单处理;向下可以延伸到配送、物流咨询、物流方案的选择与规划、库存控制决策建议、货款回收与结算、教育与培训、物流系统设计与规划方案的制作等等。例如丰田公司提出一个星期的交货期,在基本服务的基础上为客户提供了其他公司无法做到的增值服务;摩托罗拉公司可以根据客户的要求生产出定做的产品,这也为客户提供了增值服务。

对物流企业来说,它提供的产品不是简单的运输、仓储、装卸等环节的空间组合,而是一个系统化的、全过程化的、贯穿在服务产品中的整个时空的增值过程的服务。创新、超出常规、满足客户需要是增值性物流服务的本质特征。

(三)现代物流增值服务的种类

随着物流业成为我国国民经济发展的重要支柱产业,物流企业如雨后春笋般发展起来。对以服务经营的物流企业而言,超越单一的物流服务,为客户提供创新的增值服务,以提升企业品牌知名度和核心竞争力已成为物流企业冲出重围的重要途径。对于物流企业,尤其是处于发展阶段的中小型企业而言,如何在众多物流企业中脱颖而出,发展符合自身条件的现代物流增值服务,就要慎重地选择增值服务领域,适当地进行定位。

1. 仓储型增值服务

随着供应渠道的多样化,仓库作为支撑流通的重要环节将发挥越来越重要的作用,尤其是当货物的装运经历更长的供给线时,仓库增值服务的重要性也随之增加了。然而提供增值的仓储服务,也使仓储企业承担着特别的责任,面临着更大的挑战。比如,仓库提供包装增值服务,要求仓库经营者严格执行厂商内部所适应的质量标准。仓储企业已经开始迎接种种挑战,并且开发出新的增值服务方法,具体包括以下内容:

(1)流通加工增值服务,如:原料质检、库存查询、库存补充等;

(2)运输性增值服务,如:选择国际/国内运输方式和运输路线、安排货运计划、为客户选择承运人、确定配载方法、货物运输过程中的监控、商品追踪服务、门到门综合运输、报关、代垫运费、运费谈判、货款回收与结算等;

(3)配送性增值服务,如:集货、分拣包装、配套装配、条码生成、贴标签、自动补货等;

(4)延伸包装增值服务,如:优化包装、再包装、去除保护性包装、延迟包装作业等;

(5)简单加工增值服务,如:称重、组装、组配、安装等;

(6)提供便利服务,如:为商品打价格标签或条形码等成品标记服务,为成衣销售提供开箱加挂衣架重新包装的服务,商品退回的存放并协助处理追踪服务,提供全天候收货和发货窗口等;

(7)特殊增值服务,如:为食品、药品类客户提供低温冷藏服务并负责先进先出,二次贴标签,变换托盘等。

每个客户都有其独特的市场需要和行业特殊约束,仓储企业应致力于为客户设计仓库管理策略,优化整体供应链的效率,满足客户的商业目标。

2.金融担保增值服务

物流金融服务属于物流增值业务当中的延伸服务,通过提供融资方面的便利,将供应链上的物流、资金流与信息流进行有机结合。物流金融从广义上讲就是面向物流业的运营过程,通过应用和开发各种金融产品,有效地组织和调剂物流领域中货币资金的运动。这些资金运动包括发生在物流过程中的各种存款、贷款、投资、信托、租赁、抵押、贴现、保险、有价证券发行与交易,以及金融机构所办理的各类涉及物流业的中间业务等。从狭义上讲,物流金融是金融机构和第三方物流服务供应商在供应链运作的全过程向客户提供的结算、融资以及保险等增值服务。企业通过提供金融增值服务的物流服务,使顾客盘活资金,提升其在整体供应链中的竞争力,同时获得高附加值的物流利润。

金融增值服务可以通过以下方式实现:

(1)质押模式,又称为融通仓模式,此模式下,第三方物流企业作为物流金融服务的提供方,银行作为贷款的提供方,从事生产经营的中小企业作为贷款的需求方和质押物的提供方。中小企业先以其采购的原材料或者生产出的产成品作为抵押品,置于物流企业的仓库(融通仓)中。物流企业对货品进行验收、价值评估和监管,向银行出具价值证明,中小企业据此得到贷款,并在后续的经营过程中分期偿还贷款。

(2)担保模式,又称为授信融资,是指银行通过考察,确定第三方物流企业经营规模、业绩以及信用程度,然后将一定额度的贷款授权给物流企业,物流再利用这些贷款额度向中小企业提供灵活的质押贷款。

(3)垫资模式是指发货人委托物流企业发货给提货人,物流企业先替提货人垫付一部分货款,再向提货人交货。提货人提货时,把垫付款交给物流企业,并与发货人结清剩余货款。

货物抵押融资将使物流企业的经营得到金融机构的支持,进而在无须政府担保的情况下进行有效的运作。这种融资方式的优点在于银行不需要政府或企业的担保,而是掌握运输和仓储货物的所有权,即得到了对融资的担保。它也没有经营期货的风险,而是以实实在在的货物作抵押。货物抵押融资可以增加企业流动资金,降低进出口商品的费用,从而降低企业的生产成本,加速资金的流动,使经营出口商品的物流企业更加具有竞争力。

3.代收货款增值服务

代收货款业务是国内第三方物流企业近几年内新兴的一种针对网上购物和电视购物等新兴购物方式的发展需要而推出的一项增值服务,也有学者将之归为物流金融增值服务中的模式之一。其中心内容是:发货方(一般指存在邮购业务的公司)与第三方物流公司签订《委托承运和委托代收货款协议》,发货方将客户订购的物品交付第三方物流公司在合同约定的时限与佣金费率下寄递,并由第三方物流公司的终端派送人员在上门投递的同时,根据邮件详情单上标注的应付金额代发货方向客户收取货款,第三方物流公司再定期将代收的货款结付给发货方。

这一模式改变了单一的、"面对面"购物付款的方式,实现了由物流向信息流、资金流服务延伸的"三流合一"。它以配送到"门"为所购商品的交付方式,以网上银行、电话银行、第三方支付公司、邮政汇款、快递公司代收货款(现金或 POS 机刷卡)为支付手段,创新了一种新的购物模式。不仅提供了从产品库一直到专卖店的"端到端"物流服务,而且实现了物流信息系统之间的实时对接。货到付款把消费者和销售企业的邮购风险降到最低点,能够激发消费者的邮购热情,让消费者足不出户就放心地订购本地、异地或国际商品。

论文《物流的增值服务》中这样表述:"代收款模式常见于 B2C 业务,目前在发达地区的邮政系统和很多中小型第三方物流服务供应商中,该业务已经广泛开展。这不仅加快了发货方的流动资金周转,有助于改善发货方的财务状况,转嫁了部分回款风险,而且为发货方节约了存货持有成本和拥有及运作物流服务网络的成本。"

对第三方物流供应商而言,由于发货方与第三方物流供应商通常都是采取战略合作伙伴关系,第三方物流供应商还等于获得了一笔不用付息的资金。因此,可以说第三方物流企业代收货款业务的经营模式是三方受利。

(四) 现代物流开展增值服务的必要性

物流的增值服务能针对不同客户的不同特征,提供个性化、创新化的服务,是将来物流企业取得竞争优势的一个强有力手段。增值服务的好坏,将直接影响物流企业的业务量以及与客户的关系,且决定着企业在物流市场中的声誉好坏,关系到物流企业的成功与否。

1. 满足市场对物流增值服务的长远需求

从中国仓储协会组织第三次全国范围内的物流状况调查得知,在物流需求市场期望的物流服务内容中,其中工业企业需要市内配送服务的有 29%,需要物流信息查询、条码采集、物流系统设计及代为报关的各为 7%;在商业企业中,需要物流系统设计的为 20%,需要代结货款、物流信息查询、市内配送服务的各占 7%,需要条码采集的为 13%。这一组数据足以说明我国的物流市场对物流的增值服务有着巨大需求,物流增值服务是可供企业挖掘的一个巨大利润源泉。如今,我国物流企业主要提供运输、仓储等基本服务,但在物流业快速增长、竞争日趋激烈的形势下,随着物流企业的逐步完善与改进,传统的服务项目已趋向标准化,效率、质量以及服务模式大同小异,而市场的需求却日益走向差别化、个性化,人们不再满足千篇一律的服务模式,而是寻求并青睐更能达到他们独特要求的物流企业。如今的物流服务已经超出了传统意义上的货物包装、配送、仓储或者寄存等基本服务,由基本服务延伸而出的增值服务正在成为物流发展的新趋势。

2. 提高企业自身竞争力的必然要求

目前物流企业提供的大都是基本服务,随着对科技的掌握、管理知识的应用,在基本服务上的成本将趋向一致,质量差异也会逐步减少,原有的质量和成本优势将消失,物流企业提供的基本服务将是非常接近、差别很小的服务,对于其他企业无优势可言,如果不开发新的利润源泉,企业终将衰退出局。但如果发展增值服务,提供差别化服务,满足客户特定的需求,物流企业就能拥有新的竞争力。所以物流企业为保证在长期的竞争中始终存在优势,就必须注重发展现代物流的增值服务,此举有利于企业品牌的培养和企业形象的建立。

3. 为客户提供个性化服务的重要条件

物流行业本属于第三产业——服务业,服务业的主要功能就是满足客户的需求,一切以客户的需求为导向,新开展的物流增值服务必须是客户需要的,只有在需要的基础上开展的增值服务才是能为企业带来利润的业务。客户对物流企业服务的需求不再局限于仓储与运输基本服务上,对增值性高的综合物流服务需求日益突出。这也表明,随着我国企业对增值物流服务的需求进一步差异化与专业化,需求水平将进一步提高,今后能提供更多增值服务的物流企业将具有更大的竞争优势。物流企业应挖掘客户的物流服务需求,不断开拓适应客户需要的增值服务,为顾客创造价值,进而推动客户与物流企业的合作关系良性循环。

二、我国物流增值服务的现状

(一)物流行业的服务意识逐渐加强

国内工商企业对物流服务的满意度只有百分之五十几,但是在美国,企业对物流企业服务满意和非常满意的在 $60\%\sim70\%$;同时国内生产企业对物流服务的不满意者占到了 23%,而美国的不满意也只有 10% 左右。说明我国物流企业以客户为导向的服务理念还没有根植于企业文化中,没有认识到物流企业的生存宗旨是为客户提供高质量、高水平、高价值的服务,以客户的发展带动企业的发展。目前我国物流服务商的收益 85% 来自于传统性物流服务,其中运输管理占 53%,仓储管理占 32%,增值服务与支持物流的财务收益只占 15%。国内的物流企业绝大部分都还是停留在传统的物流业务上(即运输和仓储),许多物流的增值服务被忽视了。但是近年来由于成本的增加,利润的减少,我国的一些物流企业也逐渐认识到了增值服务的重要性,开始着力为客户提供个性化的增值服务。以中国物资储运总公司为代表的物流公司及仓储公司,已开始利用现代仓储物流管理技术,采用"物资银行"的运作理念,进行"物资银行"业务运作的实践,发展了"物资银行"的运作模式。

(二)所提供的物流增值服务的层次有所提高,服务类型多元化

目前我国的工商企业对物流增值服务的需求层次还比较低,主要仍然集中在对基本常规项目的需求上,企业对增值性高、综合的物流服务如库存管理、物流系统设计、物流总代理等的需求还很少,与发达国家相比,显出了较大差距。随着物流行业的兴起,越来越多的物流企业加入到物流市场。这些物流企业主要是从传统的运输企业和仓储企业转型过来,对仓储和运输的业务理解较深入,但对物流的综合服务和增值服务这块的服务涉入较少,尤其是中小型的物流企业能够提供的增值服务更少。但是这些由传统的仓储、运输企业跟风转型而来的物流企业,在管理水平、技术力量及服务范围上、层次上有所提高,服务类型开始迈向多元化和差异化,提供与众不同的产品和服务,满足顾客特殊的要求,形成竞争优势。

(三)物流行业的规模扩大,投入资金大

长期以来,随着我国企业物流理念的成熟,他们除了要求物流企业提供运输、仓储等

基本服务外,更希望物流企业能够提供物流网络设计、库存管理、订货管理、流通加工、订单处理、信息服务等一系列的增值服务。近几年来,我国物流业发展很快,不断升温,我国许多地方越来越重视物流基地和园区的建设,强化海陆空交通枢纽的功能,扩大物流行业的规模,加大对物流软件、硬件设施的资金投入,大力推动物流企业的全面发展。以宁波为例,宁波港与全球逾 100 个国家和地区的 600 多个港口有贸易往来,形成了覆盖全球的运输网络;宁波栎社机场作为长三角第四个国际机场,已开通至北京、上海、广州等 40 多条国内航线和香港、韩国首尔等地区的国际航线;截至 2008 年底,宁波市公路总里程已达到 9572 千米,特别是杭州湾跨海大桥全线贯通,沿海国道主干线、沿海铁路、甬金高速公路、甬金铁路、甬台温铁路的建设,打通了宁波市的交通脉络,成为长三角南翼交通枢纽城市,先后被国家确立为国家综合运输枢纽城市、全国性物流节点城市和长三角物流区域中心城市。

第二节　第三方物流增值服务

一、第三方物流

物流学的发展,可追溯到 20 世纪初,当时,世界各国基本还处于农业社会,主要注意力是在从农业生产地到销售地的农产品运输上。二次大战到 20 世纪 50 年代末,物流的发展包含两部分:工商物流(Business Logistics)与军事物流(Military Logistics)。20 世纪 60 年代至 80 年代,以美国为代表的欧美国家首先进行了运输自由化(Deregulation),承运人和货主能自由定价,服务的地理范围扩大了,企业越来越认识到把物料管理和产品配送结合起来管理可以大大地提高效益,于是第三方物流服务开始崛起并迅速壮大。

"第三方"这一词来源于物流服务提供者作为发货人(甲方)和收货人(乙方)之间的第三方这样一个事实。我国物流与采购协会将第三方物流定义为"由供方与需方以外的物流企业提供物流服务的业务模式"。欧美研究者一般是这样定义第三方物流的:"第三方物流(Third Party Logistics,简称 TPL)是指传统的组织内履行的物流职能现在由外部公司履行。"第三方物流公司所履行的物流职能,包含了整个物流过程或整个过程中的部分活动。

(一) 第三方物流兴起的原因

1. 降低作业成本。调查显示,我国与发达国家在物流成本、周转速度,以及产业化方面存在较大差距。国内市场许多商品总成本中,物流费用已占到 20%～40%,其中每年因包装造成的损失约 150 亿元人民币;因装卸、运输造成的损失约 500 亿元;因保管不善造成的损失在 30 亿元上下,物流成本居高不下。一般地说,第三方物流可以为货主降低 10%左右的费用,目前欧美发达国家与物流相关的成本约占 GDP 的 10%左右。2002 年,美国物流总成本创历史新低,总计为 9100 亿美元,占当年 GDP104700 亿美元的 8.7%。据统计,2002 年中国与物流相关的费用总支出约为 19000 亿元人民币,物流成本占 GDP 的比重为 20%左右,如果总体物流成本能够降低 10%的话,就将节省出 1900 亿元的物流成本。

2. 致力于核心业务。企业将物流相关的业务外包,可集中精力于所擅长的核心业务,从而专注于所从事的专业领域,增强核心业务的竞争力。

3. 利用第三方物流的先进技术减少投资。物流作业的高效率有赖于先进的设施和信息管理系统,利用第三方物流可以大大减少企业在此领域的巨额投资。据有关资料统计,74%的第三方物流购买物流技术装备、条码系统的平均年支出达108万美元,软件上的年平均花费是61万美元,通信和追踪设备上的年花费约为40万美元。

4. 整合供应链,适应国际化发展。随着信息化的发展和第三方物流成本的降低,企业国际化采购、配送已成为一种趋势,借助第三方物流的操作,可使企业充分整合供应链,实现国际化的发展。

国际上,第三方物流被称为第三利润源泉(第一利润源泉:提高生产率,降低成本;第二利润源泉:扩大市场占有率,提高销售收入;第三利润源泉:物流管理)。

根据美国田纳西大学研究的结果,使用第三方物流的好处如表6-1所示:

表 6-1　第三方物流的利益调查结果

作业成本降低	服务水平改进	集中核心业务	雇员减少	资产减少
62%	62%	56%	50%	48%

资料来源:美国田纳西大学关于对第三方物流的调查报告。

(二)案例:解密 DELL 现象

面对美国经济低迷、众多 IT 公司纷纷破产或裁员的情况,DELL 仍以两位数的速度发展,令 IT 业界羡慕不已。剖析 DELL 的成功,其根本原因在于 DELL 是供应链、物流策略方面运用的大师。DELL 所提倡的"直销""零库存"都是建立在第三方物流高效服务的基础上的。

1995 年美国戴尔计算机公司将所有供应链活动外协给 Roadway Logistics Service、BAX Logistics 等第三方物流公司。"我们只保存可供 5 天生产的存货,而我们的竞争对手则保存 30 天、45 天,甚至 90 天的存货。这就是区别。"——迪克·亨特,DELL 公司分管物流的副总裁如是说。

DELL 总支出的 74% 用在材料购买方面,2000 年总计 210 亿美元,如果能在物流配送上降低 0.1%,就相当于生产效率提高了 10%。在提高物流配送效率方面,DELL 和 50 家供应商保持着密切而忠实的联系,95% 的物料由这 50 家供应商供应。DELL 每天都要与他们进行协调,公开需求信息,供应商的报价也随时上网,信息十分透明。高效率的配送使 DELL 的过期零件比例保持在材料支出总额的 0.05%~0.1%,2000 年戴尔在这方面的损失为 2100 万美元,而竞争对手企业一般在 2%~3%,其他工业部门更是高达 4%~5%。

这种竞争优势很大程度上来自 EDI(电子数据交换)。戴尔公司通过 EDI 与 50 家材料配件供应商的计算机进行适时联接,监控每个零部件的发展情况,并把自己新的要求随时发布在网络上,供所有的供应商参考,提高透明度和信息流通效率,并刺激供应商之间的相互竞争,供应商则随时向戴尔通报自己产品的发展、价格变化、质量方面的信息。同

时,对于网上订购或电话订购的产品,会迅速分解为材料需求清单适时传递给供应商,供应商立即做出反应,从而大幅削减库存。

可以说,戴尔的成功与供应商提供的高效的第三方物流增值服务是密不可分的。未来企业间的竞争将取决于供应链的竞争,而无疑第三方物流增值服务的提供会成为供应链的最佳组成部分。

二、第三方物流增值服务

根据最新调查,第三方物流向财富500强提供的服务中有2/3是基本的运输服务,接近半数是仓储服务,不足20%的合同包括了供应链的一些深层次服务,例如分拣包装和产品装配等增值服务。表6-2所示为欧洲物流联盟对物流公司服务的深度调研、物流公司服务深度的回答票数及比例如下:

表6-2　欧洲物流联盟的调研结果

类别	基本服务	管理、控制	信息系统服务	增值服务
票数	97	47	40	27
比例	46%	22%	19%	13%

资料来源:欧洲5所大学对50个工商企业和20个TPL提供者的物流服务调研报告。

"增值物流"是物流行业发展到一定阶段的产物,也是物流行业成熟的标志,更是我国物流行业发展的趋势。在竞争激烈的今天,谁拥有先进的物流理念,谁就可以取得竞争优势,所以对我国物流行业来说,掌握先进的物流理念,提高物流服务水平是当务之急。只有这样,才能更好地参与国际竞争,赶上物流发展的最新潮流。

(一) 提供第三方物流增值服务企业的主要特征

第三方物流提供者赖以生存的借由在于能提供比客户自身进行运作更高的价值。第三方物流提供者不仅要考虑到同类服务提供者的竞争,还要考虑到潜在的客户的内部运作。第三方物流的竞争优势就在于其能提供客户公司所不能提供的服务或生产要素,或者物流服务提供方比之客户公司,能提供更多样、更高水平的增值服务,从而在不同广度及深度方面为客户创造价值。

为了满足顾客需求,并超出他们的期望值,第三方物流提供者不仅必须满足顾客的需要,而且应当提供增值服务。当竞争者开始把顾客满意作为竞争优势时,优秀的第三方物流提供方开始着眼于顾客对价值的认知,他们把致力于满足顾客的最低要求作为顾客满意的开端。如果无法满足,则将得到顾客的否定评价;如果满足了,也不会得到顾客的称赞,因为这是顾客所希望的。只有当供应商超出顾客最低要求时才会让顾客满足,达到增加价值的目的,这些增值的特征恰是创造竞争优势的区别因素,即"满足最低要求是保证公司处于竞争之中,但却无法帮助它成功"。

提供第三方物流增值服务企业的主要特征。

1. 管理技术能力

第三方物流企业的管理技术能力是最体现其专业水平的能力,其所具备的系统策划能力、个性服务能力、信息系统服务能力及网络覆盖能力是决定其提供第三方物流增值服务广度及深度的重要因素。

随着经济和竞争的加剧,传统的生产和服务模式发生了很大的变化:从大规模的标准化生产到个性化、柔性化小批量生产,从产品导向到客户服务导向,物流系统不论在深度上还是广度上都大大延伸了,物流系统策划的复杂性使其成为一个只有专家才能涉足的领域。出色的物流系统策划能力能大大提高物流公司的竞争力,从而具备为客户提供增值服务的可能。

作为第三方物流服务的提供者,具备某一领域的个性服务能力是提供增值服务的基础。由于不同的客户,其产品特性、采购策略、生产计划、销售策略和客户服务水平都不相同,物流体系呈现出很强的个性化特征,从服务内容到服务方式各个方面,从实物流动到信息传递各个过程,都可能需要为客户提供个性化的服务。

信息化既是现代物流的重要趋势,也是现代物流赖以存在的基础。第三方物流企业只有拥有了先进的信息系统,才能保证物流管理的效率性和准确性,才能方便客户查询,适时了解发运信息和库存信息,为客户提供增值服务。

网络化是现代物流发展的另一趋势,大型的第三方物流公司,一般通过自建或整合社会资源,形成一定范围的物流服务网络。而这些网络在提供一般性服务的同时,一般都可以根据客户的特殊需要进行个性化的服务,为客户提供增值服务,比较好地满足客户要求。

2. 高效的运作效率

第三方物流服务提供者为客户创造价值的基本途径是达到比客户更高的运作效率,能提供较高的服务成本比。运作效率的提高意味着第三方物流在物流的基本活动中,如仓储、运输、配送等方面能够以较低的成本满足客户的需求,这取决于物流公司足够高效的设施及熟练的操作技能。除了作业技能外,还需要高效的协调和沟通技能,协调和沟通技能在很大程度上与信息技术关联。完善、高效的物流信息系统能很大程度地提高管理效率和工作效率,从而节省成本、增加效益。

第三方物流企业为了保有高效的运作效率,维持自己在市场上的竞争优势,会不断引进、开发新的技术手段、设备,并不断地改进自己的管理和运作模式,以提高服务并降低成本,为客户创造价值。

3. 多客户运作平台的整合

第三方物流增值的另一因素是充分利用多客户运作的平台,整合平台资源,或者说在客户中分享资源。例如,多客户整合的仓储或运输网络,能够削峰填谷,使物流运作过程平稳,降低成本和风险,取得整合后较高的经济效益。因此说,整合运作的规模效益能够取得比其他资源更高的价值,从而创造增值效益。

4. 横向或纵向的整合

前面讨论的管理技术能力、运作效率和客户运作平台的整合,是基于第三方物流公司内部创造价值的方法。所说的横向或纵向的整合,则是外部整合以创造价值的方法。纵向整合是指发展与低层次服务的供应商关系,根据第三方物流提供者的特性,对单项物流功能进行外购,如物流设施的维护、运输工具的短期租赁等。横向整合,第三方物流提供者能够结合类似的但不是竞争性的公司,比如扩大为客户提供服务的地域覆盖面、委托空运或海运等。物流运作的专门化使第三方物流公司在专门技术和系统领域内超越客户的潜在能力,因为客户公司还要分配资源并同时关注其他几个领域。对第三方物流公司来讲还有一个主要资源或者说是增值因素就在于拥有众多的物流人才,物流人才的集聚效应可发挥物流行业更高的管理水平与运作效率,从而帮助客户创造价值。

(二) 第三方物流的增值效用

1. 形态效用。形态效用是指以制造、生产和组装来增加产品的价值。某些物流活动能产生产品的形态效用。例如在物流中心,通过改变包装形态与发运批量等,可产生形态效用。例如把仓储中的大米依据客户的不同要求分装至不同的标准包装袋中,再批量发运给客户,即可产生形态效用。物流活动中产品的分拣、流通生产、加工、包装、重新包装、贴标签等能带来附加值的工作均属于增值工作,对产品产生形态效用。

2. 地点效用。物流活动通过把货物从生产地运送到消费地,就提供了产品的地点效用。物流扩展了市场的边界,因而帮助产品实现其经济价值,这就是产品的地点效用。地点效用的产生主要通过运输。例如,把农产品通过铁路或公路运输到消费者需要该产品的市场,便产生了地点效用。同样,当钢铁被运送到需要的工厂,也产生了地点效用。同传统物流相区别的是增值物流注重的是市场网络的开发和销售渠道的拓展,将产品尽可能销售到各地域市场,以扩大销售额,从而创造增值。

3. 时间效用。货物不仅要送达消费者需要的地点,而且要在消费者所需的时间内送达,这就是时间效用。物流产生时间效用是通过保持库存和货物的战略位置来达到的。运输、配送也能在某种程度上产生时间效用,例如通过快速递送把货物送到消费地,采用航空运输来减少库存,即增加了时间效用,为顾客创造了价值。此外,通过提高运输及配送的速度和效率,缩短承诺交货时间,可以使商品比交易对手提前进入销售渠道。由于时间效用强调减少备货时间及提高运输速度,在当今的商业环境下显得越来越重要。

4. 服务效用(占用效应)。物流过程直接与顾客接触,通过产品运输、配送提供顾客所要求的基本服务效用:时间效用和地点效用。配送和其他物流作业经常与顾客发生直接联系,影响客户对于产品以及相关服务的感受。因此,对物流的计划、实施和控制并取得优秀表现,可以使企业从竞争对手中脱颖而出,从而区别于其他供应商并创造价值和提高顾客满意度,进而实现服务增值的目的。第三方物流公司从事的维修服务、售后服务中心即属于此类。

三、第三方物流增值服务案例

(一) UPS、SSCI 与 IBM 物流中心

现代物流集商品流、信息流、资金流、人才流于一体,它已从单纯的"运输中心"(运输+转运+储存),经由"配送中心"(运输+转运+储存+装拆箱+仓储管理+加工)发展成为如今的物流中心(运输+转运+储存+装拆箱+仓储管理+加工+信息处理)。

IT 业界流传着这样一句话:"做企业要像 Intel 那样卖技术,像 Microsoft 那样卖产品,像 IBM 那样提供服务。"那么 IBM 是提供怎样的服务才使顾客如此满意呢? 这其中

与 IBM 的第三方物流增值战略息息相关。IBM 的产品种类繁多,就拿主打产品笔记本、服务器、台式机和电脑附件来说,产品销售网络覆盖全球,而生产基地只建在几个有限的战略性区域,如美国、墨西哥、匈牙利、中国等。因而单从生产基地发运产品给客户,物流成本高;在交货时间上,满足客户的服务达不到最优。例如在亚洲,IBM 承诺给网上直销客户的交货时间为 3 天,在北美交货时间则缩短到 2 天。如此短的交货时间对于任何一家公司来说都是一种挑战,然而作为 IBM 的第三方物流提供者——SSCI、UPS 公司的物流中心却帮助 IBM 实现了这个市场战略,不但帮助 IBM 降低了物流成本,而且还为 IBM 产品提供全面的增值服务,实现了"双赢"。

SSCI 和 UPS 均为美国的跨国物流企业,本身在物流行业就是配送、速递的领先者,二者各自独资建立的物流中心分布在世界:欧洲有 Greenock,美洲有 RTP、Guadalajara,亚洲有 Fujisawa、ShenZhen、Sydney 等 6 个战略区域,以确保 IBM 的产品及时、准确地交到客户手中。

SSCI 和 UPS 的物流中心不仅有仓储、配送的功能,还融入了分拣、二次装配、测试、贴标签、包装等一系列功能。物流中心内通常保有一周左右的标准配置存货,中心的信息系统与 IBM 的 SAP 管理系统相连接。IBM 在获得客户网上订单后,根据地域对订单进行划分,然后通过 Internet 系统传送至所属区域的物流中心,再由物流中心根据订单的具体个性化配置要求,进行拣货(标准机型、鼠标、LCD、网卡、打印机等选件)、配置(如改变内存容量、加装网卡、更换硬盘或光驱及操作系统更新等)、机器测试、贴标签(产品标签、包装标签、发运标签、资产标签)、包装、装载,直至在规定的承诺时间内将产品发至最终客户手中,而所有的这些工作都要在 72 小时或更短的 48 小时内完成。

物流中心将产品发运后,系统自动将发运讯息传回 IBM,IBM 据此发运讯息同供应商、物流中心进行货款和服务结算。

SSCI、UPS 物流中心的增值服务价值:

1. 降低整体物流成本。建立区域物流中心模式,代替了以往在各个国家均设点的经销商模式,因而降低了总体库存成本、呆滞成本及管理费用;同时由于集中大批量发货,降低了运输成本及物品损耗。

2. 缩短给予客户承诺交货时间。对于物流中心设置模式,客户的个性化配置要求在区域物流中心内利用库存品完成,而后直接发给最终客户,相比个性化配置在制造基地内完成再发给客户模式而言,可大幅度地缩短交货时间,提高客户满意度。

3. 为客户提供附加值服务。在物流中心内,建立 CTO(Configuration to Order,订单配置)流通加工生产线,接到订单后,根据客户的个性化订单要求,对制造基地发运来的库存成品进行个性化配置、测试合格后发给客户;或者应客户的需求,为之配备附加产品后一起发给客户,为客户提供增值服务。

(二) DFDS 运输公司

DFDS 运输公司是丹麦的一家公司,经过多年的发展已经从传统的航运公司发展成为一个综合物流公司。它提供"门到门"的服务,向欧洲的主要客户提供第三方物流解决方案。该公司现在集中精力致力于两个主要市场:计算机市场和汽车零部件市场。它的主要客户包括:Digital Equipment(数字设备公司)、ICL、Olivetti(奥利维蒂)、Apple

Computers（苹果电脑）、Ford Motor Co.（福特汽车）、General Motors（通用汽车）和 Toyota（丰田汽车）等。

DFDS 运输公司为计算机行业的客户开发了一种北欧的物流解决方案，运用在哥本哈根的配送中心为在丹麦、芬兰、挪威和瑞典的顾客直接配送。这种方式使有相同服务要求的顾客能分享配送中心设施、信息系统和运输能力。与单个客户依靠自己所提供的物流解决方法相比，DFDS 运输公司有较高的服务成效和较低的总成本。DFDS 运输公司还为计算机行业提供了另一种增值服务，如按顾客的要求装配计算机、检查装备和在客户所在地安装计算机等。

最近的一个例子是意大利的计算机公司 Olivetti，它是 1994 年春天同 DFDS 运输公司开始第三方物流合作的。在此之前，Olivetti 在每个北欧国家都有一个全国仓库，以服务于全国的顾客。备用零件的服务和维修也同样地分权给各国的销售机构。在此之后，Olivetti 关闭了在芬兰、挪威和瑞典等国家的仓库，而把它们转移到丹麦。这个新的斯堪的纳维亚的仓库是 Olivetti 自己的仓库和 DFDS 在哥本哈根的配送中心的结合体。个人计算机储存在 Olivetti，办公用品储存在 DFDS 的配送中心。服务的要求是发运时间短、可信度高。发往大部分丹麦、挪威客户的货物运达时间为 24 小时，而发往芬兰及其他较远的北欧国家的运达时间则为 48 小时。

在 DFDS 运输公司提供增值服务方面，如为 Olivetti 检测和组装计算机，对 Olivetti 的好处有几个方面。仓库的减少可以空出资金并且减少操作成本。存货成本减少 30%，存取成本至少降低 10%，总的物流成本减少 10% 以上。另外一个好处是可以将从非欧盟国家进口的货物贮存在自由贸易区，从而推迟海关关税、增值税的缴纳，直到产品出售为止。

（三）上海友谊集团物流有限公司

上海友谊集团物流有限公司是由原上海商业储运公司分离、改制而来，其自 20 世纪 90 年代初便为国际上最大的日用消费品公司——联合利华有限公司提供专业的物流服务，并与其建立了良好的物流合作伙伴关系。

友谊物流为联合利华公司提供个性化的物流增值服务，具体做法为：

1. 改变作业时间。由于联合利华采用 JIT（Just in Time）即时制生产方式，要求实现"零库存"管理。因此，友谊物流改革了传统储运的白天上班夜间及双休日休息的惯例，实施 24 小时作业制和双休日轮休制以及法定节假日与物流需求方实施同步休息的方法来满足市场和客户对物流服务的需求，保证了全天候物流服务。

2. 流通加工。根据市场需要和购销企业的要求，对储存保管的一些商品进行再加工包装，提高商品附加值。为此友谊物流专门辟出了 1000 平方米加工场地为联合利华进行诸如贴标签、热塑封包装、促销赠品搭配等再加工工作。这样的流通加工作业在物流企业内进行，能把需加工的商品最大限度地集中起来，统一做加工处理，以达到从运输包装改为销售包装、礼品包装或促销包装的要求，从而使商品出库能在超市、各商店直接上柜，可使供应商、制造商、商店、超市各门店节省相当可观的人力和时间成本。

3. 信息服务。友谊物流除了每天进行记账、销账、制作各类业务报表外，还按单价、品类、颜色、销售包装等分门别类做出商品统计，每天的进出货动态输入电脑，及时将库存信息传送给联合利华，使之能够随时了解销售情况及库存状态。

4. 退货整理。退货与坏货作业是物流企业对客户的后续服务。借鉴国外先进经验，这两年来友谊物流专门设立了退货整理专仓，将联合利华全国各地的退货全部集中起来，组织人员进行整理、分类，对选拣出来无质量问题的商品重新打包成箱，将坏品选拣出来，以便集中处理。设立退货整理专仓，解除了客户对能否退货的后顾之忧，改善供求关系，同时也提高了联合利华成品的完好率。

四、我国第三方物流企业分类

从第三方物流企业的形成方式来看，国内第三方物流企业可以分为四类：

第一类是传统仓储、运输企业经过改造转型而来的第三方物流企业。这类企业规模较大，基础较好，在市场中占主导地位。如中远国际货运公司、中国对外贸易运输（集团）总公司、中国储运总公司等等，凭借原有的物流业务基础和在市场、经营网络、设施、企业规模等方面的优势，不断拓展和延伸其他物流服务，实现了从传统物流行业不断向现代物流企业的转变。

第二类是新兴的物流公司。这种公司成立的时间不长，是在第三方物流概念引入和发展的过程中诞生的。此类公司大多是私有或者合资企业，其业务地域、服务和客户相对集中。由于这些公司的根基不深，经营规模不大，它们只能在有限的区域内集中利用自己的资源，提供高质量的物流服务。由于新型的组织结构、进取向上的企业文化和先进的管理理念，这类企业的效率相对较高，发展速度很快，它们一般都拥有先进的管理信息系统和经营理念，机制灵活，管理成本较低，是物流企业中最具活力的第三方物流企业，如天津大田物流有限公司等。

第三类是企业内部物流公司。很多大型企业受传统观念"大而全、小而全"的概念影响，都是自办物流。但随着市场竞争的加剧，社会分工层次的提升，企业为了专注于其核心竞争力的形成，增强物流资源的利用率，一些有战略眼光的企业开始将原来自有的物流部门从企业中独立出来，利用原公司的客户资源来发展自己的客户网络，帮助新成立的物流企业发展，并以此为基础不断开拓其他客户资源，逐步成为独立的第三方物流服务企业，如青岛海尔物流有限公司、安得物流股份有限公司等。

第四类是外资物流企业。它们一方面为原有客户跨国公司进入中国市场提供延伸服务，另一方面用它们的经营理念、经营模式和优质服务吸引中国企业，逐渐向中国物流市场渗透，如丹麦有利物流公司主要为马士基船运公司及其货主企业提供物流服务，深圳的日本近铁物流公司主要为日本在华的企业服务。

物流服务的本质是通过降低物流成本创造"第三利润源泉"。第三方物流的服务对象是众多的企业、货，第三方物流服务商将众多分散的货物集中起来，通过信息技术系统处理大量的物流信息，统筹安排优化配送路线，有效降低车辆空载率。同时，货物仓储由静态管理变为动态管理，周转率加快，仓储设施使用效率大大提高，物流服务的成本大大降低。随着业务规模的扩大，单件货物的物流成本呈不断下降趋势。因此，第三方物流服务具有规模经济效益递增的显著特征。

据中国电子商务研究中心（China e-Business Research Center）监测数据显示，欧洲目前使用现代第三/第四方物流服务的比例约为20%，美国约为40%，中国仅为3%左右，未来发展空间巨大。

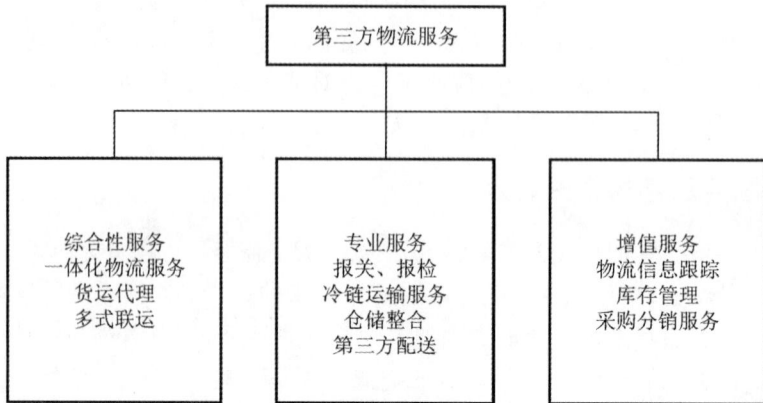

图 6-1　第三方物流服务

第三节　第四方物流增值服务

一、第四方物流概述

(一)第四方物流的概念

第四方物流(Forth Party Logistics,4PL)的概念是由著名的管理咨询公司埃森哲(Accenture)在《战略供应链联盟》(*Strategic Supply Chain Alignment*)一书中首先提出并作为专有的服务商标进行了注册。它指出,第四方物流供应商是一个供应链的集成商,它对公司内部和具有互补性的服务供应商所拥有的不同资源、能力和技术进行整合和管理,提供一整套供应链解决方案。

(二)第四方物流产生的原因

1. 随着物流事业的发展,一方面物流的全球化、多元化与个性化趋势越来越明显,物流系统越来越庞大、越来越复杂,对如此庞大、复杂的物流系统进行规划,无疑将消耗企业大量人力、物力和财力;另一方面,第三方物流企业数量在不断增加,并分工细化向专业化方向发展,企业也需将其物流业务分包给更多的第三方物流公司,因此,企业必须花费大量的精力进行第三方物流的选择与管理。

2. 第三方物流虽然在某个和几个企业看来,物流运作是高效的,但从整个地区、国家来说,局部的高效不等于全局的高效,甚至有可能是低效的。因为目前大多数第三方物流企业不能承担全部物流和供应链管理服务,其目标有可能与客户企业、供应链、地区、国家的目标不相一致,甚至会有冲突,第三方物流不能很好地解决社会物流的问题,不能实现物流的全面增值。

因此,随着物流服务内容全方位的发展,实现物流服务全面增值的方案——第四方物流应运而生。

（三）第三方物流与第四方物流的区别

第三方物流是由供方与需方之外的第三方——物流企业提供物流服务的运作模式，由于其可使企业在一定程度上摆脱物流对企业的束缚，将精力集中于核心业务，而受到广泛的欢迎。但第三方物流核心能力及其对物流整合的侧重点在于实际操作方面，其实现的是物流单一服务功能的增值，而实现物流服务全面增值的方案——第四方物流，成为物流发展的新趋势。

（四）第四方物流的特点

1. 第四方物流提供了一整套综合性、完善的供应链解决方案。其本质就是集成，在电子信息技术和第三方物流的基础上集成社会各方及自身的资源、能力和技术，它不仅仅是一种组织形式，更是一种企业运作的理念。第四方物流通过提供一个全方位的、系统的供应链解决方案来满足今天公司所面临的广泛而复杂的需求。不仅如此，更为重要的是，通过第四方物流的组织协调，使得咨询公司、技术公司和物流公司齐心协力来促成这一前所未有、使客户价值最大化的统一的技术方案的实施、运作以及持续的更新和优化。

2. 第四方物流通过其对整个供应链产生影响的能力来增加价值。第四方物流是在第三方物流的基础上提出和发展起来的。在社会分工上，4PL 是 3PL 的管理和集成者，但二者在服务上更多的是互补和合作。4PL 同 3PL 相比，其服务的内容更多、范围更广（如物流信息技术的开发和管理、销售前后客户服务水准的确立以及订单执行等功能）。其以整合供应链为己任，向企业提供完整的物流解决方案，与第三方物流仅能提供低成本的专业服务相比，第四方物流能控制和管理整个物流过程，并对整个过程提出策划方案，再通过电子商务把这个过程集成起来，以实现快速度、高质量、低成本的物流服务。

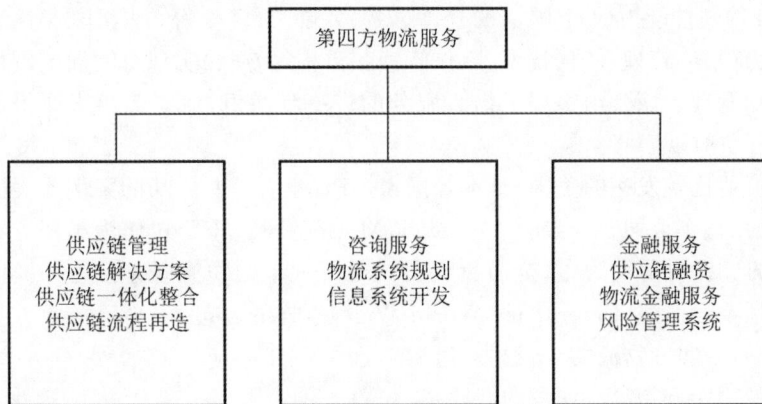

图 6-2　第四方物流服务

（五）第四方物流的运作模式

1. 正向协作（Synergy Plus）模式，即第四方物流为第三方物流工作，并提供第三方物流缺少的技术与战略技能。具体而言就是第四方物流将以合同或战略联盟的形式构建与第三方物流之间的合作关系，并将在第三方物流的组织内部工作，它们通过合作对物流系统的解决方案进行规划与整合。

2. 方案集成商(Solution Integrator)模式,即第四方物流为供应链的核心企业服务,是核心企业和所有第三方物流供应商及其他供应商联系的中心。该模式的核心是综合一体化,通过整合由核心企业构成的整个供应链上的资源、能力技术及补充服务提供商,从而实现客户组织的供应链各组成部分之间价值的传递,最终实现整个供应链的综合一体化运作以实现效率、效益最优。

3. 行业革新者(Industry Innovator)模式,即以实现整个供应链的同步化、合作化运作以产生巨大效益为目标,为更大的范围内(比如一个行业)众多的客户成员提供和执行一套系统、完善的供应链解决方案。这种工作模式无疑是最具竞争力、最能产生整体效益的模式,它的运行需要第四方物流提供者具有庞大的关系网络和协作技巧、强大的运筹规划能力、全球性的运营能力和供应链管理实务经验,同时也需要第四方物流获得客户与物流服务供应商的广泛认同。

二、第四方物流案例研究

尽管作为一种新兴事物的第四方物流尚未得到广泛关注,无论在国内,还是在国外,对第四方物流的研究还处在起步阶段。然而,可喜的是,在实践中,已经有了一定的第四方物流实施的案例(尽管有的实施者也许并不称自己为第四方物流),这些案例充分证明:第四方物流确能实现物流服务的全面增值。

最为典型的案例是:作为第四方物流理念提出者的埃森哲管理咨询公司,它同时也是将这一理念投入到实际商业运作中的先行者。在欧洲,该公司与菲亚特的农业器具子公司 NewHolland 共同出资成立了一个合资公司 New Holland Logistics S. P. A (NewHolland 拥有 80%的股份,埃森哲拥有 20%)。该合资公司作为第四方物流整合了 NewHolland 的硬件能力(6 个国家的仓库、774 名员工、资本等)以及埃森哲管理咨询公司的软件能力(物流管理、信息技术、运作管理和重构等专长)实现对欧洲范围内服务零配件物流的规划管理。该公司实现了物流服务的进一步增值,成立 7 年来取得了总成本节约 6700 万美元的成绩。

作为物流业比较发达的美国、日本等国家,4PL 也有一些成功的案例。美国大型物流商 CNF 与通用汽车公司合作经营 Vector SCM 物流公司,该公司作为第四方物流以管理及联络第三方物流供应商为主,全面负责美国通用汽车的物流服务。为其提供第三方物流服务的包括空运速递(Emergency World Wide)这样的公司。

而在中国,第四方物流的步伐相对落后。

中国发展第四方物流应注意的问题:

第一,由于第四方物流要将不同参与企业的资源进行有机整合,并根据每个企业的具体情况,进行合理安排和调度,从而形成第四方独特的服务技能和全方位、纵深化的经营技巧,所以,要求第四方物流的管理能力非常高,不仅要具备某个或某几个业务管理方面的核心能力,更要拥有全面综合管理能力和协调能力,并对所有的行业有深刻的理解和把握能力。

第二,由于第四方物流是通过第三方物流整合社会资源的基础上再进行整合,所以要发展第四方物流,首先要大力发展第三方物流,培育大型企业集团。另一方面,第四方物流的优越性在于能为供应链提供一站式的解决方案,第四方物流的发展必须在企业供应链业务外包极为流行的基础上才能发展起来。

第三,第四方物流要真正运用起来需要很好的信息流支持,需要市场上的信誉和信息系统的高度透明。

翻转课堂任务单

一、翻转教学目标

1.通过思考讨论及完成学习项目资源任务,加深对本章内容的理解;

2.通过查阅资料,增强主动发现问题探研问题的能力;

3.培养自主学习能力,加深对现实问题的认识,通过小组讨论交流,提升合作学习能力及精神;

4.收集物流金融服务方面的资料并为下次翻转课堂教学作准备。

二、翻转课堂学习任务

1.对本章内容小结

要求字数不超过200字。

2.思考讨论题

(1)简述物流增值服务的含义。

(2)现代物流增值服务主要有哪些类型?

(3)简述金融增值服务的主要内容。

(4)提供第三方物流增值服务企业具有哪些主要特征?

(5)第四方物流增值服务主要有哪些内容?

3.构建学习项目资源任务

要求:以小组为单位每人选择一项下列任务。

(1)第三方物流增值服务案例资料收集、概括、整理,每个案例字数不超过300字;

(2)第四方物流增值服务案例资料收集、概括、整理,每个案例字数不超过300字;

(3)金融增值服务案例资料收集、概括、整理,每个案例字数不超过300字。

4.完成项目内容报告

(1)完成结果为Word文档+PPT+视频

其中PPT+视频可以以小组为单位完成。

(2)建立问题档案

针对所选任务学习后,记录疑问及小组讨论结果。

(3)学习反思

1)记录问题解决的过程;方法;收获(发现、感悟与理解)。

2)存在问题与改进设想。

第七章　物流金融服务

第一节　物流金融概述

一、物流金融服务概念

物流金融服务是一个新概念,是指在物流运营过程中,与物流相关的企业通过金融市场和金融机构,运用金融工具使物流产生的价值得以增值的融资和结算的服务活动。

(一) 物流金融的内容

物流金融的内容包括发生在物流过程中的各种贷款、投资、信托、租赁、抵押、贴现、保险、结算、有价证券的发行与交易、收购兼并与资产重组、咨询、担保以及金融机构所办理的各类涉及物流业的中间业务等。

物流金融是为物流产业提供资金融通、结算、保险等服务的金融业务,它伴随着物流产业的发展而产生。

(二) 物流金融的主体

物流企业与金融机构联合起来为资金需求方企业提供融资服务。物流金融主体及相互间关系见图 7-1。

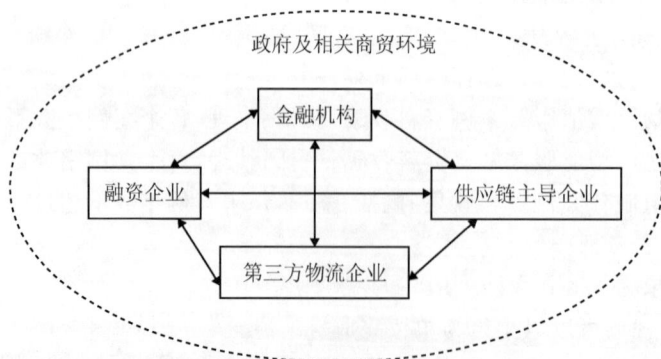

图 7-1　物流金融主体及相互间关系

(三) 物流金融的特点

1. 规范化

物流金融业务中所有物流产品的质量和包装都以协议约定的标准规范化,由物流公司验收、看管,而且动产质押品的质押要符合规定程序,不能有银行派人看管和客户自行看管的不规范行为,确保质押的有效性。

2. 信息化

物流金融中所涉及的所有质押品的监管都借助物流公司的物流信息管理统一进行,与该业务有关的管理人员,都可以随时通过物流公司的信息管理系统查看质押品的品种、数量和价值,以便获得质押品的即时情况。

3. 异地化

物流公司和与其合作的银行都有覆盖全国的服务网络,使物流金融业务既可以在该行所设机构地区开展,也可以在全国各地开展异地业务,并能保证资金及时汇划和物流及时运送。

4. 普遍适用性

(1)服务区域具有普遍适用性。

(2)物流金融涉及的货物品种具有普遍适用性。包括各类工业品和生活品,产成品以及原产品等众多品种。

(3)物流金融服务的对象具有普遍适用性。无论何种企业,只要具有符合物流金融条件的产品,都可以开展该项业务。

二、物流金融产生的背景

(一)第三方物流服务的革命

物流金融,是物流与金融相结合的产品,其不仅能提高第三方物流企业的服务能力、经营利润,而且可以协助企业拓展融资渠道,降低融资成本,提高资本的使用效率。物流金融服务是第三方物流服务的一次革命。

(二)中小型企业融资困境

在国内,由于中小型企业存在着信用体系不健全的问题,所以融资渠道贫乏,生产运营的发展资金压力大。金融物流服务的提出,可以有效支持中小型企业的融资活动。另外,金融物流可以盘活企业暂时闲置的原材料和产成品的资金占用,优化企业资源。

(三)供应链"共赢"目标

对于现代第三方物流企业而言,物流金融可以提高企业一体化服务水平,提高企业的竞争能力,提高企业的业务规模,增加高附加值的服务功能,扩大企业的经营利润;对于供应链企业而言,物流金融可以降低企业的融资成本,拓宽企业的融资渠道,降低企业原材料、半成品和产品的资本占用率,提高企业资本利用率,实现资本优化配置,降低采购成本或扩大销售规模,提高企业的销售利润;对于金融机构而言,物流金融服务可以帮助金融机构扩大贷款规模,降低信贷风险,甚至可以协助金融机构处置部分不良资产。

(四)金融机构创新意识增强

当前金融机构面临的竞争越来越激烈,促使了物流金融的诞生。物流金融可以帮助银行吸引和稳定客户,扩大银行的经营规模,增强银行的竞争能力;可以协助银行解决质押贷款业务中银行面临的"物流瓶颈"——质押物仓储与监管;可以协助银行解决质押贷款业务中银行面临的质押物评估、资产处理等服务。

三、发展物流金融的重要作用

（1）物流金融在宏观经济结构中的作用主要为提高流通服务质量，减低物资积压与消耗，加快宏观货币的回笼周转。

（2）物流金融在微观经济结构中的功能突出表现为物流金融服务，特别是在供应链中第三方物流企业提供的一种金融与物流集成式的创新服务。

（3）物流金融不仅能为客户提供高质量、高附加值的物流与加工服务，还为客户提供间接或直接的金融服务，以提高供应链整体绩效和客户的经营和资本运作效率等。

（4）在第四方物流出现后，物流金融才真正地进入"金融家族"的概念，在这里物流将被看成一种特殊的"货币"，伴随着物流的流转一起发生在金融交易活动之中，"物流金融"利用它特殊的身份将物流活动同时演化成一种金融交易的衍生活动。

世界最大的船务公司马士基和快递服务公司 UPS 的第一位利润来源都已经是物流金融服务。UPS 中国董事总经理兼首席代表陈学淳说："物流业的未来决胜点在于金融服务，谁能掌握金融服务，谁就能成为最终的胜利者。"

四、第三方物流金融服务创新

在企业的经济活动中，经济运行过程总是资金流、物流和信息流的统一。从物流的角度来看，物流活动不仅伴随着资金流动，而且受资金流制约。因此从这种意义上来说，资金流不仅决定着物流活动状况，而且决定着整个社会资源的配置效率和经济运行效率。

从企业角度来看，企业尤其是中小企业由于在物流过程中占用大量的资金，且再生产需要大量资金，迫切需要提高企业的资金利用效率，充分利用物流过程中的资金占用。从第三方物流企业角度，由于第三方物流行业竞争的日趋激烈，行业的利润率越来越低，第三方物流企业为了提高竞争力，需要进一步拓展为企业服务的能力，而物流活动中开展融资服务就是适应社会和企业的需求。

（一）金融服务是生产企业、银行、第三方物流企业共同需求

目前我国中小企业已超过 1000 万家，数量占企业总数的 99％，产值占 60％，税收占43％，但是中小企业融资只占 30％左右，在中小企业的整个经济活动中，物流过程占用资金很大。如果能有效地利用资金，企业就能很快地扩大生产，占领市场。但很多企业尤其是中小企业却很难直接从资本市场上融资，银行融资更加困难。主要原因有：①中小企业经营效益相对低下，资信普遍不高。②中小企业财务管理水平有待规范。③社会中介服务机构不健全，中小企业担保难、抵押难。④银行信贷管理体制也使中小企业的融资变得困难。与同时，由于中小企业贷款具有金额小、频率高、时间急等特点，银行对中小企业贷款的管理成本相对较高，这就影响了银行的贷款积极性。中小企业底子薄、固定资产规模小，必须借助金融支持才能尽快发展壮大，而在具体的融资活动中往往因无法提供银行认可的固定资产抵押担保而缺乏银行的贷款。

解决中小企业融资难除了需要政府及有关部门的关注外，金融机构也有很多创新融资方法。比如在物流环节中产品的占用资金比较大，时间也长，因此利用物流环节的产品

进行融资就是一个比较可行的办法。例如,为了满足中小企业的融资需求,经济贸易发达地区的股份制商业银行率先开办了以电器、酒类、钢材等质物为代表的动产质押贷款业务,取得了初步成功,满足了拥有大量动产而缺乏自有固定资产的中小企业的潜在需求。接着众多中小股份制商业银行便纷纷涉足,其中仓储质押贷款便是典型的代表。中小民营企业以动产仓储质押的融资需求非常巨大。

但是动产抵押存在着很大缺陷,首先,抵押贷款缺乏担保,手续复杂。金融部门在贷款过程中均实行"谨慎性原则",考虑的是资金的安全性,并建立了一套手续繁杂的审批程序,同时实行严格的财产抵押担保制度。而中小企业由于自身发展的限制,经济效益普遍低下,依靠自身的实力不足以提供担保,而且担保连带责任重大,很少有单位或个人愿为中小企业提供担保。

其次贷款在办理财产抵押过程中,抵押登记和评估费用较高,而贷款抵押率较低。一般房产抵押率为70%,生产设备抵押率为50%左右,动产抵押率为20%~30%,专用设备抵押率只有10%,而中小企业的资产主要由产品和一些专用设备构成,贷款抵押率明显较低,同时金融部门还要根据企业的经济效益和信用度来调整贷款抵押率,并且抵押物品还要满足金融部门的其他要求。在这种体制下,中小企业融资额度十分有限。由于金融部门贷款门槛较高,融资费用较高,贷款抵押率较低,现行信贷机制大大压制了中小企业的融资需求。

最后,金融部门注重"盈利性",在信贷过程中倾向于"短、平、快"项目,而中小企业属于国民经济基础行业,投资回收期较长,金融部门不愿为其贷款。因此,动产抵押贷款虽然有利于中小企业融资,但由于缺乏中间担保机构或企业,这种融资方式对于中小企业来说,不是非常有效的融资方式。这为第三方物流企业进入新的金融领域创造了一个非常好的机会。

(二)第三方物流企业开展金融服务的意义

第三方物流企业开展金融服务不仅有利于中小企业融资和银行金融业务的创新,也是提高自己竞争力的重要手段,可以说是一个"多赢"的合作。

1. 增强了第三方物流企业的竞争力

从1999年到2002年,我国注册的以"物流"名义的企业有73万家,而在2001年,据美国美世公司统计我国物流服务企业只有约10060家,众多的物流企业切分物流蛋糕,必然使物流竞争异常激烈。而我国目前最大的物流公司所占的市场份额也不超过8亿元的规模。因此,我国第三方物流企业为了生存和发展,纷纷在物流活动中提供金融服务,以提高企业竞争力。例如中储系统从1999年就开始与银行合作,开展仓单质押业务,现已与工商银行、建设银行、农业银行等十几家金融机构合作,每年为客户融资10亿以上人民币。广东南储仓储管理有限公司为企业仓单融资一年就达40亿元。

2. 有利于制造企业集中主业,提高核心竞争力

在企业的经营活动中,原材料和流动产品占用了大量的资金,金融服务解决了在物流过程中的融资问题,使企业能够把有限的资金用在产品开发和快速扩张方面,有效地盘活物流过程中的资金沉淀,提高企业核心产品的市场占有能力。同时由于物流企业通过金融服务更加有效地融入企业的供应链中,有利于企业集中主业,提高企业的核心

竞争力。

3. 给银行带来新的业务和利润空间

当前银行的贷款资产质量不高，呆坏账比例居高不下，如何提高贷款质量、控制贷款风险、发展新的业务成为银行关注的首要问题。中小企业虽然有大的融资市场，但由于中小企业自身的原因，银行不可能满足中小企业的融资需求。物流企业的仓单抵押、信用担保就成为银行新的利润源泉。例如，深圳发展银行2000年就与一家物流企业合作，为企业进行质押贷款，一年银行的授信全部收回。

4. 金融服务成为物流企业的新利润源

企业竞争的结果导致物流服务的利润下降，迫使物流企业开辟新的服务领域，金融服务就成为一个提高企业竞争力、增加利润的重要业务。UPS认为对卡车运输、货代和一般物流服务而言，激烈的竞争使利润率下降到平均只有2％左右，已没有进一步提高的可能性。而对于供应链末端的金融服务来说，由于各家企业涉足少，目前还有广大空间，于是包括UPS在内的几家大型第三方物流商在物流服务中增加了一项金融服务，将其作为争取客户、增加企业利润的一项重要举措。

（三）第三方物流企业开展金融服务的模式选择

第三方物流企业开展金融服务的模式有多种多样，但是归结起来只有三种基本模式。第三方物流企业开展金融服务可以结合自身的条件进一步创新，选择适合本企业和服务企业的金融服务模式。

1. 质押模式

仓单质押贷款，是制造企业把商品存储在物流企业仓库中，物流企业向银行开具仓单，银行根据仓单向制造企业提供一定比例的贷款，物流企业代为监管商品。开展仓单质押业务，既可以解决货主企业流动资金紧张的困难，同时保证银行放贷安全，又能拓展仓库服务功能，增加货源，提高效益，可谓"一举三得"。

首先，对于制造企业而言，利用仓单质押向银行贷款，可以解决企业经营融资问题，争取更多的流动资金周转，达到实现经营规模扩大和发展、提高经济效益的目的。

其次，对于银行等金融机构而言，开展仓单质押业务可以增加放贷机会，培育新的经济增长点；又因为有了仓单所代表的货物作为抵押，贷款的风险大大降低。

最后，对于物流企业而言，一方面可以利用能够为货主企业办理仓单质押贷款的优势，吸引更多的货主企业进驻，保有稳定的货物存储数量，提高仓库空间的利用率；另一方面又会促进仓储企业不断加强基础设施的建设，完善各项配套服务，提升企业的综合竞争力。

质押模式主要有现有存货质押贷款、异地仓库监管质押贷款、买方信贷等几种。现有存货质押贷款是指货主企业把质押品存储在第三方物流企业的仓库中，然后凭借仓单向银行申请贷款，银行根据质押品的价值和其他相关因素向客户企业提供一定比例的贷款。这一过程中，第三方物流企业负责监管和储存质押品；异地仓库监管质押贷款是在仓单质押的基本模式上，对地理位置的一种拓展。第三方物流企业根据客户不同，或利用遍布全国的仓储网络，或整合社会仓库资源，甚至是客户自身的仓库，就近进行质押监管，极大地降低了客户的质押成本；买方信贷或称保兑仓，它相对于企业仓单质押业务模式的特点是先票后货,即银行在买方客户交纳一定的保证金后开出承兑汇票,收票人为生产企业,生产企业在收到银行承兑汇票后按银行指定的仓库发货,货到仓库后转为仓单质押。这一过程中,生产企业承担回购义务。另外,围绕国际货代、仓储保管、分销等业务还可细分不同操作方式。

2. 担保模式

统一授信就是银行把贷款额度直接授权给物流企业,再由物流企业根据客户的需求和条件进行质押贷款和最终结算。物流企业向银行按企业信用担保管理的有关规定和要求提供信用担保,并直接利用这些信贷额度向相关企业提供灵活的质押贷款业务,银行则基本上不参与质押贷款项目的具体运作。该模式有利于企业更加便捷地获得融资,减少原先质押贷款中一些繁琐的环节;也有利于银行提高对质押贷款全过程监控的能力,更加灵活地开展质押贷款服务,优化其质押贷款的业务流程和工作环节,降低贷款的风险;物流企业。

3. 直接融资模式

在第三方物流企业的物流业务流程中,当第三方物流企业为发货人承运一批货物时,第三方物流企业首先代提货人预付一半货款,待提货人取货时则交付给第三方物流企业全部货款。第三方物流企业将另一半货款交付给发货人之前,产生了一个资金运动的时间差,即这部分资金在交付前有一个沉淀期。在资金沉淀期内,第三方物流企业等于获得了一笔不用付息的资金。第三方物流企业用该资金从事贷款,而贷款对象仍为第三方物流企业的客户或者限于与物流业务相关的客户。在这里,这笔资金不仅充当交换的支付功能,而且具有了资本与资本运动的含义,而且这种资本的运动是紧密地服务于物流服务的。这不仅加快了客户的流动资金周转,有助于改善客户的财务状况,而且为客户节约了存货持有成本。

在物流过程中开展金融服务对中小企业、银行以及第三方物流企业本身都具有重要的意义,大力推广物流过程中的金融服务,可有效地提高企业的资金利用效率,使资金流和物流结合更加紧密、物流环节更加畅通,将有利于物流业乃至整个经济社会的健康、高效、快速发展。

第二节 大宗商品物流金融服务模式

一、大宗商品物流金融服务模式

近年来,物流金融作为市场经济下的一种新的金融服务在国内外物流业与金融业应运而生,为中小企业融资困难提供了解决方式。对于融资企业而言,物流金融可以解决其经营融资问题;对于银行等金融机构而言,可以增加放贷机会,培育其新的经济增长点;对于物流企业而言,通过提供物流金融服务可以吸收周边更多的中小企业成为其协作企业,使自身更好地融入企业的供应链之中,增加其业务收入。因此,物流金融受到社会广泛关注。

（一）大宗商品物流金融的特点

大宗商品作为大宗商品物流金融的质押物，其特殊性有以下三方面：一是供需量大，交易量大；二是价格波动大；三是易于储存、运输。

物流金融是指银行与物流企业合作，在供应链运作过程中向顾客提供融资、配套结算及保险等服务的业务。核心是银行等金融机构通过与物流企业的合作创新，以客户交易项下的担保物为标的进行融资放贷、商品采购、销售回笼等过程。简单地说，物流金融业务是为了实现物流企业、中小企业和银行三方共赢，需要物流企业参与而开展的企业融资业务。

从广义上讲，大宗商品物流金融服务是指银行向从事大宗商品贸易的企业提供融资服务的业务；从狭义上讲，是指银行为大宗商品贸易商或生产企业提供贸易融资，银行需以货物或货权为核心，物流企业承担运输、监管、担保等任务，融资款能够基于贸易本身得以偿还的增值服务。

大宗商品物流金融的主要特点有以下几方面：一是质押物价格波动大；二是大多发生在供应链上；三是大宗商品的运输、监管需要专业技术。

（二）大宗商品物流金融模式

随着金融业和物流业的不断发展，大宗商品物流金融的形式越来越多。目前大宗商品物流金融模式主要有以下几种。

1. 代收货款模式

代收货款模式是指物流企业在提供物流服务的同时帮助大宗商品提供方向买方客户收取货款，再将货款交给大宗商品提供方并从中收取一定费用的业务，具体流程如图 7-2 所示。

图 7-2　代收货款模式

代收货款模式下，物流企业除提供大宗商品运输等传统物流服务获得物流费用外，还可以延迟支付一笔不用付息的资金，该资金可用于提供其他服务，从而获取额外的资金收益。

2. 垫付货款模式

垫付货款模式分为以下两种类型。

（1）垫付货款模式 1

垫付货款模式 1 是指物流企业在收到大宗商品的同时为买方垫付货款，将大宗商品给买方时再收回货款，具体流程见图 7-3。

图 7-3　垫付货款模式 1

该模式有效地解决了大宗商品提供方的资金积压问题。物流企业预先垫付货款,增加了大宗商品提供方的流动资金,提高了其运营效率。同时买方只需提货时结清货款,减少资金压力,物流企业也因提供该业务增强了对购销双方的吸引力,从而增加业务量,进而获得更多的传统物流服务收益和增值服务收益。

（2）垫付货款模式2

如果物流企业没有雄厚的资金实力来垫付货款,完成交易就要采取模式2,引入银行为其提供资金,具体流程见图7-4。

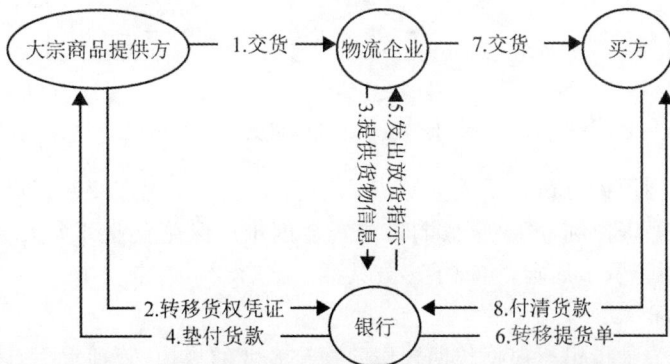

图 7-4　垫付货款模式2

3. 仓单质押模式

仓单质押模式是指大宗商品提供方将其拥有完全所有权的大宗商品存放在银行指定物流公司,以物流公司出具的仓单在银行进行质押,作为融资担保。银行依据质押仓单向大宗商品提供方提供用于专项贸易的短期融资,具体流程如图7-5。

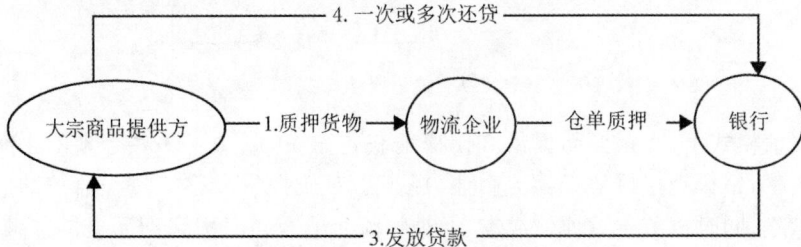

图 7-5　仓单质押模式

仓单质押模式下,大宗商品提供方可以利用仓单质押向银行贷款,解决经营融资问题,达到实现经营规模扩大和发展、提高经济效益的目的。银行等金融机构通过开展仓单质押业务可以增加放贷机会,培养新的经济增长点;又因为有仓单代表的货物作为抵押,贷款的风险大大降低。物流企业可以利用能够为大宗商品提供方办理仓单质押贷款的优势吸引更多的企业,促进物流企业发展,获得更多收益,提高其综合竞争力。

4. 保兑仓模式

保兑仓模式是仓单质押模式的延伸。当银行给大宗商品生产商开具承兑汇票后,生产商向物流企业（保兑仓）交货,此时保兑仓转为仓单质押,具体流程如图7-6。

图 7-6　保兑仓模式

保兑仓模式利用银行信誉促成贸易,有效保障大宗商品生产商回笼资金,同时为大宗商品经销商提供融资便利,解决全额购货的资金困难。保兑仓业务大大缓解了交易双方的资金压力,提高了资金周转,实现了多方共赢。

5. 统一授信模式

统一授信模式是指银行根据长期合作的物流企业的规模、管理水平、运营情况把贷款额度直接授信给物流企业,大宗商品提供方将大宗商品质押在物流企业获得贷款,银行基本不参与质押贷款的具体运行,具体流程如图 7-7。

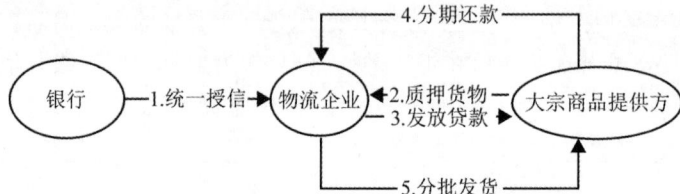

图 7-7　统一授信模式

统一授信模式下,大宗商品提供方便捷地获得融资,减少了一些繁琐的手续和环节,提高运营效率;银行直接授信于物流企业,提高了对质押贷款整个过程监控的能力,降低了贷款的风险,同时也节省了评估成本,通过物流企业获得对大宗商品提供方融资市场的占有,扩大业务量;统一授信使物流企业获得资本性的收入,提高了总体业务的利润率。统一授信要求第三方物流企业有一定的资质,且授信金额有一定限制。

通过大宗商品物流金融业务,大宗商品企业能更加便捷地获得融资,提高了资金周转率和企业的运营效率;银行通过提供贷款获得放贷收益,同时有物流企业的参与使其风险降低;物流企业通过提供物流金融增值服务,扩大了业务范围,加强了与企业和银行的关系,增加了企业利益和企业竞争力。大宗商品物流金融模式使大宗商品企业、物流企业和银行三方共赢。

第三节   融资物流理念

一、融资物流概述

（一）融资物流概念

融资物流（业务）是质权人（通常是指银行）为了更安全地控制质押货物，利用物流公司对货物实时、实地监管的能力，与物流公司合作推出的一种业务模式。

融资物流是传统物流的增值服务，指企业以处于正常贸易流转状态的产品向银行质押作为授信条件，借助物流公司的物流信息管理系统获得融资的综合服务业务。它的意义在于引用物流（动产）质押解决了中小企业融资难的问题。资金短缺是制约众多企业发展的瓶颈难题。而融资物流业务，可提供灵活的质押贷款和结算、信用担保等银行综合服务，并引入专业的物流管理，在享受融资便利之时，还可享受库存管理带来的收益。

（二）融资物流基本操作

现在的基本操作服务有仓单质押（厂家动态）和海陆仓全程监管等几种。

仓单质押：仓单质押是指融资企业把质押商品存储在银行指定的物流企业仓库中，然后凭借物流企业开具的仓单向银行申请授信，银行根据质押商品的价值和其他相关因素向融资企业提供一定比例的授信额度。

海陆仓全程监管模式：采用多式联运、点线结合监管模式，负责在境内外派出人员在途、异地监管，主要结合国内信用证模式、订单融资模式、国际保理模式（从普通的质押拓展到在途监管）。海陆采用提单质押，仓采用仓单质押。

（三）融资物流特点

1. 利润低微。一般用于为其他服务的营销打好基础。

2. 风险大，物流服务商负担重。

3. 只有雄厚资本支持的物流服务商才能进入该行业。

（四）融资物流主要模式

融资物流的主要模式包括以下四类：仓单质押（实物仓）、保兑仓、融通仓以及海陆仓。

（五）融资物流现状

融资物流是近年以来根据中国经济、相关行业、相关企业发展需要而大力推广的一项创新金融产品。在国内融资物流领域，中信银行已经成为客户首选的合作银行之一。

（六）融资物流意义

融资物流通常是指银行借助有较强实力物流公司的物流信息管理系统，通过正常贸易项下商品抵/质押、厂商回购、重要单据控制、应收账款转让等手段将银行资金流与企业的物流有机结合，向公司客户提供集融资、结算等多项银行服务于一体的银行综合服务业务。简单地说,银行通过向经销商或生产商进行物流融资,间接盘活整个供应链,以达到银行、厂商、经销商、物流公司"四方共赢"。

翻转课堂任务单

一、翻转教学目标

1. 通过思考讨论及完成学习项目资源任务,加深对本章内容的理解;

2. 通过查阅资料,增强主动发现问题探研问题的能力;

3. 培养自主学习能力,加深对现实问题的认识,通过小组讨论交流,提升合作学习能力及精神;

4. 收集融资物流业务方面的资料并为下次翻转课堂教学作准备。

二、翻转课堂学习任务

1. 对本章内容小结

要求字数不超过 200 字。

2. 思考讨论题

(1) 第三方物流企业开展金融服务的模式有哪些?

(2) 谈谈第三方物流金融服务创新思路。

(3) 简述大宗商品物流金融的特点。

(4) 大宗商品物流金融模式主要有哪几种?

(5) 简述融资物流概念。

3. 构建学习项目资源任务

要求:以小组为单位每人选择一项下列任务。

(1) 第三方物流企业开展金融服务的模式案例资料收集、概括、整理,每个案例字数不超过 300 字;

(2) 大宗商品物流金融模式案例资料收集、概括、整理,每个案例字数不超过 300 字;

(3) 融资物流案例资料收集、概括、整理,每个案例字数不超过 300 字。

4. 完成项目内容报告

(1) 完成结果为 Word 文档＋PPT＋视频

其中 PPT＋视频可以以小组为单位完成。

(2) 建立问题档案

针对所选任务学习后,记录疑问及小组讨论结果。

(3) 学习反思

1) 记录问题解决的过程;方法;收获(发现、感悟与理解)。

2) 存在问题与改进设想。

第八章 融资物流业务

第一节 仓单质押（实物仓）

一、仓单质押概念

仓单质押是以仓单为标的物而成立的一种质权。仓单质押作为一种新型的服务项目，为仓储企业拓展服务项目、开展多种经营提供了广阔的舞台，特别是在传统仓储企业向现代物流企业转型的过程中，仓单质押作为一种新型的业务应该得到广泛应用。

仓单质押贷款是指银行与借款人（出质人）、保管人（仓储公司）签订合作协议，以保管人签发的借款人自有或第三方持有的存货仓单作为质押物向借款人办理贷款的信贷业务。

仓单是指仓储公司签发给存储人或货物所有权人的、记载仓储货物所有权的唯一合法的物权凭证，仓单持有人随时可以凭仓单直接向仓储方提取仓储货物。

开展标准仓单质押贷款是商业银行寻求新的利润增长点的内在需求，是期货市场发展的润滑剂，但同时也存在着风险。要对贷款过程的每个环节认真分析，制定应对策略。

仓单质押在国外已经成为企业与银行融通资金的重要手段，也是仓储业增值服务的重要组成部分。在我国，仓单质押作为一项新兴的服务项目，在现实中没有任何经验可言，同时由于仓单质押业务涉及法律、管理体制、信息安全等一系列问题，因此可能产生不少风险及纠纷，如果仓储企业能处理好各方面的关系，并能够有效地防范以上风险，相信仓单质押业务会大有所为的。

二、仓单质押性质

关于仓单质押的性质，即仓单质押为动产质押还是权利质押，学界有不同的看法。

日本通说认为，仓单系表彰其所代表物品的物权证券，占有仓单与占有物品有同一的效力，因而仓单质押属于动产质押。《日本商法典》第575条规定：交付提单于有受领运送物权利之人时，其将就运送物所得行使的权利，与运送物之交付，有同一效力。这里明确规定提单的交付与运送物的交付有同一效力，系泛指就运送物所得行使的权利，所以除运送物所有权转移外，自可包括动产质权之设定。而《日本商法典》第604条有关于仓单准用于第575条的规定，因而，可解释为仓单质押为动产质押。

我国法律上的仓单质押在性质上应为权利质押。

首先,从我国《担保法》的规定看,仓单质押是规定在权利质押中的。

我国《担保法》第75条规定:下列权利可以质押:

(1) 汇票、支票、本票、债券、存款单、仓单、提单;

(2) 依法可以转让的股份、股票;

(3) 依法可以转让的商标专用权、专利权、著作权中的财产权;

(4) 依法可以质押的其他权利。

由此可见,仓单质押应为权利质押之一种。

其次,如果认定仓单质押为动产质押,则说明仓单质押的标的物为动产。但是,仓单是一种特殊的标的物,并不是动产,而是设定并证明持券人有权取得一定财产权利的书面凭证,是代表仓储物所有权的有价证券。仓单质押的标的物为仓单,仓单是物权证券化的一种表现形式,合法拥有仓单即意味着拥有仓储物的所有权。也正因如此,转移仓单也就意味着转移了仓储物的所有权。同时,由于仓单为文义证券,仓单上所记载的权利义务与仓单是合为一体的。从最纯粹的意义上讲,仓单本身只不过为一张纸而已,无论对谁来讲均无任何意义,有意义的是记载其上的财产权利,故而仓单质押在性质上不能认定为动产质押。

再次,根据我国《担保法》的规定,质押分为动产质押和权利质押两种,此二种质押担保方式的区分标准在于标的物的不同。仓单质押作为一种质押担保方式,我们认为其在性质上为权利质押,最为关键的是仓单作为仓单质押的标的物,其本身隐含着一项权利——仓单持有人对于仓储物的返还请求权,由此,仓单设质可以"使商品之担保利用及标的物本身之利用得以并行"。

由是观之,可以说,仓单质押的标的物为仓单,但实际上该仓单质押存在于对仓储物的返还请求权上。如果否认了这一点,则在质权人实行质权时便无权向仓储物的保管人提示仓单请求提取仓储物,而只能将仓单返还给出质人,由出质人从保管人处提取仓储物,然后作为债务的清偿。这样一来,设定仓单质押也就形同虚设,无任何意义而言。

最后,根据我国《合同法》第387条的规定,出质人背书并经保管人签字或盖章,可以转让提取仓储物的权利。由此可知,在仓单质押中,提取仓储物的权利是仓单质押的标的权利。从这种意义上说,仓单质押在性质上应为权利质押而不能为动产质押。

三、仓单质押产生原因

(一) 开展标准仓单质押贷款是商业银行发展创新、寻求新的利润增长点的内在需求

首先,开展标准仓单质押贷款有利于商业银行规避经营风险。金融风险的存在将促进质押融资的发展,为改善信贷资产结构提供良好契机。

其次,开展标准仓单质押贷款有利于商业银行拓展新的利润增长点。银行业面对入世后带有混业经营背景的外资银行的挑战,应开展银期合作,以求在同业竞争中赢得先机。

另外,长期以来由于规模较小,固定资产少,约有80%的中小企业存在贷款难和融资难的问题,探索仓单质押融资业务能帮助有产品的中小企业获得贷款。

（二）开展标准仓单质押贷款是期货市场快速发展的润滑剂

标准仓单是指指定交割仓库在完成入库商品验收、确认合格并签发《货物存储证明》后，按统一格式制定并经交易所注册可以在交易所流通的实物所有权凭证。交易所通过计算机办理标准仓单的注册登记、交割、交易、质押、注销等业务。标准仓单的表现形式为《标准仓单持有凭证》，交易所依据《货物存储证明》代为开具。标准仓单持有人可选择一个或多个交割仓库不同等级的交割商品提取货物。标准仓单具有流通性好、价值高的特点，因而，商业银行对期货市场标准仓单抱有很大的热情。

四、仓单质押发展现状

目前，国内期货交易所普遍开展了标准仓单质押业务，规定持有标准仓单的会员或交易所认可的第三人可办理仓单质押，以该品种最近交割月份合约在其前一月最后一个交易日的结算价为基准价计算其市值，质押金额不超过其市值的 80%。但这种业务具有一定的局限性：该业务以头寸形式释放相应的交易保证金，只能用于期货交易，相应的手续费、交割货款、债权和债务只能用货币资金结清；交易所按同期半年期贷款利率收取质押手续费，风险的承担者只有交易所，比较单一；仓单质押释放的交易头寸只能用于某交易所的期货交易，不能在整个期货市场流通；对某些套期保值者或现货购买商来说限制了其进一步购买现货的能力。

五、仓单质押操作要点

由于仓单质押业务涉及仓储企业、货主和银行三方的利益，因此要有一套严谨、完善的操作程序（见图 8-1）。

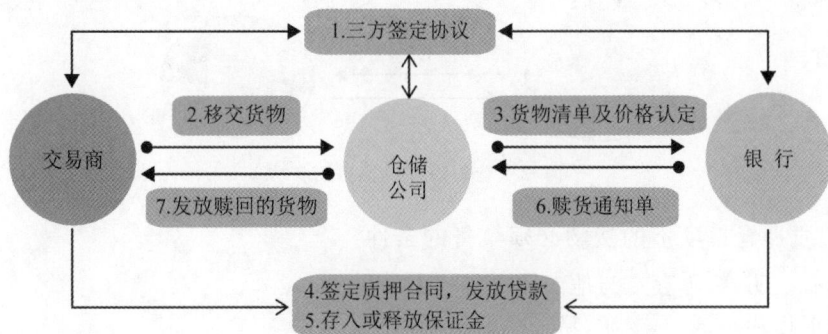

图 8-1 交易仓单质押操作流程

首先货主（借款人）与银行签订《银企合作协议》《账户监管协议》；仓储企业、货主和银行签订《仓储协议》；同时仓储企业与银行签订《不可撤销的协助行使质押权保证书》。

货主按照约定数量送货到指定的仓库，仓储企业接到通知后，经验货确认后开立专用仓单；货主当场对专用仓单作质押背书，由仓库签章后，货主交付银行提出仓单质押贷款申请。

银行审核后，签署贷款合同和仓单质押合同，按照仓单价值的一定比例放款至货主在银行开立的监管账户。

贷款期内实现正常销售时,货款全额划入监管账户,银行按约定根据到账金额开具分提单给货主,仓库按约定要求核实后发货;贷款到期归还后,余款可由货主自行支配。

六、仓单质押业务特点

多适用于商品流通企业;

有效解决企业担保难问题,当企业无固定资产作为抵押,又寻找不到合适的保证单位担保时,可以自有的仓单作为质押向银行取得贷款;

缓解企业因库存商品而造成的短期流动资金不足的状况;

质押仓单项下货物允许周转,可采取以银行存款置换仓单和以仓单置换仓单两种方式。

七、仓单质押融资业务

仓单质押融资业务是指申请人将其拥有完全所有权的货物存放在银行指定仓储公司(以下简称仓储方),并以仓储方出具的仓单在银行进行质押,作为融资担保,银行依据质押仓单向申请人提供的用于经营与仓单货物同类商品的专项贸易的短期融资业务。其各方关系见图 8-2。

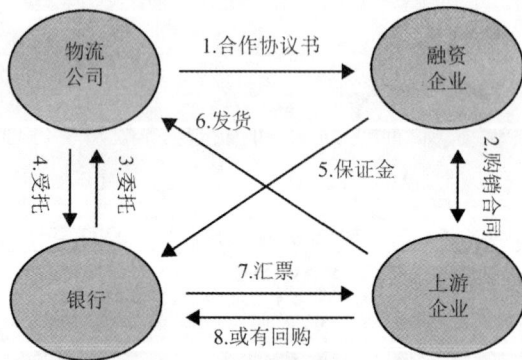

图 8-2　仓单质押融资各方关系

(一) 质押仓单项下的货物必须具备的条件

1. 所有权明确,不存在与他人在所有权上的纠纷;

2. 无形损耗小,不易变质,易于长期保管;

3. 市场价格稳定,波动小,不易过时,市场前景较好;

4. 适应用途广泛,易变现;

5. 规格明确,便于计量;

6. 产品合格并符合国家有关标准,不存在质量问题。

多操作于钢材、有色金属、黑色金属、建材、石油化工产品等大宗货物。

(二) 业务申请人应符合银行贷款对象的基本要求及同时应满足的条件

1. 将可用于质押的货物(现货)存储于银行认可的仓储方,并持有仓储方出具的相应的仓单;

2. 应当对仓单上载明的货物拥有完全所有权,并且是仓单上载明的货主或提货人;

3. 以经销仓单质押项下货物为主要经营活动,从事该货品经销年限大于等于一年,熟知市场行情,拥有稳定的购销渠道;

4. 资信可靠,经营管理良好,具有偿付债务的能力,在银行无不良记录;

5. 融资用途应为针对仓单货物的贸易业务;

6. 银行要求的其他条件。

八、仓单质押融资额度

1. 仓单质押的融资额度可根据申请人及货物的不同情况采取不同的质押率,最高不超过所质押仓单项下货物总价值的 70%。

2. 仓单质押融资业务可采取多种融资形式,包括流动资金短期贷款、银行承兑汇票、综合授信、银行付款保函、典当行仓单质押等多个品种。

九、仓单质押合法性

根据《中华人民共和国担保法》的规定,仓单可以作为权利凭证进行质押,以仓单质押的,应当在合同约定的期限内将权利凭证交付给质权人,质押合同自凭证交付之日起生效。因此,仓单质押作为担保贷款的一种类型是有法律依据的。

根据《中华人民共和国经济合同法》的规定,只要银行和企业双方共同协商签订抵押贷款合同时,具体载明有关仓单质押方面的条款,并明确相互的责任和义务,此合同一经签订,就具有法律约束力。

十、仓单质押意义

开展仓单质押业务,既可以解决货主企业流动资金紧张的困难,同时保证银行放贷安全,又能拓展仓储企业服务功能,增加货源,提高效益,可谓"一举三得"。

首先,对于货主企业而言,利用仓单质押向银行贷款,可以解决企业经营融资问题,争取更多的流动资金周转,达到实现经营规模扩大和发展、提高经济效益的目的。

其次,对于银行等金融机构而言,开展仓单质押业务可以增加放贷机会,培育新的经济增长点;又因为有了仓单所代表的货物作为抵押,贷款的风险大大降低。

最后,对于仓储企业而言,一方面可以利用能够为货主企业办理仓单质押贷款的优势,吸引更多的货主企业进驻,保有稳定的货物存储数量,提高仓库空间的利用率;另一方面又会促进仓储企业不断加强基础设施的建设,完善各项配套服务,提升企业的综合竞争力。

第二节　保兑仓业务

一、保兑仓业务概念

保兑仓业务指承兑银行与经销商(承兑申请人,以下称买方)、供货商(以下称卖方)通过三方合作协议参照保全仓库方式,即在卖方承诺回购的前提下,以贸易中的物权控制包括货物监管、回购担保等作为保证措施而开展的特定票据业务服务模式。

保兑仓业务主要适用于知名品牌产品生产厂家(包括其直属销售部门、销售公司)与其下游主要经销商的批量供货所形成的商品交易关系或债权债务关系。

二、保兑仓业务前提条件

(一)交易商品应符合的要求

1. 适应用途广,易变现;

2. 价格稳定,波动小;

3. 不可消耗,不易变质,便于保全。

(二)卖方应具备的条件

卖方应为知名品牌(省级及以上)产品生产厂家,经营规模大,产品市场占有率较高。

(三)保兑仓业务各合作方的合作内容

1. 银行方:对买卖双方的商品交易签发银行承兑汇票,并监控商品;

2. 买方:向银行申请为其开立的商业汇票提供承兑,并随时补充保证金,随时提货,按期兑付银行承兑汇票;

3. 卖方:对银行承兑汇票敞口部分提供连带责任保证及回购到期未发出商品,并配合银行共同监控商品。

三、保兑仓业务特点

对供应商:批量销售,增加经营利润,减少银行融资,降低资金成本,保障收款,提高资金使用效率。

对购买商:提供融资便利,解决全额购货的资金困难,批量采购,降低成本。

四、保兑仓业务流程

保兑仓业务流程如下:

1. 买方在银行获取既定仓单质押贷款额度,用于向指定供应商购买产品;

2. 银行审查供应商资信状况、回购能力;

3. 银行与供应商签订回购及质量保证协议;

4. 银行与仓储监管方签订仓储监管协议;

5. 供应商在收到银行同意对买方融资的通知后,向指定仓库发货,取得仓单;

6. 买方向银行缴存30%的承兑保证金;

7. 供应商将仓单质押给银行,银行开立以买方为出票人、以供应商为收款人的银行承兑汇票,交予供应商;

8. 买方缴存保证金,银行释放相应比例的商品提货权给买方,直至保证金账户余额等于汇票金额;

9. 汇票到期保证金账户余额不足时,供应商于到期日回购仓单项下质物。

五、保兑仓业务实例说明

招商银行保兑仓业务流程如图 8-3 所示。

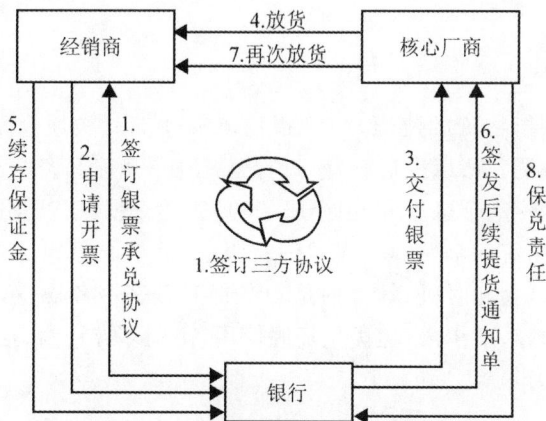

图 8-3 招商银行保兑仓业务流程

①我行客户经理与经销商签订银票承兑协议,与核心厂商、经销商签订保兑仓协议(并进行双人实地核保,填写核保书)。

②经销商填写出票通知书申请开立银票,并交付约定比例的初始保证金。

③A. 客户经理将购销合同、放款审批表、额度台账和保证金入账冻结通知书等文件报分行放款中心审批;

B. 分行放款中心审核保证金入账冻结通知单及其他授信条件,落实后出具放款指令;

C. 客户经理持放款中心的放款指令向分行会计部申请出票;

D. 客户经理将开立的银行承兑汇票直接当面(若采用快递方式应保留快递存根)交给核心厂商指定人员,同时取得厂商出具的收妥凭证;

E. 客户经理根据经销商的申请填写初始保证金项下的提货通知书(按事先约定比例)交业务机构负责人签字确认,并加盖预留印鉴,完成提货通知书的签发,通知核心厂商放货。

④核心厂商根据提货通知书的要求放货给经销商。

⑤经销商后续提货时,填写提货申请书,并交存与所提货物金额相同的提货保证金到指定账户。

⑥A. 客户经理与会计部确认保证金已入账,并取得保证金入账冻结通知书或相关凭证;

B. 客户经理填写提货通知书交业务机构负责人签字确认,并加盖预留印鉴,完成提货通知书的签发;

C. 通知核心厂商按提货通知书要求放货给经销商。

⑦核心厂商根据提货通知书的要求放货给经销商。

⑧银票到期前指定日期,若我行签发的提货通知书总金额小于银票票面金额,客户经理催促经销商回款,另一方面以书面形式通知核心厂商承担保兑责任。

第三节 融通仓业务

一、融通仓概念

"融"指金融,"通"指物资的流通,"仓"指物流的仓储。融通仓是融、通、仓三者的集成、统一管理和综合协调。所以融通仓是一种把物流、信息流和资金流综合管理的创新模式。其内容包括物流服务、金融服务、中介服务和风险管理服务以及这些服务间的组合与互动。融通仓是一种物流和金融的集成式创新服务,其核心思想是在各种物流的整合与互补互动关系中寻找机会和时机;其目的是为了提升顾客服务质量,提高经营效率,减少运营资本,拓广服务内容,减少风险,优化资源使用,协调多方行为,提升供应链整体绩效,增加整个供应链竞争力等等。

二、融通仓的功能

融通仓的目的是用资金流盘活物流,或用物流拉动资金流。所以参与的物流、生产、中介和金融企业都可以通过融通仓模式实现多方共赢。融通仓的产生将为我国中小企业的融资困境提供新的解决办法;将提高商业银行的竞争优势,调整商业银行信贷结构,有效化解结构性风险;将促进我国第三方物流的进一步发展。

(一) 为中小企业融资提供新渠道

融通仓为中小企业融资提供新渠道,企业在货发以后就可以直接拿到相当大比例的货款,大大加速了资金的周转,对那些从事高附加价值产品、供应链内部联系相当密切、发货频率很高的产业而言(例如电脑、手机、家用电器),融通仓带来的收益就特别可观。就是对那些价值不很高但是规模相当大的重化工产业而言,由于其发货数量大,总体的货值也很大,融通仓对它们也是很好的福音。

(二) 为银行提供新的贷款对象

在物流运行过程中,发货人将货权转移给银行,银行根据物品的具体情况按一定比例(如60%)直接通过第三方物流将货款交给发货人。当提货人向银行付清货款后,银行向第三方物流企业发出放货指示,将货权交给提货人。当然,如果提货人不能在规定的期间内向银行偿还货款,银行可以在国际、国内市场上拍卖掌握在银行手中的货物或者要求发货人承担回购义务。

从上可见,银行在融通仓运作中起了核心作用,考虑到中国的物流费用要占到 GDP 的 20% 左右,应该说融通仓可以给银行带来很好的商机,一方面是比较可靠的贷款对象,一方面是很好的服务收入来源。

(三) 为第三方物流公司开辟新的增值服务内容

在物流金融活动中,第三方物流企业扮演了以下角色:

第一,银行为了控制风险,就需要了解质押物的规格、型号、质量、原价和净值、销售区域、承销商等,要查看货权凭证原件,辨别真伪,这些工作超出了银行的日常业务范畴,第三方物流企业由于是货物流通过程的实际执行者和监控者,就可以协助银行做好以上工作。

第二,一般情况下,商品是处于流动变化当中的,作为银行,不可能了解其每天变动的情况,安全库存水平也就是可以融资的底线,但是如果第三方物流企业能够掌握商品分销环节,向银行提供商品流动的情况,则可以大大提高这一限额。

从上可知,第三方物流服务供应商是银行的重要助手,近年来,物流的高速发展和第三方物流在资产规模、运营规范化和信息系统水平方面都取得了巨大进展,开辟新的运作模式和服务项目成为第三方物流公司的战略方向,中储集团通过融通仓运作而获益的速度正在以每年100%的幅度增长,融通仓为第三方物流公司开辟了新的增值服务内容。

由此引申还包括结算金融,即货品由上游企业发送至下游企业之间的流通过程所产生的融资。

三、融通仓运作模式分析

融通仓作为一个综合性第三方物流服务平台,它不仅为银企间的合作构架新桥梁,也将良好地融入企业供应链体系之中,成为中小企业重要的第三方物流服务提供者。融通仓业务主要有仓单质押、保兑仓(买方信贷)等几种运作模式。

(一) 仓单质押模式 A(质押担保融资)

在仓单质押业务中,融通仓根据质押人与金融机构签订的质押贷款合同以及三方签订的仓储协议约定,生产经营企业采购的原材料或待销售的产成品进入第三方物流企业设立的融通仓,同时向银行提出贷款申请;第三方物流企业负责进行货物验收、价值评估及监管,并据此向银行出具证明文件;银行根据贷款申请和价值评估报告给予生产经营企业发放贷款;生产经营企业照常销售其融通仓内产品;第三方物流企业在确保其客户销售产品的收款账户为生产经营企业在协作银行开设的特殊账户的情况下予以发货;收货方将货款打入销售方在银行中开设的特殊账户;银行从生产经营企业的账户中扣除相应资金以偿还贷款。如果生产经营企业不履行或不能履行贷款债务,银行有权从质押物中优先受偿。在实践中,还存在一种延伸模式,即在一般仓单质押运作基础上,第三方物流企业根据客户不同,整合社会仓库资源甚至是客户自身的仓库,就近进行质押监管,极大地降低了客户的质押成本。

(二) 仓单质押模式 B(信用担保融资)

银行根据第三方物流企业的规模、经营业绩、运营现状、资产负债比例及信用程度,授予第三方物流企业一定的信贷配额,第三方物流企业又根据与其长期合作的中小企业的信用状况配置其信贷配额,为生产经营企业提供信用担保,并以受保企业滞留在其融通仓内的货物作为质押品或反担保品确保其信用担保的安全。

首先,融通仓直接同需要质押贷款的会员企业接触、沟通和谈判,代表金融机构同贷款企业签订质押借款合同和仓储管理服务协议,向企业提供质押融资的同时,为企业寄存的质物提供仓储管理服务和监管服务,从而将申请贷款和质物仓储两项任务整合操作,提高质押贷款业务运作效率。

其次,贷款企业在质物仓储期间需要不断进行补库和出库,企业出具的入库单或出库单需要经过金融机构的确认,然后融通仓根据金融机构的入库或出库通知进行审核;而现在这些相应的凭证只需要经过融通仓的确认,即融通仓确认的过程就是对这些凭证进行审核的过程,中间省去了金融机构确认、通知、协调和处理等许多环节,缩短了补库和出库操作的周期,在保证金融机构信贷安全的前提下,提高了贷款企业产销供应链运作效率。

该模式有利于企业更加便捷地获得融资,减少原先质押贷款中一些繁琐的环节;也有利于银行提高对质押贷款全过程监控的能力,更加灵活地开展质押贷款服务,优化其质押贷款的业务流程和工作环节,降低贷款的风险。

(三)保兑仓模式(买方信贷)

在保兑仓模式中,制造商、经销商、第三方物流企业、银行四方签署"保兑仓"业务合作协议书,经销商根据与制造商签订的购销合同向银行交纳一定比例的保证金(该款项应不少于经销商计划向制造商在此次提货的价款),申请开立银行承兑汇票,专项用于向制造商支付货款,由第三方物流企业提供承兑担保,经销商以货物对第三方物流企业进行反担保。第三方物流企业根据掌控货物的销售情况和库存情况按比例决定承保金额,并收取监管费用。银行给制造商开出承兑汇票后,制造商向保兑仓交货,此时转为仓单质押。这一过程中,制造商承担回购义务。

作为第三方物流企业,应当在实际操作中注意以下事项:首先,物流企业作为承保人,要了解经销商的基本情况,然后对于商品的完整和承保比例进行核准。具体的业务操作步骤是:①要对经销商的资信进行核查,需要了解经销商背景情况;经销网点分布、销量基本情况;市场预测及销售分析;财务状况及偿债能力;借款用途及还款资金来源;反担保情况;与银行往来及或有负债情况;综合分析风险程度;其他需要说明的情况;调查结论。②为保证物流企业自身的利益,需要货主进行反担保,反担保方式为抵押或质押应提供的材料,包括抵押物、质物清单;抵押物、质物权利凭证;抵押物、质物的评估资料;保险单;抵押物、质物为共有的,提供全体共有人同意的声明;抵押物、质物为海关监管的,提供海关同意抵押或质押的证明;抵押人、质押人为国有企业的,提供主管部门及国有资产管理部门同意抵押或质押的证明,董事会同意抵押、质押的决议,其他有关材料。

四、融通仓业务过程中应注意的问题

(一)融通仓业务操作的规范化、程序化问题

融通仓融资单笔业务量通常较小而次数频繁,只有有效地降低每笔业务的成本,才能使这一业务得到持续发展。因此,融通仓业务开始运作之前,参与各方应认真进行协商、谈判,确定融通仓业务的具体运作方式,明确各方的权利、义务、违约责任的承担等,在分清责任的情况下,签订合作协议,并将融通仓业务各环节的分工与协作程序化、制度化、可操作化,在此基础上,利用计算机网络系统对各业务环节进行实时跟踪、处理、协调与监控。只有这样,才能在保证融通仓融资安全的情况下,简化业务流程,降低交易费用。

（二）风险的控制与管理问题

通过融通仓进行资金的融通，虽然有动产质押物提供质押担保，但参与各方特别是贷款银行和第三方物流企业还是应注意风险的控制与管理问题。

就贷款银行而言，事前应对承担融通仓业务的第三方物流企业和申请加入融通仓融资系统的企业的信用状况进行必要的考核，确保将符合国家产业政策、有产品、有市场、有发展前景、有利于技术进步和创新的生产企业和有较大规模和实力、有较高信用等级的第三方物流企业纳入融通仓融资体系；事中应对融通仓业务各环节，特别是质押物的评估、入库、出库、货款结算等环节实施适度的监控，并特别注意防范第三方物流企业与生产企业串谋骗贷行为；事后应对成功与不成功的融通仓业务案例进行经验总结，对参与企业的信用状况进行评估、记录，并以此作为决定今后是否继续合作的参考。

对第三方物流企业来说，风险的控制与管理主要体现在对会员企业的信用状况评估、对入库质押物的价值评估、对质押物和结算货款的去向的跟踪与监控等环节上。

中小企业主要应考虑自身的还贷能力和获取贷款资金的投资合理性问题。只有参与各方都注意风险的防范、控制，加强管理，融通仓业务才能真正起到融资桥梁的作用。

（三）公平交易问题

当金融机构指定一家第三方物流企业承担融通仓储中心服务时，第三方物流企业就很容易凭借其独家经营优势实施垄断经营。在融通仓业务参与三方中，中小企业是弱势群体，在谈判中处于不利地位，当第三方物流企业采用垄断高价的短期效益行为时，就会大大提高中小企业的融资成本。这样做的结果是：要么一部分企业承受不了过高的融资成本，退出融通仓融资系统，要么一部分企业铤而走险，不惜成本融入资金投入高风险、高回报的项目，一旦投资失败，后果不堪设想。两种结果都不利于融通仓融资业务的展开。因此，金融机构在选择第三方物流企业时，应选择两个以上第三方物流企业提供融通仓仓储服务，形成竞争机制，或者协议限定其代理服务价格。第三方物流企业也应正确认识企业长远利益与短期利益间的对立统一关系，将战略重点放在吸引更多会员企业、扩大物流服务规模上，实现企业的可持续发展。

（四）第三方物流企业整体素质的问题

提供融通仓服务的第三方物流企业必须具备较高的整体素质。我国目前物流企业整体素质还不够高，应加大在思想观念、科技含量、品牌意识、人才培养、产业化水平、人才培养教育方面的改革和资源投入。

由此可见，融通仓与金融机构不断巩固和加强合作关系，依托融通仓设立中小企业信用担保体系，以便于金融机构、融通仓和企业更加灵活地开展质押贷款业务。充分发挥融通仓对中小企业信用的整合和再造功能，可帮助中小企业更好地解决融资问题。银行拓宽了服务对象范围，扩大了信贷规模，也给第三方物流企业带来新的利润增长点，带来了更多、更稳定的客户。成功的融通仓运作能取得银行、企业、第三方物流公司三赢的良好结果。在仓单质押、保兑仓等成功运作模式基础上，如何设计融通仓的标准运作流程，如何防范风险仍然是值得思考的问题。

第四节　海陆仓业务

一、海陆仓概念

海陆仓是融资方案的一种,主要涉及国外采购,银行给出质人开具国内或国际信用证,出质人拿已离港货物物流公司开具的仓单作为授信条件,监管点一般在国内港口,涉及的各方有银行、物流监管公司、出质人,还有货代、港务局,出质人根据监管公司的放货指令放货。

海陆仓业务是指在传统仓单质押融资模式基础上,建立在真实的贸易背景下,基于企业商业贸易与供应链、从货物起运地至目的地,融"仓储质押监管、陆路运输监管、铁路运输监管、沿海运输监管、远洋运输监管"等任意组合的供应链全程质押融资监管模式。从业务是否涉及外贸业务来划分,可分为内贸海陆仓和外贸海陆仓两种形式。

物流企业大多为中小企业,过去的金融模式往往导致中小物流企业在经营遇到困难、资金暂时紧张的时候很难贷到款。而供应链金融服务则可以针对产业链上的核心和非核心企业提出一个整体的供应链金融优化服务,降低融资成本。

二、海陆仓业务的作用

海陆仓供应链融资可解决三大问题:一是通过物流公司的全程参与,提供监管,通过质押的方式,帮助生产企业有效缩短资金使用周期,提高资金流转速度;二是物流公司扮演银行和中小企业桥梁的角色,帮助银行将融资服务真正传导到中小企业;三是可帮助银行有效提升融资过程中的信用风险控制力。

三、操作流程

第一,三方签订《进口货物监管和质押协议书》,第三方物流接受银行委托,根据协议内容承担监管责任。

第二,进口商向银行提交相关资料,申请授信额度。

第三,经银行有关审批部门核定授信额度,与进口商签订授信协议,同时进口商提交一定金额的保证金,申请开立信用证。

第四,国内第三方物流企业需与其国外装货港代理公司联系,国内银行也要与国外通知行保持联系。

第五,国外出口商将货送至港口,按信用证要求发货,国外物流代理公司进行装货,装完船后,出口商向银行寄送全套单据,第三方物流企业便开始进行在途监管。

第六,银行收到并持有全套单据,经进口商确认后,银行签发《单据交接通知》并由第三方物流企业签收,在信用证项下,银行办理付款。

第七,货物在途监管过程中,第三方物流企业需确保货物的安全。在船舶抵港前,船代需进行船舶进港申报,等船舶靠岸后由货代安排船舶卸货、换单、进口清关商检等事宜。

第八,进口商银行可在进口商需要时,向其提供一定量的贷款,以作为通关缴税的费用。

第九,收到货物后,第三方物流企业履行货物报检及通关手续,将货物运至指定仓储地点。

第十,第三方物流企业签发以银行作为质权人的进仓单,银行与进口商共同在第三方物流企业办理交接登记,由第三方物流企业按照合同规定监管质押货物,进入现货质押流程。

第十一,进口商根据其生产/销售计划安排提货,在提货前都必须归还银行相对应的货款,第三方物流企业在审核银行签发的出库单无误后,放行相应货物。

四、海陆仓业务模式

海陆仓业务模式主要有以下 5 种形式。

1. 内贸集装箱模式

操作流程简要说明如下:

(1) 物流公司、银行和融资企业签订三方协议后,融资企业向银行缴纳一定保证金;

(2) 物流公司监管人员开始进入融资企业生产厂实施监控,保证货物品质,卡上铅封,做好相关记录;

(3) 物流公司安排好舱位后,该企业开始分批向指定堆场发货;

(4) 当进入堆场、船上及到达目的地仓库的货物累积到一定数量后,向银行提供仓单(提单)单据;

(5) 银行根据物流公司提供的仓单,结合具体信贷政策,以汇票或贷款形式对融资企业做出授信并出账;

(6) 物流公司全程监管运输到指定堆场;

(7) 融资企业还款或补货;

(8) 银行通知物流公司放货额度;

(9) 物流公司向所属堆场下达可放货数量;

(10) 客户提货,堆场按操作流程开始放货。

2. 内贸散货模式

(1) 在签订三方合作协议以后,贸易公司支付一定比例预付货款给工厂;

(2) 工厂按品质要求发货到启运地港口的物流公司控制的堆场中;

(3) 启运地物流公司将堆场内的货物商检结果和货物数量传达给到岸地物流公司;

(4) 根据上述信息,物流公司给银行开出仓单;

(5) 银行根据货物情况和信贷政策贷款给贸易公司;

(6) 贸易公司向工厂支付未付货款;

(7) 货物装船启运,进入运输监管;

(8) 到岸地物流公司通知需方货物已经到港;

(9) 需方到堆场验货,支付货款给贸易公司;

(10) 贸易公司还款给银行;根据银行的通知,到岸地物流公司放货给需方。

3. 信用证下进口模式

操作流程简要说明如下:

（1）进口商与出口商签订贸易合同,同意采用信用证结算方式;

（2）国内进口商向银行缴纳一定数量保证金,申请开立信用证;

（3）银行通过其海外分支或代理机构通知国外出口商;

（4）国外出口商按照信用证要求订舱、发货;

（5）物流公司海外机构向内地物流公司提供装运信息和船舶动态;

（6）物流公司随时接受银行关于货物相关信息的查询;

（7）国内进口商申请付款提货;

（8）办理报关报检等手续,向进口商放货。

注:到港后可转为现货质押模式。

4. 非信用证下进口模式

操作流程简要说明如下:

（1）进出口双方签订贸易合同;

（2）国内进口商向国外出口商支付一定数量货款,启动第一轮贸易;

（3）国外出口商向物流公司海外机构订舱、发货;

（4）物流公司海外机构将货物信息和船舶动态发送国内物流公司;

（5）物流公司开始向银行提供实时动态,全程监管;

（6）银行得到物流公司控货具体信息后,依据信贷政策向进口商做出授信;

（7）物流公司通知国内进口商货物到港;

（8）国内进口商申请还款赎货;

（9）银行通知物流公司放货额度;

（10）物流公司办理报关等手续,对进口商放货。

5. 出口模式

操作流程简要说明如下:

（1）进出口双方签订贸易合同,约定付款方式等内容;

（2）国内出口商与物流公司签订委托协议后开始指定堆场发货;

（3）物流公司开始监管并向银行开具仓单;

（4）银行向出口商发放一定额度的贷款;

（5）物流公司全程监管海运;

（6）国外进口商向国内出口商支付货款;

（7）国内出口商向银行还款;

（8）物流公司海外机构开始向国外进口商放货。

翻转课堂任务单

一、翻转教学目标

1. 通过思考讨论及完成学习项目资源任务,加深对本章内容的理解;

2.通过查阅资料,增强主动发现问题探研问题的能力;

3.培养自主学习能力,加深对现实问题的认识,通过小组讨论交流,提升合作学习能力及精神;

4.收集供应链增值服务方面的资料并为下次翻转课堂教学作准备。

二、翻转课堂学习任务

1.对本章内容小结

要求字数不超过 200 字。

2.思考讨论题

(1)简述交易仓单质押操作流程。

(2)根据我国《担保法》的规定,质押分为哪几种类型?

(3)简述保兑仓融资流程。

(4)简述融通仓概念。

(5)海陆仓业务模式主要有哪几种形式?

3.构建学习项目资源任务

要求:以小组为单位每人选择一项下列任务。

(1)交易仓单质押案例资料收集、概括、整理,每个案例字数不超过 300 字;

(2)保兑仓融资案例资料收集、概括、整理,每个案例字数不超过 300 字;

(3)海陆仓业务模式案例资料收集、概括、整理,每个案例字数不超过 300 字。

4.完成项目内容报告

(1)完成结果为 Word 文档＋PPT＋视频

其中 PPT＋视频可以以小组为单位完成。

(2)建立问题档案

针对所选任务学习后,记录疑问及小组讨论结果。

(3)学习反思

1)记录问题解决的过程;方法;收获(发现、感悟与理解)。

2)存在问题与改进设想。

第九章　供应链增值服务

第一节　供应链增值服务概述

一、供应链管理概述

(一) 什么是供应链管理

什么是供应链(Supplier Chain)?《物流术语》国家标准是这样定义的:"供应链,即生产与流通过程中涉及将产品或服务提供给最终用户活动的上游与下游企业所形成的网链结构。"

供应链管理,即利用计算机网络技术全面规划供应链中的商流、物流、信息流、资金流等,并进行计划、组织、协调与控制。中国著名经济学家吴敬琏认为:"所谓供应链管理,就是把生产过程从原材料和零部件采购、运输加工、分销直到最终把产品送到客户手中,作为一个环环相扣的完整链条,通过用现代信息技术武装起来的计划、控制、协调等经营活动,实现整个供应链的系统优化和它的各个环节之间的高效率的信息交换,达到成本最低、服务最好的目标。"

供应链的特点有 4 个:(1)复杂性。供应链由多个、多行业甚至多国家的企业组成,其结构模式远比单个企业的结构模式更为复杂;(2)动态性。由于企业战略的调整和企业竞争力的变化或者消费需求的变化,供应链的组成在不断变化,这使供应链具有明显的动态性;(3)面向用户需求。客户的需求拉动是供应链中信息流、产品/服务流、资金流运作的驱动源;(4)交叉性。一个企业可以同时属于多个不同的供应链,众多的供应链形成交叉结构,增加了协调的难度。

供应链管理通过如下过程(见图 9-1),产生两个方面的效应:降低成本,增加价值。

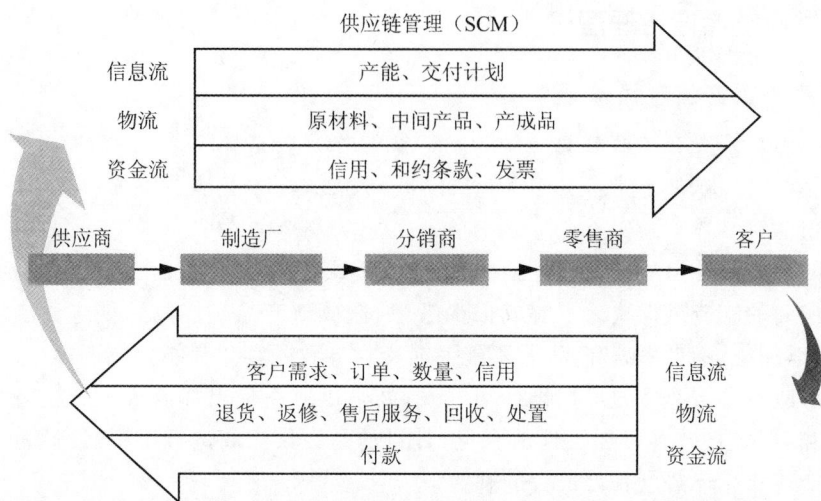

图 9-1 供应链管理

（二）供应链关系变化

在经济全球化不断深化的今天,企业经营环境因素变化更加快速,如:产品生命周期缩短,资源短缺,区域经济圈效应加剧,新技术、新材料更新快等。企业需要面对此环境敏捷地调整策略,快速决策,以在竞争中取得有利地位。企业间竞争,更重要的是不可模拟的管理模式、经营模式以及核心产品优势。企业越来越重视培育和发挥自身的核心能力,同时非核心业务采用外包方式,集中主要资源于核心能力。

（三）供应链增值管理的重要性

在市场分工越来越细化、顾客的需求越来越多样化、大企业忙于提高自身的核心竞争能力的条件下,配件供应商也急需形成自己的核心能力,新的战略供应商关系的形成迫在眉睫,供应链的双方有了共同目标。大部分零件的外包,供应商提供的零部件在很大程度上直接决定了企业产品的质量和成本,影响到最终顾客对企业的满意度,以及企业最终在市场上的竞争能力。顾客与供应商的关系更加密切。供应商成本的各项组成都成为买方的供应链管理的内容。例如:针对供应商的生产成本进行产品规格改进,针对供应商的销售成本和运输成本进行共同流程改进,针对供应商库存成本和管理费用重新设定服务水平,等等。

整个供应链的增值管理,可以极大程度地改进生产过程和向客户提供产品的过程,以增加利润;压缩库存,提高资金利用率;满足特殊客户的特殊服务,如快速、可靠供货等等。提升整个供应链的综合竞争能力显得尤其重要,一个适合产业需要、互动性强的供应链,是竞争对手难以模仿的、无可取代的竞争能力。美国著名经济学家克里斯多夫讲过这样的话:"市场上只有供应链而没有企业","真正的竞争不是企业与企业之间的竞争,而是供应链与供应链之间的竞争"。

二、供应链增值管理理论

(一) 新产品开发过程

1. 价值分析和价值工程理论

新产品的开发成本包括：a. 工程研究和开发成本；b. 工具模具成本；c. 设施成本；d. 预生产和投产成本。

以往的产品设计由顾客设计好图纸，供应商按顾客图纸要求加工。产品类别的不同，顾客对供应商的制造过程缺乏了解或很少考虑，造成新产品投产以后供应商制造过程的困难，如难以加工、不良率偏高，以及不能及时交付导致顾客盈利能力低下等。因此，顾客开始邀请供应商参与产品的早期设计与开发，鼓励供应商提出降低成本、改善性能、提高产品品质和可靠性、改善可加工性的意见，其目的是在供应商进行工程、设计、试验、制造和工具制造等所有环节上获得最大的利益。

这一研究有典型的 VA/VE 理论。价值分析（Value Analysis）/价值工程（Value Engineer）有 5 个种类；VA/VE 的关联式是价值＝功能/原价；VA/VE 的目的是提高价值，追求最低的成本，提供最优功能、最具价值的产品。其间的关系如下表 9-1 所示。

表 9-1　VA/VE 分析

类型	关联式	特征
A	价值(↑)＝功能(→)/原价(↓)	虽然在 VE 中这样的事件最多，价格虽下降但效果一样
B	价值(↑)＝功能(↑)/原价(→)	价格受到抑制效果向上提高，处于设计阶段的 VA/VE
C	价值(↑)＝功能(↑↑)/原价(↑)	在商品的计划阶段的 VA/VE，能产生大量的效果
D	价值(↑)＝功能(↑)/原价(↓)	原价下降和 VA/VE 同时采取最期待的状态
E	价值(↑)＝功能(↓)/原价(↓↓)	效果下降的时候不用说 VA/VE，由于量产效果可能会产生原价下降

追求功能上的竞争能力，并同时以最低的价格投放市场，这样的产品最有价值，是请供应商参与产品设计开发的最佳目标。汽车工业在新产品开发时，会邀请供应商作为 APQP(Advance Product Quality Planning)小组一员，在技术性试作(Technical Produce)阶段，主要考虑产品结构性问题，产品的结构是否合理，能否满足设计开发输入的要求；在生产性试作(Prototype Produce)阶段，主要考虑制造的可行性，已定产品的结构及外观、功能等要求，在进行批量性生产时是否能够正常地生产及交付。

2. 同步工程理论

同步工程是以新产品开发与策划横向职能小组为一共同目的而进行努力的程序，它将替代逐级转换的工程技术实施过程的各个阶段，其目的是尽早促进优质产品的引入，产品质量策划小组要确保其他领域/小组的计划和执行活动支持共同目标。顾客在设计整体产品的同时，供应商也同时进行产品的组成部分的设计开发，在组装成品的时候，供应商也可以准时提供经过验证的合格组件，以此缩短开发周期，可以更快地使新产品上市。

例如,FORD(福特)、DC(戴姆勒-克莱斯勒)、GM(通用)三大汽车公司,应用同步工程的方法较为成熟,推行 APQP 流程管理及 PPAP(Product Part Approve Process,产品零件批准程序)的提交。在新产品的 APQP 过程中,主机厂在设计汽车整车的过程中,各组件厂开始依据图纸要求或性能要求设计组件;在组装整机之前,完成设计试作及可靠性测试,并提交 PPAP 报告给整机厂验证产品的适用性。1989 年以来,克莱斯勒公司让供应商在新产品开发阶段参与设计,通过减少工艺流程、研究和开发时间缩短来实现增值。在 LH 项目中节约大约 7500 美元的开发成本,新汽车的开发总成本也逐渐降低,LH 项目成本是 16 亿美元,瑞姆卡车成本是 13 亿美元,尼恩是 12 亿美元,克瑞斯不到 10 亿美元。

3. SCORE 项目理论

SCORE 项目是指,主要的工具是"供应商评分卡"。建立评分卡的工作主要分三方面:一是从该供应商关系纲要和供应商具体情况出发确定评分卡的主要指标和评分方法;二是评分卡的报告机制包括考查机构、考查频率、监督机制、奖惩措施、特别事件处理等等;三是最重要的实施、改进、再实施。供应商提出降低成本的改善意见时,其改善意见得到执行时,将被列为供应商评价的内容,给予加分,并且实现的利润将由双方共享,在订单的分配上会优先考虑。

例如,克莱斯勒总裁卢茨在 1988 年对供应商经理的演讲中提到 SCORE 项目。要求供应商就如何降低克莱斯勒公司成本及供应商成本献计献策,降低的部分由双方共享。此次讲话之后,克莱斯勒公司开始建立评审、批准和实施这些建议的正式程序,以达到客观、公正、有效目的。从 1994 年开始,克莱斯勒要求供应商为产品价格降低 5% 而提出建议,并要求供应商帮助公司降低汽车的重量、事故率和复杂性;供应商每帮助减少汽车中的一个零件,可获得 2 万美元的奖励。到 1995 年 12 月,共采纳 5300 条建议,为公司节约成本约 17 亿美元。

(二) 流通过程的增值管理(MMOG)

供应链中物流管理水平的高低直接影响整个供应链的竞争能力。如果能提高物流的绩效,缩短物流周转周期,就可以大幅度降低整个供应链的供货周期,提高产品的总体竞争力。物流的表现形式分为三种:物质表现形式、价值表现形式和信息表现形式。物流的物质表现形式就是企业之间的物质资源的转移(包括时间、空间和形态的转移)。物流的价值表现形式指物流过程是一个价值增值过程,是一个能够创造时间价值和空间价值的过程。物流的信息表现形式则为物流过程是一个信息采集、传递与加工过程,伴随物流的运动而产生信息,再将这种信息进行加工处理,为整个供应链的运行提供决策参考。

从增值角度考虑,人们经常用 7R 形容理想状态中的物流管理,即恰当的产品(Right Product),按恰当的数量(Right Quantity)和恰当的条件(Right Condition),在恰当的时间(Right Time),用恰当的成本(Right Cost),将物品送到恰当地点(Right Place)的恰当顾客(Right Customer)手中。

供应链管理需要预防各种沟通的障碍,比如供需双方常常出现信息扭曲,即"需求变异加速放大原理"。这一现象最早出现于美国宝洁公司,由于某种产品特别是新产品大受消费者欢迎,从零售商到批发商、从地区代理到区域代理对需求是层层加码,结果库存增加。美国著名供应链专家 Haul. Lee 教授给这种需求信息在供应链中扭曲传递的现象起名为"需求变异加速放大原理"。中国的乐百氏纯净水也受到过这一现象的影响。

VMI 可以解决此问题。供应商的库存管理(Vendor Managed Invenroty,VMI)由供货方代替需求方管理库存,库存职能转由供应商负责,以此压缩整个供应链的库存,防止需求的扭曲现象。VMI 基于标准的托付订单处理模式,供应商和批发商一起确定供应商的订单业务处理过程所需的信息和库存控制参数,然后建立一种订单处理标准模式,如 EDI 标准报文,最后把订货、交货和单据处理各业务功能集成在供应商一边。库存状态透明是关键,供应商能够随时跟踪和检查到销售商的库存状态,快速、准确地做出补充库存的决策,对企业的生产做出相应调整,从而敏捷地适应市场需求变化。宝洁公司于 20 世纪 90 年代中期修改了原有的用于奖励品牌经理的荣誉制度,取消了销售定额的考核制度,从它最重要的一个客户——沃尔玛开始,与客户建立业务发展团队。公司要求产品经理关注整个供应链的成功,因为他们所获得的奖赏的多少,是以整个供应链的成功为依据的,而不是仅仅看他们向零售渠道推销了多少产品。现在,宝洁公司与零售商的"合作预测销售"(Collaborative Forecasting Sales)其销售额占本公司在美国销售额的 45%,占本公司在全球销售额的三分之一。宝洁公司实施的变革和它与凯玛特、沃尔玛以及其他大规模零售商的合作,带来了零售行业著名的"合作计划、合作预测以及合作补货的创新模式"(Collaborative Planning,Forecasting, and Replenishment),即 CPFR 模式。

(三) 制造过程的增值管理

与供应商之间及销售商之间的信息沟通,供应链管理要的是信息的速度、准确度,消费者要求"更好、更快、更便宜、更个性化",这是全球的总趋势,既是各个企业的压力,也是推动供应链管理发展的主要动力。

Just in Time 成为一种良好的运作模式,其出发点是:不断地消除浪费,进行永无休止的改进。JIT 的经营思想是利润=价格-成本。价格不是某个企业可以决定的,而是在市场上形成的,要想获得较多利润,只有不断降低成本。在生产活动过程中,只有实体上改变物料的活动才能增加价值,如加工零件,增加价值;装配产品,增加价值。但库存数量不增加价值,等待原材料交付的生产过程不增加价值。JIT 对供应商最基本的需求就是:按需求生产及交付原材料,原材料品质合格,交付周期短,采用牵引式生产模式,优化供应链的流程,实现增值。从市场需求出发,由市场需求信息牵动产品装配,再由产品装配牵动零件加工。每道工序、每个车间和每个生产阶段都按当时的需要向前一道工序、上游车间和生产阶段提出需求,发出工作指令,上游工序车间和生产阶段完全按这些指令进行生产。美国施乐公司实行准时采购,取得显著成效。

JIT 把客户的需求放在第一位,建立供应链拉动式系统。先确定需求,然后按需生产,减少产品过剩和缺货的风险。需求信息的沟通及准确性显得尤为重要,通过本月底 ERP 系统,发送下月生产的大计划,每周发送经过修订的周计划,如果还有变更时,发送交付的日程计划。供方可按大计划准备其使用的原材料,减少了盲目准备库存,防止原材料的大量库存或因缺料而不能及时交货;周计划弥补了月计划的差异性;如果有突发的市场需求,可能会发送日程计划。通过此流程,供应链都在最终消费者需求的拉动下,压缩库存,减少半产品,提高资金的周转率,实现增值。

(四) 管理方式革新

在过去几年当中,有关供应链管理的一个最显著的变化,就是企业在帮助供应商提高能力方面有了明显的主动性。企业这样做的目的,主要是为了培养和拥有自己关键的供应商成员。给供应商分享资源、帮助供应商提高能力的途径一般包括实施教育和培训、提供技术、提供人员、提供设备、提供资金等几个方面。芝加哥州立大学 EliBroad 管理研究生院的调查显示,在被调查的企业中,给供应商分享资源的企业占全部被调查企业的比重,从 1990 年到 1997 年有显著的提高,具体来讲,各种途径的使用情况如下表 9-2 所示。

表 9-2　指标分析

指标	1990 年(%)	1993 年(%)	1997 年(%)	1997 年比 1990 年增长(%)
实施教育和培训	47	62	75	59
提供技术	15	38	64	327
提供人员	12	34	55	358
提供设备	3	20	49	1533
提供资金	6	23	38	533

资料来源:Robert J. Trent, Achieving world—class supplier quality, *Quality of Product Management*, Aug1999, Vol. 10 Issue 6, p927,12p.

分享资源可以使供应商获得高于竞争对手的供应商的能力,最终达到提高本企业的竞争优势的目的。

2007 年 4 月开始,SONY 人力资源辅导教师宝岛及田中先生,对供应商 FOSTER 进行生产革新及品质革新的培训,制定年度生产革新的课题、目标及方法。首先是生产革新。

生产革新主要行动有:第一,推行单元(CELL)生产方式,像将人体的组织分解为细胞一样,将传统的流水线分解成小的单元,每个单元可以灵活地组合,以完成不同复杂程度及不同需求数量的产品,极大地减少流水线的不足;第二,通过推行 5S+3T(整理、整顿、清扫、清洁、素养+定时、定位、定量)来压缩原材料、半成品、成品的库存,提高资金的周转率;第三,将员工的作业动作解析,通过动作分析及调整,改善作业疲劳感,提高劳动效率。他们也将 SONY 一些新的管理观点带给了供应商,如管理者的品质管理及人才育成,重点推行有逻辑性的思考能力、信息的收集能力、问题的分析能力、洞察力、倾向把握力、判断力。

其次,SONY 提出维持现状管理为守、正常工作管理为跑、改善改革为攻的理论,建立充满活力而不固守的品质体系,实现品质革新。

丰田汽车公司美国分公司 80% 的部件都来自供应商,而这个数字高于其他任何一家汽车制造商。因而对它来说,供应商的绩效对它的成功起着非常重要的作用。它在给供应商分享资源、提高供应商能力方面走在了前面。丰田配有两名专职,员工负责帮助它的供应商制定员工培训计划;采购部有 40 名工程师,专门从事改善供应商生产率、提高产品和工作质量的工作,为供应商提供诸如阀门、油泵等方面的技术;应供应商的要求,派特别团队,帮助它们解决各种各样的难题;派公司的员工定期参观和查看供应商的生产设施;实行双方主要管理人员的定期交换计划等等。丰田公司在福布斯 2006 年的全球 500 强公司排名中,也取得了骄人的成绩,排名第 9 位。

三、供应链增值管理新的探索

(一) 供应商认证

供应商认证是一种正式的考核供应商的业务和工作方法的认证过程,通常是由功能交叉的团队执行高密度现场审计。供应商一旦通过认证,就意味着其工作过程和方法全部都在质量控制之内。它们提供的原材料、配件或子系统一般也无须进行检验。认证一般只对某些特定的部件、业务有效,而不是对整个企业和整个产品认证。对企业而言,认证工作对它所采购原材料质量的提高有重要的影响,因为供应商所提供的原材料的质量是评价供应商绩效的一个重要因素。在认证工作中,功能交叉的团队要根据供应商的具体情况,为每个供应商确定改善绩效的目标并协助它们寻找改善绩效的可能,比如确定减少产品的缺陷数量等等。

具体工作步骤包括:在审计团队到达之前,供应商进行自检;由功能交叉的团队进行综合性的现场调查并及时将调查得到的结果反馈给供应商;对供应商,按它们的绩效高低排队。

供应商认证是供应商管理的一项重要内容,也是供应商管理的一种重要方法。在供应商认证的实际工作中,特别要注意的是,要对供应商进行不断的考核和评价,否则就会产生供应商绩效下滑或供应商管理失控的风险。基于顾客更愿意相信自己的认证及审核结论,而不愿意相信一些信誉差的第三方认证,供应商认证方法逐渐受到推崇。

产品品质方面:汽车工业经过多年实践,推出 TS16949(用于供应商给汽车厂供货前的一个第三方认证)。给汽车主机厂供应材料的厂商,应以通过 TS 认证为第一步。但是各主机厂为了提高原料的品质,相继推行各自的独立认证。如 FORD 推行 Q1 认证,2002 版焦点是现场开发,强调制造,主要工具有 TS16949:2002,ISO14001:2004,过程指标(使用中措施、终止发货、PPM 表现、交付表现、违反信任),单项战略,变差减少,现场评估,精益,JQE,MS9000。Q1 通过预测和推动持续改进的指标和工具的基本方法。依据 Q1 的现场评估和集中于过程指标和结果验证的改进计划。通过认证的公司,在产品开发时,会给予自主决定变更的权限,变更之后,要向主机厂提交报告;在正式供货以后,也会减少相关的第三方认证,订单的获得上,会得到一定的优先。

产品环境方面:产品对人体的损害已越来越受到人们的关注,为控制产品含有的有害物质,SONY 公司推出了 SS00259 系列环保标准,进行绿色伙伴认证,认证包括三个部分:OEM 认证,部品认证,四种原材料(塑胶、油墨、涂料、被覆线材)认证。直接给 SONY 供货的供应商,原则上需要通过 SS00259 的认证。SONY 关注供应商产品环境质量保证体系、设计管理和选定部件的管理、文件数据管理、变更申请及联络、采购管理、生产管理、测定确认、不合格品管理、纠正措施、教育培训几个方面，测量和评估供应商的产品环境保证能力，通过认证方法的推行，SONY 的供应链在有害物质的控制方面有绝对优势。

供应商认证方法，正在逐渐被大规模公司所接受和应用。

（二）单一供应商联线作业模式

在理论上，有良好的配合时单一供应商模式交易成本最低，但由于信任问题及不可预测的风险，大多公司选择了非单一供应商的模式。但可口可乐公司在单一供应商的试行上，迈出了较大的一步。

可口可乐公司为了在产品的价格上更有竞争优势，与供应商之间形成密不可分的战略关系。在 2004 年开始，开始推行单一供应商联线式合作。可口可乐公司选择有绝对竞争优势的供应商，在其灌装线之前，装配注塑及吹塑生产线，吹出的胶瓶直接供给可口可乐公司所属的灌装线，用于消毒及灌装。中间没有再包装环节，没有储存环节，没有运输环节，减少收货、装卸、入库等一系列环节，节省库存、包装容器、包装工的使用，最大限度地减少中间物流过程，减少成本，实现增值目的，提升竞争能力，从而牢牢地掌握碳酸饮料市场的主导地位。

（三）价值网理论

企业要关注供应链管理理论的新发展。美国美智管理顾问公司大卫·波维特、约瑟夫玛撒与柯克·克雷默写了一本书叫《价值网》。作者根据电子商务时代的到来，突破传统供应链管理的思维模式，提出了通过推进"价值网"来实现企业的创新与重组的方法。我们可以这样讲，"价值网"实际上是传统供应链管理的一种提升。

什么是"价值网"？书中这样写道："价值网是一种业务模式，它采用数字化供应链概念，达成高水平的顾客满意度和超常的公司利润率；它是一种与新的顾客选择装置相连接，并受其驱动的快速可靠的系统。"在谈到"价值网"与传统供应链的差别时，书中是这样描述的："价值网不只是关注供应——更是关注顾客、公司和供应商创造价值；价值网也不是一种按顺序连接的固定链，而是一种包含顾客/供应商合作、信息交流活动的强有力的高业绩网络。传统的供应链，首先制造产品，然后由分销渠道将产品推向市场，希望有人会买这些产品。与此相反，价值网由顾客开始，允许顾客自己设计产品，然后，为满足顾客实际需要而进行生产。"价值网理论已开始运用于实际，并有许多成功案例，如美国苹果电脑、戴尔电脑、沃尔玛、宝洁、联邦快递、亚马逊网上书店等等。这种新的理论与实践我们也应当去尝试，让它开花结果。

供应链的管理在实践过程中，不断地涌现新的方法及模式，如产业圈模式，EDI 数据交换系统等。但有一点没有变，即都是通过降低成本，增加资金周转率，减少等待及各种浪费，缩短新产品开发周期，提升产品的品质，控制物流速度及成本等，以实现整个供应链的增值，形成综合竞争能力。

第二节 供应链金融服务

一、供应链金融概述

(一) 供应链金融概念

供应链金融,简单地说,就是银行将核心企业和上下游企业联系在一起提供灵活运用的金融产品和服务的一种融资模式。即把资金作为供应链的一个溶剂,增加其流动性。

一般来说,一个特定商品的供应链从原材料采购到制成中间及最终产品,最后由销售网络把产品送到消费者手中,将供应商、制造商、分销商、零售商直到最终用户连成一个整体。在这个供应链中,竞争力较强、规模较大的核心企业因其强势地位,往往在交货、价格、账期等贸易条件方面对上下游配套企业要求苛刻,从而给这些企业造成了巨大的压力。而上下游配套企业恰恰大多是中小企业,难以从银行融资,结果最后造成资金链十分紧张,整个供应链出现失衡。

(二) 供应链金融的特点

"供应链金融"最大的特点就是在供应链中寻找出一个大的核心企业,以核心企业为出发点,为供应链提供金融支持。一方面,将资金有效注入处于相对弱势的上下游配套中小企业,解决中小企业融资难和供应链失衡的问题;另一方面,将银行信用融入上下游企业的购销行为,增强其商业信用,促进中小企业与核心企业建立长期战略协同关系,提升供应链的竞争能力。

(三) 供应链金融的演进和发展历程

2008年全球金融危机发生以来,全球已经有上百万家企业宣告破产,这些破产的企业并非是没有市场竞争力(如克莱斯勒),也不是因为没有创新能力(如通用汽车),而是因为资金链断裂造成了供应链中企业破产的连锁反应。供应链金融自诞生以来就是为了解决供应链中资金流梗阻以及资金流的优化问题。

1. 国外供应链金融的演进

供应链金融必然是以面向供应链的整体运作为核心。供应链中物流是资金流可以依附的实物载体,因此,供应链金融中的存货质押融资业务始终是供应链金融的核心环节,没有存货的流动,应付账款和预付账款等供应链融资模式也就无从谈起。可以说,供应链中的物流是供应链金融业务得以开展的基础。

美国等西方发达国家的供应链金融几乎与其他金融业务同时开展,并经过200多年的创新和发展,形成了现代供应链金融的雏形。西方供应链金融的发展大致可以分为三个阶段。

阶段一:19世纪中期之前

在此阶段,供应链金融的业务非常单一,主要是针对存货质押的贷款业务。例如,早在1905年俄国沙皇时代,在丰收季节,当谷物的市场价格较低时,农民将大部分谷物抵押给银行,用银行贷款资金投入后续的生产和生活;待谷物的市场价格回升后,再卖出谷物归还银行本金利息。由此,农民可以获得比收割时节直接卖出谷物更高的利润。

阶段二:19世纪中期至20世纪70年代

在此阶段,供应链金融的业务开始丰富起来,承购应收账款等保理业务开始出现。但起初,这种保理业务常常是趁火打劫式的金融掠夺,一些银行等金融机构和资产评估机构进行了合谋,刻意压低流动性出现问题的企业出让的应收账款和存货,然后高价卖给其他第三方中介机构。部分金融机构恶意且无序的经营造成了严重的市场混乱,并引发了企业和其他银行的不满和抗议。为规范市场行为,1954年美国出台了《统一商法典》,明确了金融机构开展存货质押应遵循的规范。由此,供应链金融开始步入健康发展的时期,但这一阶段的供应链金融业务仍以"存货质押为主,应收账款为辅"。

阶段三:20世纪80年代至今

在此阶段,供应链金融的业务开始繁荣,出现了预付款融资、结算和保险等融资产品。这要归功于物流业高度集中和供应链理论的发展。在20世纪80年代后期,国际上的主要物流开始逐渐集中到少数物流企业,联邦快递(FedEx)、UPS和德国铁路物流等一些大型的专业物流巨无霸企业已经形成。

随着全球化供应链的发展,这些物流企业更为深入地楔入到众多跨国企业的供应链体系之中。与银行相比,这些物流企业更了解供应链运作。通过与银行合作,深度参与供应链融资,物流企业在提供产品仓储、运输等基础性物流服务之外,还为银行和中小型企业提供质物评估、监管、处置以及信用担保等附加服务,为其自身创造了巨大的新的业绩增长空间,同时银行等金融机构也获得了更多的客户和更多的收益。

在此阶段,国外供应链金融发展开始形成"物流为主、金融为辅"的运作理念,供应链金融因物流企业的深入参与获得了快速的发展。

2. 中国供应链金融的发展

中国供应链金融的发展有赖于改革开放三十年中制造业的快速发展,"世界制造中心"吸引了越来越多的国际产业分工,中国成为大量跨国企业供应链的汇集点。中国的供应链金融得到快速发展,在短短的三十几年内从无到有,从简单到复杂,并针对中国本土企业进行了诸多创新。

与国外发展轨迹类似,中国供应链金融的发展也得益于20世纪80年代后期中国物流业的快速发展。2000年以来中国物流行业经过大整合之后,网络效应和规模效应开始在一些大型物流企业中体现出来,而这些企业也在更多方面深入强化了供应链的整体物流服务。2004年中国物流创新大会上,物流行业推选出了未来中国物流行业的四大创新领域和十大物流创新模式,"物流与资金流整合的商机"位居四大创新领域之首,"库存商品抵押融资运作模式""物资银行运作模式""融通仓运作模式及其系列关键技术创新"分别位居十大物流创新模式的第一位、第三位和第四位。

2005年,深圳发展银行先后与国内三大物流巨头——中国对外贸易运输(集团)总公司、中国物资储运总公司和中国远洋物流有限公司签署了"总对总"(即深圳发展银行总行对物流公司总部)战略合作协议。短短一年多时间,已经有数百家企业从这项战略合作中得到了融资的便利。据统计,仅2005年,深圳发展银行"1+N"供应链金融模式就为该银行创造了 2500 亿元的授信额度,贡献了约 25% 的业务利润,而不良贷款率仅为 0.57%。

综合来看,现阶段我国供应链金融发展呈现多个特点:①供应链金融发展区域不平衡。外向型经济比较明显的沿海地区,供应链金融发展相对较为领先,而内陆供应链金融仍处在初级阶段。此外,我国关于供应链金融的业务名称约定也没有一个确定的叫法,有物流金融、物资银行、仓单质押、库存商品融资、融通仓、货权融资及货权质押授信等。②我国的供应链金融还面临着法律风险,库存商品等流动资产质押还存在一定的法律真空。③我国银行分业经营的现状,使供应链金融业务中形成了多种委托代理关系,我国社会信用体系建设方面的落后则进一步造成了供应链金融业务的运作风险。

(四) 供应链金融融资模式

单个企业的流动资金被占用的形式主要有应收账款、库存、预付账款三种。金融机构按照担保措施的不同,从风险控制和解决方案的导向出发,将供应链金融的基础性产品分为应收类融资、预付类融资和存货类融资三大类。下面将重点对这三种融资方式进行说明。

1. 应收类:应收账款融资模式分析

应收账款融资是指在供应链核心企业承诺支付的前提下,供应链上游的中小型企业可用未到期的应收账款向金融机构进行贷款的一种融资模式。图 9-2 是一个典型的应收账款融资模式。在这种模式中,供应链上游的中小型企业是债权融资需求方,核心企业是债务企业并对债权企业的融资进行反担保。一旦融资企业出现问题,金融机构便会要求债务企业承担弥补损失的责任。应收账款融资使得上游企业可以及时获得银行的短期信用贷款,不但有利于解决融资企业短期资金的需求,加快中小型企业健康稳定地发展和成长,而且有利于整个供应链的持续高效运作。

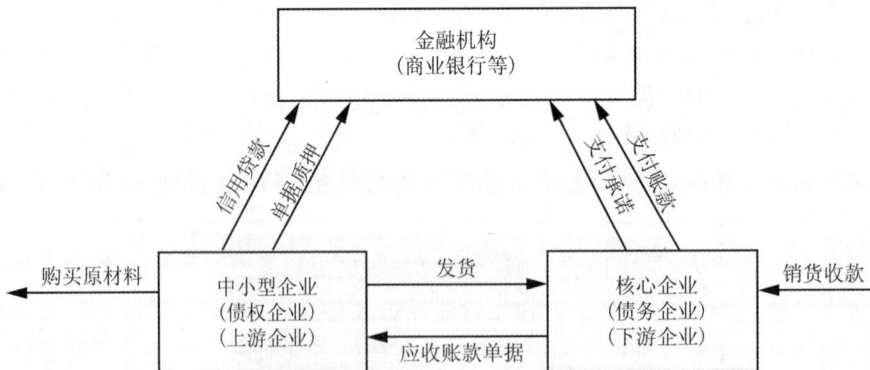

图 9-2　供应链金融的应收账款融资模式

2. 预付类:未来货权融资模式分析

很多情况下,企业支付货款之后在一定时期内往往不能收到现货,但它实际上拥有了对这批货物的未来货权。

未来货权融资(又称为保兑仓融资)是下游购货商向金融机构申请贷款,用于支付上游核心供应商在未来一段时期内交付货物的款项,同时供应商承诺对未被提取的货物进行回购,并将提货权交由金融机构控制的一种融资模式。

图 9-3 是一个典型的未来货权融资模式。在这种模式中,下游融资购货商不必一次性支付全部货款,即可从指定仓库中分批提取货物并用未来的销售收入分次偿还金融机构的贷款;上游核心供应商将仓单抵押至金融机构,并承诺一旦下游购货商无法支付贷款时对剩余的货物进行回购。

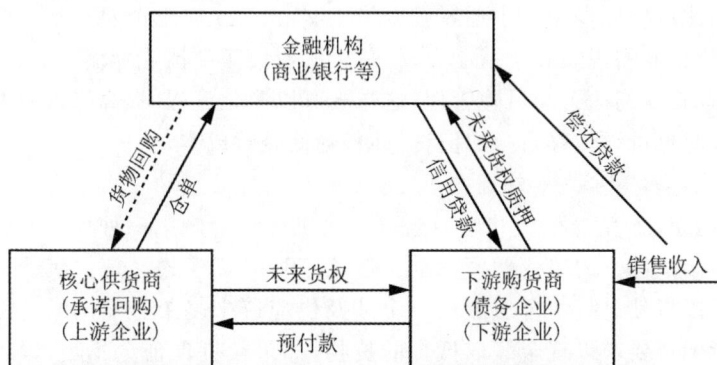

图 9-3   供应链金融的未来货权融资模式

未来货权融资是一种"套期保值"的金融业务,极易被用于大宗物资(如钢材)的市场投机。为防止虚假交易的产生,银行等金融机构通常还需要引入专业的第三方物流机构对供应商上下游企业的货物交易进行监管,以抑制可能发生的供应链上下游企业合谋给金融系统造成风险。例如,国内多家银行委托中国对外贸易运输集团(以下简称中外运)对其客户进行物流监管服务。一方面,银行能够实时掌握供应链中物流的真实情况来降低授信风险;另一方面,中外运也获得了这些客户的运输和仓储服务。可见,银行和中外运在这个过程中实现了"双赢"。

3. 存货类:融通仓融资模式分析

很多情况下,只有一家需要融资的企业,而这家企业除了货物之外,并没有相应的应收账款和供应链中其他企业的信用担保。此时,金融机构可采用融通仓融资模式对其进行授信。融通仓融资模式是企业以存货作为质押,经过专业的第三方物流企业的评估和证明后,金融机构向其进行授信的一种融资模式。

图 9-4 是一个典型的融通仓融资模式。在这种模式中,抵押货物的贬值风险是金融

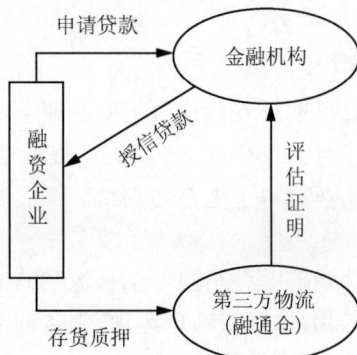

图 9-4   供应链金融的融通仓融资模式

机构重点关注的问题。因此,金融机构在收到中小企业融通仓业务申请时,应考察企业是否有稳定的库存、是否有长期合作的交易对象以及整体供应链的综合运作状况,以此作为授信决策的依据。

但银行等金融机构可能并不擅长质押物品的市场价值评估,同时也不擅长质押物品的物流监管,因此这种融资模式中通常需要专业的第三方物流企业参与。金融机构可以根据第三方物流企业的规模和运营能力,将一定的授信额度授予物流企业,由物流企业直接负责融资企业贷款的运营和风险管理,这样既可以简化流程,提高融资企业的产销供应链运作效率,同时也可以转移自身的信贷风险,降低经营成本。

4. 供应链金融融资模式的综合应用

应收账款融资、保兑仓融资和融通仓融资是供应链金融中三种比较有代表性的融资模式,适用于不同条件下的企业融资活动。但这三种融资模式又是供应链金融中几大主要业务模块,可以将其进行组合后形成一个涉及供应链中多个企业的组合融资方案。例如,初始的存货融资要求以现金赎取抵押的货物,如果赎货保证金不足,银行可以有选择地接受客户的应收账款来代替赎货保证金。

因此,供应链金融是一种服务于供应链节点企业间交易的综合融资方案。中欧国际工商学院课题组对深圳发展银行"1+N"供应链金融进行了深入的研究,并针对供应链中不同主体的特点,总结了适用的供应链金融方案。

(1) 对核心企业的融资解决方案

核心企业自身具有较强的实力,对融资的规模、资金价格、服务效率都有较高的要求。这部分产品主要包括短期优惠利率贷款、票据业务(开票、贴现)、企业透支额度等产品。

(2) 对上游供应商的融资解决方案

上游供应商对核心企业大多采用赊账的销售方式。因此,上游供应商的融资方案以应收账款为主,主要配备保理、票据贴现、订单融资、政府采购账户封闭监管融资等产品。

(3) 对下游经销商的融资解决方案

核心企业对下游分销商的结算一般采用先款后货、部分预付款或一定额度内的赊销。经销商要扩大销售,超出额度的采购部分也要采用现金(含票据)的付款方式。因此,对下游经销商的融资方案主要以动产和货权质押授信中的预付款融资为主。配备的产品主要包括短期流动资金贷款,票据的开票、保贴,国内信用证、保函、附保贴函的商业承兑汇票等。

(五) 供应链金融的作用意义

在"供应链金融"的融资模式下,处在供应链上的企业一旦获得银行的支持,资金这一"脐血"注入配套企业,也就等于进入了供应链,从而可以激活整个"链条"的运转;而且借助银行信用的支持,还为中小企业赢得了更多的商机。

1. 供应链金融实现四流合一

供应链金融很好地实现了"物流""资金流""信息流""商流"的四流合一。

物流:物质资料从供给者到需求者的物理运动,包括商品的运输、仓储、搬运装卸、流通加工,以及相关的物流信息等环节。

资金流:是指采购方支付货款中涉及的财务事项。

信息流：在整条供应链中和物流、资金流相关联的各类信息，也是物流和信息流的一部分，包括订购单、存货记录、确认函、发票等。

商流：在供应链中，上下游供应商的资金链条均可被金融服务机构整合，从而形成商流。

在供应链中，物流、资金流、信息流、商流是共同存在的，商流、信息流和资金流的结合将更好地支持和加强供应链上、下游企业之间的货物、服务往来（物流）。传统意义上，企业会将注意力集中于加速供应链中物流的流转，但是资金流的流转对企业来说同样重要。随着市场全球化的发展和新兴市场上浮现出来的贸易机会，如何管理好企业的资金流已经成为企业参与供应链重点关注的话题。

2. 纵观整条供应链的各个环节

为了确保整条供应链能够顺利进行，企业就必须纵观全局，了解上、下游企业的具体情况，以及与之相关的物流和资金流的信息。在许多案例中，我们可以发现供应链出现问题，基本上都是由于供应商无法正常按照合约（如质量、数量、日期等）提供产品所引起的，并非是采购商无法支付货款所引起的。因此作为下游的企业更应当与上游供应商保持紧密联系，及时了解供应商的各种信息，避免因供应商无法及时交货而引起供应链的中断。正如之前所说的，企业通常会将注意力集中在物流上，仅仅关注企业的货物是否按照要求及时地送到。但是值得注意的是，供应商不能及时提供货物的原因主要是资金上的短缺。因此作为下游的企业更应该备加关注整条资金流的状况。

3. 借助金融产品完善供应链管理

当有越来越多的商品来自于新兴市场，这也意味着企业面临更加复杂和更具风险的市场，市场上越来越多的交易开始通过赊账的方式进行。企业应当审视到它们存在的风险并采取积极的方式提高整条供应链的效率。

在当前的金融市场上有许多方法可以加强企业的供应链管理效率，其中使用最为广泛的就是银行的供应链金融产品。目前有一种现象，就是银行和企业之间缺少一定的必要沟通。银行一般不会了解到企业的现金管理和营运资金的情况，除非是和自己业务有密切关系的企业信息。这样的话，在单独开展相应的融资服务的时候，银行就会面临很大的信用风险，企业当然也无法针对自己的资金状况寻求到更为合适的银行产品。

开展供应链金融之后，这种局面就会得到很好的改善。因为供应链金融是基于供应链中的核心企业，针对它的上、下游企业而开展的一种金融服务。通过供应链金融将上、下游企业和银行紧密地联系起来。供应链金融使得整根链条形成了一个闭环模式，银行能够准确地掌握各个环节上企业的信息。银行通过核心企业的优质信誉，为它的上下游提供金融服务，在一定程度上降低了风险系数。企业通过银行的帮助，也能够做到信息流、物流、资金流的整合。在收到对方支付的款项之后，企业就可以及时地跟进物流，这样就实现了资金收付的高效率，加速了整条供应链的物流和资金流的高速运转，提升了整体价值。

在开展供应链金融的时候，供应链中最基本的订单和发票也不应该被忽略，因为订单作为供应商和采购商之间的一种协议，直接关系到了供应商发货前和发货后的融资行为以及采购商存货融资的行为。

第三节　供应链金融服务创新

一、供应链金融发展的特点

从发展的角度来看,供应链金融主要呈现出以下特点。

(一)金融业与物流业融合发展

供应链金融业务创新主要来源于金融产品创新,如银行业与物流业相结合可以创造出以下新产品:订单融资、保单融资、电商融资、金融物流、贸易融资、应收账款质押融资、预付账款质押融资、进出口项下质押融资、仓单质押、动产质押、担保品管理、保兑仓、保理仓、融资租赁、互联网金融等,这一系列新产品都需要与物流企业进行合作。

金融与物流都是交易中介,金融是付款的中介,物流是付货的中介。物流企业要保证货物的存在与交付,无论交易形式如何变化,只有货物交付才能代表交易的最终完成。

(二)金融与物流融入电子商务平台

几乎所有的电子商务公司在提供交易平台的同时也提供融资平台,因此其网站必然具有两个方面的功能,其中一个是融资功能,另外一个是物流功能。为面向买卖双方开展融资,各主要商业银行、股份制银行都推出了专门针对电子商务的融资产品。金融、物流与电商三者紧密联系在一起,就产生了一种新的业务形态,即网上交易、网上融资、网下交付。

电子商务改变了传统的交易方式。电子商务环境下,交易不再受时空限制,交易环节缩短,碎片化订单能够更好地反映真实需求,快速交易要求快速交付,能够为小企业提供销售市场,降低它们的融资和交易成本。

(三)互联网金融潮流兴起

2013年开始出现互联网金融,这是一种利用互联网技术完成的金融活动。这个定义是比较宽泛的。互联网金融活动突破了时间和空间的限制,大幅度降低了金融门店的交易成本,其主要表现为网上银行、个人对个人(P2P)网络借贷、电商融资、基金理财、第三方支付、市场担保贷款等形式。

对非金融机构来讲,互联网金融主要指余额宝等活期理财增值服务,它们之所以会介入金融或类金融业务,主要是因为所有平台企业都看上了交易中的资金沉淀这一点。当然,其前提是供应商同意延期回款,大的电商可能半年才回款,有的一两个月回一次款,因此它们的特点就是大数据、小微贷,而绝对不会一次性贷给企业上亿元的资金,因为这样风险太大。

对金融机构来讲,互联网金融主要表现为网络银行业务,如工商银行的网络银行业务占到了全部业务的78%,平均每秒就有6500笔业务产生。

(四)在线供应链金融平台化

接下来再谈一谈在线供应链金融。招商银行副行长唐志宏认为,供应链金融的线上化并不改变供应链金融的实质,却改变了供应链金融的业务模式与风险管理技术。其特点有三个:一是发展行业金融、平台金融、生态金融。二是加快放贷速度,简化操作,提高效率。过去,银行对企业放贷至少需要1个星期的时间来进行审批,而现在借助在线供应链金融,提出申请后只需要4个小时就可以放贷了。三是利用大数据来管控风险,可以做到信息对称。

(五)大宗商品在线交易艰难前行

商家对顾客(B2C)电子交易在零售业取得了成功,但大宗商品电子交易平台的经营却遇到了困难。究其原因,主要包括七个方面:一是线上交易量不大,买卖双方仍然习惯于传统模式;二是政府限制远期合约交易,使上线交易吸引力减小;三是系统开发与运营成本较高,许多企业资金不足;四是竞争激烈,目前有800家左右的大宗商品电子商务平台,其模式大同小异,电商集中度不高;五是与物流实体脱节,信息系统不统一,仓储运输环节能力不够,动力不足;六是大额交易,其合同与结算比较谨慎;七是大宗商品电子商务中,企业自营的平台比较多。宝钢、鞍钢、首钢都建设了自己的电商交易平台,销售自己而非其他钢铁厂的货物,这样的自营平台试图整合交易客户的内部供销链,而交易客户因存有疑虑并不愿意上线。大宗商品市场量大,是生活品的十多倍,电商化应该是其今后发展的重要方向,突破口可能在于金融与物流的相互结合,即融资与货物监管相结合。

(六)在线融资业务需要综合考虑众多因素

很多电子商务公司开展了在线融资业务,开展这些电子商务业务必须综合考虑以下因素:一是融资产品因素,如在线融资产品设计与规则、信息系统与金融机构接口、授信额度及管理、融资客户的关键信息等;二是融资管理因素,如账户、贷款、保证金、货值、流水、时间、合同号、预警等;三是货物监管因素,如监管地、库、位、合同、质物清单、总额、折扣、底线、人员、权限等;四是仓储系统因素,包括进出存、盘点、移位、补换货、查询、单证、标志、登记、公示、过户等;五是收费与结算因素,如多点、多客户、多货主、多银行统计、信息报送等;六是征信因素,如企业基本资料、评估报告、预警报告、证据、视频等。

在线融资业务必须考虑所有相关要素,这是一个非常复杂的系统,很少有企业能够把这一整套做全。

二、大数据背景下供应链金融

(一)大数据背景下供应链金融的特点

在大数据背景下,供应链金融出现了一系列新的特点:一是速度快。交易的速度快,付款的速度快,要求物流的速度也要快。二是流程标准化。流程标准化实现之后进一步实现了信息化。大家之所以相信余额宝,根本原因就在于它的流程是标准化的,并且实现了信息化,它的规则是透明的,是不会轻易变动的,进而实现了平台化。三是融合化。制造业、商贸业、金融业、物流业与市场之间形成了相互融合的局面。

上述特点要求我们在相应的物流业务方式上也要发生改变,即快速响应、快速分拣,以满足小批量、多批次、可视化、网络化等的需求。同时,上述特点也会对物流设施的规模、布局、构造等产生影响。过去,一个仓库只租给一个货主,现在是一个货架就有六七个货主,且进货频次加快,由原来的一个月进一次货到现在的一个星期进一次货。物流企业必须尽快适应这种业务节拍。

(二) 大数据应用条件

当前我们做供应链金融,实际上就是借助大数据来控制供应链金融的风险,只有通过大数据来全方位地了解企业信息,才能更好地判断企业信用的好坏。

目前,大家异常关注大数据如何使用这个问题。要使用大数据,必须具备以下几个条件:

第一,要确保基础数据的真实性。使用大数据,要求基础数据必须是真实的。比如,地方 GDP 之和超越国家总量,利用集装箱重复装卸计算吞吐量,关联企业互开发票增加销售额等,会致使数据失真。

第二,数据要能够聚焦成指标。数据如果不能形成指标的话,对我们来讲是毫无意义的。

第三,不同数据体系之间要互联互通。部门数据、行业数据、企业数据相互割裂,大数据无法发挥其应有的作用。

第四,要积累准确的参数。在实际工作中,基础参数极为重要,特别是临界参数,也就是那些将要发生方向性变动的参数。

第五,要具有先进的数据应用理念。数据是客观的,但也与数据使用人的认识和判断有关。回顾金融危机爆发后我国所采取的应对措施,之所以与其他国家的办法不一样,就是因为我们使用数据的理念与西方国家不同,当年我国通过四万亿元投资来刺激经济的理念就源于凯恩斯主义。

三、供应链金融发展的趋势

(一) 向信用担保方向发展

电商企业根据自己所掌握的数据,对客户的业务与信用进行分析,在安全范围内提供小量、短期融资,将沉淀在网上的无成本资金盘活。

(二) 向实物担保方向发展

房地产、货品、仓单仍然是主要的担保物,应收款和预付款背后也要有真实的贸易存在。

(三) 向商贸、金融、物流一体化方向发展

最近出现的深圳式供应链金融融资模式,其整个过程具体如下:研究需求—设计(发现)产品—委托加工(收购)—融资、支付—掌控物流各环节—海关两检—销售通道—货物交付。这是一种把金融、贸易、生产糅合到一起的供应链管理模式,该模式在各个行业都可以应用。

(四) 向电商、金融、物流合作平台方向发展

电商、金融、物流合作平台是大数据的汇集者。交易平台与物流系统集成,与支付系统集成,与交易融资系统集成,实现信息流、资金流、物流、商流的统一,确保交易资源真实可靠,贸易行为真实可靠,担保物变现渠道畅通,担保物价格波动监控实时等。

翻转课堂任务单

一、翻转教学目标

1. 通过思考讨论及完成学习项目资源任务,加深对本章内容的理解;

2. 通过查阅资料,增强主动发现问题探研问题的能力;

3. 培养自主学习能力,加深对现实问题的认识,通过小组讨论交流,提升合作学习能力及精神;

4. 收集第三方物流增值服务方面的资料并为下次翻转课堂教学作准备。

二、翻转课堂学习任务

1. 对本章内容小结

要求字数不超过 200 字。

2. 思考讨论题

(1) 简述供应链及供应链管理的含义。

(2) 供应链管理通过哪些过程来实现降低成本、增加价值这两个方面的效应?

(3) 简述 SCORE 项目理论主要内容。

(4) JIT(Just in Time)运作模式的核心理念是什么?

(5) 简述供应链金融概念。

(6) 供应链金融有哪些融资模式?

(7) 你对大宗商品交易融资与货物监管相结合有什么想法?

(8) 简述供应链金融发展的趋势。

3. 构建学习项目资源任务

要求:以小组为单位每人选择一项下列任务。

(1) JIT 运作消除浪费案例资料收集、概括、整理,每个案例字数不超过 300 字;

(2) 供应链金融融资模式案例资料收集、概括、整理,每个案例字数不超过 300 字;

(3) 大宗商品交易融资与货物监管相结合案例资料收集、概括、整理,每个案例字数不超过 300 字。

4. 完成项目内容报告

(1) 完成结果为 Word 文档＋PPT＋视频

其中 PPT＋视频可以以小组为单位完成。

(2) 建立问题档案

针对所选任务学习后,记录疑问及小组讨论结果。

(3) 学习反思

1) 记录问题解决的过程;方法;收获(发现、感悟与理解)。

2) 存在问题与改进设想。

第十章　第三方物流增值服务新思维

第一节　第三方物流增值服务 BPR 效应

我国第三方物流业起步晚,尽管近几年来有了明显发展,但是整体水平较低,在规模经济、资金和技术方面还没有形成竞争优势,服务的品种少,质量也不尽如人意,更为重要的是这些服务的利润空间正在日益缩小。因此,国内物流服务产业只有拓宽自己的增值空间,获得新的生机,才能前景乐观。

1990 年,美国哈默教授首先提出业务流程重组(Business Process Reengineering, BPR)的概念。BPR 是指通过对现有流程的重新分析,改进和设计组织流程,使流程的增值内容最大化,其他非增值内容最小化,从而能够有效地改善组织的绩效,以相对更低的成本实现、增加产品对顾客的价值。对物流服务流程的重组并不是对原有物流服务系统的全盘否定,而是使物流服务系统再升华,使物流服务更加合理、高效,使物流服务的时间、空间更为广阔。

本节从产品增值与顾客价值增值两方面展开论述,以业务流程重组为线索,所选取的分析模型与理论主要有:价值链分析模型、顾客让渡价值分析模型、供应链分析模型、作业成本法的应用等。

一、分析模型理论

(一) 价值链分析模型

美国哈佛商学院著名战略学家迈克尔·波特提出的"价值链分析法",把企业内外价值增加的活动分为基本活动和支持性活动,基本活动涉及企业生产、销售、进料后勤、发货后勤、售后服务。支持性活动涉及人事、财务、计划、研究与开发、采购等。基本活动和支持性活动构成了企业的价值链(见图 10-1)。

进料后勤:与接收、存储和分配相关联的各种活动,如原材料搬运、仓储、库存控制、车辆调度和向供应商退货。

生产作业:与将投入转化为最终产品形式相关的各种活动,如机械加工、包装、组装、设备维护、检测等。

发货后勤:与集中、存储和将产品发送给买方有关的各种活动,如产成品库存管理、原材料搬运、送货车辆调度等。

销售:与提供买方购买产品的方式和引导他们进行购买相关的各种活动,如广告、促

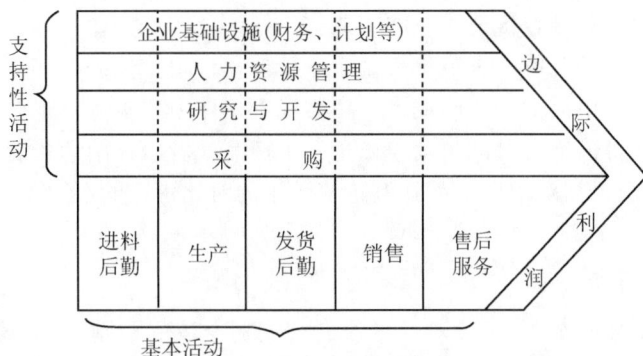

图 10-1　波特价值链模型

销、销售队伍、渠道建设等。

售后服务：与提供服务以增加或保持产品价值有关的各种活动，如安装、维修、培训、零部件供应等。

在任何产业内所涉及的各种支持性活动可以被分为四种基本类型。

采购：指购买用于企业价值链各种投入的活动，采购既包括企业生产原料的采购，也包括支持性活动相关的购买行为，如研发设备的购买等。

研究与开发：每项价值活动都包含着技术成分，无论是技术诀窍、程序，还是在工艺设备中所体现出来的技术。

人力资源管理：包括各种涉及所有类型人员的招聘、雇佣、培训、开发和报酬等各种活动。人力资源管理不仅对基本和支持性活动起到辅助作用，而且支撑着整个价值链。

企业基础设施：企业基础设施支撑了企业的价值链条。

通过企业内部价值链分析，可以找出企业内部不增值的作业以及成本与价值不匹配的作业，并予以删除或改进；通过对竞争对手的价值链分析，能够了解竞争对手的成本情况，确定本企业是处于成本优势还是处于劣势，从而通过成本标杆学习予以改进；通过行业价值链分析，可以确定在行业价值链中哪一部分的耗费较大，企业是否需要进行后向整合与前向整合的战略选择，以寻求降低成本的途径。

对企业价值链进行分析的目的在于分析公司运行的哪个环节可以提高客户价值或降低生产成本。对于任意一个价值增加行为，关键问题在于：

（1）是否可以在降低成本的同时维持价值（收入）不变；

（2）是否可以在提高价值的同时保持成本不变；

（3）是否可以降低工序投入的同时又保持成本收入不变；

（4）更为重要的是，企业能否可以同时实现 1、2、3 条。

价值链的框架是将链条从基础材料到最终用户分解为独立工序，以理解成本行为和差异来源。通过分析每道工序系统的成本、收入和价值，业务部门可以获得成本差异、累计优势。

（二）顾客让渡价值分析模型

菲利普·科特勒提出此模型，认为顾客让渡价值应该是顾客所得与顾客所失之差。即：

顾客让渡价值＝总顾客价值－总顾客成本

总顾客价值＝产品价值＋人员价值＋服务价值＋形象价值

总顾客成本＝货币成本＋时间成本＋精力成本＋体力成本

该模型从顾客价值绝对量的角度来衡量一个产品或者服务给消费者所提供让渡价值的大小,认为顾客会根据对不同产品让渡价值大小的对比进行购买决策,选择让渡价值大的产品。

(三)供应链分析模型

供应链是围绕核心企业,通过对信息流、物流、资金流的控制,从采购原材料开始,制成中间产品以及最终产品,最后由销售网络把产品送到消费者手中的,将供应商、制造商、分销商、零售商直到最终用户连成一个整体的功能网链结构模式。

供应链就是通过计划、获得、存储、分销、服务等这样一些活动而在顾客和供应商之间形成的一种衔接,从而使企业能满足内外部顾客的需求。

供应链包括产品到达顾客手中之前所有参与供应、生产、分配和销售的公司和企业,因此其定义涵盖了销售渠道的概念。供应链对上游的供应者(供应活动)、中间的生产者(制造活动)和运输商(储存运输活动)以及下游的消费者(分销活动)同样重视。

供应链分析模型就是以供应链为基础,对整个供应链的物流成本进行分析,以达到降低成本、增加企业绩效的目的(见图 10-2)。

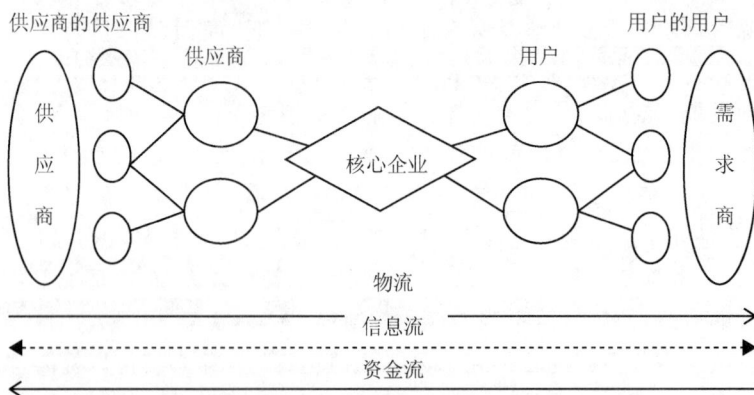

图 10-2　供应链模型

(四)作业成本法

作业成本法比较适用于供应链的成本分析,尤其是与供应商特定相关的采购成本。

1. 作业成本法可以将采购成本按不同的形成原因归纳开来

供应链成本管理中,原始的成本分析方法并不能深入地将每个动因产生的成本逐个进行分析,并且可能会对特殊环保要求所产生的成本造成歪曲。作业成本法将成本管理从以"产品"为中心转移到以"作业"为中心,成本对象不再局限于单一的"产品"层次而是可以根据不同的管理目的定义不同类型和不同层次的成本对象。其意义不仅在于成本计算的精确性层面,而且已经深入到价值链重构乃至企业组织结构设计中。因此,利用作业成本法不仅能够计算出与特定供应商相关的作业成本以进行供应商的选择评价,而且能够在作业成本法的基础上对这些作业进行优化,最终起到优化价值链的作用。

2.供应链的运作方式与作业成本法的思想具有相似性

供应链中的间接费用在总成本中的比例较高,与作业成本法适用的条件不谋而合(见图10-3)。供应链运作过程中包含的项目很多,在运营成本中比例很大,其设计的间接费用比例较高,如物流和仓储的信息管理等活动产生的费用,且绝大部分不能够归入直接成本。而作业成本法正是针对制造费用(生产企业)和间接费用(生产和服务企业)比例很高的企业而提出的。

作业成本是一个过程,超越了界限,将直接与间接成本与每个成本动因相结合,与供应链中的环节连接更紧密。将这些成本分配到各个服务中去,更有利于绩效评估和成本节约。

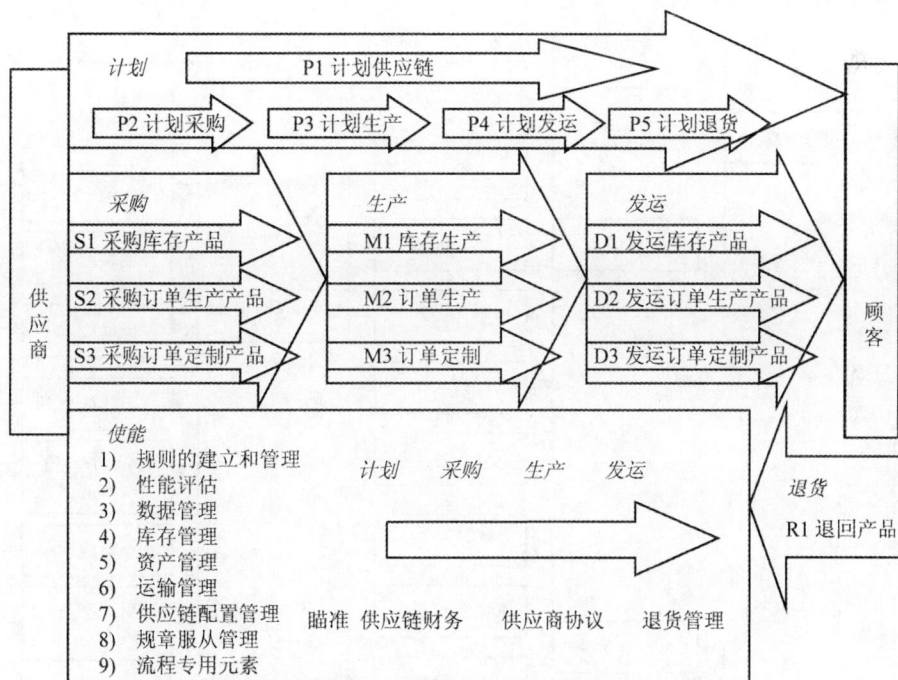

图 10-3　供应链与作业成本法

二、BPR 效应方法

BPR 效应基本方法是:问题展现—框架分析—解决方案。

首先是问题展现。在给顾客提供服务时缺少必要的增值服务,严重影响顾客的满意度,甚至会因此造成顾客拒签的现象,严重影响到企业的绩效。当了解到具体情况后,思考如何来给顾客提供实实在在的增值服务可行性方案。

其次是框架分析。顾客让渡价值,也就是顾客得到的实际的价值,由两部分组成,即总顾客价值和总顾客成本,表现为顾客让渡价值=总顾客价值-总顾客成本。因此,我们必须想方设法提高总顾客价值,同时减少总顾客成本。提高总顾客价值就得在其影响因素中下功夫,总顾客价值=产品价值+人员价值+服务价值+形象价值,所以提高总顾客价值就是提高产品、人员、服务、形象等四个方面的价值。同样,总顾客成本=货币成本+

时间成本＋精力成本＋体力成本,减少顾客成本就是减少以上四个因素的总和。

同时,对物流增值服务的范围扩大到企业绩效的层面,因为增值不仅对顾客来说很重要,对企业绩效来说更为重要,给顾客增加价值最终目的就是为提高顾客的满意度,培养顾客的忠诚度,提高企业的名誉度,扩大企业的知名度,从而提高企业的绩效。因此,作为第三方物流公司,有必要在服务顾客的绩效方面做些文章。作为服务型企业,可以给客户提供些流通加工性质的增值服务,但最重要的是在保证服务质量的前提下,尽可能减少成本,这也是为什么客户选择外包服务,而不是自营的最直接、最重要的原因。

最后是解决方案。利用已提出的框架与模型对如何从提高产品价值和顾客让渡价值两方面来实现物流服务增值,最终实现提高企业绩效,强化竞争力,并找出优化的解决方案。分析框架如图 10-4 所示。

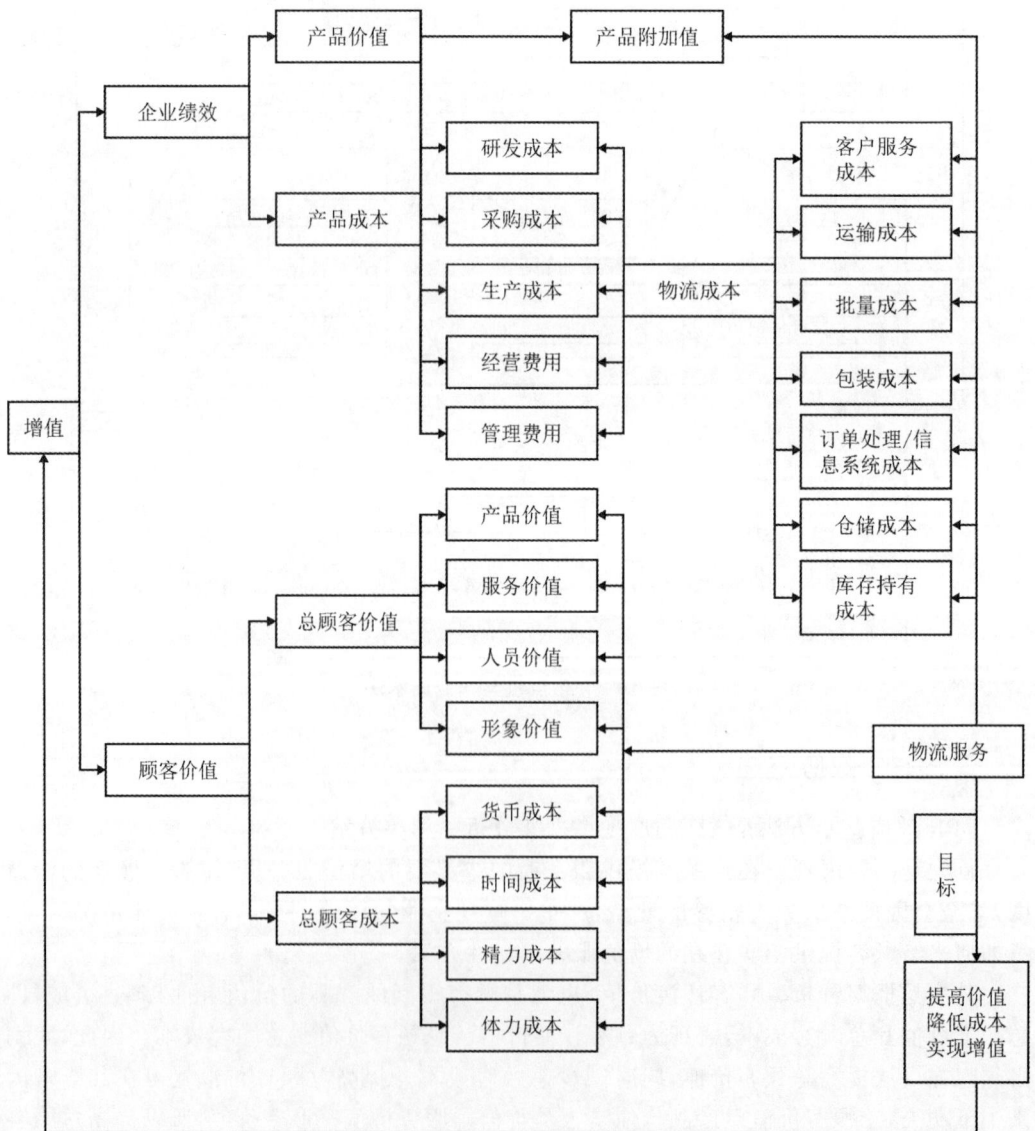

图 10-4　分析框架

三、如何提高企业绩效

（一）提高企业产品价值

商品提供给消费者的价值有两种：一种是硬性商品价值，是指商品实际能提供给消费者的功能；另一种是软性商品价值，则是指能满足消费者感性需求的某种文化。中国的营销策划专家认为，构成产品的要素不外乎核心产品、形式产品、附加产品，所谓的附加产品即产品的附加值。由于消费已日益从"物"的消费转向"感受"的消费，日益倾向于感性、品位、心理满意等抽象的标准，所以，产品附加值在市场上的地位就越来越高了，它与产品卖点难以分割，日益融为一体。产品附加值应该包括两个方面的内容，即通过企业的内部生产活动等创造的产品附加值和通过市场战略在流通领域创造的商品附加值。高附加值产品，是指"投入产出比"比较高的产品。其技术含量、文化价值等，比一般产品要高出很多，因而市场升值幅度大，获利高。

企业实现高附加值回报，通常通过创造并满足了客户更高层次的需求，也就是使消费者为得到产品或服务而付出的价钱与企业为产品付出的成本之间存在差值，差值越大，企业获得的附加值越高。作为一个物流企业，实现附加值一般通过以下两个途径：一是在流通领域开展一些增值服务项目，如包装，根据顾客的特定要求包装商品，在配送过程之前，应顾客的要求改变商品的原来形状等。二是努力提高自己的企业形象，当客户将物流业务交给你时，能够获得一种满意、放心的主观满足感。

（二）降低各个环节的成本——基于供应链的成本控制

物流增值服务在企业绩效上还主要体现在对物流成本的有效控制上。物流是主要成本的产生点，同样也是减低成本的关注点。有效地降低物流成本意味着给企业带来绩效。

物流成本是指在物流的过程中，企业为了提供有关的物流服务，要占用和耗费一定的活劳动和物化劳动（必要劳动价值的货币表现）。它按照职能耗费分为几个部分：客户服务成本、运输成本、批量成本、包装成本、订单处理和信息系统成本、仓储成本和库存持有成本。运输成本、批量成本、包装成本、订单处理和信息系统成本、仓储成本和库存持有成本，叫做狭义物流成本。

1. 物流成本中的重要影响因素——客户服务成本

物流成本中的客户服务成本是一种隐性成本，指物流客户服务水平令客户不满意时产生的销售损失。该成本影响着客户对企业物流服务的感受，表现为客户满意水平以及客户信任程度。它不仅包括失去的现有客户所产生的销售损失，还包括失去潜在客户所带来的销售损失。

高客户服务水平意味着给合适的客户提供合适的产品和服务，使客户实现合适的需求是客户服务的核心，它在影响客户购买和连续购买中起到关键的作用。客户服务成本和狭义的物流成本存在背反的关系。客户服务成本的降低必然需要大量的存货、快捷的运输、充分的库存和高效的订单处理。这势必会导致狭义物流成本的增加。

解决客户服务成本和狭义物流成本背反通常使用下面方法：根据一定的方式制定出最适合的物流客户服务水平，然后在达到该物流客户服务水平的前提下，寻求其他物流成本之和的最小化。

降低客户服务成本主要方法有：

（1）充分研究客户的需求。在认真分析成本和收益的基础上，确定最优的客户服务水平。增建客户接口并建立企业和客户的缺货监督机制等。

（2）设立作为实施客户服务的相关组织结构，加强沟通和合作。如通过组建"呼叫中心"，在客户和承运商之间构建了沟通的桥梁，满足了客户对服务实时信息的需求等。

（3）降低缺货水平，建立柔性的客户服务系统，及时准确地提供订单信息。

（4）向客户提供管理服务。这可成为客户服务成本控制的有力手段。

2．运输成本

运输服务是一种创造价值的活动。运输成本就是承运人为完成特定货物位移而消耗的物化劳动和活劳动的总和。其货币表现就是各种费用的支出，包括车队燃料、设备维护、劳动力、保险、装卸。

降低运输成本的主要措施有：简化运输系统，进行合理的运输系统优化，减少中间环节；无论是在仓库选址还是选择运输方式时，进行有效的运输规划；提高车辆的装载效率，充分使用车辆的装载容积；选择最佳运输手段，实施拼装整车运输、托盘化运输或集装箱运输等。

3．批量成本

主要的批量成本是由于生产和采购活动所引起的。批量成本是和生产或采购有关的成本，随着生产批量和生产启动频次、采购规模的大小和采购频率的改变而变化。不同批量在物流服务提供过程中同样会产生成本，可利用订单集运和大批量全程集装运输解决等。

4．订单处理和信息系统成本

订单处理和信息系统的成本与诸如处理客户订单、配送信息和需求预测等活动相关。订单处理成本包括与订单发送、订单录入、订单核实、订单处理相关的内部和外部成本。从寻求物流软件开发商起步到最终自主研发并不断改进物流信息系统，把信息系统作为企业核心控制与管理手段。

5．物流成本中又一个重要影响因素——仓储成本

仓储是保护、管理、储藏物品的行为或活动。仓储成本是指由仓储作业（如流通加工、分拣、装卸搬运、出入库操作）以及建造、配置仓库等设施设备所带来的成本。

降低仓储成本的方法有：

（1）合理规划仓储空间的取得方式。安得物流公司对新员工的培训包含对仓库合理选址的内容。

（2）合理选择不同吞吐量下仓储类型与作业模式。

（3）进行合理的仓库结构与空间结构决策。

（4）为客户提供条码管理、补货、包装、库存分析等多项增值服务。

（5）提高出入库作业的准确度和效率。

6．库存持有成本

库存持有成本是与存储的库存数量有关的成本，包括多种不同的成本组成因素。库

存是把双刃剑：一方面,总资产随库存量的增加而增加;另一方面因持有库存而必须支付的相关现金成本(例如保险、税收、报废、损坏和利息支出)会降低企业的净利润,同时会降低资产周转率,造成良好的投资机会流失。

库存持有成本只包括那些随库存数量变动的成本,包括：

（1）资金成本

即可以用于其他投资项目的资金。包括内部产生的资金和从企业外部获取的资金(如来自银行和保险公司的贷款,或来自于企业出售普通股的收入)。安得物流公司通过对"透明酒瓶"的研究上马了"主动持续补货"模块,解决了损失销售机会、降低顾客满意度与高库存并存的状况,基本实现了零库存,实现了高效物流运作。

（2）库存服务成本

包括缴纳的税金和因持有库存而支付的火灾及盗窃保险。安得物流公司主要依托整合仓库、强化仓库管理流程来控制服务成本。

（3）储存空间成本

一般指公共仓库收费中的存储费。

（4）库存风险成本

包括过期成本、破损成本、损耗、库存迁移成本等各项费用。

综述,可以从以下六个方面来控制成本,提升绩效：生产成本控制、配送成本控制、渠道成本控制、市场推广成本控制、人力资源成本控制、管理成本控制。

四、如何提高顾客让渡价值

（一）顾客购买的整体价值

使顾客获得更大"让渡价值"的途径之一是改进产品服务、人员与形象,从而提高产品或服务的总价值。其中每一项价值因素的变化都对总价值产生影响,进而决定了企业生产经营的绩效。

1. 产品价值

产品价值是由产品的质量、功能、规格、式样等因素所产生的价值。产品价值是顾客需求的核心内容之一,产品价值的高低也是顾客选择商品或服务所考虑的首要因素。那么如何才能提高产品价值呢？要提高产品价值,就必须把产品创新放在企业经营工作的首位。企业在进行产品创新,创造产品价值的过程中应注意：

（1）产品创新目的是为了更好地满足市场需求,进而使企业获得更多的利润。因此,检验某些产品价值的唯一标准就是市场,即要求新产品能深受市场顾客的欢迎,能为企业带来满意的经济效益,这才说明该产品的创新是有价值的。

（2）产品价值的实现是服从于产品整体概念的,现代营销学认为产品包含三个层次的内容：核心产品(主要利益)、形式产品(包装、品牌、花色、式样)和附加产品(保证、安装、送货、维修)。与此相对应,产品的价值也包含三个层次：内在价值,即核心产品的价值;外在价值,即形式产品的价值;附加价值,即附加产品的价值。

现代的产品价值观念要求企业在经营中全面考虑产品的三层价值,既要抓好第一层次的价值,同时也不能忽视第二、三两个层次的价值,做到以核心价值为重点,三层价值一起抓。

2. 服务价值

服务价值是指企业向顾客提供服务所产生的价值。服务价值是构成总顾客价值的重要因素之一。从服务竞争的基本形式看,可分为追加服务与核心服务两大类:追加服务是伴随产品实体的购买而发生的服务,其特点表现为服务仅仅是生产经营的追加要素。从追加服务的特点不难看出,虽然服务已被视为价值创造的一个重要内容,但它的出现和作用却是被动的,是技术和产品的附加物,显然高度发达的市场竞争中,服务价值不能以这种被动的竞争形式为其核心。核心服务是追加服务的对称,是消费者所要购买的对象,服务本身为购买者提供了其所寻求的效用。核心服务把服务内在的价值作为主要展示对象。这时,尽管同样存在实体商品的运动,但两者的地位发生了根本性的变化,即服务是决定实体商品交换的前提和基础,实体商品流通所追求的利益最大化应首先服从顾客满意的程度。而这正是服务价值的本质。

3. 人员价值

人员价值是指企业员工的经营思想、知识水平、业务能力、工作效率与质量、经营作风以及应变能力等所产生的价值。只有企业所有部门和员工协调一致地成功设计和实施卓越的竞争性的价值让渡系统,营销部门才会变得卓有成效。因此,企业的全体员工是否就经营观念、质量意识、行为取向等方面形成共同信念和准则,是否具有良好的文化素质、市场及专业知识,以及能否在共同的价值观念基础上建立崇高的目标、作为规范企业内部员工一切行为的最终准则,决定着企业为顾客提供的产品与服务的质量,从而决定顾客购买总价值的大小。由此可见,人员价值对企业进而对顾客的影响作用是巨大的。

4. 形象价值

形象价值是指企业及其产品在社会公众中形成的总体形象所产生的价值。形象价值是企业各种内在要素质量的反映。任何一个内在要素的质量不佳都会使企业的整体形象遭受损害,进而影响社会公众对企业的评价,因而塑造企业形象价值是一项综合性的系统工程,涉及的内容非常广泛。显然,形象价值与产品价值、服务价值、人员价值密切相关,在很大程度上是上述三方面价值综合作用的反映和结果。所以形象价值是企业知名度的竞争,是产品附加值的竞争,是服务高标准的竞争,说到底是企业"含金量"和形象力的竞争,它使企业营销从感性走向理性化的轨道。

(二) 影响顾客购买的成本因素

要最大限度地实现顾客让渡价值,仅仅创造价值还是远远不够的,与此同时,还应该设法降低顾客购买的总成本。总顾客成本不仅包括货币成本,而且还包括时间成本、精力成本等非货币成本。通常情况下,顾客购买商品首先要考虑货币成本的高低,因而货币成本是构成整体顾客成本的主要和基本因素。除此之外,顾客在购买商品时所耗费的时间、精神和精力也将成为其购买决策的重要影响因素。因此,企业要想创造最大的让渡价值,使顾客充分满意,就必须解决如何帮助顾客降低非货币成本的问题。

1. 时间成本

时间成本是顾客为想得到所期望的商品或服务而必须处于等待状态的时期和代价。时间成本是顾客满意和价值的减函数,在总顾客价值和其他成本一定的情况下,时间成本越低,顾客购买的总成本越小,从而"顾客让渡价值"越大,反之"顾客让渡价值"越小。因此,为降低顾客购买的时间成本,企业经营者必须对提供商品或服务要有强烈的责任感和事前的准备,在经营网点的广泛度和密集度等方面均需做出周密的安排,同时努力提高工作效率,在保证商品服务质量的前提下,尽可能减少顾客为购买商品或服务所花费的时间支出,从而降低顾客购买成本,为顾客创造最大的"让渡价值",增强企业产品的市场竞争力。

2. 精力成本

精力成本是指顾客购买商品时,在精力、精神方面的耗费与支出。在总顾客价值与其他成本一定的情况下,精力成本越小,顾客为购买商品所支出的总成本越低,从而"让渡价值"越大。因此,企业如何采取有力的营销措施,从企业经营的各个方面和各个环节为顾客提供便利,使顾客以最小的成本耗费,取得最大的实际价值是每个企业需要深入探究的问题。

(三)顾客让渡价值系统的建立及实施

顾客让渡价值系统建立的实质是设计出一套满足顾客让渡价值最大化的营销机制。物流增值服务就是利用这种系统来提高顾客的满意度,增加顾客的价值,培养顾客的忠诚度,从而实现物流增值服务的目标。

1. 利用价值链实现网络竞争优势

企业通过顾客让渡价值最大化来体现其竞争优势。竞争优势来自于一个企业在设计、生产、销售、发送和辅助其产品过程中所进行的互不联系的活动。这些活动的每一项都有助于企业提高顾客让渡价值,实现竞争优势。哈佛大学的迈克尔·波特教授把一系列活动称之为价值链。竞争者价值链之间的差异是企业竞争优势的一个关键来源。

企业的价值链不是一堆相互独立的活动,而是一个由相互依存的活动组成的一个系统。企业的价值链不仅在其内部是互相联系的,而且和其供应商与销售渠道的价值链密切相关。因此,供应商和销售渠道的活动影响着企业的成本和效益,也影响着企业实现顾客让渡价值最大化。

由于社会分工越来越细化,产业间的协调与联系也随之越来越重要,竞争的加剧,使企业单独作战很难体现竞争优势。所以,企业必须与其供应商及销售渠道建立起密切的价值链关系,从而实现网络竞争优势。企业利用价值链之间的纵向联系,加强其与供应商及销售渠道的合作,可能提高顾客整体价值,降低顾客购买成本,实现顾客让渡价值最大化。因此,利用价值链实现网络竞争优势是建立企业顾客让渡价值系统的一个重要内容。

2. 实行核心业务流程管理

虽然根据价值链的原理,企业内部各部门应协调一致,追求公司整体利益最大化。但是在现实生活中,企业业务部门往往把部门利益放在第一位,而不是首先考虑企业和顾客利益的最大化。为了解决这个矛盾,需要实行"核心业务流程"的流畅管理。

一般来说,企业的"核心业务流程"有以下几种形式:

一是新产品的实现流程,它包括发现、研究以及成功制造新产品的所有活动。这些活动必须快速、高质量,而且要达到预定成本目标;

二是存货管理流程,它包括开发和管理合理储运地点的活动,以使原材料、半成品和成品能实现充分供给,不至于因为库存过大或库存不足而造成成本上升;

三是订货—汇总流程，它包括接受订货、核准销售、按时送货以及收取货款等活动；

四是顾客服务流程，它包括顾客在公司内很顺利地找到适当的当事人，以得到迅速、满意的服务、回答以及解决问题的活动。

上述四种核心业务流程对于企业实现内部协调，提高顾客让渡价值具有重要作用。其中，新产品的实现流程可以根据顾客的需求及时生产出高质量的产品，从而提高企业的产品价值；存货管理流程可以最大限度地降低企业的生产成本和储运成本，从而降低顾客购买时的货币成本；订货—汇总流程和顾客服务流程可以及时准确地发送货物、收取货款、为顾客提供满意的服务，从而提高企业的服务价值，降低顾客采购成本，实现顾客让渡价值最大化。

3. 实行全面质量营销

企业提高顾客让渡价值，建立顾客让渡价值系统的工作不可能由企业的营销部门单独完成，这需要企业的市场营销部门与企业的其他部门很好地协调，在企业内部实行全面质量营销。

美国质量控制协会对此所下的定义是：质量是一种产品或服务的性能和特征的集合体，它具有满足现实或潜在需求的能力。

这是一种以顾客为中心的质量定义。顾客有一组需求、要求和期望，当卖方的产品和服务符合或超过了期望，我们可以说卖方在传递质量。

一个具有竞争力的企业必须是建立顾客让渡价值系统的企业，而企业要建立顾客让渡价值系统，必须首先树立全面质量营销的观念。那么，如何理解全面质量营销呢？

首先，质量一定是由顾客所理解的。质量工作开始于顾客的需求，结束于顾客的理解。因此质量改进只有建立在顾客理解的基础之上才是有意义的。也就是说，制造商必须将顾客的声音贯彻到整个设计、工程、制造和配送过程之中。

其次，质量必须反映在公司的每一个活动之中，而不仅仅反映在产品中，质量要求全体员工的共同参与。成功的公司是那些消除了部门间壁垒的公司，它们的员工像团队一样协同工作，不仅仅在提高产品的质量，而且在提高广告、服务、产品说明、配送、售后支持等活动的质量。

第三，质量要求有高质量的合作伙伴，即要实现价值链之间的纵向联系。

第四，质量是要能不断改进的，而且质量的改进有时要求量上的飞跃，即制定数量改进的目标，小的改进常可以通过努力工作来实现，但大的改进要求有崭新的措施和方法，需要更灵巧的工作。

第五，质量并不花费更多的成本。也就是说，质量可以通过认识到"第一次就把事情做好"而得到确实的改进，当企业第一次就把事情做正确时，很多成本就被节约了。

第六，质量是必要但也许还是不够的，高质量可能并不能赢得竞争优势，尤其是当竞争者也或多或少提高了相当程度的质量。

4. 重视内部的服务管理

随着市场竞争的日益激烈，企业的优势已不再局限于产品或服务本身，与产品和服务紧密相关的企业内在服务质量已受到了越来越多的重视。这是因为从企业利润产生的全过程看，企业获利能力的强弱主要是由顾客的忠诚度决定的。调查发现忠诚顾客每增加

50%,所产生的利润增幅可达 25%～85%。显然,忠诚顾客的多少在很大程度上决定了市场份额的质量。而忠诚顾客的塑造却依赖于企业为顾客实现让渡价值的大小,企业员工是让渡价值的实现者,他们的工作效率和员工的工作水平又是由企业内部服务管理的质量决定的。如果一个企业能够加强企业内部管理,更好地为自己的员工服务,就可以实现员工满意,员工满意可以创造出最大的顾客让渡价值,从而实现顾客满意和顾客忠诚,最终使企业获得利润。

(四) 基于顾客价值实现的 BPR

流程的优化范围并不是由企业的内部要素决定的,而是由目标顾客的价值愿景所涵盖的范围确定的。根据顾客价值愿景来优化和改善业务流程,从流程存在的区域来看,其优化的范围通常包括三个层级。

1. 以企业部门为范围,改善部门内某一特定流程

(1) 顾客的不满集中于特定的流程。

(2) 企业希望将某种流程进行差异化改造。

(3) 基于内部因素的考虑,企业将投入资金改善某一流程(如提高适应性或降低瑕疵率),并希望利用这个机会使该流程对目标顾客更具吸引力。

(4) 为了吸引更多的顾客和提高市场占有率,使流程能大幅度降低成本、提高利润。

2. 以整个企业为范围,优化企业内多个流程

(1) 企业采取非价格的竞争方式时,需要对业务流程进行整体分析,以及识别和调整关键流程,以提高流程的价值创造能力,并为顾客提供差异化的服务。

(2) 企业计划进行大型基础设施建设或资本投资时,就能以整个企业为范围进行改造,使企业对顾客更具吸引力。

(3) 当企业的市场占有率正节节下降,或面临大量顾客流失时,就必须进行跨部门分析,以找出顾客不满的业务流程与服务。但不论何种情况,以整个企业为范围来优化流程,需要对整个公司内的所有顾客互动关系进行宏观分析,以高标准高绩效的流程为标杆,查找现有流程的表现差距,然后通过删减、简化、添加和整合等方式来提升关键流程的价值创造能力,以满足高价值的顾客需求。

3. 以多个企业为范围,优化企业间的整体价值链

以多个企业为范围的分析是以最终顾客价值为导向,梳理和优化纵向和横向企业之间的跨企业流程,整合和改善企业间的整体价值链。这种范围的流程优化主要适用于:

(1) 企业希望与其他企业结成联盟,整合多家企业的核心能力,生产竞争对手无法轻易复制的产品或服务。

(2) 企业希望能大幅度降低成本和提高效率,将各方参与者视为一个整体,将所有活动视为单一价值链。

(3) 企业希望充分发挥渠道的影响力,为渠道提供高水平的支持,使之成为最终顾客的理想渠道。

4. 确定流程优化的顺序

(1) 以顾客的观点和企业的观点作为流程优化顺序的判断标准。

(2) 确定流程优化顺序的方法。

1）初级的顾客价值管理。

2）高级的顾客价值管理。

（3）确定流程优化顺序的步骤。

1）顾客细分。

2）顾客需求细分。

3）将顾客观点转换成企业观点。

5. 现有物流增值服务模式

（1）承运人型增值服务。承运货物运输的快运公司、集装箱运输公司，最适宜从事此类增值服务。

（2）仓储型增值服务。

（3）货运代理型增值服务。

（4）信息型增值服务。以信息技术为优势的物流服务商可以把信息技术融入物流作业安排当中。

（5）第四方物流增值服务。向客户提供全面意义上的供应链解决方案，对第三方物流企业的管理和技术等物流资源进行整合优化，对物流作业流程进行再造，甚至对其组织结构进行重组，对客户物流决策提供咨询服务等。

6. 物流增值服务的评估体系

（1）突发状况处理能力。

（2）完成订单的周期。

（3）问题反馈处理周期。

（4）库存与运输等基本服务的价格。

（5）订单及时完成率。

（6）订单完成率。

（7）第三方物流企业的信誉度。

（8）合作过程中对矛盾的处理能力。

（9）信息共享程度。

（10）企业文化的契合度。

（11）物流增值服务费用。

（12）物流服务网络覆盖面。

第二节　大宗农产品类第三方物流增值服务

农副产品是大宗商品中一大类，由于农产品生产的地域性与消费的普遍性、生产的季节性与消费的全年性之间的对立，造成了农产品供给与消费之间的矛盾。解决这个矛盾，靠的就是发展现代农产品物流专业化的第三方物流。农产品第三方物流不仅能使农产品实现其价值与使用价值，而且可以使农产品在物流过程中增值，还能降低农产品生产与流通的成本，提高农业的整体效益。

一、农产品物流的概念

1. 农产品物流的内涵

长期以来,人们视农产品物流为农产品流通中的运输、储存和装卸,这种认识具有片面性。根据物流概念的发展,结合农业经济理论,农产品物流应是以农业产出物为对象,通过农产品产后加工、包装、储存、运输和配送等物流环节,做到农产品保值增值,最终送到消费者手中。它是物流业的一个分支,是为了满足消费者需求而进行的农产品物质实体及相关信息从生产者到消费者之间的物理性流动。农产品物流的发展目标是增加农产品附加值,节约流通费用,提高流通效率,降低不必要的损耗,从某种程度上规避市场风险。

农产品物流的定义着重强调了两点:(1)物流运作课题是指脱离生产领域的农产品,这可以说是农产品物流与农业物流最重要的区别。(2)农产品物流不仅服务于农产品消费者而且还服务于农产品生产者,即不仅满足消费者需求,而且还要使生产者生产的农产品实现价值。

但是,由于农产品物流的内涵处于动态的发展之中,随着科学技术和网络信息的进一步发展,逐步形成了现代农产品物流。它是指建立在先进的计算机网络和信息技术基础上,整合利用现代交通和仓储设施,依靠大量的商务信息指令,将农产品运输、仓储、加工、装卸、包装以及流通加工、配送、信息处理等经济活动进行一体化经营和管理的综合产业活动,最终达到优化农产品流通渠道,全方位降低涉农企业经营成本,实现又好又快服务农产品生产者和最终消费者的目的。

2. 农产品物流的外延

如果把物流企业物流圈定为一个综合的、独立的物流系统,那么这个大系统可以划分出若干物流子系统。按照农产品物流经营活动的环节,农产品物流可以分成四类。一是农产品生产前的物流形式,叫农产品供应物流,是为了保证农产品生产的实现,不断组织农业生产资料供应的物流活动;二是农产品生产过程中的物流形式,叫农产品生产物流,是指在农产品生产工艺中的物流活动;三是农产品销售阶段的物流形式,叫农产品销售物流,是指伴随销售活动,将农产品实体转移给用户的物流活动;四是回收阶段的物流形式,叫农产品废弃物物流和再生物物流,是指农产品中间废弃物可再利用的物流活动和可再生资源再利用过程中的物流活动。图10-5说明了农产品物流的全过程。

在农产品物流过程中,物流、信息流和资金流的流向有差异。物流向一方流动而资金流向相反的方向流动(退货或赊购除外);信息流(包括与农产品物流有关的政策法规、市场、经营、生产信息和与物流本身运作相关的运输、库存、货物动态、人事、气候地理信息)是双向流动的,其中主要的需求信息流自下而上流动,即发出订单是从用户向供应商移动,而供应信息流则相反,即订单收到通知、货运通知和发票则是从供应商流向用户。

这里重点讲一下与大宗农产品相关的销售物流。农产品销售物流是指为了实现农产品保值和增值,在农产品流通过程中,伴随销售和加工活动将农产品所有权转移给客户而引发的一系列物流活动。它包括为了销售农产品而实行的收购、保鲜、运输、检验、储存、装卸,为了满足消费者需求而实施的包装、配送、初深精加工、分销等活动。其过程是农产

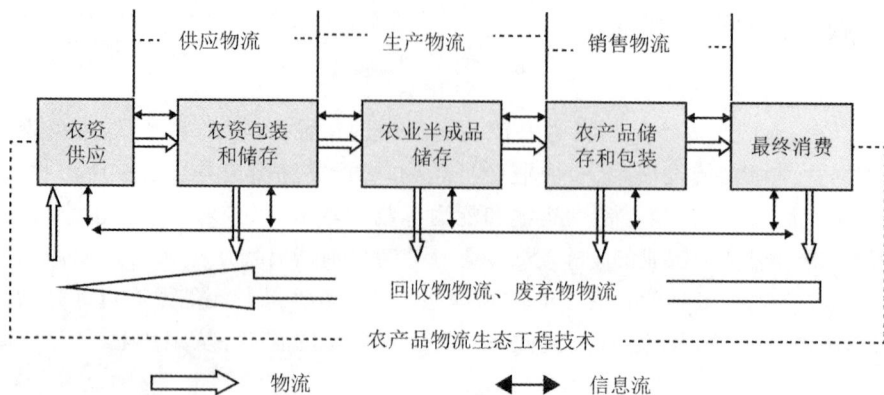

供应物流　　　生产物流　　　销售物流

| 农资供应 | 农资包装和储存 | 农业半成品储存 | 农产品储存和包装 | 最终消费 |

回收物流、废弃物物流

农产品物流生态工程技术

⟹ 物流　　　⟷ 信息流

图 10-5　农产品物流的全过程

品实现其"惊险的跳跃",回收资金,并进行再生产的关键阶段。若销售物流不畅,会影响销售方利益,造成农产品积压甚至丧失价值的不良后果。在如今的买方市场中,销售物流活动带有极强的服务性,以满足需求。

在这个环节中,物流活动参与者较多,按照在销售物流的上下游中有无中介主体参与,销售物流可以分为两种形式:

(1)无中介主体参与的"单段二元式"物流

"段"指的是市场产品在流通过程中从上一环节到下一环节的流通环节,"元"指支配市场流通过程的各交易主体。这种形式为直销式即生产主体(企业＋农户)→消费者,买卖双方直接见面,无中间环节,交易费用低,商品损耗少,是销售物流发展方向。

(2)有中介主体参与的"双段三元式"甚至"多段众元式"物流

由于农产品需求的广泛性、多样性与满足需求的手段之间的矛盾,农产品销售物流中产生了许多中介组织和个人。常见的形式就是"双段三元式"物流,它是当代西方发达国家在农产品市场流通中普遍采用的做法。它的形式为生产主体→中介者(分销商等)→消费者。但是,如果中介主体多重,会形成"多段众元式"物流。经历了多个销售环节,农产品随货主转换场所,物流环节多,路线长,多次装卸搬运和包装,中间损耗大,因此增加了社会交易费用和物流成本,降低了物流效益;而且中间商层层瓜分中间利润,损害了农户利益。

二、农产品物流的特点

农产品物流体系形成了从生产、收购、流通加工、运输、储存、装卸、搬运、包装、配送到销售的一整套组织环节,从现有农产品物流系统运作来看有 5 大特点。

1. 农产品物流量大,强调空间范围的合理布局

广义上的农业指"大农业",既包括耕作种植业,又包括林业、畜牧业、副业、渔业等。如今不管是粮食、经济作物还是畜牧产品和水产品,都大量转化为商品且商品率很高,它们不仅直接满足人民生活需要,而且还向食品工业、轻纺工业、化工业提供原料。因此,农产品物流的需求量大、物流量大、范围广。所以农产品物流要求农产品进行空间范围的合理布局和规划。农产品生产受自然条件制约性大,各地因气候、土壤、降水等情况的不同,

在农产品种植上适宜不同的品种。我国疆域辽阔,且山川地貌复杂,交通运输难度大,运距长,大运量、长运距的农产品物流迫切需要现代农产品物流体系来保障,要充分考虑生产的布局、季节性生产、分散性生产等因素的影响。

2. 农产品物流点多面广,要求科学规划运输

农产品运输在农产品物流中具有重要地位,但是与一般产品运输相比,它具有装卸的多次性、运输的不均衡性和对运输的技术性要求高等特点。

(1) 由于农产品生产点多面广,消费农产品的地点也很分散,因此,农产品运输和装卸比多数工业品运输要复杂得多,常常需要两个以上的储存点和两次以上的装卸工作,单位产品运输的社会劳动消耗大。只有科学规划农产品物流流向,才能有效地避免对流、倒流、迂回等不合理运输现象。

(2) 由于农产品的季节性,在农业运输上,不管是田间运输还是农产品的运输都具有时间性强和非均衡性的特点。播种前,大量有机肥要在短期内运到田间;收获期间,大量农产品要从田间运回。各种农产品的收获季节也是农产品的紧张运输期,在其他时间运输量就小得多,因此要求运输工具的配备和调动与之相适应。

(3) 农产品是有生命的有机物,多数易损、易腐,因此必须根据它们的物理、化学性质安排合适的运输工具。否则,就会引起农产品的性质和状态变化,从而丧失使用价值,失去扩大空间效用。所以农产品物流难度大,要求高。

3. 农产品物流的运作具有相对独立性

自然再生产和经济再生产相结合,使农业生产深受不稳定的自然环境与经济环境双重因素影响,这种不稳定带来物流需求的不确定性。农作物需要一个生物生长期,且生产周期长;由于农产品对储存和运输有特殊要求,因此,农产品自身的生化特性和特殊重要性决定了它在基础设施、仓储条件、运输工具、技术手段等方面具有相对独立的特性。在储运过程中,为使农产品的使用价值得到保证,须采取低温、防潮、烘干、防虫害等一系列的技术措施和严格的规定,这并非交通部门和其他部门能独立完成的。它要求有配套的硬件设施,包括专门设立的仓库、输送设备、专用码头、专用运输工具、装卸设备等。而且,农产品物流中的发、收以及中转环节都需要进行严格的质量控制,以确保农产品品质达到规定要求。另外,种类繁多的农产品加工技术和物流各环节的信息处理技术也是制约农产品物流发展的重要因素。

4. 农产品物流过程对技术要求高,专业性强,难度大

(1) 农产品大部分是有机物,物流过程中特别需要做到不污染、不变质,"新鲜"是鲜活农产品的生命和价值所在。因此,大大提高了对仓储、包装、运输等环节的技术要求,增加了农产品物流的难度。

(2) 农产品运输环节多,产品从收购到终端市场需要多次搬运和存储。况且农产品运输具有不均衡性,收获季节运量大,之后运量明显减少,从而给农产品的合理运输造成一定困难。

(3) 农产品物流诸多要素中对储存功能要求较高。如粮食类农产品的储存量较大,储存时间长,"蓄水池"功能要求高。为了满足消费者需求,购销部门需要建立强大的农产品储备系统,并保持足够库存。

5．农产品在物流过程中增值幅度大

农产品市场价值的很大部分是在离开生产领域后得到提升的，具有更大的加工增值潜力。一般来说，农产品物流增值环节主要包括下述几个方面：（1）农产品分类与分类包装增值服务；（2）农产品适度加工后小包装增值服务；（3）农产品配送增值服务；（4）特种农产品运输增值服务；（5）特种农产品仓储与管理增值服务。

三、农产品物流的类别

我们大致将农产品分为三类：第一类是粮食和油料，包括口粮、饲料粮、其他工业用粮和各类食用油料；第二类是轻工业原料和需要加工的食品工业原料，包括棉、麻、烟等；第三类是直接上市的鲜肉、蔬菜、水果、水产品等鲜活农产品。其中，前两类属大宗农产品。

农产品物流分类发展的专业性是很强的，依据生物特性、物流特性、物流的需求，以及在社会再生产过程中的地位与作用不同等，农产品物流活动可以划分为不同的类型。这里结合大宗商品特点，依据物流系统作用的对象不同，将其划分为粮食作物物流、经济作物物流、林产品物流。

1．粮食作物物流

粮食是人类赖以生存的主要物质来源，主要用做主食，包括人的口粮、牲畜饲料和其他工业用粮。具体有：水稻、小麦、玉米、谷子、高粱、大麦、荞麦、大豆、油菜、向日葵、芝麻、花生等。粮食作物物流量大，搞好粮食物流对促进国民经济健康稳定发展、全面实现小康社会的目标具有重要意义。

稻米、玉米和小麦是我国主要的三大粮食品种，其总产量占全国粮食产量的八成以上。2011年，全国粮食总产量为57121万吨。粮食生产产区主要集中在东北地区、黄淮海地区和长江中下游地区。东北粮食主产区主要品种为玉米、水稻、大豆；黄淮海粮食主产区为中国小麦主产地区，兼有部分玉米；长江中下游主产区主要生产水稻。

我国种植的油料作物品种很多，油料作物主要包括大豆、花生、油菜、向日葵、芝麻和胡麻。（1）大豆。中国是大豆原产国，大豆栽培有近5000年的历史。大豆的生物学特性对于自然条件的要求并不十分严格，中国绝大部分地区都能种植大豆，但在大豆的种植和收获季节上有所不同。（2）花生。原产于热带，属于喜温作物。（3）油菜。中国是油菜的起源国之一，油菜种植有近2000年的历史。油菜是一种适应性强、用途广、经济价值高、发展潜力大的油料作物。油菜喜凉，也是唯一能够越冬的油料作物。（4）向日葵。在农作物划分中属于菊科，向日葵的生长对于土壤和气候的要求不高。（5）芝麻。芝麻喜温，怕旱涝，适宜在中性的土壤中生长。（6）胡麻。胡麻是中国北方地区的重要油料作物之一，生活在西北、华北的高寒、干旱地区。胡麻实际上是当地广大群众对"油用亚麻"的一种俗称，它具有耐贫瘠、抗旱性好、生育期短以及田间管理简便等特点。油料作物物流关系到人们的日常生活，是非常重要的农产品物流。

2．经济作物物流

经济作物除满足人们使用需求外，还是工业尤其是纺织工业和轻工业的原料，商品率大大高于粮食作物，物流需求大。具体包括：纺织原料，如棉、麻、丝、毛等；轻工业原料，如糖、烟、茶、可可等。这些农产品的特点是：(1)商品化程度高。生产者生产的目的主要是为了销售，极少以自给为目的；(2)极少可以直接消费。农产品多数需经过初级或深加工才能消费。随着我国城乡生活水平的提高，人们的饮食需求结构不断地升级代，加工制成品的比例不断上升。以棉花为例，我国是世界上最大的棉花生产国和消费国，也是最大的纺织品、服装生产国和出口国。棉花产品本身的特点是资源在物流过程中容易受到损害，运输、储存等技术要求高，物流方向主要从生产者流向加工工业用户。

3.林产品物流

林产品是重要的工业原料，营林和竹木采伐对物流需求大，主要体现在林产品运输、装卸和搬运物流上。我国是一个林业生产和消费大国，经济的增长和人们生活水平的提高带来对林产品需求的急剧增加。统计显示在林产品的销售价格中，物流费用占总成本的30%～49%，这也说明林产品物流在整个林产品生产、流通中的重要性。

林产品现代物流是指运用现代化的物流手段，以提高林产品物流技术、提高物流组织与管理水平以及资源整合和创新为手段，对林产品加工、储运、分销等从供应源至需求源的产品全寿命周期的组织、控制与管理。其作用表现在：(1)使林产品实现其价值和使用价值；(2)使林产品在物流过程中增值；(3)降低林产品生产与流通成本，提高市场反应速度，提高消费者满意水平，优化林业生产的整体效益；有利于实现林业产业可持续发展。

整个林产品现代物流系统是在政府的统筹和推动下，在相关企业的积极参与下，由林产品的供给方、中间商、加工生产企业、分销商、消费者形成的一个产销一体化、林工商相结合的增值供应链。而且随着系统的壮大和完善，参与系统组织的逐步完善和壮大，系统内的物流量也会随之增加，其系统的吸引力和系统整体利益不断增加，系统的所有成员就会主动参与系统的完善，做出更多的适应性行为。物流系统各结点之间应建立一种长期互相信赖的关系，并采用一种先进的企业之间相容的、能对接的通信设备、标准、技术和运输手段、行业标准等，以提高各节点企业之间的融合程度。系统的作用目标是各参与主体力量的相互促进和协调发展，从而使参与各方的规模与实力逐渐增强，提高供应链对系统内外企业的吸引力，从而提高我国林产品物流的整体水平和市场竞争力，最终使供应链参与者和消费者实现共赢。

林产品物流除了具有其他工业产品所具有的物流特点外，还具有自身的特点。首先是物流的结点多。物流结点又称物流接点，是物流网络中连接物流线路的结节之处，所以又称物流结节点。全部物流活动都是在线路和结点间进行的。其中在线路上进行的活动主要是运输，包括：集货运输、干线运输、配送运输等。物流功能要素中的其他所有功能要素，如造材、装卸、保管、分货、配货、流通、加工等，都是在结点上完成的。林产品生产所需的木料一般要经过林地堆放地、林场堆放地、厂商仓库、车站仓库、目的地车站仓库、批发商仓库、深加工厂商仓库等多个结点才能完成生产过程。在生产过程中还要有多次停顿，物资储备量较大。其次是物流线路长。林地多是按照树种划分，普遍远离城镇和交通干线。要实现物料的移动，往往要经过多种运输方式、多种运输工具进行长距离运输。再次是作业场所变动频繁。森工企业受到采伐作业场所林龄、树种、径级及采伐方式等条件的制约，采伐地点经常变化，采伐场所及集运地点也随着伐区的推进经常变化。在采伐、集运材、造材、贮运、销售、生产等物流过程中，物资流通环节多，难度大。

四、农产品第三方物流增值服务发展前景

（一）农产品第三方物流模式优势

1. 物流成本的降低

第三方物流模式通过整合流通环节，建立信息网络，加速农产品周转。整合农产品的存储、加工、包装、运输、销售以及伴随的信息的收集与管理等一系列环节，能够缩短农产品流通时间，降低流动成本，减少不必要的农产品损失，从而降低农产品流通成本和交易费用。

2. 信息流通方式的改善

农产品第三方物流通过完善的信息系统将供应商与销售者联系起来，信息收集、信息处理速度快，具有强大的信息优势，能够使双方比较及时、全面地了解农产品市场的信息，促成交易，提高物流效率。

3. 物流服务质量的提高，实现规模效益，增加产品附加值

通过配备专业化设备，制定作业规范，保障农产品品质。第三方物流拥有专业的物流管理技术人员、配备专业运输车辆及仓库，有利于农产品的保质保值；以第三方物流为主体，各节点之间建立共生共赢关系，建设农产品追溯体系，加强农产品质量监控；对农产品进行标准化地分拣、加工、保鲜处理、包装，可实现农产品价值的增值；通过形成规模经济，降低物流成本，增加产品多样性；采用专业物流运作模式，能延长产品配送半径，保证产品的完整性和多样性；凭借较强的协调能力和谈判能力，可以得到更为低廉的运输价格，可大批量购买运输能力，集中配载较多客户的货物，大幅降低单位运输成本，有效地降低交易费用，同时也可以降低农产品到消费者手中的价格，从而获得规模效益；第三方物流模式通过包装、储藏、运输，能够有效改进农产品品质，增加农产品的附加值，同时第三方物流强调服务观念，通过优质高效的服务提高物流中心的名誉度。

（二）农产品物流层次化发展

随着市场经济和农产品规模的发展，农产品交易方式开始多元化，并向现代化方向发展。农产品流通也出现了多层次发展趋势。多层次流通的基础是自消费，也就是农民生产的农产品供自己消费，这是农产品物流的最低层次。中国人口多，自消费农产品物流在我国占的比重几乎达到一半。第二是在满足了自己的需要外，还有剩余的农产品；或为了获得需要的货币，将自己的农产品拿到附近的市场去销售。这时物流量很小，几乎靠农民自己去运送，并且运送的方式也很原始，靠人力或畜力，机械动力较少。第三是在本地的农产品供大于求的条件下，农产品无法卖出或价钱太低，这时会出现集中收购农民的农产品的商贩，他们以较低的价格收购，然后自己或雇佣他人运输到更远的需求地，进行销售或卖给更高级的批发商，这个层次是农产品集中的过程，适应我国个体农民农产品量少的特点。第四是区域大批发市场，各种批发商将农产品运到大批发市场，然后往全国各地调运。这种农产品物流具有规模大、运距远等特点，是农产品分散的过程。第五是国际市场，随着农产品进出口贸易发展迅猛，品种和数量均较以往大幅度增加，成为我国农产品流通的重要组成部分。但由于我国农产品物流起步比较晚，底子比较薄弱，农产品物流理

论发展滞后,不能很好地为农产品物流发展服务。并且我国农村交通发展落后,严重制约了我国农产品物流的发展,与其他西方发达国家相比,我国农产品物流还比较落后。

第三方物流模式最大的优点在于促进了流通与生产的分工合作,降低了流通成本,提高了流通效率,有利于实现物流标准化。在国外,很多农产品物流实现了外包。由于第三方物流公司是专业运输公司,能够以较低的成本、较快的速度进行运输,如果农民将自己不熟悉的物流业务外包给它们,不仅可以减少农产品流通的时间,还可以降低农产品物流成本,农民将精力主要用在比较擅长的农产品生产上,那么就可以实现双赢。

因此,满足多层需求的农产品外包物流是今后第三方农产品物流的一项重要内容。

(三)发展农产品第三方物流模式的策略

1. 加强对农产品第三方物流企业的扶持和基础设施建设

农产品第三方物流企业的建设可以先从整合各个农业企业、中小型储运单位的零星物流资源开始,而后在规模化运作过程中,根据需要逐渐对大型农产品第三方物流企业进行信息化、网络化、自动化、功能集成化建设。另外,在农产品第三方物流运作过程中,需要政府在政策上、宏观环境上对物流企业加以扶持,促进农产品第三方物流企业的稳步发展。政府必须做好物流公共设施建设,进一步加强农产品流通的基础设施建设,尤其是在农村公路建设以及农村信息化建设方面,政府需要加大资金支持力度,建立专用仓库、专用码头,修建公路,尤其是连接城乡的公路,建设先进的信息化网络平台,从而改善农产品物流硬件建设方面的匮乏,为第三方物流发展创造良好的外部环境。

2. 促进第三方物流理论研究,加快物流人才的培养

第三方物流还是一门新兴科学,在我国的发展实践还很短,理论研究还不成熟,因此我国相关科研机构要对这方面的理论进行深入研究。同时,为解决我国物流人才缺乏的问题,应在高校中设立与物流相关的各种专业,在职业教育中注重对物流人才的培养,并实行物流职业资格认证制度。企业要积极引进和学习先进的物流技术,如网络技术、条形码技术、智能运输技术以及电子商务技术等,在公司内部培训电子商务课程,打好电子商务发展的基础,从而促进第三方物流的发展。

3. 全面确立社会化物流服务的观念,提高服务质量

第三方物流是我国农产品物流由传统模式向现代模式转变的关键,能够有效促进农产品流通,减少浪费;增加农产品经营者收入,规范农产品市场管理,加快农业现代化建设的步伐。目前很多农产品经营者还没有意识到农产品第三方物流的作用,需要通过社会宣传、专业培训,向广大农业从业人员讲授第三方物流服务的优势,提高农产品经营者对第三方物流服务的认识。要转变服务观念,把客户利益放在首位,根据物流需求方在企业形象、业务流程、产品特征、竞争要求等方面的不同要求,提供针对性强的服务;应具备为农产品供应商提供专业服务的能力,能够提供高附加值的增值服务,提供信息服务和一定程度的总体策划服务。

4. 加强信息化建设,实施供应链管理

引入先进的信息化技术对农产品进行货架期和保险度的管理,实施配送—流通加工一体化,配备低温冷链系统,对生鲜农产品要建立冷藏供应链;运用信息技术有效协调流通过程的各个环节,提高供应链的整体竞争能力。针对我国物流行业分部门管理体制和

管理部门分割状态,应建立一个专门的协调机构。针对地方保护主义造成的地区隔离,政府应完善相关的财政政策和市场法规,对违背市场经济运行规则的给予严惩,逐步根除这种地方保护主义,实现地区间物流的畅通无阻。

5. 完善农产品市场准入法律

我国现行法律法规对于农产品市场准入的相关内容只有零散规定。需要将现行法律法规中的相应制度进行梳理,并补充建立与完善农产品市场准入各方面的相关制度内容,形成完备的农产品市场准入法律框架。

第三节 第三方物流与电商整合模式

电子商务是在 Internet 环境下,基于浏览器/服务器的运行方式,实现客户和企业信息沟通、网上购物、电子支付的一种商务运作方式。在电子商务环境下,企业在因特网上建立自己的电子商务网站,在网站上宣传自己的企业、提供企业的各种信息、展示自己的产品和服务,有的还提供电子交易手段,进行网上交易。

物流,一个很重要的理念就是整合理念,通过整合社会资源实现企业效益最大化、成本最低化、服务最优化。因此,第三方物流企业以自身物流优势为核心,打造电商平台,整合供应链系统,实现电商环境下的物流高效运作是当今第三方物流企业发展的一个重要模式。

一、电子商务促进第三方物流发展

随着社会信息化的进一步深入,电子商务的运作模式已广泛运用于各个企业之间,这一态势对于第三物流的发展起了巨大的推动作用,同时也提出了新的要求。

(一)电子商务为物流开辟了一个新的市场

电子商务出现以前,除了企业对企业的销售活动(如 B2B)需要进行大批量的运输储存等物流活动以外,广大零售业(如 B2C、C2C)基本上都是面对面销售和货物自提,绝大部分商品都不需要通过物流公司送货。出现电子商务以后,网上做生意,必然要求在网下搞配送,否则,网上的电子交易就不可能完成,这就将大量零售贸易也纳入了物流市场,大大增加了物流需求量。

在电子商务环境条件下,由于激烈的市场竞争,企业不可能个个都自办物流,而是要把非核心的物流业务外包,随着物流外包业务的增长,促进了第三方物流发展。第三方物流集成各电子商务经营者的外包物流,进行规模化、集约化的运作,相互协作,提高效益。可见由于电子商务的发展,大量电子交易的出现,物流外包量的增长,第三方物流市场将会越来越大。

(二)电子商务给第三方物流提供了新的技术

电子商务信息技术的发展,全方位地渗透到了物流管理领域,为第三方物流提供了较高的技术保证与信息沟通的渠道。

电子商务环境下第三方物流企业的业务处理模式,包括从客户企业承接物流业务合同,获取业务订单,组织物资的进货、入库、储存保管、出库、运输配送、资金结算等。这些内容应当充分利用电子商务环境的特点和优势,进行科学高效的组织和策划。企业在电子商务环境下,就是要充分利用电子商务环境的特点,充分利用网络资源,扩大市场,扩大经营规模,提高工作效率,提高自己的核心竞争力,从而达到提高经济效益的目的。

(三)电子商务环境下第三方物流的发展

第三方物流企业要在竞争中立于不败之地,必须要有自己的核心竞争力,才能在与国际、国内竞争同行的争夺战中保持优势。构建核心竞争力主要可从如下几个方面入手。

1. 优势规模企业的组建

通过建立现代物流行业规范和市场准入限制等措施,限制小规模的第三方物流企业进入市场,通过鼓励合资、合作、兼并、收购等措施,扩大现有第三方物流企业的规模;通过完善各种法规和政府行为,打破现有的各种有形和无形的地区、行业与部门限制,促进我国第三方物流企业跨地区、跨行业的网络化经营。

2. 先进信息技术和物流技术的应用

进入网络经济时代,信息化是第三方物流企业成长的必然要求。信息技术在物流系统中有着不可或缺的地位,诸如条形码、全面质量管理、电子数据交换、管理信息系统、射频技术、地理信息系统和全球定位系统等在大型第三方物流企业中已得到充分应用。至于计算机集成制造系统、制造资源系统、公司资源计划以及供应链管理等物流理论和技术对于第三方物流企业也同等重要。先进技术的应用是第三方物流企业在残酷的市场竞争中获得优势的有力手段。

3. 战略联盟的形成

第三方物流企业与货主企业之间是一种"双赢"关系。物流企业以专业优势为货主提供从规划到实施的全套物流服务,因此第三方物流企业为货主提供的是全方位的系统服务,与货主的关系是长期合作伙伴关系,企业与货主形成的战略联盟就显得非常重要。在西方,工业或商业企业与物流企业长期结盟形成较稳固的战略伙伴关系已相当普遍。在日本,这种物流配送方式几乎占到社会总物流量的80%。我国企业应尽快建立这种战略联盟以参与竞争,最好是强强联盟,这样才比较容易确立竞争优势,跟踪市场节奏,及时调整企业经营战略。

在当今市场环境下,对物流的需求出现了一些新特征。电子商务巨大的发展前景,给物流企业的发展注入了新的活力。能否抓住服务于电子商务的经济增长点,将是物流企业在竞争中能否取得优势的关键。

二、第三方物流与电商整合模式

(一)综合性物流代理模式

综合性物流代理的第三方物流模式,即由一家在物流综合管理经验、人才、技术、理念上均有一定优势的物流企业对电子商务交易中供求双方所有物流业务活动进行全权代理,由它全权调配物流资源,制定物流方案,协调调度各方运作。一方面,行使综合性物流代理的物流企业在电子商务的平台上将运输、仓储等运作层面的业务委托给其他专门性物流作业公司,这样可以避免对场地、设施等固定资产的重复投资。另一方面,综合性物流代理企业利用自己的专业管理经验,可以通过电子商务整合供应链流程,既能为生产商提供产品代理、管理服务和原材料供应等物流服务,又能对销售商全权代理配货送货物流业务,同时还能完成商流、信息流、资金流、物流的传递。这种模式比较适合 B2B 电子商务,也适合 B2C 电子商务的同城业务。

(二) 电子商务企业和第三方物流企业互相参股

电子商务企业将物流外包,主要有两个目的:一是争取最低成本;二是得到可靠服务。控制成本一般好办,可以采取招标方式进行物流业务外包,选择报价最低的就行。但可靠的服务难以保证。为了对物流过程有所控制,获得有保证的服务,减少顾虑,电子商务企业可选择参股第三方物流公司。反过来,第三方物流企业为了有稳定的客户,或者为了实现多元化经营,也可以参股电子商务企业。这种方式更能保证电子商务企业获得可靠的物流服务。但在具体操作中,要明确自己的优势所在,突出核心业务。否则,有可能造成这样一种后果:企业既是物流企业,又是电子商务企业,两方面表现都平平,都缺乏竞争力。这种模式比较适合生产制造企业,尤其是对原材料、能源、产品运输要求量大的企业。其特点是,电子商务企业与第三方物流企业关系紧密,二者是战略合作关系,利益有相关性。缺点是企业有可能陷入多元化陷阱,缺乏有竞争力的主营业务,也可能由于二者利益相关,物流外包效率低下。

(三) 邮政物流模式

电子商务物流的特点是地域广、随机性、批量小,要满足这种要求,物流配送必须有一个全国性的配送网络,服务覆盖几乎所有地区。目前,在我国能满足这一点的物流企业只有中国邮政。中国邮政的网络极其庞大,几乎无所不至。其物流网络遍布全国每一个城镇乡村,营业网点地理位置十分有利,分布在每个居民区中,历史悠久,有一定品牌效应,且中国邮政长期从事包裹投递业务,在开展物流配等业务方面有着丰富的经验。对于众多个人从业者,中国邮政都是较为合适的选择。比较有发展前景的 C2C 电子商务模式,拥有许多在网上开店的"个体户",他们多选择中国邮政的服务。邮政物流模式的特点就是委托来源多、服务的范围广、批量小。缺点主要是信息管理方式落后,客户难以实时查询服务情况,工作效率低等。

(四) 第三方物流与第三方支付平台的结合模式

由第三方物流或第三方支付平台牵头,整合两种资源,由交易双方选择指定的物流公司取货、验货、发货。如阿里巴巴旗下的支付宝网络科技有限公司已与天津大田集团和宅急送两大国内物流巨头结盟,成立我国第一个电子商务第三方物流联盟,与中国邮政快递公司的谈判也正在进行中。电子商务与第三方物流联盟,一方面能够较好地杜绝网络欺诈的发生,降低交易风险,使网上交易更健康、更贴近现实;另一方面能代表交易者与物流公司进行协商,为用户降低物流成本,有助于电子商务的推广。缺点是二者的结合较为复杂,操作难以到位。

(五) 建立信息共享平台模式

在物流过程中,客户需要随时了解货物的配送情况,物流企业也要在第一时间掌握市场需求信息,随时准备为客户提供定制服务。在传统模式下,很难及时进行信息沟通,一方面是客户一旦将货物交给物流企业后面临服务"黑箱",引起客户的顾虑,不利于客户有计划安排生产和销售。另一方面,物流企业不能及时获得需求信息,物流方案难以与客户衔接,造成服务不到位,导致客户流失。物流企业可以建立自己的物流管理信息系统,这个系统通过互联网或专用网络与主要客户的管理信息系统无缝对接,双方信息实时交流,委托企业对物流过程了如指掌,物流企业对客户的服务需求也在第一时间获得,双方可以在最大限度范围内展开合作,实现双赢。

三、第三方物流与电商整合案例

(一)联柯八佰以物流为核心通过整合资源建立供应链管理平台

以物流为切入点,提供大宗商品和城市商圈电商服务,为商品交割平台提供技术服务,具体包括:

1. 整合社会车辆和仓库资源形成车辆在线和仓库云;
2. 将货物与物流资源高效比配,资源的使用率和调度抢单率平台;
3. 完成物流车辆的服务对接(如油汽,ETC,保险,维修等),提供团购服务;
4. 为金融提供风险控制数据。

(二)成功案例

1. 柳钢物流平台——销售业务

广西柳州钢铁集团有限公司是国内领先的供应链/物流科技公司,专注于应用专业的移动互联网信息技术,结合中西方供应链/物流的经验和最新的物联网、大数据及云计算的技术,努力创新供应链/物流行业的生态系统。利用移动互联技术,有效整合社会资源,为大宗货物企业实现供应链体系的"互联网+",进而推进企业整体的转型升级和跨越式发展。

解决方案:建设柳钢销售物流平台,组织 2045 辆车(503 家汽运公司)和 368 条船(138 家船运公司)在平台上注册(截止到 2015 年 11 月),统一安装跟踪器和手机 Ola 终端,并按照系统流程统一标准作业(流程示意见图 10-6),实现了车船联运统一平台管理。

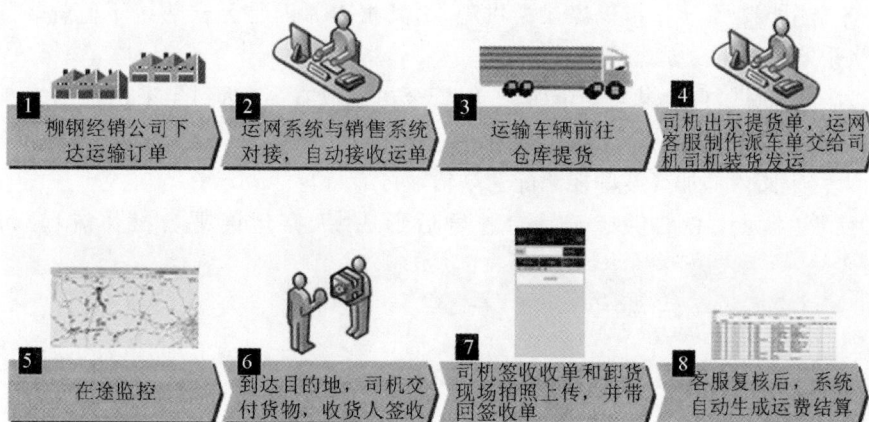

| 1 柳钢经销公司下达运输订单 | 2 运网系统与销售系统对接,自动接收运单 | 3 运输车辆前往仓库提货 | 4 司机出示提货单,运网客服制作派车单交给司机司机装货发运 |

| 5 在途监控 | 6 到达目的地,司机交付货物,收货人签收 | 7 司机签收收货单和卸货现场拍照上传,并带回签收单 | 8 客服复核后,系统自动生成运费结算 |

图 10-6　柳钢销售业务运输流程

实施前后收益数据对比见图 10-7。

对比科目	项目实施前	项目实施后
供应链模式	销售价格不含物流费，无物流管理职能	销售价格含物流费，成立物流公司实现物流统一监管
运力资源	社会运力未整合，销售物流混乱无序	整合了超过2100辆车和370条船，所有钢材运输作业实现全程监管。
年运输量	无运输业务	2015年平台完成货运量超过250万吨，发运车次超过123000车次。
业务收入	无收入	2014年8-12月实现营业收入5.5亿元，利润5000万元，2015年应收超10亿。
运费成本	未统计	运输外包合同重新招标议价，钢材运费平均每吨下降10~15元，下降幅度达到20%左右
管理效率	无物流管理职能	每天9人轮三班管理450车次10船次的单日运输业务，完成日货运量超过2.3万吨，每人每天（8小时）处理货运量达到2500吨。

图 10-7　项目实施前后收益数据对比

2. 天富能源供应链平台——采购业务

新疆天富集团有限责任公司于 2002 年 4 月注册成立，注册资本 10.4 亿元。公司下属控股子公司天富热电股份有限公司，于 2002 年 2 月 28 日在上海证券交易所发行上市。天富热电主营业务为发电、供电、供热、天然气及煤炭生产、销售，担负着石河子垦区的电、热、气集中统一经营及大部分煤炭的生产经营管理，也是新疆唯一一家热电联产，水火电并举，发、供、调一体化的能源工业企业。

（1）项目实施前天富热电的现状和问题：

1）煤炭采购为"一票制"模式，煤炭采购费用中包含运费，煤炭采购运输由供应商负责。

2）冬季用煤旺季容易出现煤炭断供现象，其根本原因是天富热电不监管煤炭运输，造成煤炭采购的线下交割过程失控。

3）为防止断供，自建煤炭安全库存，但资金占用成本高（达到年采购费用的 6%），并容易引发煤炭自燃和货损的风险。

4）天富集团内部加气站等能源配套增值业务有待盘活。

（2）以物流为核心的供应链平台整合后形成"天富运网平台操作流程"，流程图见图 10-8。

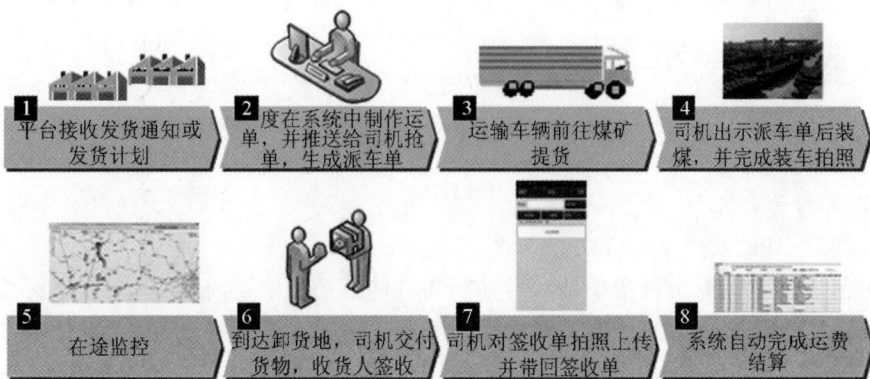

图 10-8　天富运网平台操作流程

实施前后收益数据对比见图 10-9。

对比科目	项目实施前	项目实施后
供应链模式	煤炭采购实行"一票制"，采购费用包含运费	煤炭采购变成"两票制"，天富热电行使煤炭运输监管职能
运力资源	社会运力未整合，采购物流混乱无序	整合了1270辆运煤车辆，实现煤炭运输作业全程监管
年运输量	无运输业务	2015年（3-11月）累计完成煤炭运输255万吨
业务收入	无收入	运行不满一年，尚未统计
运费成本	未统计	运行不满一年，尚未统计
管理效率	无物流管理职能	每天4人轮两班管理200车次的单日运输业务，完成日货运量超过1万吨，每人每天（8小时）处理货运量达到2500吨
增值业务拓展	无	已对接34个加气站，发行484张消费充值卡

图 10-9　项目实施前后收益数据对比

翻转课堂任务单

一、翻转教学目标

1.通过思考讨论及完成学习项目资源任务,加深对本章内容的理解;

2.通过查阅资料,增强主动发现问题探研问题的能力;

3.培养自主学习能力,加深对现实问题的认识,通过小组讨论交流,提升合作学习能力及精神;

4. 收集第四方物流增值服务技术应用方面的资料并为下次翻转课堂教学作准备。

二、翻转课堂学习任务

1. 对本章内容小结

要求字数不超过 200 字。

2. 思考讨论题

(1) 简述 BPR 效应基本方法。

(2) 简述价值链分析模型中基本活动和支持性活动的主要内容。

(3) 物流企业实现附加值的途径主要有哪些?

(4) 从物流视角谈谈基于供应链的成本控制理念。

(5) 从顾客让渡价值系统视角谈谈如何实现物流增值服务。

(6) 农产品物流系统运作主要有哪些特点?

(7) 简述第三方物流与电商整合模式。

3. 构建学习项目资源任务

要求:以小组为单位每人选择一项下列任务。

(1) BPR 运作成功案例资料收集、概括、整理,每个案例字数不超过 300 字;

(2) 供应链成本控制案例资料收集、概括、整理,每个案例字数不超过 300 字;

(3) 建立顾客让渡价值系统实现物流增值服务案例资料收集、概括、整理,每个案例字数不超过 300 字;

(4) 农产品分类与分类包装增值服务案例资料收集、概括、整理,每个案例字数不超过 300 字;

(5) 农产品适度加工后小包装增值服务案例资料收集、概括、整理,每个案例字数不超过 300 字;

(6) 农产品配送增值服务案例资料收集、概括、整理,每个案例字数不超过 300 字;

(7) 特种农产品运输增值服务案例资料收集、概括、整理,每个案例字数不超过 300 字;

(8) 特种农产品仓储与管理增值服务案例资料收集、概括、整理,每个案例字数不超过 300 字。

4. 完成项目内容报告

(1) 完成结果为 Word 文档＋PPT＋视频

其中 PPT＋视频可以以小组为单位完成。

(2) 建立问题档案

针对所选任务学习后,记录疑问及小组讨论结果。

(3) 学习反思

1) 记录问题解决的过程;方法;收获(发现、感悟与理解)。

2) 存在问题与改进设想。

第十一章　第四方物流增值服务技术应用

在第六章我们对第四方物流增值服务相关内容进行了阐述。本章我们主要针对第四方物流在物流系统规划设计中的分析工具进行介绍，学习 3D 物流中心分析软件"RaLC-Pro"（Rapid Logistics Center Proposal Model Builder）"的使用方法。

RaLC-Pro 是高性能、可演示的模型构筑软件。通过操作位图按键，谁都可以简单地建立起可视模型，建好模型后可立即进行模拟试验，可为物流中心基本设计的验证、物流中心的机械设备导入方案等方面提供可视仿真环境，是第四方物流方案设计验证的得力助手。

第一节　RaLC 软件界面介绍

本节内容主要对 RaLC 系列软件各种操作界面上的菜单栏、工具栏和功能按钮进行详细介绍。主要包括主界面介绍、菜单栏介绍、各种工具栏介绍、功能按钮介绍和一些基本操作的说明。

一、主界面

双击启动 RaLC 系列软件，点击［新建］按钮新建一个模型文件后，会显示如下软件运行的主界面（见图 11-1）。

图为启动 RaLC 软件时默认显示的情况，其中除了菜单栏以外都可以通过［表示］菜单项中进行选择显示还是隐藏。

二、菜单栏

菜单栏中包括"文件""编辑""表示""模拟""环境""视点""窗口""设备""作业管理器""作业管理器关联设备""特殊设备""工具""帮助"等菜单项。其中除包括用于文件相关操作、编辑、显示、模拟运行、帮助等操作相关的菜单项以外，"设备""作业管理器""作业管理器关联设备""特殊设备"等四个菜单项下为具体的设备模块。下面对菜单栏中的内容一一进行介绍。（注：根据软件版本的不同菜单栏可能略有差异。）

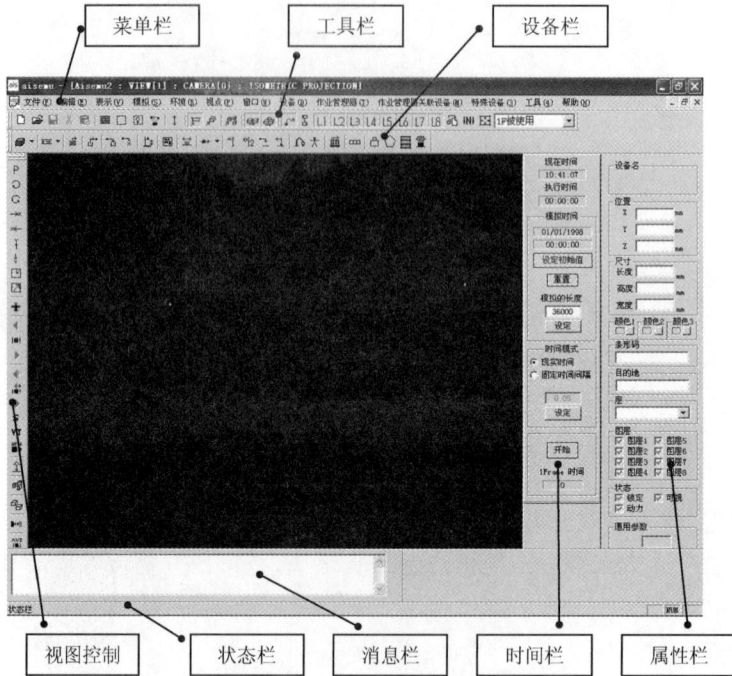

图 11-1　RaLC 软件主界面

(一)"文件(F)"

图 11-2　文件界面

新建(N)：新建一个模型文件,默认扩展名为.emu。

打开(O)：打开一个现成的模型文件,在点击后打开对话框中选择路径和文件。

关闭(C)：关闭当前模型文件。

保存(S)、另存为(A)：正在进行模拟的模型也可以被保存下来。如果希望在中途保存，则需要暂时将模拟停止。重新模拟时的做法与打开通常模型是一样的，打开文件，点击"开始"执行模拟。

打开设备库(L)：打开扩展名为.prt 的设备库文件。

以 XML 格式保存设备参数(E)：如果在选择了设备的情况下执行这一功能，则只输出被选择设备的参数。如果希望输出所有设备的参数，则在不选择任何设备的情况下执行这一保存功能。

以 XML 格式读取设备参数(F)：读取 XML 格式的设备参数文件。

读取模拟定义文件(G)＜只限于 Brain＞：打开用于驱动模型文件的模拟定义文件，扩展名为.XML(图 11-3)。

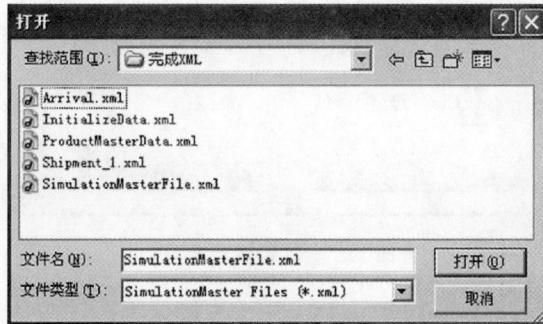

图 11-3　打开界面

设定日志文件输出(F)＜只限于 Brain＞：可以设置日志文件输出的路径和内容(图 11-4)。

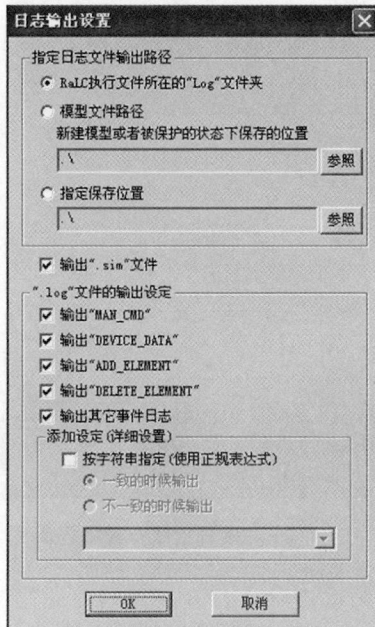

图 11-4　日志输出设置

设定视频输出：将模型文件制作成录像文件时，首先利用本菜单项设置好录像文件的画面尺寸、画面比、压缩格式和输出路径等信息（图 11-5）。

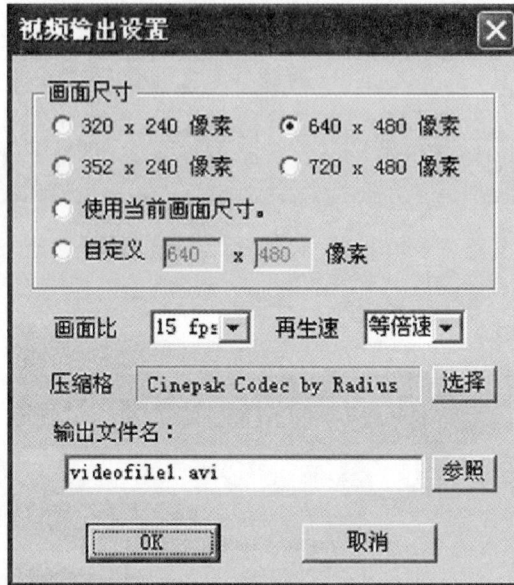

图 11-5　视频输出设置

打印设置（R）、打印预览（V）、打印（P）：用于直接打印当前画面。

执行分批模拟（S）＜只限于 Brain＞：可将多个模型登录后，连续执行模拟。以下进行详细说明。

从菜单中选择执行分批模拟后，会显示出如图（11-6）这样的对话窗。

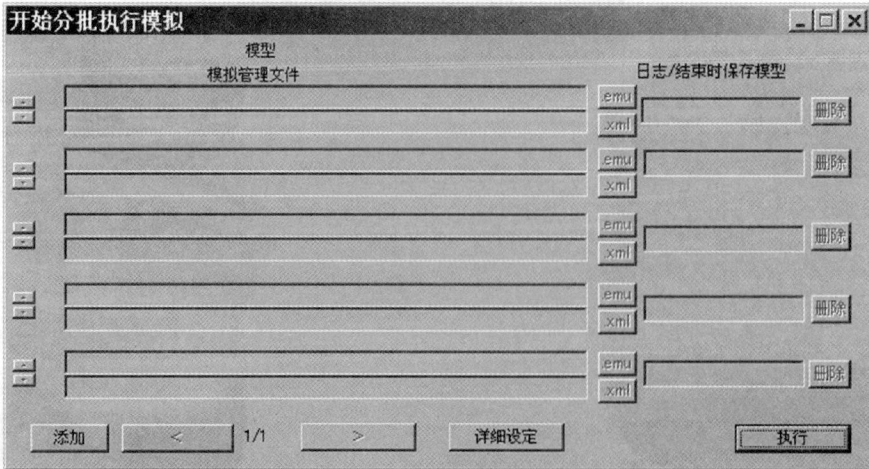

图 11-6　开始分批执行模拟界面

按下添加按钮后，会分别两次表示出打开文件的对话框。第 1 次表示出来的对话框是用于指定模型文件，第 2 次表示出来的对话框是用于指定模拟管理文件。

（1）指定模型文件

图 11-7　打开界面

（2）指定模拟管理文件

图 11-8　打开界面

　　将模型和模拟管理文件登录后，以下的项目会被添加出来。如果想添加多个，请同样按下添加按钮，对文件进行登录。

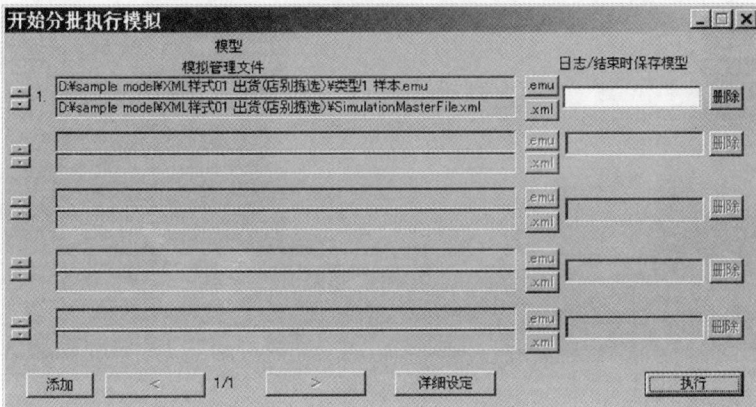

图 11-9　开始分批执行模拟

日志/结束时保存模型的指定：在这里如果输入文字后，日志的名称会被制成为所输文字后面附加(.log)。如果省略，则与普通的模拟一样，日志的名称会是模型名＋(.log)。另外，如果设定在结束时保存模型的话，则模型会被用所输入文字＋(.emu)的名称保存下来。

○ emu 按钮：用于变更所设定的模型文件。

○ xml 按钮：用于变更所设定的模拟管理文件。

○ 删除按钮：按下删除按钮后，可以将所设定的模拟项目删除。

○ 调序按钮：改变模拟项目的顺序。

图 11-10　按钮

○ 详细设定按钮：如下图所示的详细设定对话框会表示出来，设定的是在执行结束时是否保存模型以及在执行过程中出现错误时是暂停后再继续进行还是完全终止模拟。

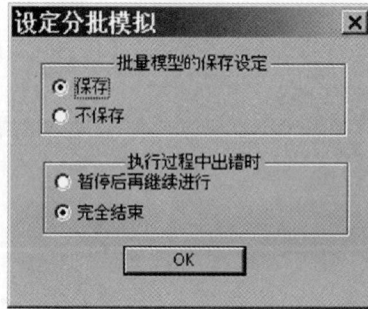

图 11-11　设定分批模拟

○ 执行按钮：按下执行按钮后，会出现如图 11-12 所示的模拟执行对话框，模拟会被按照顺序依次执行。一般情况下模拟的结束依据所设定的模拟长度，但有时作业管理器的命令、部件消灭器等设备出错等原因也有可能会使模拟结束。

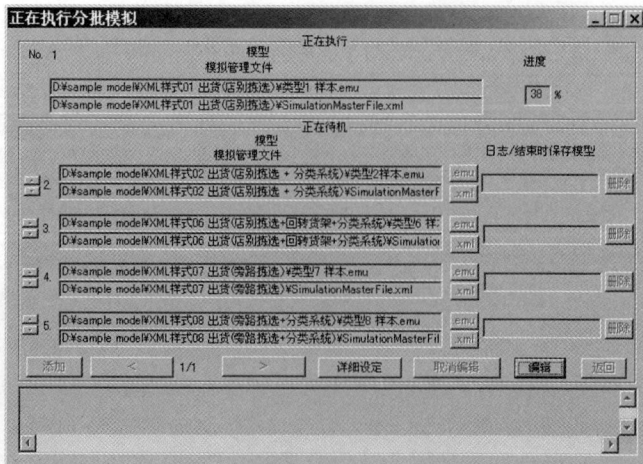

图 11-12　正在执行分批模拟

○ 执行中的表示：执行中的模型文件路径名、模拟管理文件名进度——经过时间/模拟长度×100％会被表示出来。

○ 编辑/应用按钮：如果要改变关于待机中模型的模拟设定，就按下编辑按钮，这样就可以像模拟的开始对话框那样进行追加、变更、删除、调换顺序等操作。

另外，这时的编辑按钮会根据应用按钮进行变化，如果按下应用按钮，则变更的设定有效。如果未按下应用按钮，则待机中的模拟不会被执行。

○ 返回按钮：所有的模拟都结束后返回按钮变为有效，可以返回到分批模拟的开始对话框。

○ 显示结果：在对话框的下部会表示出执行结果。

格式为：号码　结果信息　模型名称　模拟管理文件名

结果信息有以下几种：

① 根据模拟长度而正常结束时

正常结束（模拟的长度）

② 根据其他因素而正常结束时

正常结束（其他）

③ 错误结束时

(a)无法打开模型文件、模拟管理文件时

打开文件错误、打开时出错的文件名

(b)读入模拟管理文件时

读入模拟定义文件时错误、关于错误的信息

(c)执行时出错

执行时错误停止、关于错误的信息

(d)关闭模型文件时

模型文件强制关闭

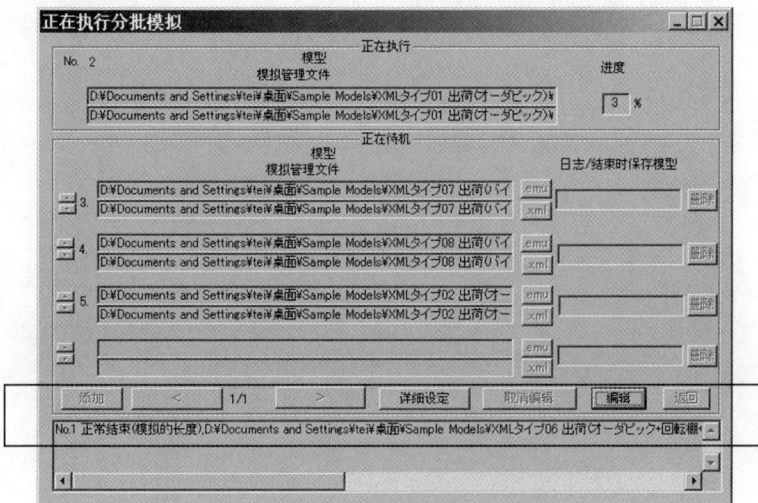

图 11-13　正在执行分批模拟

○ 取消编辑按钮：在编辑过程中按下取消编辑按钮，则回到刚按下编辑按钮时的初始状态。

(二)"编辑(E)"

图 11-14　编辑

撤销(U)：可将设备的移动、删除等动作一步一步地还原。但是模拟结果无法还原。

恢复(R)：再度实施被撤销的动作。但是模拟结果无法恢复。

剪切(X)：Ctrl+X，要剪切处于选择状态的设备时，点击此按钮。

复制(C)：Ctrl+C，要复制处于选择状态的设备时，点击此按钮。

粘贴(P)：Ctrl+V，要将复制的或剪切的模型的设备粘贴在画面上时，点击此按钮。

全选(A)：Ctrl+A，要同时选择在画面上配置的所有设备时，点击此按钮。

多个复制(F)：要多个复制所选择的设备时，选择好设备后，点击此按钮。

对粘贴的设定(O)：对被复制设备的粘贴条件进行设定。("名称"是指在各设备的属性窗口的概要一项中的"名称"。)

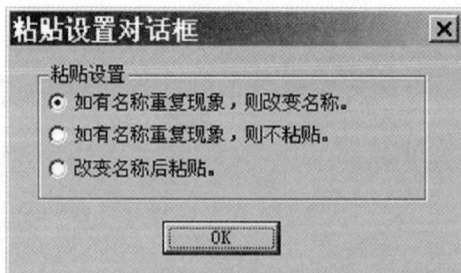

图 11-15　粘贴设置对话框

对还原的设定(S)：设定的是在"还原"时可记忆的最大作业步数。

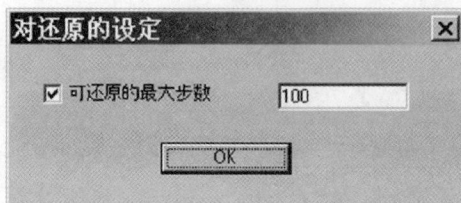

图 11-16　对还原的设定

关于多个复制

可以自动地同时复制多个被选择的设备(群)。在下面的画面上进行设定(见图 11-17)。

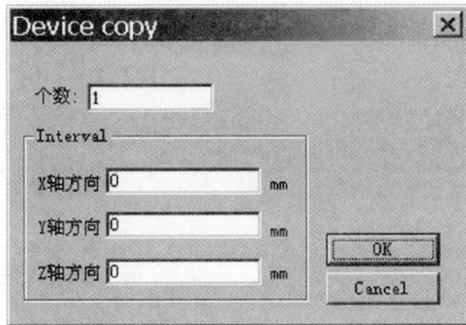

图 11-17　复制界面

个数：指定要复制的个数。

Interval：设定的是到原设备的距离。如果在"个数"中指定的个数是复数时,则此数值为多个复制的各设备间的距离。

X 轴方向：指定的是在 X 轴方向上,各复数复制的设备之间的距离。

Y 轴方向：指定的是在 Y 轴方向上,各复数复制的设备之间的距离。

Z 轴方向：指定的是在 Z 轴方向上,各复数复制的设备之间的距离。

(三)"表示(V)"

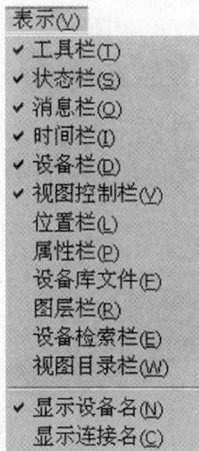

图 11-18　表示界面

工具栏—图层栏：点击各项目,各种栏、菜单会表示出来。再次点击,则表示消失。

工具栏(T)：工具栏由各种功能的工具按钮组成。

状态栏(S)：鼠标箭头指到菜单的项目、按钮时,关于被指项目的说明会在状态栏上表示出来。

消息栏(O)：表示模型上发生的事件(设备的添加等)。

时间栏(I)：可以控制模型运行的速度,了解模拟和现实时间。

设备栏(D)：设备栏上罗列着最为常用的一些设备模块。

视图控制栏(V)：用于录制 AVI 格式的视频文件。

位置栏(L)：了解和设置设备的位置。

属性栏(P)：可以快捷地设置当前设备的属性。

设备库文件(F)：会在菜单栏上添加一"设备库文件"的菜单项。

图层栏(R)：显示图层栏。

显示设备名(N)：使设备处于选择状态,不移动鼠标的话,记载着设备名的"设备名名片"会表示出来。

显示连接名(C)：使相连设备的名称、连接的种类等表示出来。

(四)"模拟(S)"

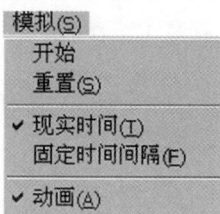

图 11-19　模拟菜单

开始(停止)：要使动画开始时,点击此按钮。在动画动作状态中,显示为"停止"字样,变为停止按钮。

重置(S)：初始化动画时,点击此按钮。

现实时间(T)：使动画按现实时间动作时,点击此按钮。

固定时间间隔(F)：按照固定的时间间隔,使动画动作时,点击此按钮。

动画(A)：不使动画动作,但想知道结果时,点击此按钮。

如果想显示当前的状态,则实施以下操作的任何一项皆可。

1) 点击鼠标按钮(左右哪边皆可)。

2) 键击空格键。

3) 用光标键或鼠标的滚动键来放大、缩小画面。

(五)"环境(R)"

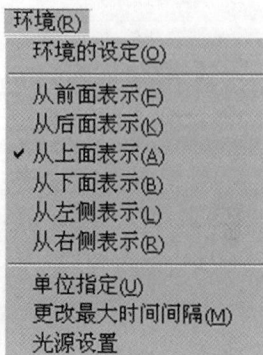

图 11-20　环境菜单

环境的设定(O)：要使设定层面环境的画面(环境画面)表示出来时,点击此按钮。关于环境画面,请参阅"关于环境设定的内容"。

从前面表示(F)：要从模型的正面(Y轴正方向一侧)表示时,点击此项目。

从后面表示(K)：要从模型的后面(Y轴负方向一侧)表示时,点击此项目。

从上面表示(A)：要从模型的上方(Z轴正方向一侧)表示时,点击此项目。

从下面表示(B)：要从模型的下方(Z轴负方向一侧)表示时,点击此项目。

从左侧表示(L)：要从模型的左方(X轴负方向一侧)表示时,点击此项目。

从右侧表示(R)：要从模型的右方(X轴正方向一侧)表示时,点击此项目。

单位指定(U)：要表示出可以更改、设定尺寸和时间等的单位的画面时,点击此按钮。关于单位的指定,请参阅"关于单位指定"。

更改最大时间间隔(M)：要更改模拟的计算速度时,点击此项目。关于更改最大时间间隔的详细说明请参阅"关于更改最大时间间隔"。

光源设置：对可被设备所反射的光源进行设定。详情请参阅"关于光源设置"。

1. 关于环境设定的内容

下面对环境设定的画面进行说明。

○ 背景页面

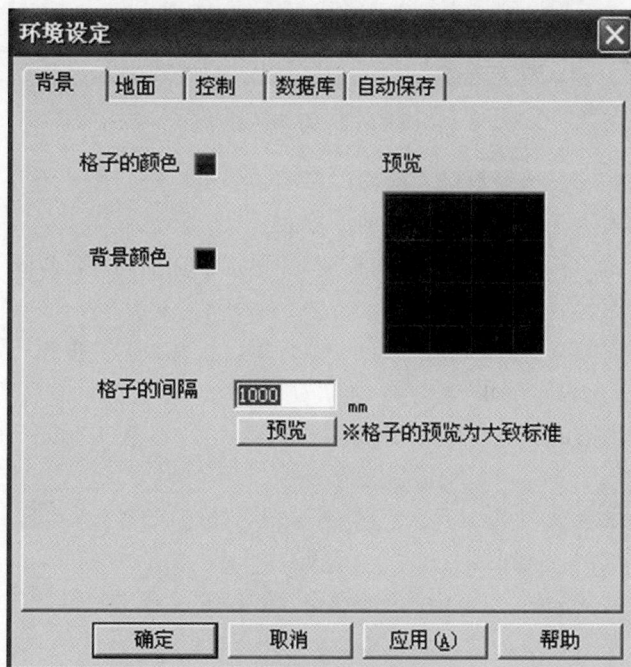

图 11-21　环境设定

格子的颜色：设定网格线的颜色。

背景颜色：设定层面的颜色。

格子的间隔：设定每一网格的长度。单位是在窗口|菜单|环境的"单位指定"中,在"长度"一项上所设定的单位。

预览：将上面所设定的内容反映在预览画面上。

○ 地面页面

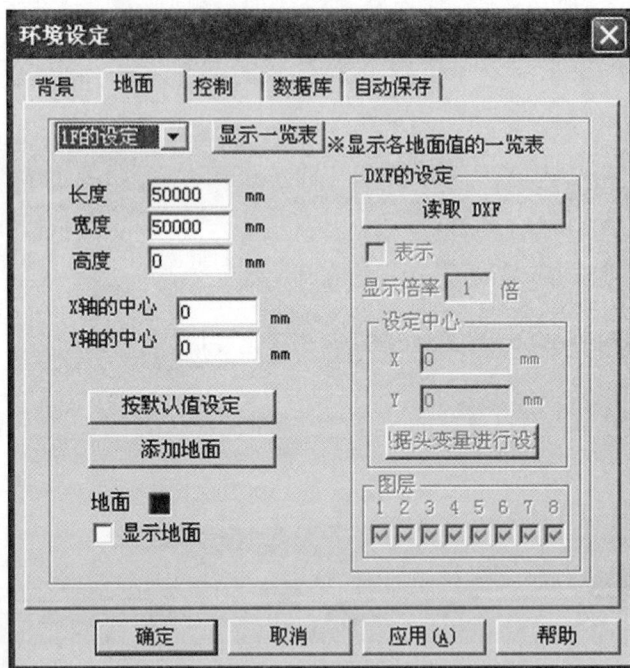

图 11-22　环境设定

设定（下拉条菜单）：选择设定为地面的层面。也可以进行新建登录。

显示一览表：表示登录好的各地面的一览表。

长度：设定地面的长度（画面的横向长度）。单位是在窗口｜菜单｜环境的"单位指定"中，在"长度"一项上所设定的单位。

宽度：设定地面的宽度（画面的纵向长度）。单位是在窗口｜菜单｜环境的"单位指定"中，在"长度"一项上所设定的单位。

高度：设定地面的高度。单位是在窗口｜菜单｜环境的"单位指定"中，在"长度"一项上所设定的单位。

X 轴的中心：设定 X 轴的中心。

Y 轴的中心：设定 Y 轴的中心。

地面：设定地面的颜色。关于颜色的设定，请参阅"关于颜色的设定方法"。

显示地面：按照所设定的值表示地面。

读取 DXF：读取用于物体外观的 DXF 文件，在地面上表示出来。关于读取 DXF：有的 DXF 文件是 RaLC 无法读取的。

～倍：设定要表示的 DXF 文件的倍率。

按默认值设定：按下按钮后，画面会自动表示以下的设定默认值。

※长度、宽度　50000mm

※高度　1F 的高度＋3000

※X、Y 轴中心　0

※DXF、地面表示　取消

选择所用层面：设定制作模型时所使用的层面。在下拉条菜单中,列有登录好的层面,可以进行选择。

○ 控制页面

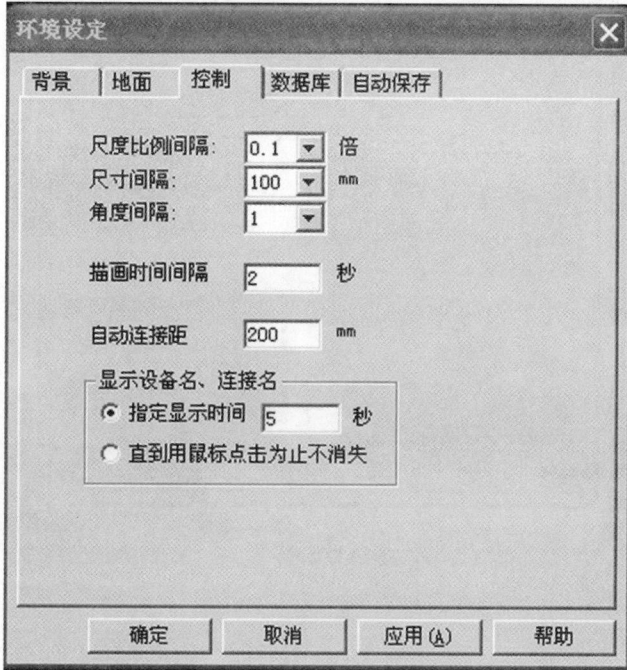

图 11-23　控制页面环境设定

显示设备名、连接名：

※指定显示时间：指定显示连接名的时间。

※直到用鼠标点击为止不消失：直到用鼠标点击为止一直持续显示连接名。

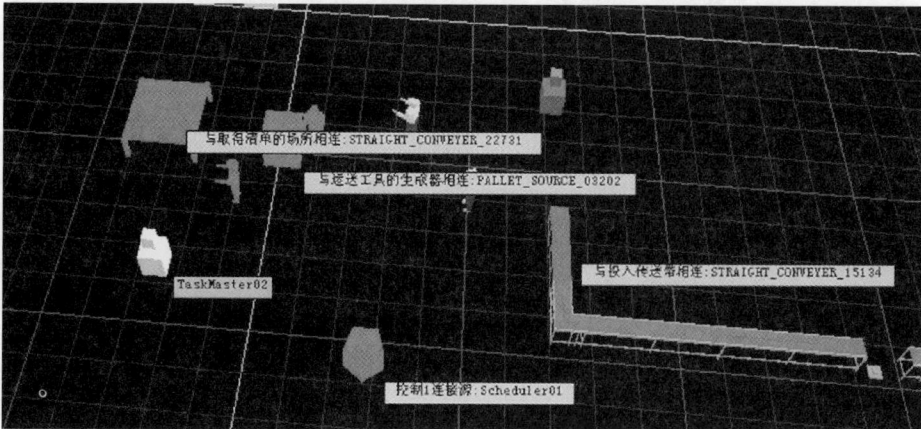

图 11-24　设备图

○ 数据库页面

RaLC-Brain 的作业管理器使用［用于数据库的命令］时，需要将作为对象的数据库文件链接到模型上，所以要用这个数据库的窗口选择数据库文件（mdb 文件）。

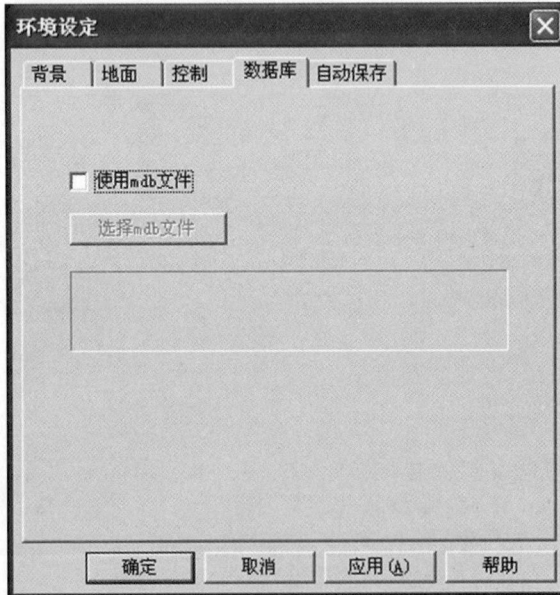

图 11-25　数据库页面环境设定

使用 mdb 文件：使用数据库文件。

选择 mdb 文件：选择要使用的数据库文件。

○ 自动保存页面

图 11-26　自动保存页面环境设定

进行自动保存：对是否自动保存进行设定。但是，即使打上钩，在模拟正在执行的过程中是不会进行自动保存的。

保存间隔：指的是保存的间隔。请在 1～360 分钟进行指定。

要保存到：指的是要保存到的文件包的路径。相对路径和绝对路径双方都可以被指定。如果指定的文件包不存在时会被自动地制作出来。默认设定会制作出名为"backup"的文件包并将文件保存到其中。

保存的文件名：如果选择了"根据序列号自动制作"，文件名会成为像 1.emu，2.emu，3.emu 那样的有连续号码的文件名。如果选择了"根据日期时间自动制作"，例如在2004 - 01 - 01 做成文件，那么文件名会成为 20040101_113902.emu 那样，格式为日期_时间.emu 的文件名。

保存时显示警告对话框：打上钩后，自动保存时会出现确认保存的信息。

2. 关于颜色的设定方法

点击表示着颜色的方格子部分，"颜色"画面会表示出来。可在其中选择喜好的颜色。点击[规定自定义颜色] 按钮，可以任意做成各种颜色（如图 11-27、图 11-28）。

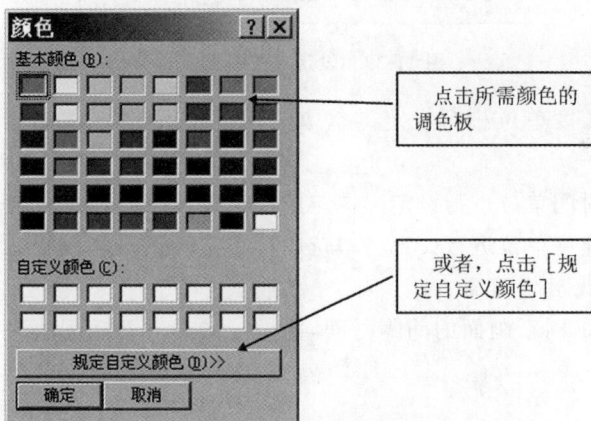

图 11-27　颜色设定 1

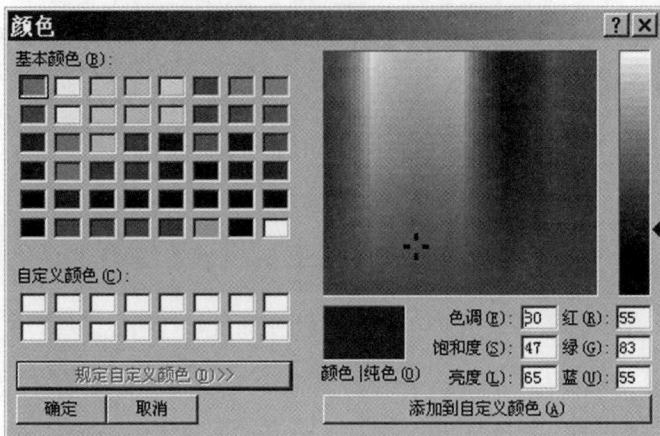

图 11-28　颜色设定 2

用画面右侧的箭头指定任意的颜色,然后点击[添加到自定义颜色]按钮,所选颜色就会添加到画面左侧的[自定义颜色]的栏中。

这个操作是设定各设备的颜色的通用操作。

3. 关于单位指定

可以对尺寸、时间的单位进行变更、设定。在这里设定的单位是建立模型时的基本单位。打开下拉条菜单,点击要使用的单位(见图11-29)。

图 11-29　设定单位系列界面

长度:可以对长度单位进行设定。单位的种类是:mm、cm、m、inch、feet 中的任意一种。

时间:可以对时间单位进行设定。单位的种类是:秒、分、时中的任意一种。

速度:可以对速度单位进行设定。单位的种类是:m/分中的任意一种。

4. 关于更改最大时间间隔

固定时间间隔是刷新画面的间隔时间,而模拟的最大时间间隔是每次计算位置的间隔时间。

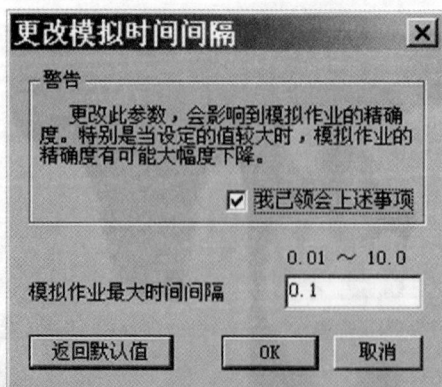

图 11-30　更改模拟时间间隔

模拟作业最大时间间隔:对每次计算位置的间隔时间进行设定。(如果设定为较大数值,则模拟的精度下降,而与此同时由于计算位置的次数减少,所以模拟速度会相应加快。)

返回默认值：将"我已领会上述事项"的复选框打上钩后，按此按钮，则模拟最大时间间隔设定为默认值的"0.1"。

5. 关于光源设置

RaLC 的光源只有一个，所以不能添加光源。

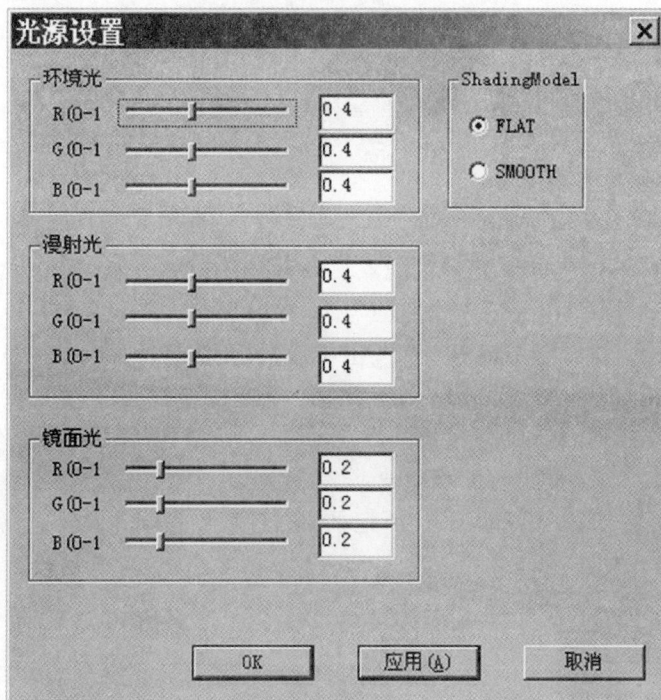

图 11-31　光源设置

环境光：照射设备整个表面的光。

R(0—1)：设定环境光的红色。设定范围在 0.0~1.0。

G(0—1)：设定环境光的绿色。设定范围在 0.0~1.0。

B(0—1)：设定环境光的蓝色。设定范围在 0.0~1.0。

漫射光：照射设备的光的颜色。

R(0—1)：设定漫射光的红色。设定范围在 0.0~1.0。

G(0—1)：设定漫射光的绿色。设定范围在 0.0~1.0。

B(0—1)：设定漫射光的蓝色。设定范围在 0.0~1.0。

镜面光：正反射光的颜色。

R(0—1)：设定镜面光的红色。设定范围在 0.0~1.0。

G(0—1)：设定镜面光的绿色。设定范围在 0.0~1.0。

B(0—1)：设定镜面光的蓝色。设定范围在 0.0~1.0。

ShadingModel：

FLAT：使整体效果看起来显得平直。

SMOOTH：使整体效果看起来为圆滑的曲面。

(六)"视点(P)"

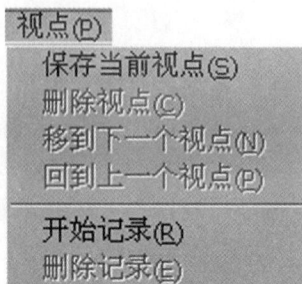

图 11-32   视点

保存当前视点(S)：将模型当前的视点临时保存。

删除视点(C)：删除用"保存当前视点"所保存的视点。

移到下一个视点(N)：移动到下一个用"保存当前视点"所保存的视点上。

回到上一个视点(P)：退回到上一个用"保存当前视点"所保存的视点上。

开始记录(R)：开始记录视点的轨道。可以记录用鼠标等对视点所作的旋转、更改。想停止记录时，再一次点击此项目即可。

删除记录(E)：删除用"开始记录"所记录的在各视点间移动的轨道记录。

(七)"窗口(W)"

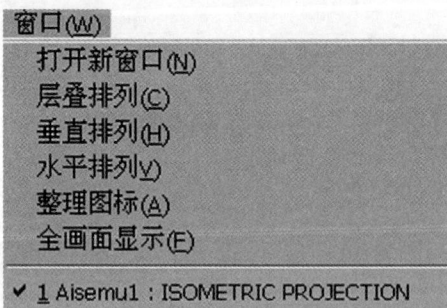

图 11-33   窗口

打开新窗口(N)：要表示新建画面时点击此项目。

层叠排列(C)：要使打开的"制作模型画面"层叠排列时,点击此项目。

垂直排列(H)：要使打开的"制作模型画面"垂直排列时,点击此项目。

水平排列(V)：要使打开的"制作模型画面"水平排列时,点击此项目。

整理图标(A)：要使图标化的"制作模型画面"在窗口下端整齐排列时,点击此项目。

全画面显示(F)：使模型表示画面部分扩大为全画面显示。

模型名(Isometric Projection)：表示现在画面上打开的模型的文件名。

(八)"设备(D)"

表示的主要是用户化的设备或智能化的设备。

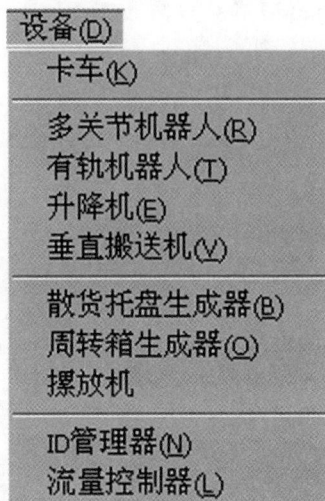

图 11-34　设备

卡车(K)：要表示卡车时,点击此项目。

多关节机器人(R)：要表示滑动手臂式机器人时,点击此项目。

有轨机器人(T)：要表示左右移动来投放货物的机器人时,点击此项目。

升降机(E)：要表示普通升降机时,点击此项目。

垂直搬送机(V)：要表示垂直搬送机时,点击此项目。

散货托盘生成器(B)：生成可对应处理散货的托盘。

周转箱生成器(O)：生成周转箱(折叠集装箱)。

摞放机：将托盘按指定个数摞放,然后按这个指定数为一单位一齐将托盘送出的设备。

ID 管理器(N)：管理、分配托盘 ID。如果想分配给货物、托盘固定的 ID,则可点击部件生成器、托盘供应器的弹出窗口菜单的[与 ID 管理器相连],使其连接上 ID 管理器。和 ID 管理器相连的生成器所生成的货物会被分配给固定的 ID,这个 ID 会表示在条形码上。

流量控制器(L)：限制到指定区域的部件、托盘的流量。

(九)"作业管理器(T)"＜只限于 Brain＞

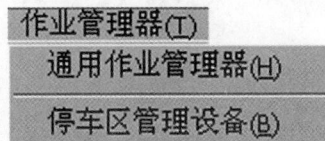

图 11-35　作业管理器

通用作业管理器(H)：表示出通用作业管理器。

停车区管理设备(B)：可以使出货车辆与货物的路径信息建立关联。进行车辆管理时,需要作为添加数据的车辆管理用 XML 数据。

（十）"作业管理器关联设备(M)" ＜只限于 Brain＞

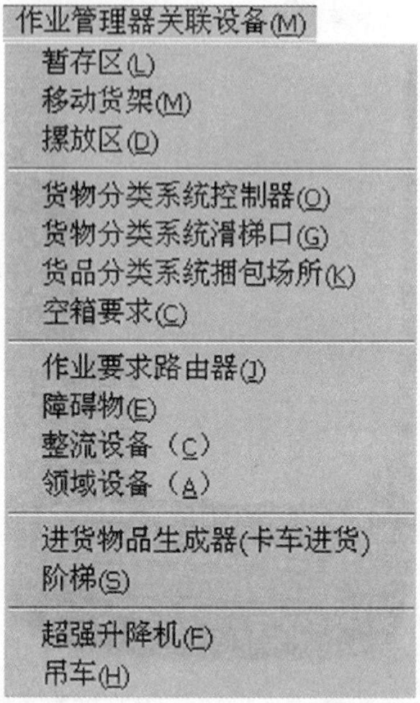

图 11-36　作业管理器关联设备(M)

暂存区(L)：临时放置货物的区域。不带有位置信息。

移动货架(M)：作业员访问货架时，为开闭型的货架。带有位置信息。

摞放区(D)：将货物托盘化后，进行堆积安放的场所。

货物分类系统控制器(O)：货物分类的控制设备。

货物分类系统滑梯口(G)：分类器部件的一部分。是投放货物的部分。

货物分类系统捆包场所(K)：分类器部件的一部分。是捆包货物的部分。

空箱要求(C)：分类器部件的一部分。和作业管理器一起使用，给货物分类系统捆包场所供应空箱。

作业要求路由器(J)：可以接受从几个设备发出的工作请求。

障碍物(E)：作为障碍物使用。由作业管理器添加的作业员会在移动过程中避开作为障碍物的设备。这个设备和立方体一样，只有使[可选择立方体]处于 ON 的状态时才可以选择。

整流设备(C)：影响对作业管理器的工人的移动处理。

领域设备(A)：可以是一定的领域。具有判定的能力，当作业管理器作业员一旦进入所设置的领域范围内后，可以改变其步行速度。

进货物品生成器(卡车进货)：根据进货物品文件来生成进货物品。

阶梯(S)：使各层楼面之间的各种移动成为可能。

超强升降机(F)：像电梯那样，承载货物上下。

吊车(H)：从顶棚下吊类型的起重机。使用的时候利用和设备的通常连接或与作业管理器配合都可以。

（十一）"特殊设备（3）"

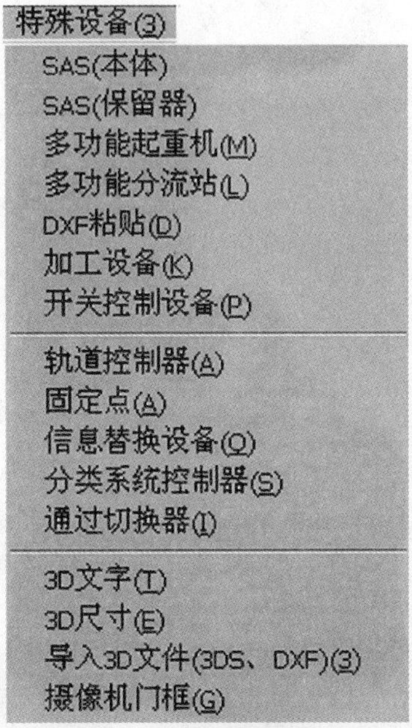

图 11-37　特殊设备

SAS（主体）：立体高速拣选分类机的主体。

SAS（保留器）：SAS 的入出库的升降机部分。

多功能起重机（M）：可以变为两只货叉、4 排货架的自动仓库。

多功能分流站（L）：组合型传送带并且具有装货、卸货功能的设备。

DXF 粘贴（D）：当货物通过这个设备时，会被粘贴上事先被这个设备所读取 DXF 的形状。

加工设备：将装入周转箱的货物作为原料投入，生成产品。

开关控制设备（P）＜只限于 Brain＞：在某种条件下，开、闭所连接设备的开关。

轨道控制器（A）：根据监视到的转车轨道的输入板/输出板、平板车空当的情况，来控制货物的搬送地。

固定点（A）＜只限于 Brain＞：可以设定作业管理器的作业员的移动路途。

信息替换设备（O）：根据读取的数据来替换被指定货物的信息。

分类系统控制器（S）＜只限于 Brain＞：和作为分类器的传送带相连，依据货站号码来控制货物的分流。需要作为添加数据的分类器用 XML 数据。

通过切换器（I）：设置在合流传送带之间，可以控制各物体的流动。

3D 文字（T）：表示 3D 文字。在属性的要素/控制页面的文本中输入。

3D 尺寸（E）：将长度、角度用三维的图来表示。

导入 3D 文件（3DS，DXF）（3）：不但可以导入原来的 3DS 文件，DXF 文件也可以被导入。

摄像机门框（G）：可以插入到传送带之间，向通过的物体上添加、改变、回收摄像机。

另外可以在执行时进行摄像机的自动切换。

(十二) "工具(4)"

图 11-38 工具(4)

生成位置管理器(M)：根据 XML 形式数据制作模拟用位置管理文件。要制作文件，模型内须有初始库存设定器和货架等仓库设备，并且需要分别用[和仓库相连]使其成为连接状态。

输出货位库存信息(S)：用 XML 形式输出现在的货架的库存信息。

连续分流传送带制作向导(W)：利用向导制成连续分流传送带。输入参数后，在画面上点击，所设定的连续传送带就会表示出来。

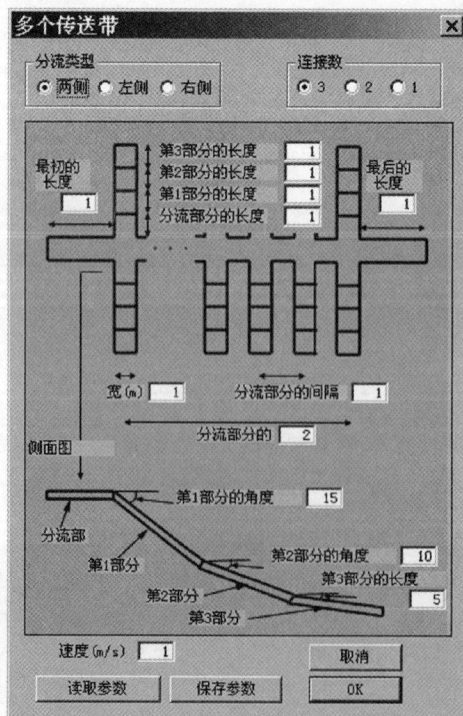

图 11-39 多个传送带设置

货架制作向导(T)：利用向导制成货架群。可以对配置类型、货架尺寸、货架号码等进行设定。输入参数后、在画面上点击,所设定的货架就会表示出来。

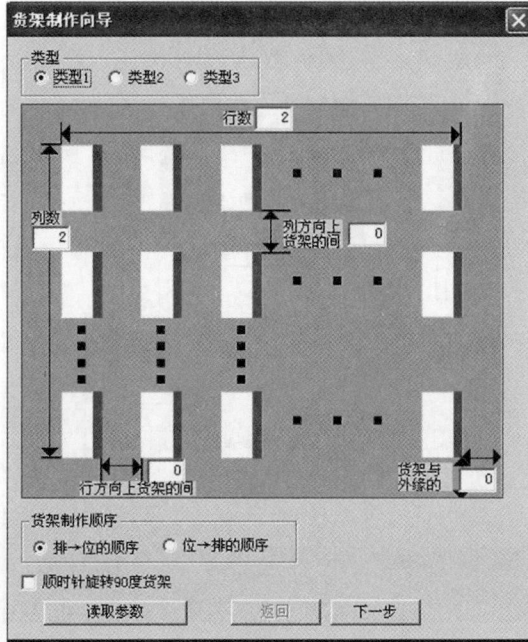

图 11-40　货架制作向导

注：用货架制作向导做成的货架与从作业管理器关联设备的[货架 2]添加的货架相同。因为它带有位置信息,所以可以利用 XML 形式数据进行模拟。

自动仓库制作向导(A)：

※STEP1：指定 IO 部件数、货位数、层数。

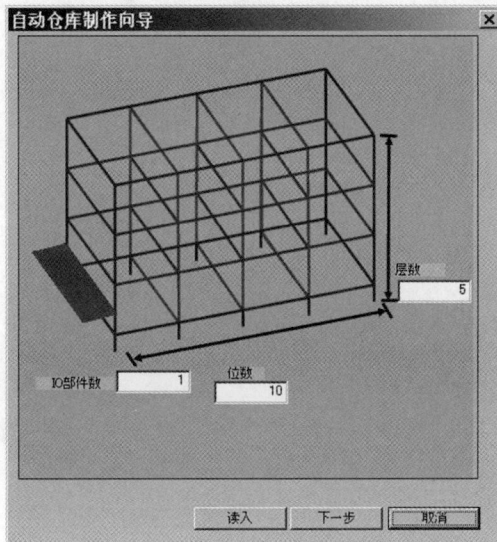

图 11-41　自动仓库制作向导步骤 1

※STEP2：

指定起重机数、起重机间隔、传送带的长度、传送带的宽度、距离、支流的长度、合流/分流传送带的数目(图 11-42)。

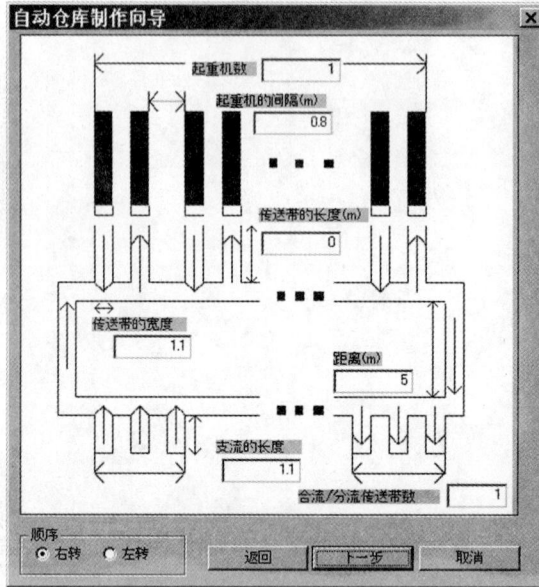

图 11-42　自动仓库制作向导步骤 2

※STEP3：

指定好各层 IO 部件的高度、各个货架的开始数、各个起重机的号码后，点击 OK 按钮(图 11-43)。

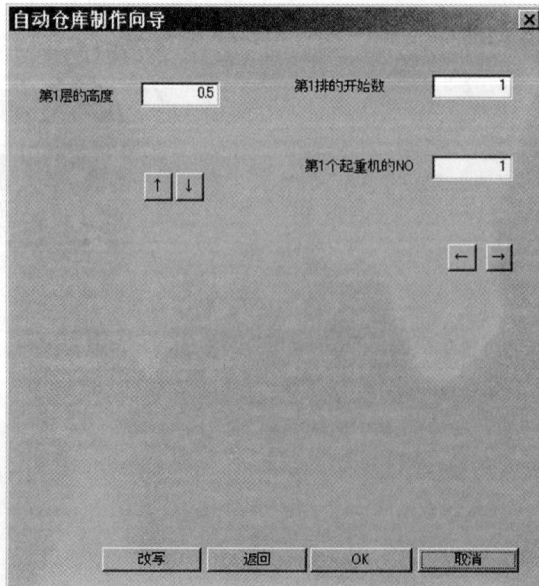

图 11-43　自动仓库制作向导步骤 3

如果是按照默认设定,则会构筑出如图 11-44 所示的设备群。

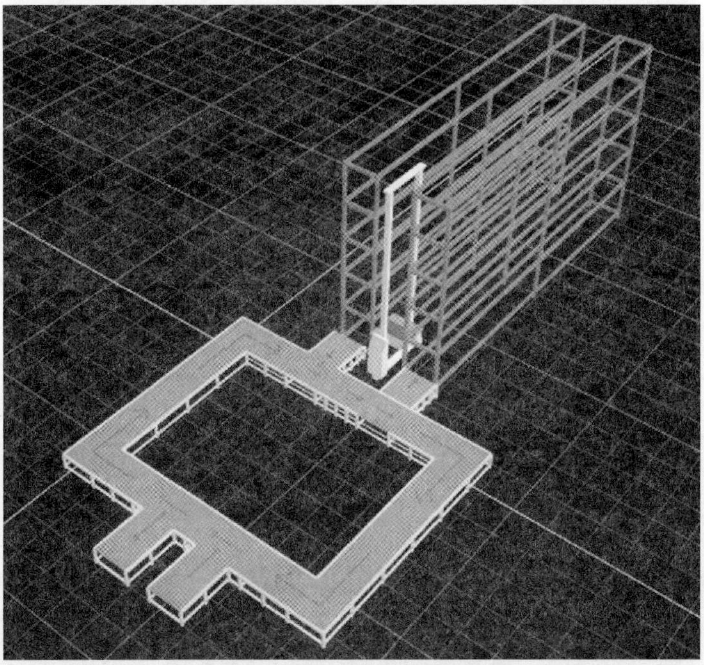

图 11-44　设备群

再读取 TM 命令(R):分别从保存着模型内所有的作业管理器所读取的指令文件的各场所再次读取各种文件。文件不存在时,则不进行读取。

输出所有作业员移动距离(D):表示模拟开始后,各作业管理器的作业员的移动距离。

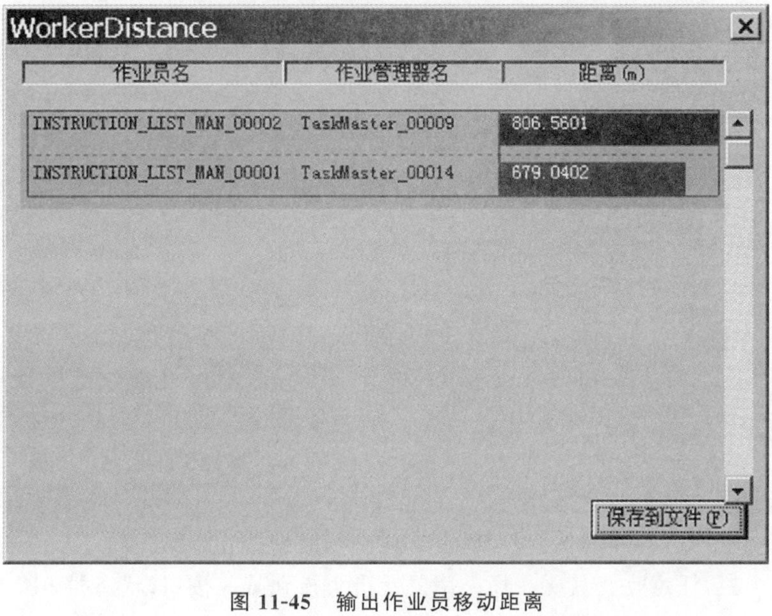

图 11-45　输出作业员移动距离

TM 连接信息(I)：表示出关于现在所连接着的作业管理器的信息。

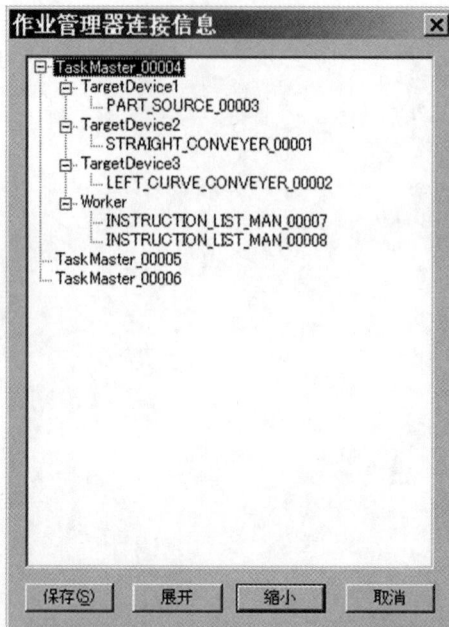

图 11-46　作业管理器连接信息

保存(S)：将连接信息用笔记本形式保存。

展开：将所有的作业管理器目录树展开。

缩小：将所有的作业管理器目录树缩小。

另外,如果双击信息树末端的某一设备,则画面中的该设备会被放大。

(十三)"帮助(H)"

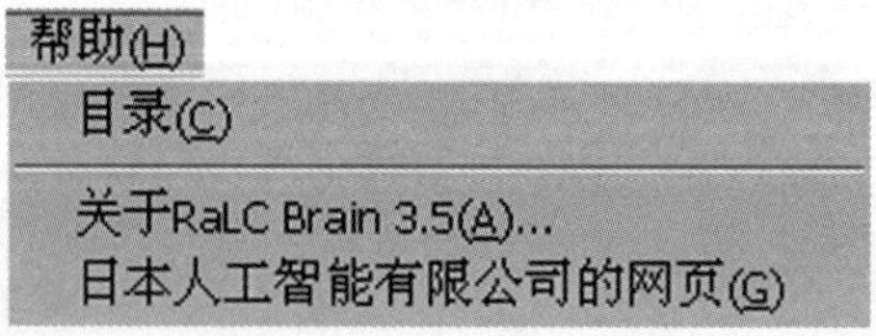

图 11-47　"帮助"工具

目录(C)：要查看帮助时,点击此项目。

关于 RaLC 3.5 (A)：要查看 RaLC 的版本信息时,点击此项目。(图中以 Brain 为例)

日本人工智能有限公司的网页(G)：点击后可以表示出日本人工智能有限公司的网页。

三、工具栏

工具栏中罗列这各种制作模型所必要的基本工具按钮(见图 11-48)。工具栏操作：可以拖拉各个栏,任意改变其所在场。用鼠标箭头指到某一按钮,状态栏上会显示关于所指按钮的说明。

图 11-48　工具栏

1. 新建

建立新的 RaLC 模型文件。

2. 打开

打开过去做成的模型文件。

3. 保存

将模型改写保存。

4. 剪切

将设备剪切下并保存在剪贴板上。

5. 粘贴

将复制在剪贴板上的设备粘贴到画面上。

6. 网格

要在画面上显示出网格(方格纸)时点击此按钮。可以用[环境的设定]改变网格线的间隔。

7. 选择

用于同时选择多个设备时。点击按钮使其处于开启状态后,拖拉鼠标来圈定选择范围。

8. 在选择的范围内放大

以选择范围的中心为标准移动画面。点击按钮使其处于开启状态后,拖拉鼠标来圈定选择范围。

9. 可移动子类设备

使在通常情况下和母设备一起移动的设备(自动仓库的 IO 部件、从货架区 2 添加的货架等)可以被独立地移动。

10. 改变垂直方向上的位置

可以依靠转动智能鼠标的滚动键改变设备在水平方向上的位置。

注 1:开启这个按钮时,设备不能在水平方向上被拖动。

注 2:[可移动子类设备]按钮处于开启状态时,这一功能只对子设备有效。

11. 可移动设备

设备可以被移动。要使设备不能被移动时再次点击此按钮。

注:当模型中的设备配置完成后,如果使[可移动设备]按钮处于 OFF 状态,则可避免发生误移设备使其错位的现象。

12. 可选择立方体

初始状态时立方体无法选择。要移动或对立方体的属性进行设定时,点击这个按钮,则可以选择立方体了。

13. 组合设备的直接选择模式

使组合化的设备也可以被单独选择。但是无法使设备移动。

14. 自动连接距离内自动连接

当按钮处于开启状态时,如果某个设备和下一个设备的入口接近到自动连接距离的范围内时,它们会自动地连接起来,并且出口和入口会相粘接在一起。但是这只限于传送带形状的物体。自动连接距离可以在"环境的设定"中输入任意的数值。

15. 指定设备的自动连接

按钮在开启状态下,对于传送带或者转车轨道等设备,当指定连接源设备向下一个设备连接时,它们的出口和入口会自动地接触在一起。

16. 动画开关

选择模型的动画刷新/不刷新。

17. 使重画时间间隔有效

要使"环境的设定"上的"描画时间间隔"设定值有效时,点击此项目。

L1 18. 图层 1～图层 8

要使设定在图层 1～图层 8 的设备显示/不显示时,点击此项目。

注:将模型按不同部分分成各个图层,这样当查看一个非常大规模的模型时也会变得容易一些。

19. 位图文件中保存画面

将画面中的模型画像以位图文件形式(＊.bmp)保存。

INI 20. INI 按钮

使设备处于选择状态,点击 INI 按钮,则被选择设备的参数就会作为初期设定值被登录下来。以后添加相同的设备时,设备就会按照所登录的参数值表示出来。

注:对于经常使用的设备,如果将适合的尺寸、颜色等用 INI 按钮登录,以后使用会很便利。

21. 使设备中心与网线相合的按钮

使设备移向附近的网线,使设备的中心在网线上。按钮处于被选择状态时,在画面上新设置一个设备或选择画面上的某个设备并使其微微移动,则设备的中心会自动移到附近网线之上。

1F被使用 ▼ 22. 指定要使用的地面

指定要使用的地面的所在楼层。

四、状态栏

如果鼠标指向工具栏按钮、设备栏按钮、视图控制栏按钮,关于各个按钮的说明会在状态栏上表示出来。

例如:当鼠标移动到设备栏上的"立方体"按钮上时,在下方的状态栏上就会显示如下提示。

可用于表现墙壁、立柱等物体的立方体 　　注）在按了"立方体选择按钮"之后，可以选择立方体。

图 11-49　立方体工具

五、消息栏

在 RaLC 制作、运行的过程中，在画面上现在发生的变化会被作为事件日志按顺序记录并显示出来。消息栏在建模画面未表示出的状态下，处于空白状态。

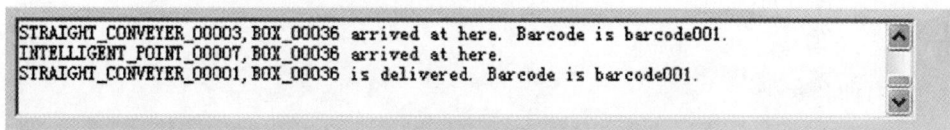

```
STRAIGHT_CONVEYER_00003,BOX_00036 arrived at here. Barcode is barcode001.
INTELLIGENT_POINT_00007,BOX_00036 arrived at here.
STRAIGHT_CONVEYER_00001,BOX_00036 is delivered. Barcode is barcode001.
```

图 11-50　消息栏

六、设备栏

这是多种基本物流器具的设备库。可以在画面上表示出作为按钮登录的各种设备，并分别将其连接起来，做成假想物流中心（图 11-51）。

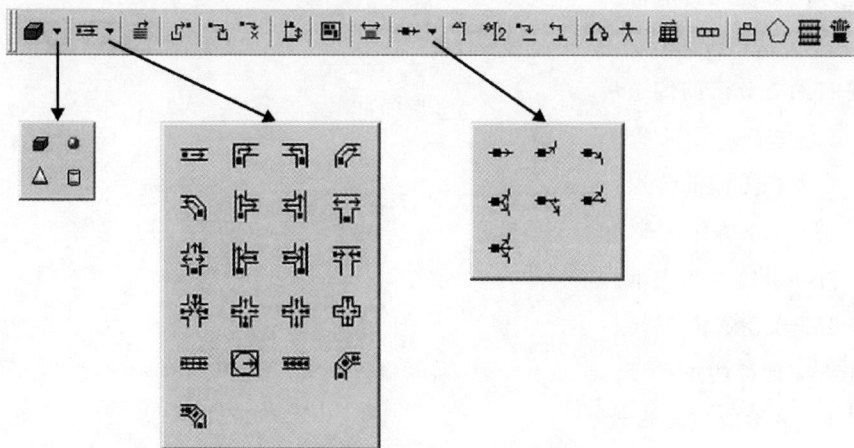

图 11-51　设备栏

1. 立方体
用于表示作为立方体形状障碍物的墙壁、方柱子等。
注：如要选择立方体，则点击"立方体选择按钮"后即可选择。

2. 球
用于表示球状障碍物。

3. 圆锥

用于表示圆锥状障碍物。

4. 圆柱

用于表示圆柱状物体。

5. 直线传送带

表示直线传送带。

6. 右转传送带

表示右转传送带。

7. 左转传送带

表示左转传送带。

8. 右曲传送带

表示右曲传送带。

9. 左曲传送带

表示左曲传送带。

10. 右分流传送带

向右方向分流的传送带。

11. 左分流传送带

向左方向分流的传送带。

12. 左右分流传送带

向左右两方分流的传送带。

13. 三分流传送带

向三个方向分流的传送带。

14. 右合流传送带

从右方向合流的传送带。

15. 左合流传送带

从左方向合流的传送带。

16. 左右合流传送带

从左右两方向合流的传送带。

17. 三合流传送带

从三方向合流的传送带。

18. 直交传送带

主线和支线相交差的传送带。

19. 直交传送带 2

将直交传送带的行进方向改变后的传送带。

20. 组合型传送带

十字交叉的传送带。可以设定为向两个方向分流。

21. 直线皮带型传送带

在初期状态下进行模拟时有动画效果的传送带。

22. 转向台

顺时针或逆时针旋转 90 度后使货物流出的设备。

23. 蓄积型传送带

使货物保持一定间隔流动的传送带。

24. 蓄积型带右曲传送带

使货物保持一定间隔流动的右曲传送带。

25. 蓄积型带左曲传送带

使货物保持一定间隔流动的左曲传送带。

26. 托盘供应器

托盘自动生成器(如同发射托盘的机关枪)。

27. 部件生成器

货物自动生成器。

28. 笼车

装货物的设备(笼车)。

29. 部件消灭器

自动消除货物的设备。货物运到这个设备之后不需再继续模拟以后发生的情况时则可使用此物件。

30. 自动仓库

表示自动仓库。

31. 托盘

表示单个托盘。

32. 铁轨滑车

表示铁轨滑车和轨道设备。

33. 直线转车轨道

无人搬运车(AGV)的直线轨道。

34. 右曲转车轨道

无人搬运车(AGV)的右曲轨道。

35. 左曲转车轨道

无人搬运车(AGV)的左曲轨道。

36. Y 字分流转车轨道

向左右两向分流的转车轨道。

37. 右分流转车轨道

向右方分流的转车轨道。

38. 左分流转车轨道

向左方分流的转车轨道。

39. 三分流转车轨道

向三方向分流的转车轨道。

40. 智能导向物

在设备间进行细微控制的设备。使用 IF/THEN/ELSE 语句,就可以简单地对货物、设备进行细致的控制。

41. 智能导向物 2

使用 IF/THEN/ELSE 语句,可在设备间进行比智能导向物更加细微的控制。

42. 装货平台

将从传送带等搬运来的部件装载到托盘上时的作业场所。

43. 卸货平台

从托盘上将部件卸载时的作业场所。

44. 机器人

进行装载、分配作业的机器人。可在其"要素|控制"页面对放置货物时的所用变量进行设定。

45. 智能机器人

进行装载、分配、移动作业的作业员。可在其"要素|控制"页面对放置货物时的所用变量进行设定。使其读入[拣选清单]等数据后,可以在指定的位置上拿取或搬运货箱。

46. 自动仓库控制器

要对自动仓库的出库进行自动控制时使用。

47. 计时器

使相连的智能导向物每隔一秒进行一次计数。

48. XML 作业管理器

生成 XML 作业管理器。

49. XML 计划管理器

用于读入 XML 形式的模拟定义文件时管理拣选开始时间、入出货开始时间,还可以管理模型中的各种计划。

50. 货架区 2

货架的区域设备。可以从其上添加货架并在货架上临时保存货物。具有货位信息。

51. 初始库存设定管理器

读取库存文件,设定初始库存。

七、视图控制栏

栏中罗列的是在制作 AVI 文件、模型演习时，为了自动变换角度的摄像角度按钮和制作 AVI 文件按钮（见图 11-52）。

P 1. 设定摄像机要素

表示的是在设定摄像的每一帧的移动率时的画面。

表 11-1

画面上的设定单位	设定范围	默认值
X 方向整体移动率→m/1 帧	（0～100）	0.05
Z 方向整体移动率→m/1 帧	（0～100）	0.05
旋转率→度/1 帧	（0～100）	1.5
伸缩率→m/1 帧	（0.1～0.99）	0.98

↻ 2. 顺时针旋转视点

使模型的视点按顺时针方向自动旋转。

↺ 3. 逆时针旋转视点

使模型的视点按逆时针方向自动旋转。

⇥ 4. 向 X 正半轴方向移动视点

使模型的视点向正右方自动移动。

⇤ 5. 向 X 负半轴方向移动视点

使模型的视点向正左方自动移动。

↥ 6. 向 Y 负半轴方向移动视点

使模型的视点向正上方自动移动。

↧ 7. 向 Y 正半轴方向移动视点

使模型的视点向正下方自动移动。

▣ 8. 自动放大

使模型自动放大。

◪ 9. 自动缩小

使模型自动缩小。

✛ 10. 飞行模式

使模型的视点沿着地面的水平方向由向纵深处直线移动。

◀ 11. 倒放

按用"开始记录"所记录下来的视点相反顺序自动播放。

🏛 12. 记录轨道

要记录模型的视点移动时使用。要停止记录时，再次点击这个按钮即可。

图 11-52
视图控
制栏

13．播放

按用"开始记录"所记录下来的视点顺序自动播放。

14．返回前一个视点

将视点退回到用"保存当前视点"所保存的当前视点的前一个视点的位置。

15．保存当前视点

将模型现在的视点临时保存。

16．向下一个视点移动

将视点移到用"保存当前视点"所保存的当前视点的下一个视点的位置。

17．移动视点

按"保存当前视点"所保存的视点顺序播放，并且可使轨道显得圆滑通畅。

18．编辑视点

可以表示出用于设定各视点的开始、结束时间，或者对视点的删除、插入、添加进行设定的画面。

19．视点自动控制

使视点按照在视点时间对话框上的设定进行移动时使用此功能。

20．垂直俯视

当要与在菜单的"环境"中所设定的［从上面表示］那样，与地面完全垂直向下俯望模型时可使用。如果使［垂直俯视］有效，视点角度则变为固定而无法改变了。

21．集中显示

将视点移至模型的中心点处。当错误地将视点过分旋转以至无法找到整个模型时可使用。

22．显示线条框架

只想显示设备的骨架线时可使用。

23．设备的显示—不显示

控制在属性中被设定为"不显示/显示"的设备在画面上的显示/不显示。

24．制作 AVI 文件

制作 AVI 文件时，要开始记录时，点击此项目。

25．停止制作 AVI 文件

制作 AVI 文件时，要停止记录时，点击此项目。

26．用摄像机观看

切换到所设置的摄像机的视点。

27．切换摄像机

对使用/不使用摄像机进行切换。

28．用鼠标操作摄像机

用鼠标操作使用中的摄像机。可以通过鼠标操作改变处于开启状态的摄像机的方位角（用鼠标左键水平移动）、仰角（用鼠标右键上下移动）、伸缩值（用鼠标滚动键放大、缩小）。

八、位置栏

可以在栏上显示、设定被选择设备的坐标或者被选择设备到另一设备的相对坐标位置等。

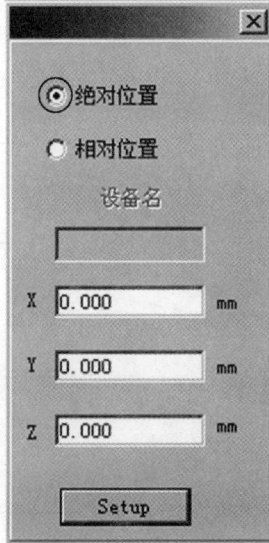

图 11-53　绝对位置栏

绝对位置：点击选择绝对位置的选项按钮，则可以显示或设定设备的绝对位置。

相对位置：点击选择相对位置的选项按钮，输入设备名。可以设定被选择的设备对于被输入设备名的设备的相对位置。

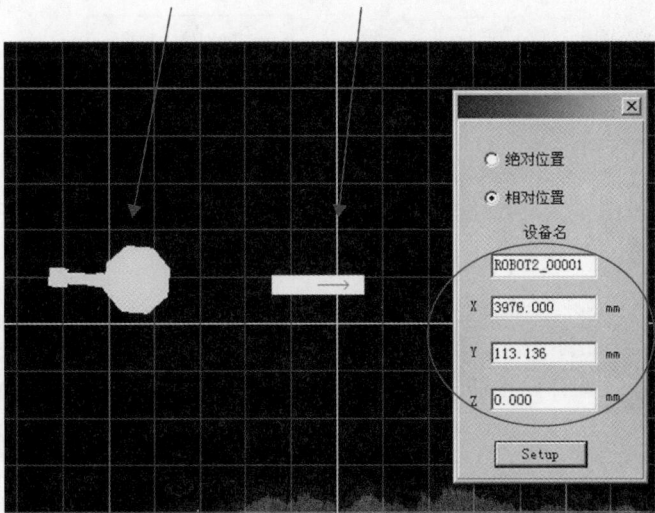

图 11-54　相对位置栏

九、时间栏

显示着现在的电脑系统的时间、模拟时间、模拟开始/停止按钮等具有使 RaLC 运作功能的画面（图 11-55）。在没有显示出制作模型画面时，各种按钮、选择等功能都无法执行。

图 11-55　时间栏

1. 现在时间

显示在电脑上所设定的现在时间。（显示电脑系统的时间）

2. 执行时间

按开始按钮后到按停止按钮为止的累计时间。

备注：在按模拟开始的按钮之前，请务必先保存模型。模拟开始后

在模拟途中保存模型的模型不同于一般模型文件，所以一定要用别名另存，而不要替换初始保存的模型，否则会引起错误。

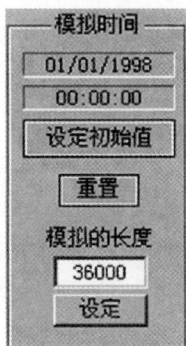

3. 模拟时间

| 01/01/1998 | 模拟的日期：在［时间模式］选择的是［现实时间模式］时，和执行时间基本上是同值；在［固定时间间隔模式］时，以输入的时间为单位进行加算累计。

| 00:00:00 | 模拟的时间：表示的是模拟的累计时间。

| 设定初始值 | 设定模拟的初始值：如果点击设定初始值按钮，则如下初始值的设定画面会表示出来。

图 11-56　设定初始时间

| 重置 | 重置：按此按钮时，执行时间和模拟时间都会被设定为 0。画面上所显示的所有被运送的物体都会被清除。

| 模拟的长度 36000 | 指定模拟时间的长度（秒）。

| 设定 | 使上述的时间设定有效的按钮。

4. 时间模式

设定模拟的时间间隔。

| ⊙ 现实时间 | 按现实时间执行的模式.

| ○ 固定时间间隔 | 根据输入值进行模拟的模式.（输入数值须在 0.01 秒～10 秒范围内。）

| 设定 | 使上述时间的设定有效的按钮。

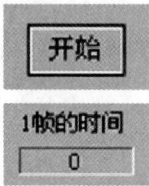

5. 开始/停止按钮

使模拟"开始/停止"的按钮。

6. 1 帧的时间

处理模拟的 1 帧所要平均时间（m/秒）。（1 帧 ＝1 次描画＝1 个过程）

十、属性栏

是对各设备的属性进行修正、更改的对话窗口。

注：输入参数后，请务必点击下方的［设定］按钮。否则输入无效。

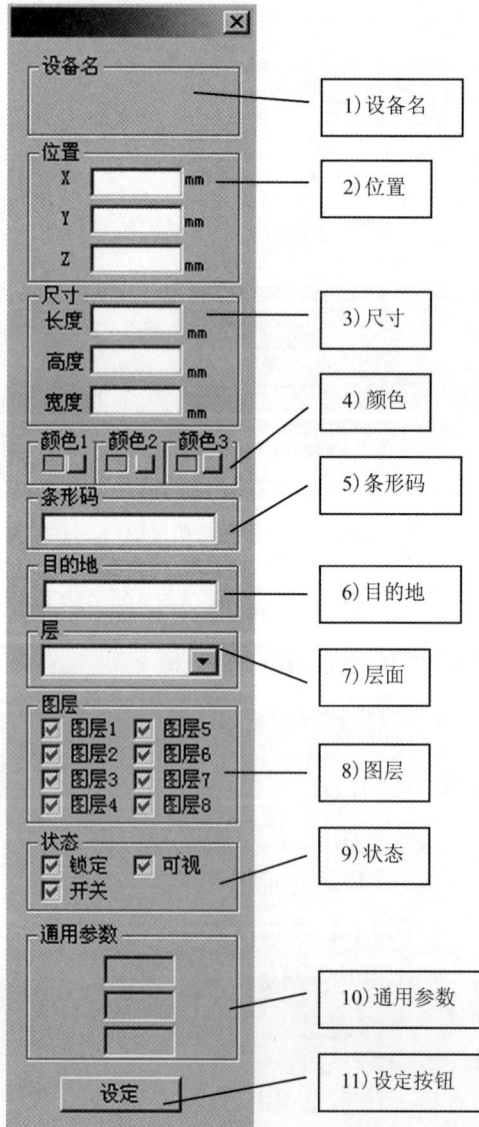

图 11-57　属性栏设备名

1．设备名

只有在设备被单独选择的情况下，才显示出那个设备的名称，多个被选择时则显示空白。

2．位置

以 XYZ 轴坐标表示设备的位置。只有在设备被单独选择的情况下，才显示出那个设备的位置，如果一个以上的设备被同时选择，则显示空白。

输入好数值后，点击［设定］按钮，设定就会在模型中反映出来。

3．尺寸

显示设备尺寸，但只有在设备被单独选择的情况下，才会显示出那个设备的尺寸。多个设备被同时选择时，如果所有被选设备的某一项目数值都相同，则会显示出那个相同的尺寸值，如果其中有一个不一致，就只显示空白。

输入好数值后，点击［设定］按钮，设定就会在模型中反映出来。

4．颜色

显示设备基本颜色的项目。只有在设备被单独选择的情况下，设备的基本颜色才会在上面显示出来。多个设备被同时选择时，如果所有被选设备的参数值都相同，则会显示出基本颜色，如果其中有一个不一致，就只显示对话窗的背景颜色。

选择好颜色后，点击［设定］按钮，设定就会在模型中反映出来。

5．条形码

显示设备的条形码的项目。只有在设备被单独选择的情况下，才会显示出设备的条形码。多个设备被同时选择时，如果所有被选设备的参数值都相同，则会显示出条形码，如果其中有一个不一致，就只显示空白。

输入好数值后，点击［设定］按钮，设定就会在模型中反映出来。

6．目的地

显示设备目的地的项目。只有在设备被单独选择的情况下，才会显示出设备的目的地。多个设备被同时选择时，如果所有被选设备的参数值都相同，则会显示出目的地，如果其中有一个不一致，就只显示空白。

输入好数值后，点击［设定］按钮，设定就会在模型中反映出来。

7．层面

显示设备所属层面的信息。只有在设备被单独选择的情况下，才会显示出设备的层面信息。多个设备被同时选择时，如果所有被选设备的参数值都相同，则会显示出层面信息，如果其中有一个不一致，就只显示空白。

对于层面信息，必须从 1F～4F 中选择一层作为设定，所以用下拉条菜单的形式表示。

选择好层面后，点击［设定］按钮，设定就会在模型中反映出来。

8．图层

设备的图层信息的项目。只有在设备被单独选择的情况下，才会显示出那个设备的图层信息。多个设备被同时选择时，如果所有被选设备的参数值都相同，则会显示出图层信息，如果其中有一个不一致，就只显示空白。

勾上图层的多选框,点击[设定]按钮,设定就会在模型中反映出来。

9. 状态

锁定:设备处于锁定状态时,多选框中会显示打着勾。多个设备被同时选择时,如果所有被选设备都处于锁定状态时,则框中会显示出打着勾,如果其中有一个不一致,则框中显示空白。

勾好多选框,点击[设定]按钮,设定就会在模型中反映出来。

注:设备在锁定状态下,用鼠标拖拉无法移动设备。但可以在位置栏、属性栏上输入数值来改变设备的位置。

开关:设备的开关处于 ON 的状态时,多选框中会显示打着勾。多个设备被同时选择时,如果所有被选设备的开关都处于 ON 的状态,则框中会显示出打着勾,如果其中有一个不一致,则框中显示空白。

勾好多选框,点击[设定]按钮,设定就会在模型中反映出来。

可视:与在设备的属性窗口中的"色/形"页面所设定的"显示/不显示"状态相一致。多个设备被同时选择时,如果所有被选设备都处于可视状态,则框中会显示出打着勾,如果其中有一个不一致,则框中显示空白。

勾好多选框,点击[设定]按钮,设定就会在模型中反映出来。

10. 通用参数

所选择的设备不同,可以设定的参数项目就有所不同。

11. 设定按钮

点击后使上述 10 个项目的所有输入内容有效的按钮。

十一、设备库文件

在 菜单|表示 中,将"设备库文件"一项打上钩后,在菜单栏上"设备库文件"的项目就会被添加出来。指定文件夹(F):将保存设备库的文件在菜单中目录化。点击目录化的设备库设备,则可直接在模型中表示出来。

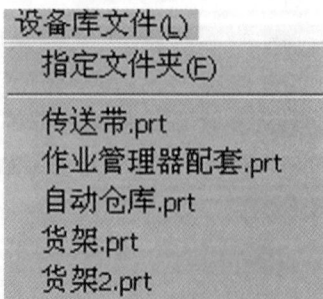

设备库文件(L)

　　指定文件夹(F)

　　传送带.prt
　　作业管理器配套.prt
　　自动仓库.prt
　　货架.prt
　　货架2.prt

图 11-58　设备库文件工具

十二、设备检索栏

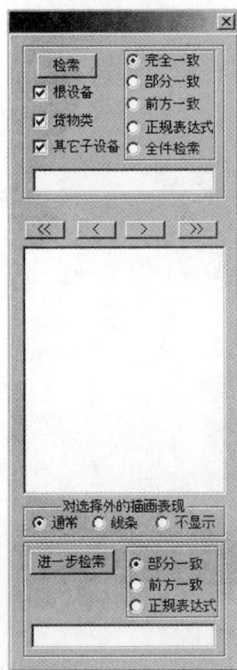

检索
①选择根设备、货物类、其他子设备的项目后，各项目的设备即成为检索对象。
所谓根设备是指没有子设备的设备，货物类是指货物、托盘、周转箱等子设备，其他子设备是指 IO 部件等货物类之外的子设备。
②从完全一致、部分一致、前方一致、正规表达式、全件检索中选择检索方法。
③在输入场所中输入值后按下检索按钮，则检索就会被执行并会显示出检索结果。

进一步检索
①从部分一致、前方一致、正规表达式中选择进一步检索的方法。
在输入场所中输入值后按下进一步检索按钮，则进一步检索就会被执行并会显示出检索结果。

图 11-59　设备检索栏

如果选择在设备检索栏所表示出的检索结果中的某个设备名，则会使画面上该设备处于被选择状态。

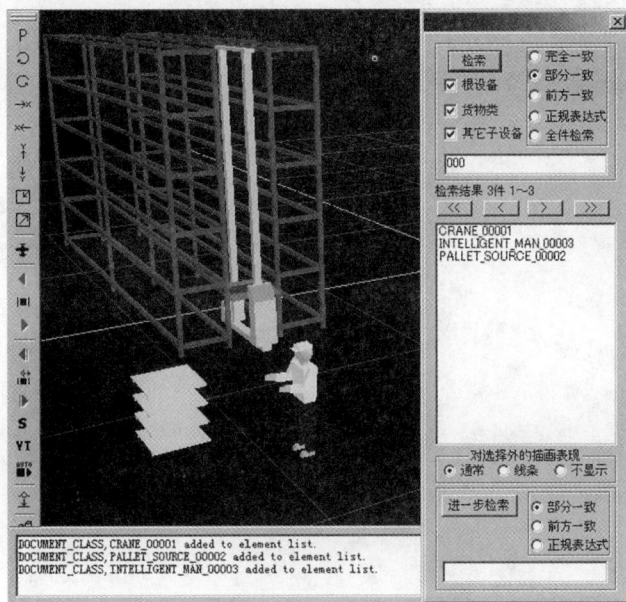

图 11-60　设备检索栏图形显示状态 1

如果双击在设备检索栏上所表示出的检索结果中的某一设备名,该设备就会移进并在画面的中心位置显示,而且画面的中心与设备上的局部坐标原点相一致。

但是,根据具体情况,有子设备的情况下也可能不会移到画面的中心部。

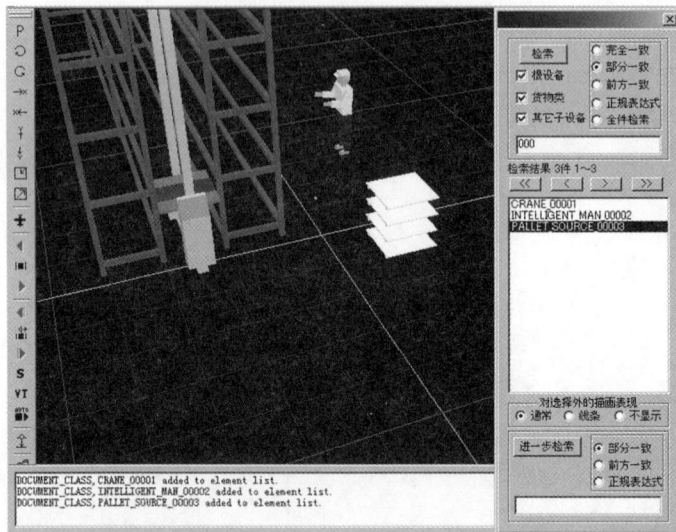

图 11-61　设备检索栏图形显示状态 2

如果选择"线条"一项,则没被选择的设备就会只显示出线条,如果选择"不显示"一项,则未被选择的设备就会不显示出来。但是如果未被选择设备与被选择设备是母子关系时则会像通常那样被描画出来。

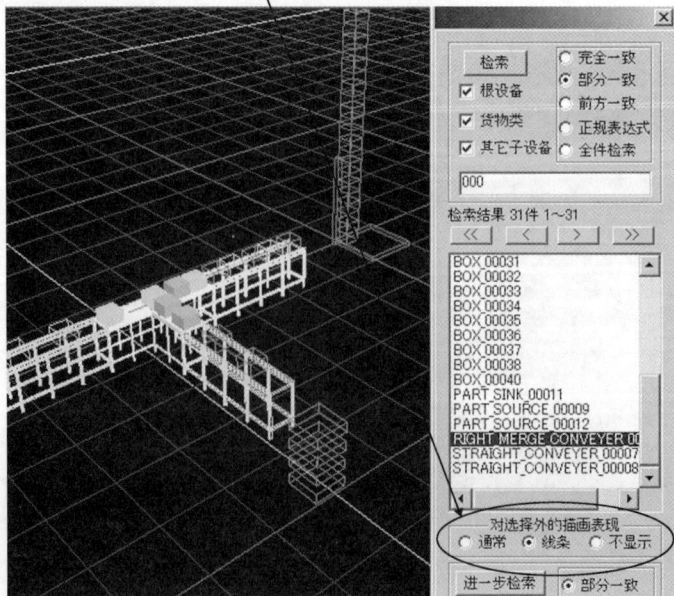

图 11-62　设备检索栏图形显示状态 3

十三、视点目录栏

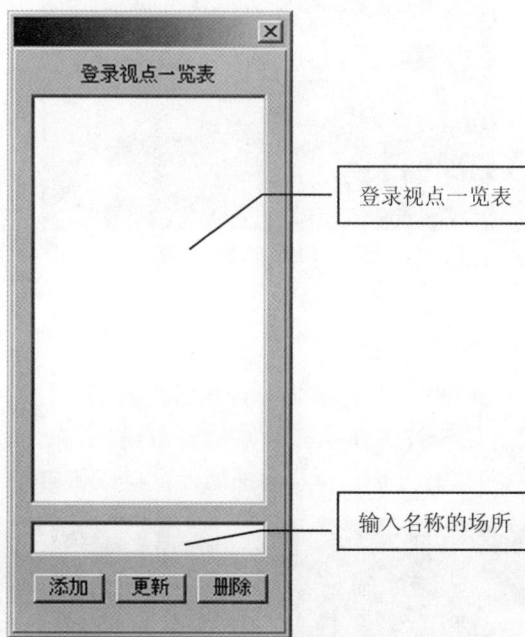

图 11-63　视点目录栏

给现在的视点起名后进行登录,以后可以自由地调出。

视点的添加——在输入场所中输入要登录的视点名称后按下添加按钮。这时,现在的视点会被添加到一览表中。

视点的更新——按下更新按钮,可将现在的视点状态更新登录为所选择的视点。

视点的删除——按下删除按钮,可将选择的视点删除。

视点的阅览——选择在登录视点一览表中的某个项目后,现在模型的视点则按照所选择的视点表现出来。

第二节　RaLC 软件基本操作

一、设备的表示

下面讲解利用设备栏使直线传送带表示出来的方法。

点击［直线传送带］按钮 ▬ ,然后在画面上点击,这样［直线传送带］就会在所点击的地方表示出来。

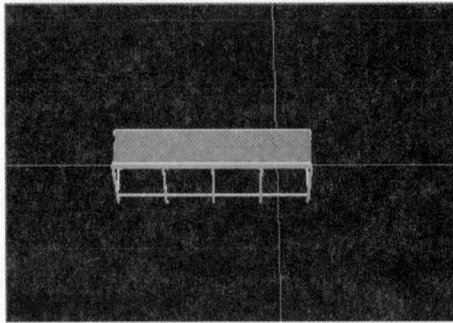

图 11-64　直线传送带

二、设备的选择

点击在画面上表示出来的"直线传送带",传送带会变白。这样这个"直线传送带"就处于选择状态了。在设备处于被选择状态时右键点击鼠标,在光标处菜单会表示出来。利用这个弹出窗口菜单,可以打开被选择设备的属性窗口或朝向等。

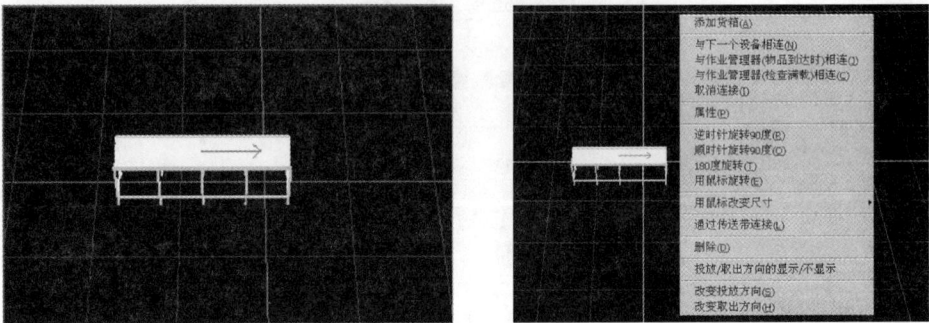

直线传送带的状态

(a)

直线传送带的弹出窗口菜单

(b)

图 11-65　直线传送带选择状态

三、设备的移动

如果想移动在画面上表示的设备,可以用鼠标拖着设备,将其移动到任何地方。

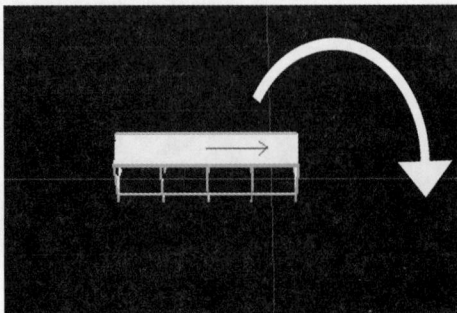

图 11-66　选择设备移动状态

四、设备的复制和粘贴

使要被复制的设备处于选择状态,按键盘的[Ctrl]键+[C]键,则设备会被复制到剪贴板上。

接着,按计算机键盘的[Ctrl]键+[V]键,复制在剪贴板上的设备则会被粘贴在光标所指定的地方。

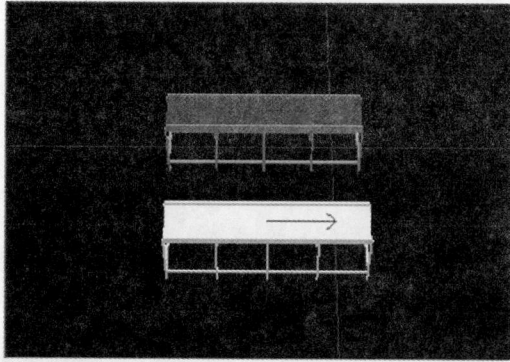

图 11-67 设备复制

五、多个设备的同时选择

按住键盘的[Shift]键的同时,用鼠标点击各设备,则可使多个设备同时处于选择状态。

多个设备被选择时的弹出窗口菜单内容与单独设备的弹出菜单内容有所不同。

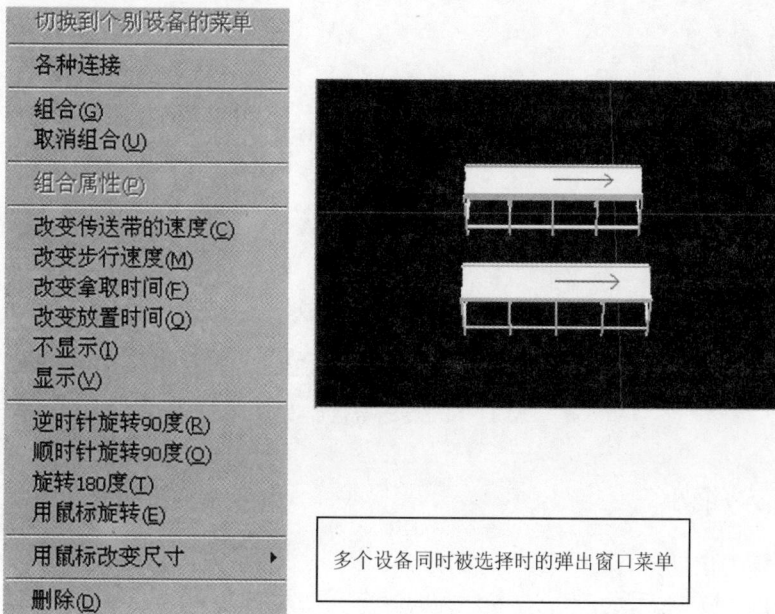

图 11-68 选择多个设备状态

六、设备组合

右键点击多个被选择的设备时,弹出窗口菜单中[组合]的项目会表示出来。如果点击此项目,则处于选择状态的多个设备被组合。选择组合内的任意一个设备,则等于选择了组合全体。

组合设备的移动是整个组合的整体移动。

这时的弹出窗口菜单也与非组合时的内容不同,增加了组合属性的项目。在组合属性,可以对组合内的共同参数进行设定。

另外,在这个菜单中,可以对组合内的参数统一更改。可以设定的项目为传送带速度,作业员的步行速度,作业管理器的作业员的货物取得时间、放置时间。

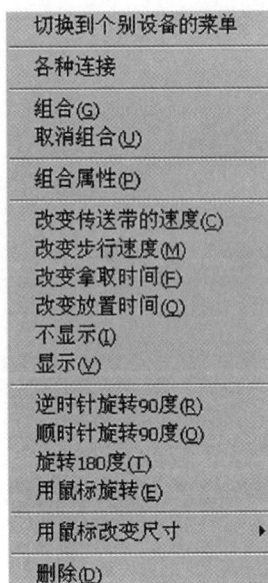

组合时的弹出窗口菜单

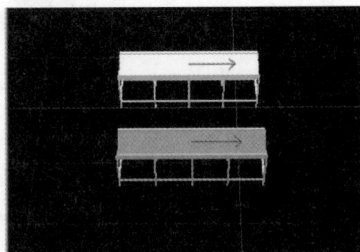

图 11-69 设备组合

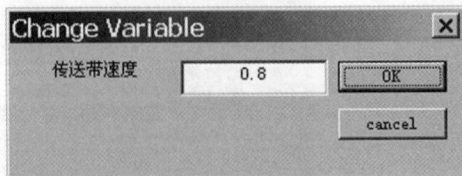

图 11-70 传送带速度设定

七、放大/缩小

滚动鼠标的滚动键:

向上转动:放大。

向下转动:缩小。

或者,按键盘:

[↑]键:放大。

[↓]键:缩小。

(如果鼠标只有左右 2 键)同时按住鼠标的左右键:

向前推进:放大。

向近侧拉:缩小。

八、画面的转动

按住鼠标的左键:

左右移动鼠标:使画面顺时针、逆时针旋转。

上下移动鼠标:使画面上下旋转。

九、画面的水平移动

按住滚动键鼠标的滚动键,同时前后、左右移动则可使画面水平移动。

十、中心点的设定

使鼠标箭头指向要设定为中心的地方,然后右键双击。

十一、多个设备的同时移动

按住[Shift]键的同时,点击选择想移动的设备或者点击工具栏的[选择]按钮 $\square$,并利用鼠标将要移动的设备划入方框内,同时按住[Shift]键可将设备移动到任意地方。Ctrl+A 可以实现全选。

十二、取消设备组合

点击组合的设备使其处于选择状态,右键点击使弹出窗口菜单表示出来后,选择[取消组合]即可。

十三、设备的连接(与下一个设备相连)

设定的方法是点击设备使其处于选择状态,右键点击使弹出窗口菜单表示出来后,用[与下一个设备相连]让红线指到下一个设备上并点击。另外,双击设备也可以使红线表示出来,所以用这种方法也可以连接设备。

RaLC 的连接状态:

在 RaLC 中,因为货物在几个设备之间移动,所以需要设定移动到下面哪一个设备。这样,在设备之间进行[连接],决定货物通过的顺序。通常,利用[与下一个设备相连]对设备进行普通的连接,则货物会被投放到下一个设备。

对应于不同设备、不同用途,连接方式有很多种。

十四、取消连接

取消设备间的连接状态的方法是点击处于连接状态的设备中一方的弹出窗口菜单中的[取消连接]，然后使白线连到另一个设备上并点击即可。

十五、货物、托盘的自动投入

右键击设备栏上的"部件生成器"或者"托盘供应器"，在模型中表示出来后，选择弹出窗口菜单的[与下一个设备相连]，然后点击所要投入到的设备即可。

十六、货物、托盘的个别投放

点击所要投入到的设备使其处于选择状态，然后右键击使弹出窗口菜单表示出来后，选择[添加货箱]或[添加托盘]，即可根据自己的需要一个一个地个别投入。

十七、设备的删除

点击要删除的设备使其处于选择状态，右键击使弹出窗口菜单表示出来后、选择菜单中的[删除]或者按键盘的[Delete]键。

十八、搜索消失的模型

有时候将视点旋转过度时，会发生找不到模型物件的情况。这时候点击菜单栏上的|窗口|打开新窗口|，模型物件就会重新表示出来。

十九、模拟的开始

点击画面右侧的时间栏上的[开始]按钮，或者点击 Windows 菜单上的|模拟|开始|。

二十、模拟的停止

点击画面右侧的时间栏上的[停止]按钮，或者点击 Windows 菜单上的|模拟|停止|。

注：在按模拟开始的按钮之前，请务必先保存模型。模拟开始后在模拟途中保存模型的模型不同于一般模型文件，所以一定要用别名另存，而不要替换初始保存的模型，否则会引起错误。

二十一、关于模型的前后左右

打开 RaLC 新建画面，点击工具栏的 ▦ [网格]按钮，从地面正上方向下看的画面会表示出来，在这种状态下，画面的上下方向定义为 Y 轴、左右方向定义为 X 轴。

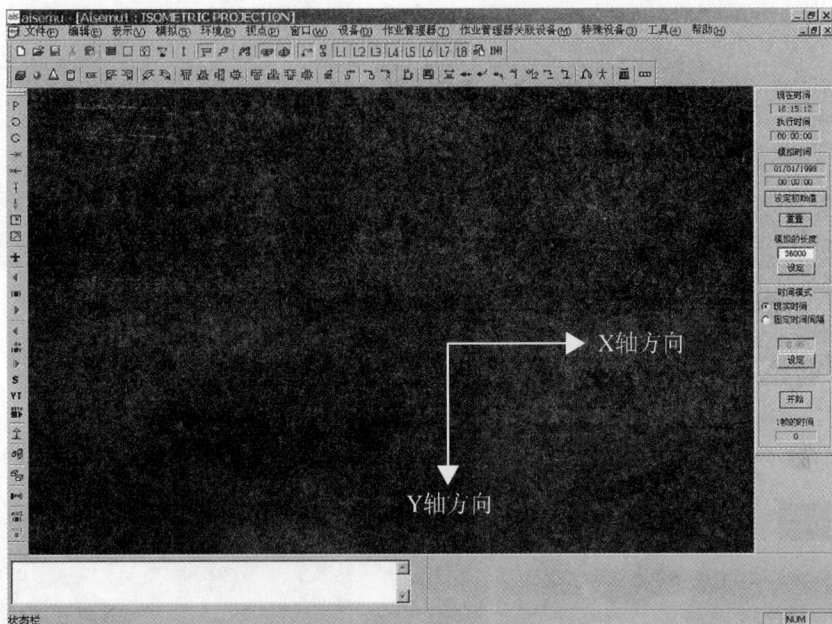

图 11-71　网格工具显示状态

在 RaLC 上,可凭借鼠标操作等,随意改变观察点的方向、角度以及远近。与二维的画面不同,加上了高度的概念,如下图所示,垂直方向定义为 Z 轴。

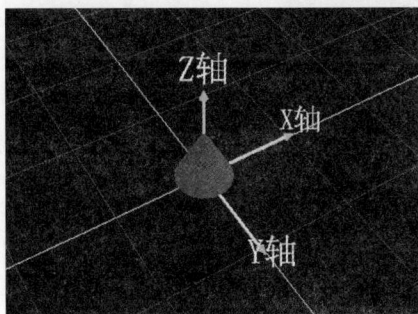

图 11-72　三维显示

如果由于旋转画面以至无法分清 X 轴和 Y 轴时,可点击视图控制栏的[垂直俯视]按钮,画面会以垂直俯视的角度表示出来。这时的观察点的角度固定为垂直于地面,所以无法把观察点变为从斜上方等角度来观察。如果再点击一次[垂直俯视]按钮则固定状态被取消,又可以自由旋转观察点了。

立方体、球形、圆锥形、圆柱形等设备具有坐标轴表示功能,所以可以如上图所示那样,让 X、Y、Z 坐标轴显示出来。

二十二、关于各种设备

在 RaLC 的模型中表示出来的各种输送机器、多面体、生成装置、控制器类的物体都被称为设备。图 11-73 是设备的一些例子。

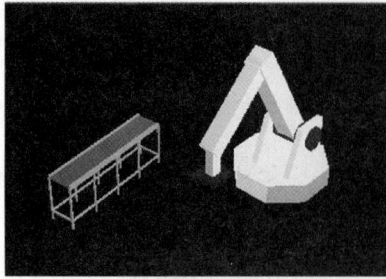

各种输送机器设备
(例：直线传送带、机器人2)
(a)

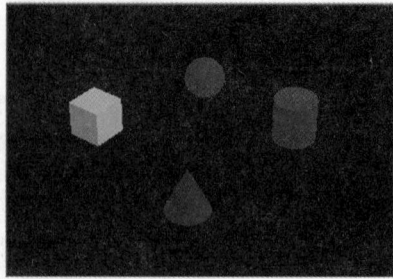

多面体设备
(例本：立方体、球、圆锥、圆柱)
(b)

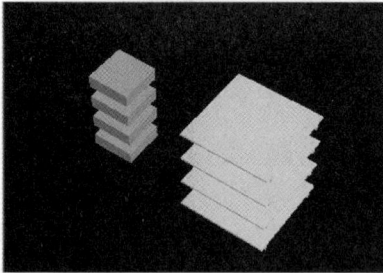

生成装置
(例：部件生成器、托盘生成器)
(c)

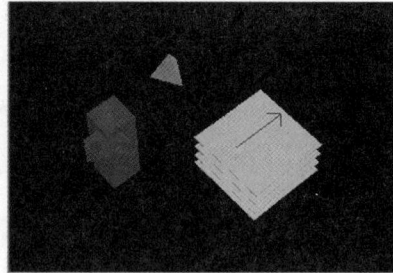

各种控制类设备
(例：自动仓库控制器、转车轨道控制器)
(d)

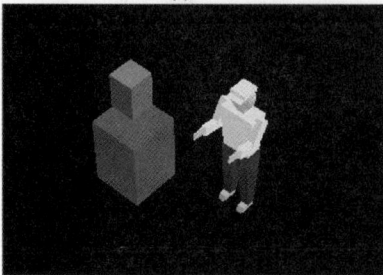

人员类控制设备〈只限于Brain〉
(例：XML作业管理和其管理的作业员)
(e)

图 11-73

各设备或者登录在设备栏上的各代表按钮上或者在菜单栏的|设备|～|特殊设备|的下拉菜单中。关于各种按钮、菜单，请参阅第一节对各种按钮、菜单栏的说明。

在 RaLC-Brain 中，利用［作业管理器］，可以对复杂的人员类作业进行控制。

第三节　通过型物流中心(Logistics Center)的模型构筑

通过型物流中心是指进货后不经入库储存直接按店铺分类后出货的物流中心。

在这一节，通过通过型物流中心的例子来学习利用部件生成器、传送带（直线、分流、弯曲）、部件消灭器、作业员、笼车等来构筑模型的方法。

一、模型的解说

下面要做成使 4 种商品从投放口开始在传送带上流动，在分流点根据商品的种类进行分门别类，使其按不同分流口流出后，作业员把商品装入笼车的模型。

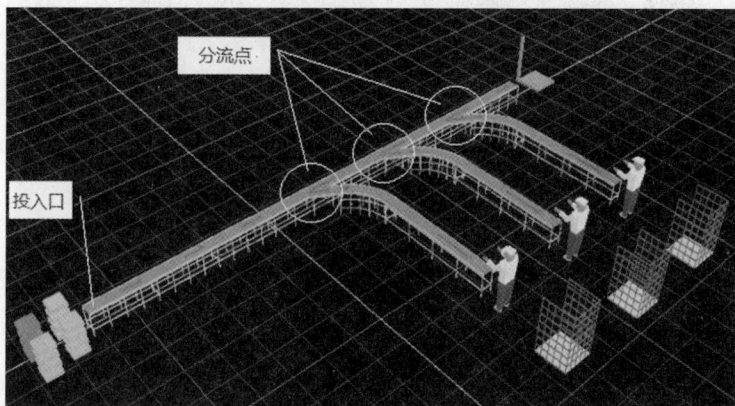

图 11-74　模型显示图

二、实际模型

（一）模型作成画面的设定

点击 Windows 的开始按钮，点击|开始|程序|RaLC-Pro|，启动 RaLC-Pro。

在 RaLC-Pro 的启动画面中，点击菜单栏里的|文件|新建|或者工具栏中的[新建]按钮 ▯ ，启动模型做成画面。

如果想在立体层面上表示出网格来，则点击工具栏上的[网格]按钮 ▢ 。

这样，初始值为 1m×1m 的网格线就会表示出来。可利用窗口扩大、缩小的功能来调节窗口大小。

（二）设备的表示

点击设备栏的[直线传送带]按钮 ≡ ，使直线传送带表示出来。

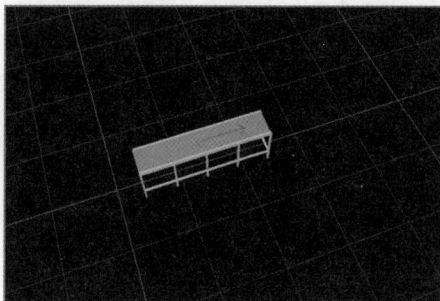

图 11-75　直线传送带

(三) 设备的复制

点击直线传送带后其颜色变为白色。通常把这种情况说成"选择状态"。

在选择状态下,通过[Ctrl]+[C]、[Ctrl]+[V]的操作可再增加一条直线传送带。

图 11-76　选择直线传送带状态

[Ctrl]+[C]:同时按键盘的 Ctrl 键和 C 键则可复制处于选择状态的设备。

[Ctrl]+[V]:同时按键盘的 Ctrl 键和 V 键则粘贴上用[Ctrl]+[C]操作复制的设备。

(四) 设备的连接(自动连接)

图 11-77　前后设备连接

连接 2 条直线传送带。传送带互相接近到一定程度后可自动地连接起来。将第 2 条直线传送带的入口向第 1 条直线传送带的出口移近。这时像磁铁那样,第 2 条直线传送带(的入口)和第 1 条直线传送带(的出口)就会连接起来。

这种操作称为自动连接。

通过这种操作使得各种设备连接在一起并决定了物体的流动方向。重复这样的操作,使 3 条直线传送带自动连接起来。

注:通过对菜单栏的|环境|环境设置|中的自动连接距离的设定,可设定不同的自动连接的间隔。初始值是半径 1m 之内。

如使第 2 条传送带处于选择状态,则第 1 条传送带(上一个连接着的设备)显示淡蓝色,第 3 条传送带(下一个连接着的设备)显示黄色。这表示设备的连接成立了。

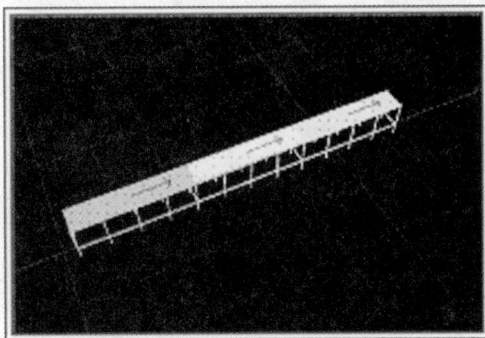

图 11-78　前后设备成功连接状态

（五）弹出菜单的表示

点击设备栏的[右分流传送带]按钮 ⊤ ，则表示出右分流传送带。使用分流传送带可使传送过来的物体分成两个方向流动。使右分流传送带处于选择状态时，右键点击鼠标后会出现一个菜单。

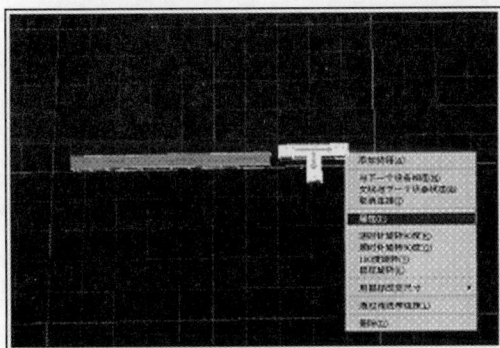

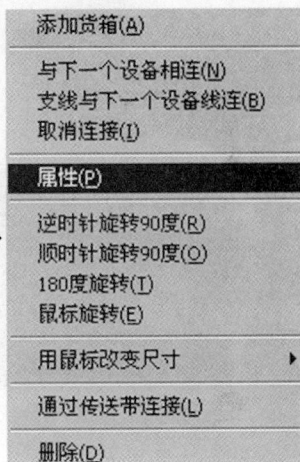

图 11-79　右分流传送带设置

（六）属性的表示

点击弹出菜单中的[属性]，使属性对话框表示出来。在属性中可对设备的速度、大小、颜色、形状等进行设定。各种各样的设备都有自己的属性。

点击[尺寸]按钮，将长度改成〈3000〉，将角度改成〈30〉。长度的单位为 mm。

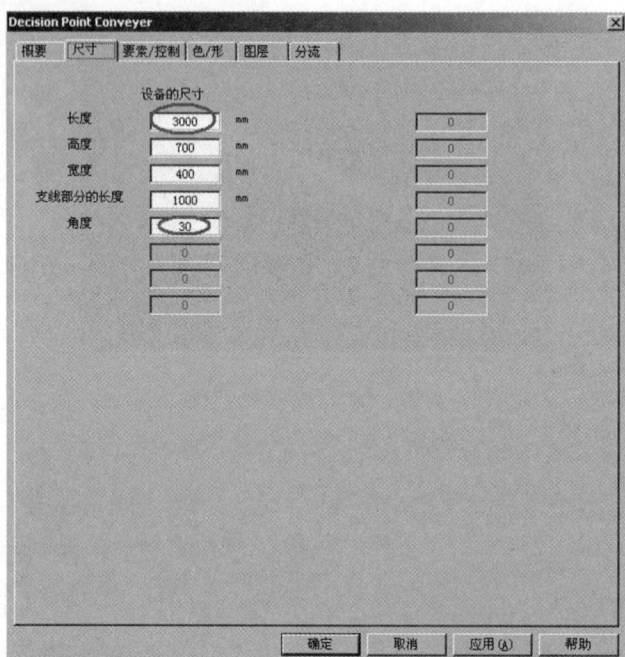

图 11-80　属性菜单

点击[OK]按钮。

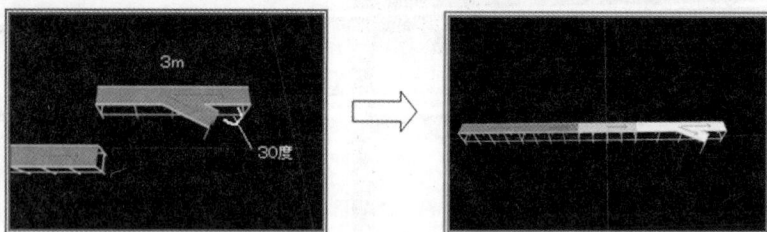

图 11-81　前后设备连接状态

　　将右分流传送带向第 3 条直线传送带的出口附近移动。右分流传送带(的入口)则和第 3 条直线传送带(的出口)自动连接在一起。

(七) 设备的旋转(属性)

　　点击设备栏的[右曲传送带]按钮 ，则可表示出右曲传送带。

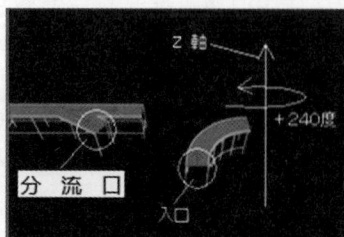

图 11-82　右曲传送带

要使右分流传送带分流部的出口和右曲传送带的入口连接上,但因为传送带的朝向对不上,所以要使右曲传送带沿 Z 轴旋转 240 度。

打开属性对话框,将[概要]属性里的设备旋转角度的 Z 轴的角度改成〈240〉。

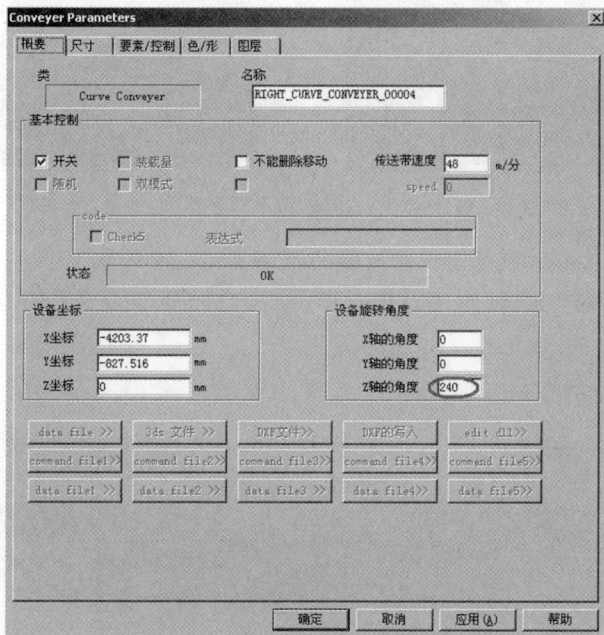

图 11-83　概要菜单

接着点击[尺寸]属性,将角度改成〈60〉,半径改成〈1900〉后,点击[应用]按钮。

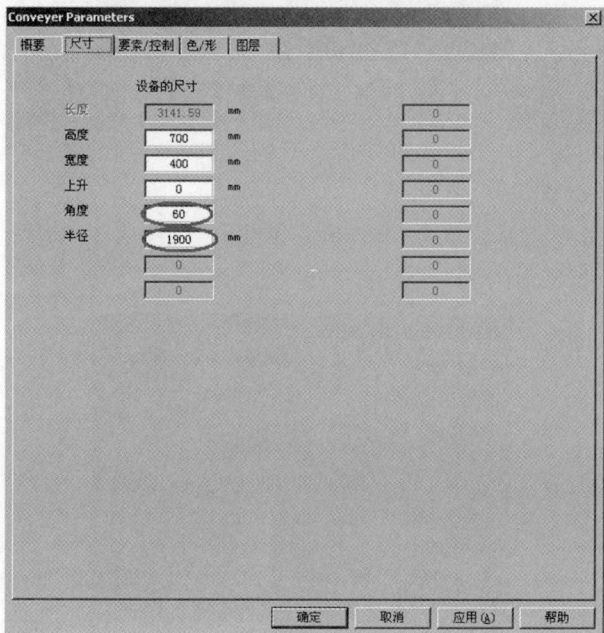

图 11-84　概要菜单"尺寸"设置

这样使连接部分的方向变为一致。

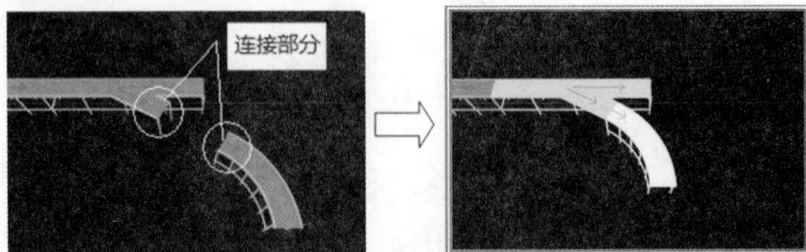

图 11-85 前后设备连接状态

使右分流传送带的分流部出口和右曲传送带入口自动连接上。

注：操作设备的连接时，如将连接目标搞错，则需重新设定连接。选择连接错的设备，点击弹出菜单中的[取消连接]，连接则被切断。然后再重新连接要连接的设备。

(八) 设备的旋转(弹出菜单)

要使设备逆时针转 90 度、顺时针转 90 度、180 度旋转时可利用弹出菜单来操作。点击设备栏的[直线传送带]按钮，使直线传送带表示出来。

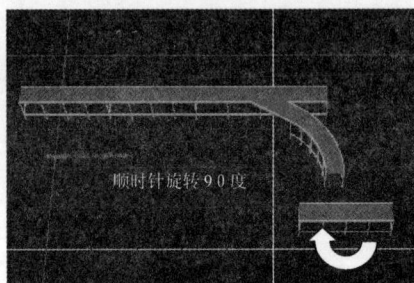

图 11-86 设备旋转操作 1

要连接上右曲传送带的出口和直线传送带的入口，因传送带朝向不对，所以要使直线传送带顺时针旋转 90 度。

使直线传送带处于选择状态，点击弹出菜单的[顺时针旋转 90 度]。这样连接部分的方向一致了。

图 11-87 设备旋转操作 2

打开直线传送带的属性对话框,点击[尺寸]属性,将长度改成〈4000〉后,点击[应用]按钮。

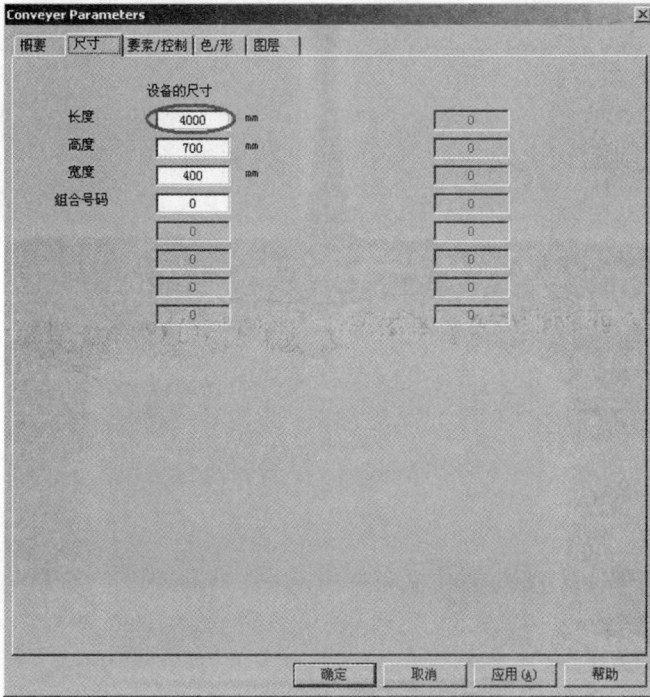

图 11-88　属性对话框"尺寸"设备

使右曲传送带的出口和直线传送带的入口自动连接起来。

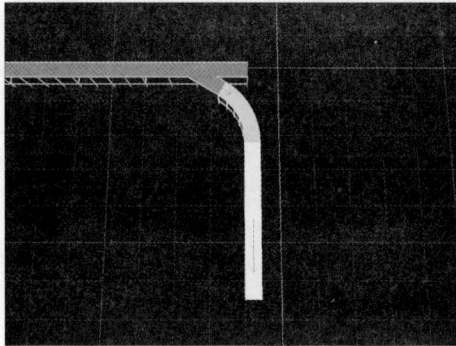

图 11-89　尺寸修改后状态

(九) 设备的连接(任意连接)

将直线传送带和作业员连接起来。点击设备栏的[作业员]按钮 大 ,使作业员表示出来。

点击作业员的弹出菜单中的[顺时针旋转 90 度]使其面向传送带的方向。将作业员设置在便于从直线传送带的出口拿取货物的位置上。

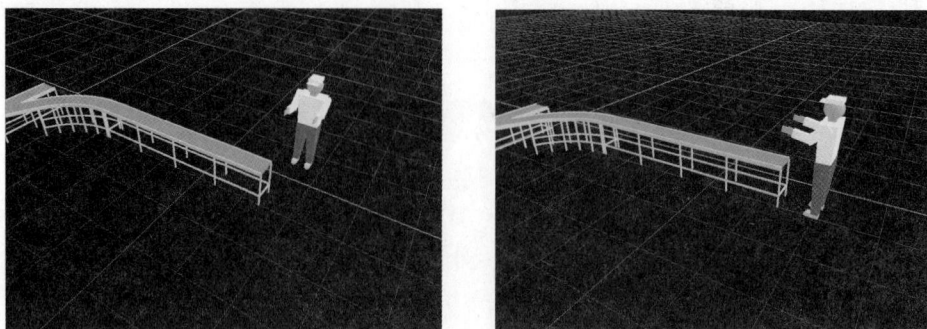

图 11-90 设备连接状态

点击直线传送带的弹出菜单中的[与下一个设备相连],则红线就会表示出来。

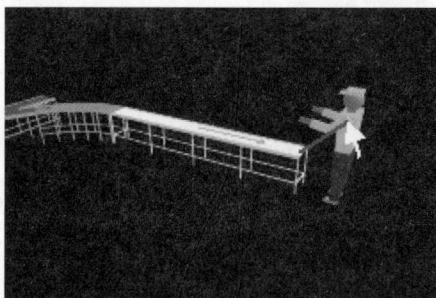

图 11-91 设备成功连接状态

红线表示出的状态下点击想要连接的目标物(这里为作业员)使其连接起来。除传送带的自动连接方法之外,这也是一种连接方法。

然后将作业员和笼车连接起来。点击设备栏的[笼车]按钮 ,使笼车表示出来。

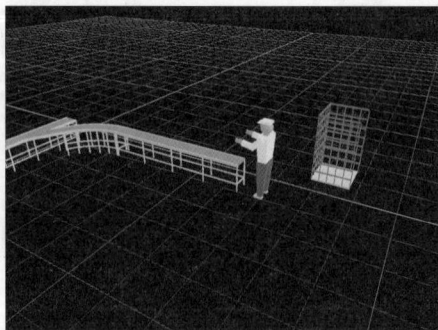

图 11-92 笼车显示状态

使笼车处于选择状态,点击弹出菜单中的[180 度旋转]使其面向作业员。将笼车设置在作业员的后方。调节作业员和笼车间的距离使其相当于作业员行走的距离。因初始值为 1.3m,所以此处将其设置为相隔 1.3m 的位置上。一个网格为边长 1m 的四方形。可根据这个来调整距离。

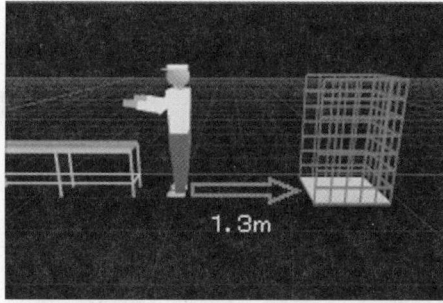

图 11-93　作业员和笼车间距离设置

通过弹出菜单的[与下一个设备相连],使作业员连上笼车。

（十）复数个设备的复制

利用[Ctrl]+[C]、[Ctrl]+[V]可对复数个设备进行复制粘贴。

点击工具栏中的[选择]按钮 ⬜。

用表示出来的红线将复数个设备围起来后,可使所有设备一起处于选择状态。

点击画面并按住鼠标左键将要使其处于选择状态的物件(在这里为右分流传送带右侧的所有物体)用红线围起来。松开左键,则被红线围起来的物体全部处于选择状态。

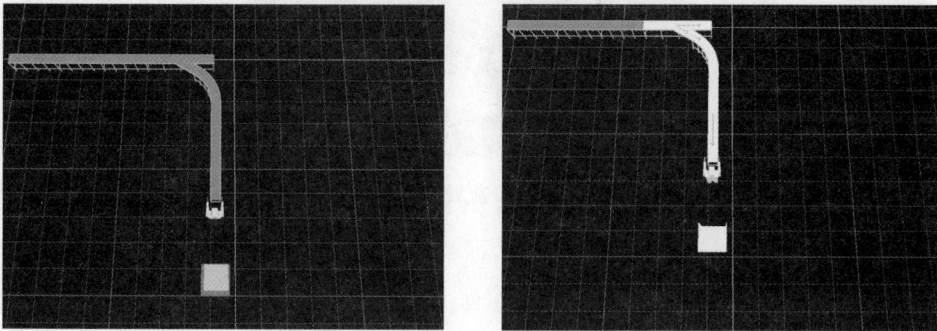

图 11-94　设备复制

保持这种选择状态,利用[Ctrl]+[C]复制并[Ctrl]+[V]复制方式把设备增加后点击右键显示弹出菜单。从弹出菜单中点击组合菜单。

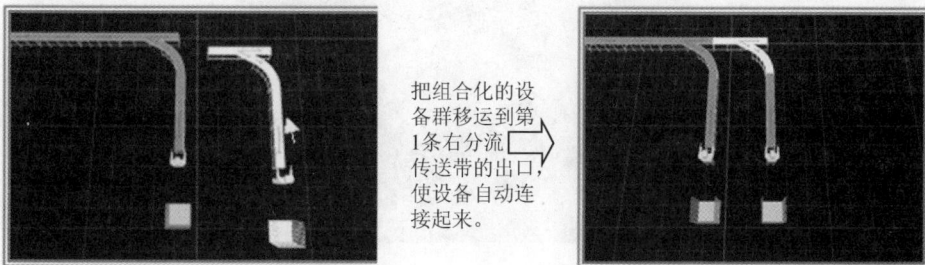

把组合化的设备群移运到第1条右分流传送带的出口,使设备自动连接起来。

图 11-95　从左至右设备成功复制

用[Ctrl]+[V]再增加 1 套设备,并用和上面同样的方法连接起来。

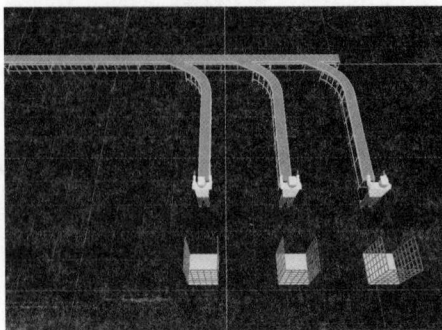

图 11-96 快捷键设备复制

点击设备栏的[直线传送带]按钮使直线传送带表示出来,将第 3 条右分流传送带的出口和直线传送带的入口自动连接起来。

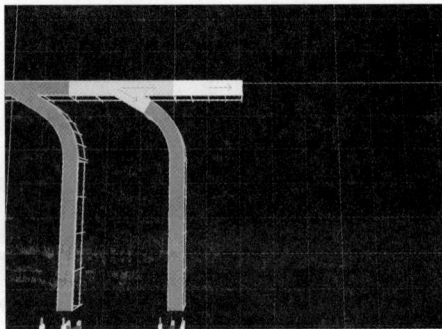

图 11-97 前后设备连接

点击设备栏的[部件消灭器]按钮 ，使部件消灭器表示出来。部件消灭器用于从某处起不再需要显示物体的流程时,设置部件消灭器使流过来的物体消失。将部件消灭器设置于直线传送带的出口附近。用弹出菜单中的[与下一个设备相连]使直线传送带向部件消灭器连接上。

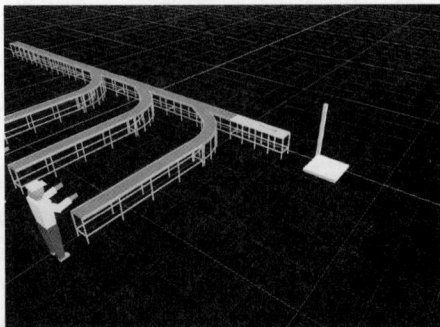

图 11-98 选择"部件消灭器"工具

点击设备栏的[部件生成器]按钮 ⌁,表示出部件生成器。部件生成器的功能是可使部件自动地生成。将其设置在第 1 条直线传送带的投入口附近。利用弹出菜单的[与下一个设备相连]完成从部件生成器连向直线传送带的操作。

图 11-99　选择"部件生成器"工具

打开部件生成器的属性对话框,将[概要]属性里面的时间间隔改成⟨5⟩。其意为每隔5 秒生成一个部件。

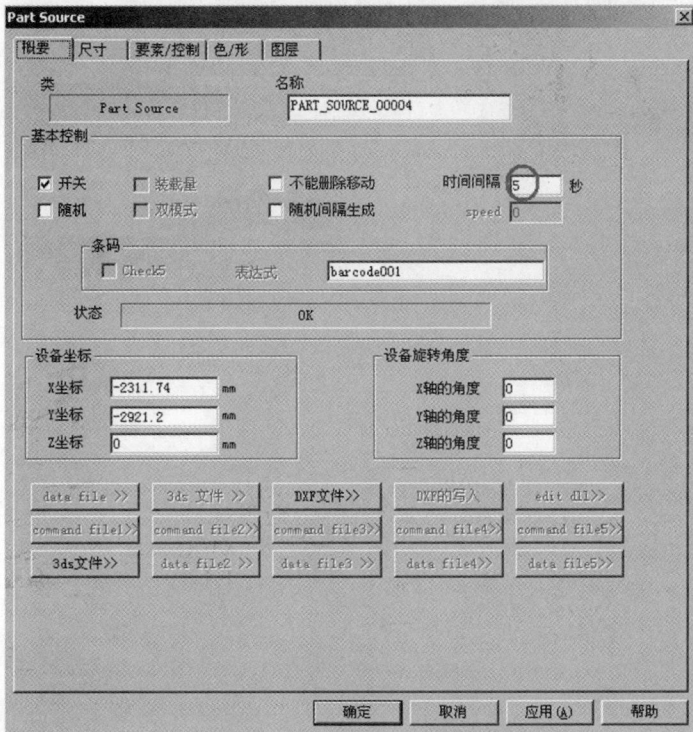

图 11-100　选择属性对话框设置时间

点击[应用]按钮。

选择部件生成器,用[Ctrl]+[C]、[Ctrl]+[V]再增加 3 个部件生成器。

注:属性的内容被更改后,利用[Ctrl]+[C]、[Ctrl]+[V]复制时变更的属性内容也

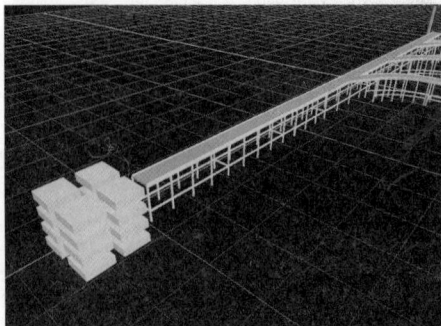

图 11-101　复制相同属性"部件生成器"

会一起复制下来。

（十一）部件生成器的条码设定

打开新增加出来的部件生成器中的任意一个,弹出菜单并打开属性窗口,将[概要]属性里的条码栏改成〈barcode002〉。可根据条码设定不同物品的各个搬运路线和存放场所。在本例中假设有 4 种不同物品,根据不同种类设定 4 个存放位置。

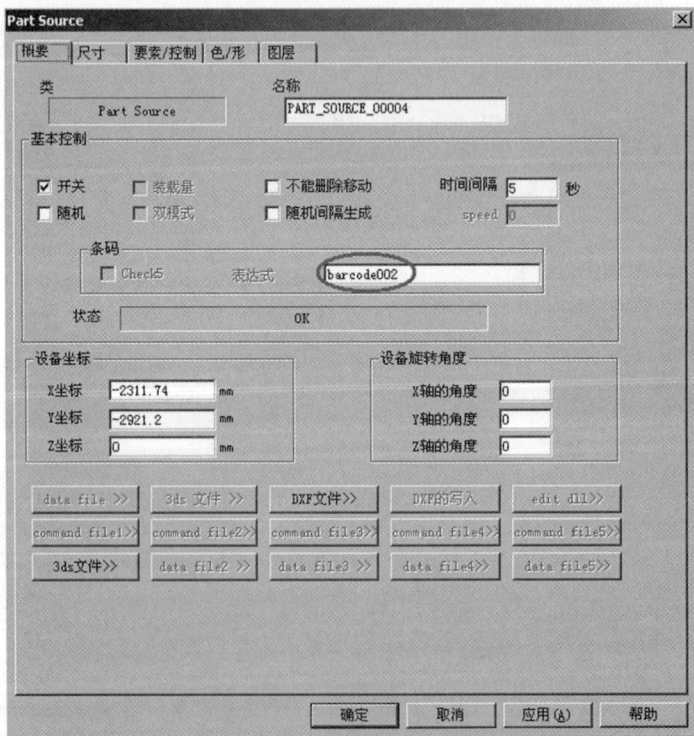

图 11-102　部件生成器条码设定

（十二）颜色设定

为了容易分辨,可进一步改变物体的颜色。点击[色/形]属性,点击颜色部分(初始值是金黄色)。

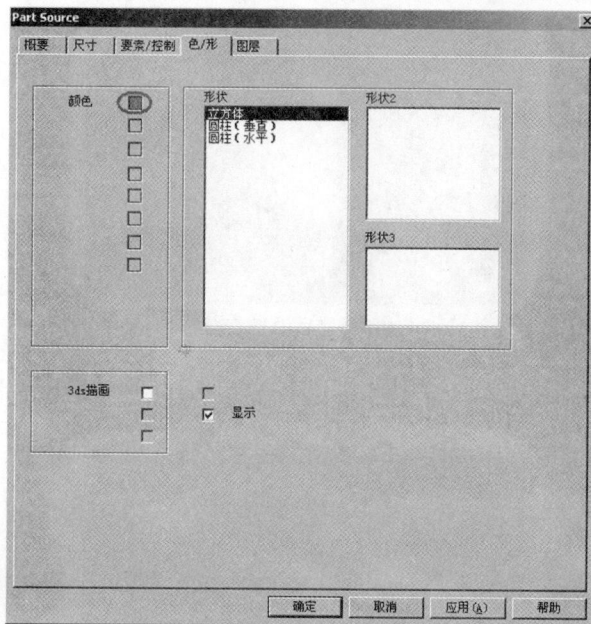

图 11-103　颜色设定

[颜色]对话框会表示出来,选择好任意一种颜色(例为红色),点击[应用]按钮。

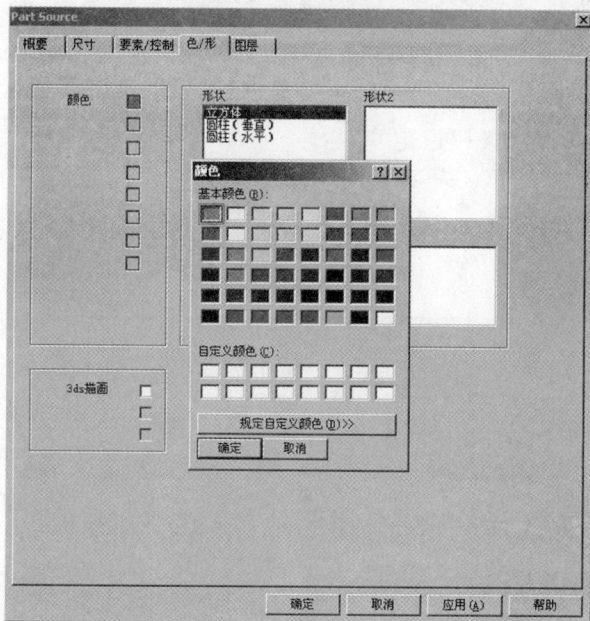

图 11-104　颜色设定确定

点击属性画面的[OK]按钮。

同样地,打开剩下的部件生成器(哪一个都行)的属性窗口,[概要]属性里的条码栏改成〈barcode003〉,[色/形]属性里的颜色改成任意一种颜色(例为粉红色);将另一个部件生成器的条码栏改成〈barcode004〉,颜色改成任意的颜色(例为橘红色)后,点击[OK]按钮。

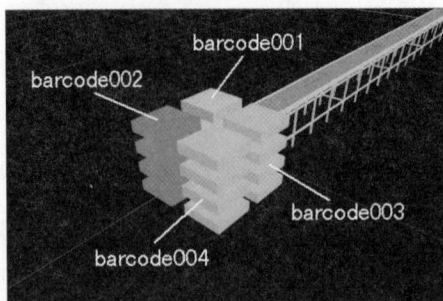

图 11-105　前后设备连接操作

用弹出菜单的[与下一个设备相连]使新增加的部件生成器分别向第 1 条直线传送带连接上。

图 11-106　前后设备成功连接

(十三) 分流传送带的条码设定

为了使传送过来的 4 种物品依据其种类不同而流向不同,需对有两个分流口的 3 条分流传送带的条形码进行设定。首先选中组合化的设备,然后点击右键弹出菜单,选择解除集合,取消设备的组合。

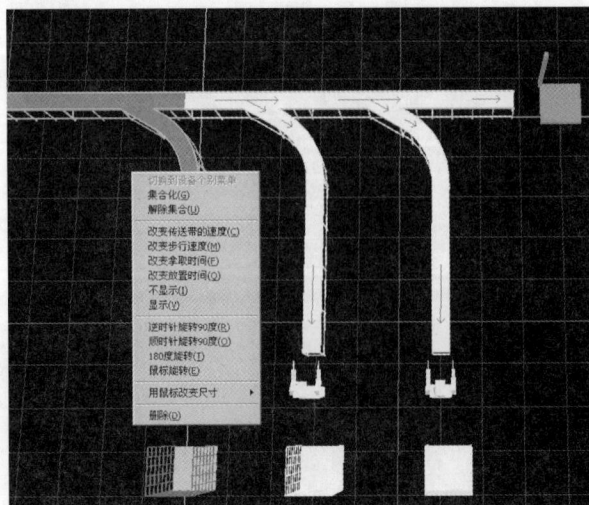

图 11-107　分流传送带条码设定

下面要进行具体设定,使上面设定为⟨barcode001⟩的金黄色的物品流向第 1 条分流传送带的分支,其他的物品流向第 2 条分流传送带。这种设定需在属性对话框的[分流条件]属性里写规则。步骤为:点击[新建规则群],选择 Rule1,在下方的[正规表达式]右边的下拉列表中选择⟨条形码⟩,然后输入⟨barcode001⟩。

注:必须先按下[应用]按钮再[确定]关闭对话框。

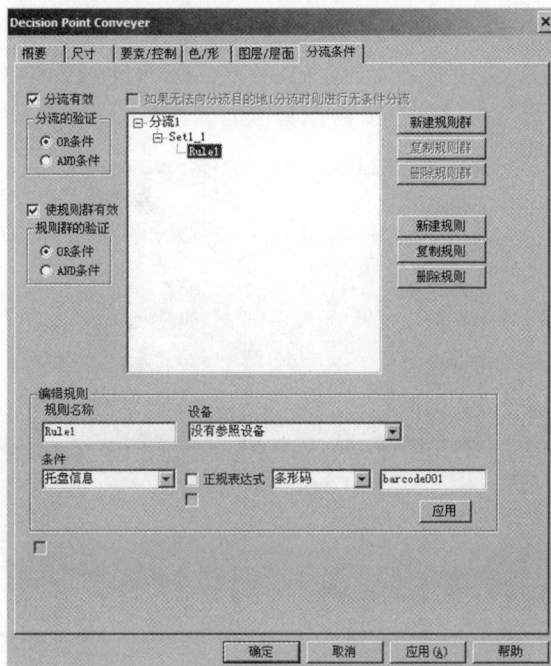

图 11-108　新建规则

第 2 条分流传送带的设定则要使上面设定为⟨barcode002⟩的红色的物品流向第 2 条分流传送带的分支,其他的物品流向第 3 条分流传送带。设置方法同上。同样地,第 3 条分流传送带的设定则要使上面设定为⟨barcode003⟩的粉红色的物品流向第 3 条分流传送带的分支,其他的物品(橘红色的物品)流向部件消灭器。

橘红色的物品被设定为⟨barcode004⟩,所以不会被第 3 条分流传送带所分流,接着流向部件消灭器的方向。

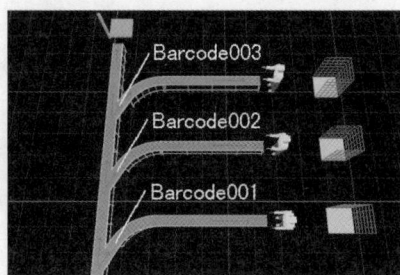

图 11-109　条码设定指向

（十四）模型的保存

点击菜单栏里的｜文件｜另存为｜，将文件名输入为"Lesson1.emu"然后点击［保存］按钮。

（十五）模型的模拟

点击菜单栏里面的｜模拟｜开始｜或者时间栏里的［开始］按钮，则可以看到货物被投放到传送带后，从金黄色的部件生成器出来的货物流向最靠前的笼车方向，从红色的部件生成器出来的货物流向正中央的笼车方向，从粉红色的部件生成器出来的货物流向最远的笼车方向，从橘红色的部件生成器出来的货物流向部件消灭器的方向。

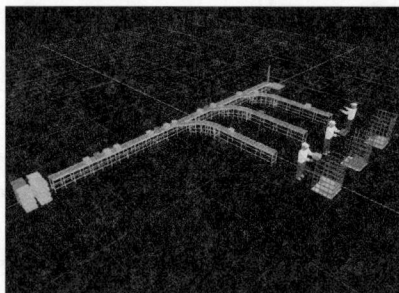

图 11-110　模型模拟

（十六）APPENDIX A

1. APP.A-1 作业员的速度的变更方法

可以改变作业员的行走速度。

下面试将作业员的行走速度改成 2 秒钟往返一次。（初始值为 1.3m 的距离 4 秒钟内往返一次。）打开最近的作业员的属性窗口，将［概要］属性里的往返时间改成〈2〉后点击［应用］按钮。

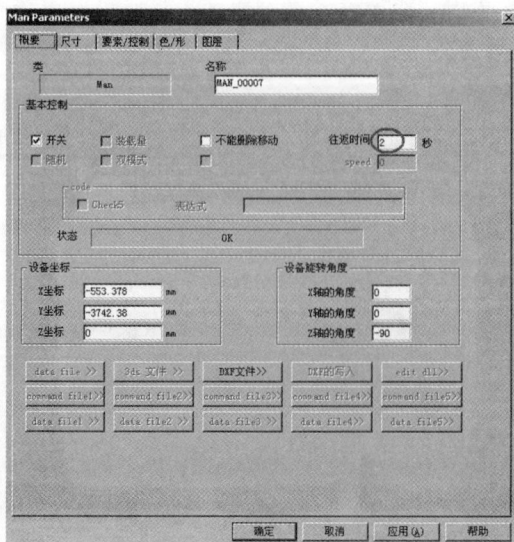

图 11-111　作业员速度变更

请和其他的作业员比较一下,便可看出其移动速度比他人快1倍。

2. APP.A-2 作业员行走距离的变更方法

可以改变作业员的行走距离。

下面试将作业员的行走距离改成3m。打开最近的作业员的弹出菜单的属性窗口,点击[尺寸]按钮,将经路长改成〈3000〉后点击[应用]。

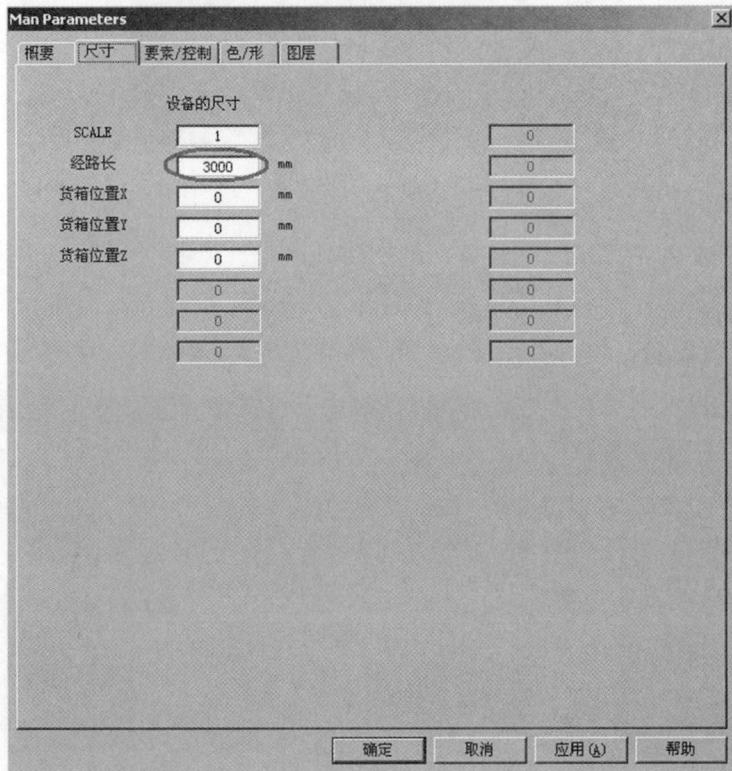

图 11-112　作业员行走距离变更

要配合作业员的行走距离,将笼车设置于离作业员拿取物品的地点3m的位置上。

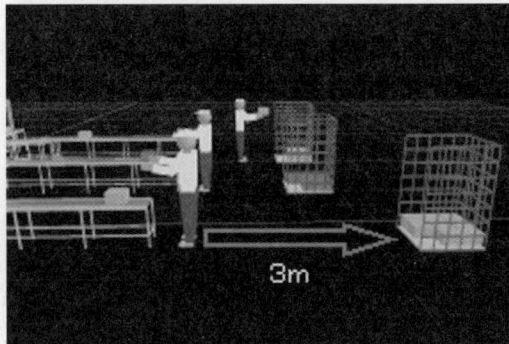

图 11-113　笼车位置设置

请观察作业员向在3m远的地方放置的笼车搬运货物的情景。

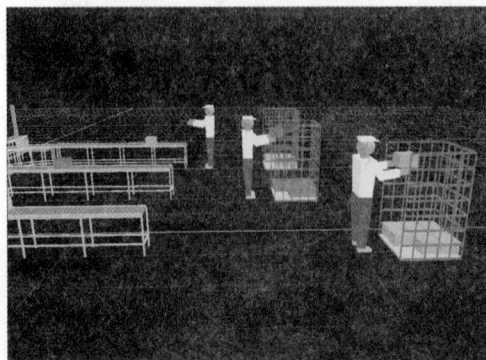

图 11-114　搬货情景

　　另外，在 APP.A-1 的时候是 1.3m 的距离 2 秒钟内往返一次，现在是 3m 的距离 2 秒钟内往返一次，所以可观察到作业员的移动速度会变得更快。

　　3. APP.A-3 部件生成器的随机生成

　　可使部件生成器的大小、颜色、形状随机变化生成。

　　下面试使橘红色的部件生成器随机生成物品。打开橘红色部件生成器的属性窗口，将[概要]属性里的随机确认框打上钩，点击[应用]按钮。

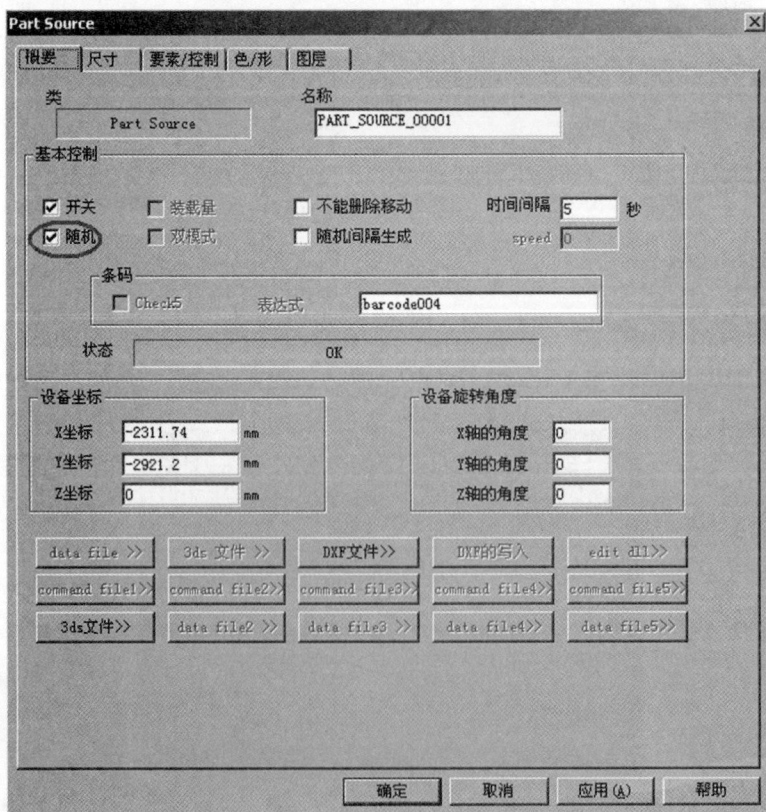

图 11-115　部件生成器随机生成选择

请观察只有橘红色的部件生成器生成物品的大小、颜色、形状是随机出现的。

图 11-116　部件生成器随机生成状态

另外,可根据文件的数据来生成物品。

4. APP.A-4 传送带的速度变更方法

可以改变传送带流动速度。

下面将把投入口处的 3 条直线传送带中的第 2 条直线传送带的速度改成 1 分钟传送 100m。(初始值为 1 分钟传送 48m。)打开第 2 条直线传送带的属性窗口,将[概要]属性里的传送带速度改成〈100〉后,点击[应用]按钮。

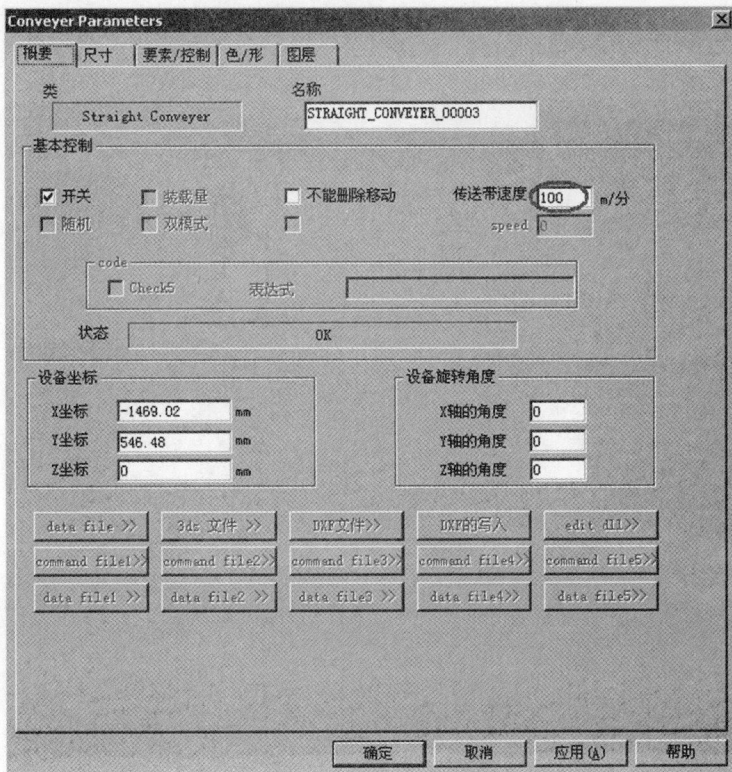

图 11-117　传送带速度变更

请对比前后的直线传送带,可观察到第 2 条直线传送带上的货物流动速度较快。

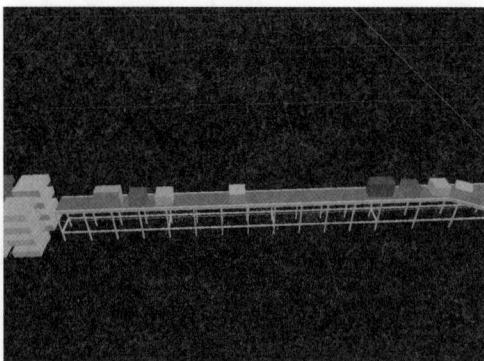

图 11-118　更改后流动速度比较图

5. APP.A-5 使传送带倾斜的方法

可以使传送带倾斜。下面试将直线传送带、曲线传送带倾斜。先设定模型的新建画面。

(1) APP.A-5-1 直线传送带的倾斜

点击设备栏的[直线传送带]按钮使直线传送带表示出来。打开属性对话框,将[概要]属性里的设备旋转角度的 Y 轴的角度改成〈30〉后,点击[应用]按钮。

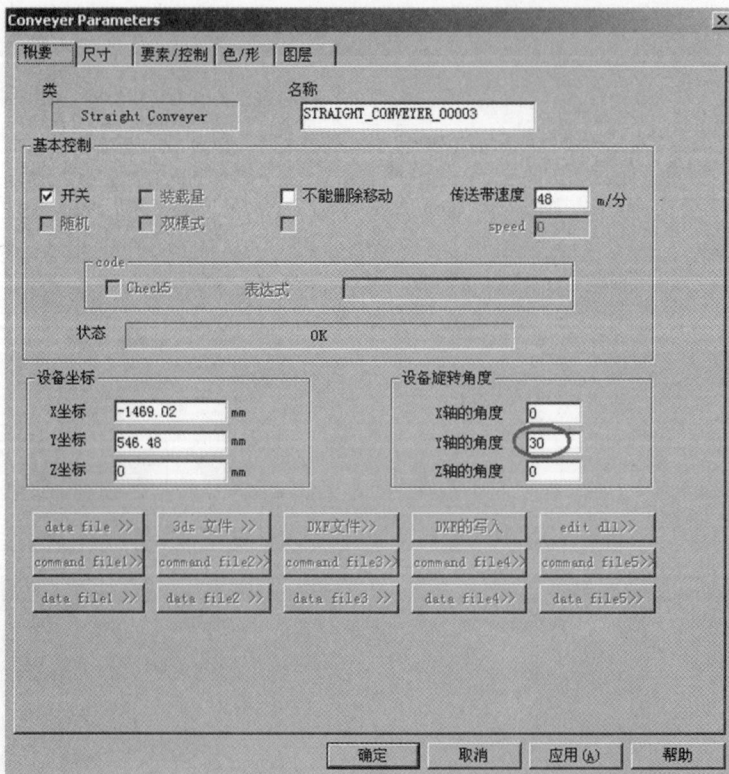

图 11-119　传送带倾斜角度选择

这样,直线传送带相对于 Y 轴就倾斜了 30 度。

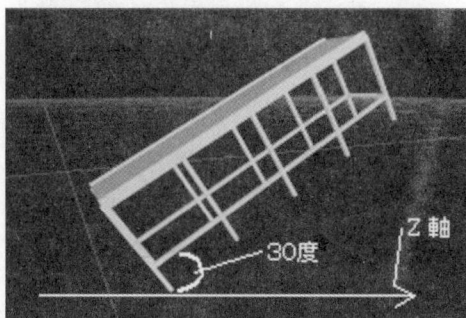

图 11-120　传送带倾斜角度更改状态

（2）APP.A-5-2 曲线传送带的倾斜

点击设备栏的[右曲传送带]按钮使右曲传送带表示出来。打开属性窗口,点击[尺寸]属性,将上升改成〈2000〉,角度改成〈180〉,半径改成〈1500〉,点击[应用]按钮。

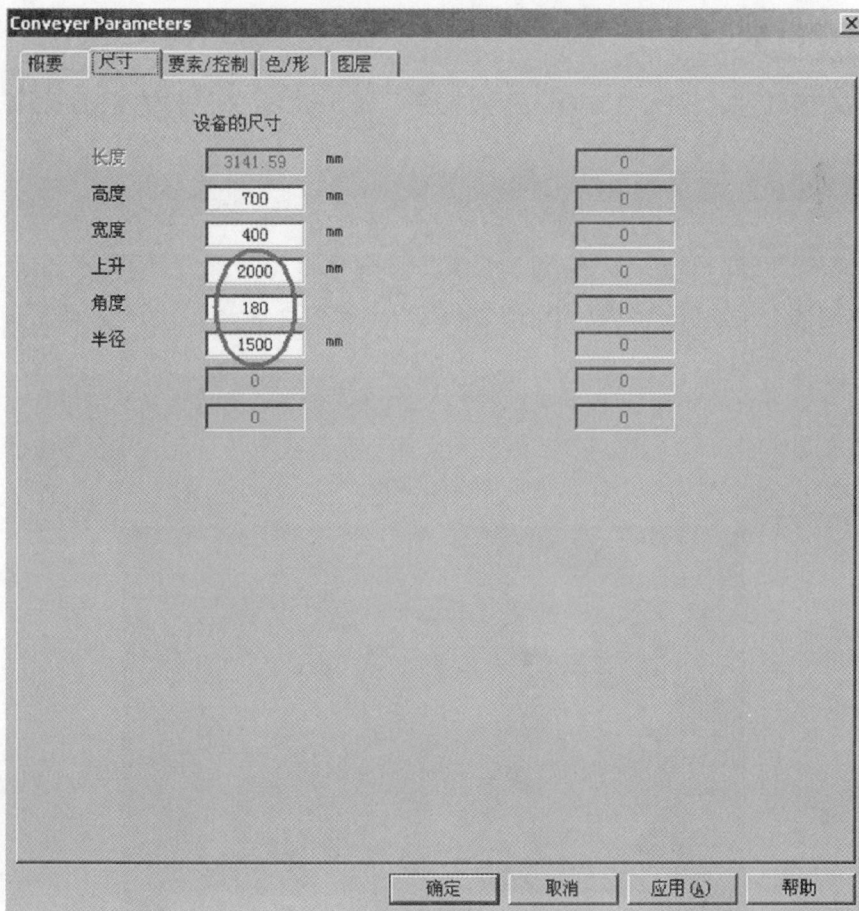

图 11-121　曲线传送带倾斜设置

这使半径为 1.5m 的曲线传送带做 180 度弯曲的同时上升 2m。

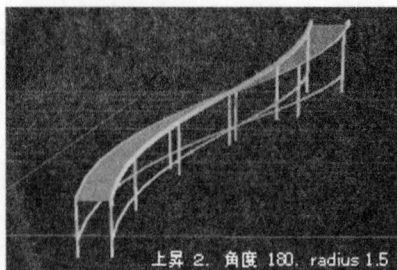

(a)

图 11-122　曲线传送带倾斜设置后状态

第四节　仓储型物流中心模型

仓储型物流中心是指将进货的商品临时保存在仓库中,然后根据需要出库的物流中心。

在这一节,将以仓储型物流中心的模型为例,学习包括在第三节使用过的设备以及自动立体仓库、装货中转站、卸货中转站、传送带(直角、合流)、机器人、托盘供给器等设备来建立模型的方法以及关于这些设备的设定方法。

一、模型的解说

下面要建立在第三节做成的模型的基础上增加具有自动立体仓库功能的出货传送线的模型。

从投入口进来的 4 种货物沿传送带流动,在合流点合流的货物在装货中转站由机器人堆放在托盘上,托盘经入库口被送入自动立体仓库。存储在自动立体仓库中的托盘经出库口出库,在卸货中转站由作业员将货物卸下投放到分流线上去。

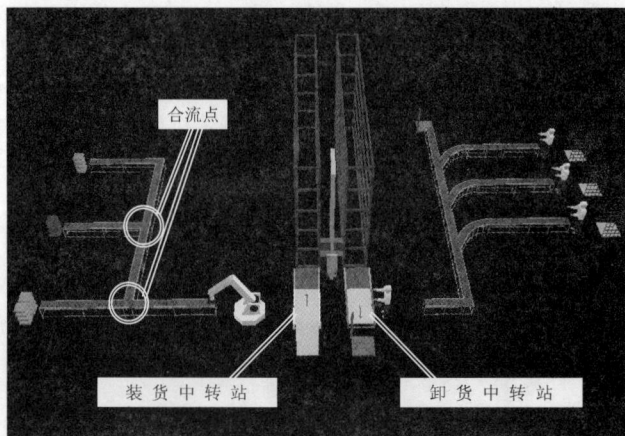

图 11-123　模型图

二、建立仓储型物流中心模型

将画面设定为模型做成画面。

点击设备栏的[自动立体仓库]按钮 ⬆ ,使自动立体仓库表示出来。

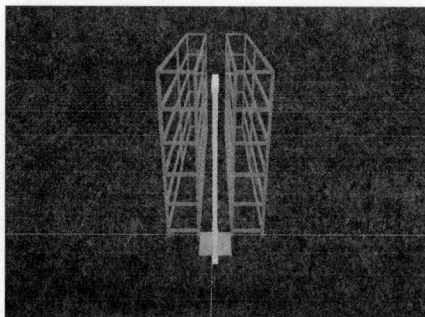

图 11-124　自动立体仓库显示图

(一) 自动立体仓库的入库口(In Mode)的设置

自动立体仓库的入库口(In Mode)是从外部将托盘送入自动立体仓库的入库路径。选择自动立体仓库的弹出菜单中的[添加 IO 部件(In Mode)],使入库口(In Mode)表示出来。

图 11-125　入库口部件设置

(二) 自动立体仓库的出库口(Out Mode)的设置

自动立体仓库的出库口(Out Mode)是从自动立体仓库将托盘送出的出库路径。选择自动立体仓库的弹出菜单中的[添加 IO 部件(Out Mode)],使出库口(Out Mode)表示出来。

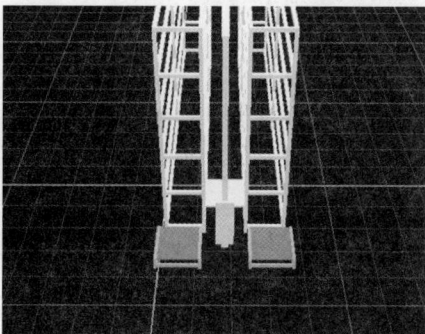

图 11-126　出库口部件设置

355

(三) IO 部件的移动

点击工具栏中的[可移动子类设备]按钮 （附带部件的移动）。

注：此操作用于要单独移动出入库口时。

在[可移动子类设备]按钮未被点击的状态下部件能随母体一起移动，但不能单独移动出入库口。在这里要将左侧设置为入库，右侧设置为出库，所以要将入库口（In Mode）和出库口（Out Mode）的位置颠倒过来。

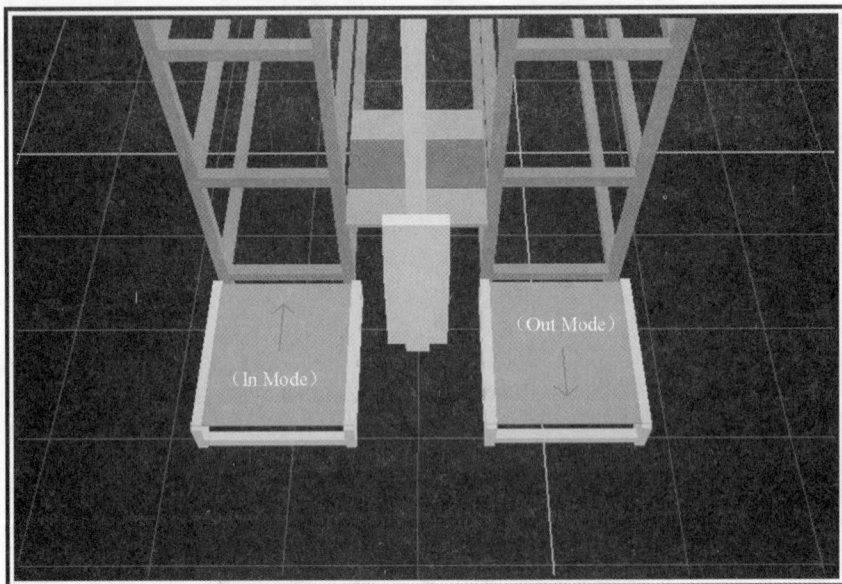

图 11-127　IO 与 OM 互换移动操作

如果在[可移动子类设备]起作用的状态下继续作业的话，移动部件时可能会使其对主体的位置产生错位，所以设定好入库口（In Mode）和出库口（Out Mode）的位置后，再次点击[可移动子类设备]按钮从而使部件相对于主体固定下来。

(四) 装货中转站的设置

点击设备栏的[装货中转站]按钮 ，使装货中转站表示出来。

图 11-128　显示装货中转站

选择装货中转站的弹出菜单中的[逆时针旋转 90 度]改变其方向,使输入口的入口部分和装货中转站的出口部分自动连接上。

图 11-129　改变方向并前后设备连接

点击设备栏的[托盘供给器]按钮 ,使托盘供给器表示出来。托盘供给器可自动生成托盘。

图 11-130　显示托盘供给器

将其设置在装货中转站的入口附近。利用弹出菜单中的[与下一个设备相连]将托盘供给器连接上装货中转站。

(五) 装货中转站输入口的设置

装货中转站上的托盘上装载一定数量的货物时,要使用装货中转站的输入口。

点击工具栏的[可移动子类设备],把输入口(箭头)移动到反面。

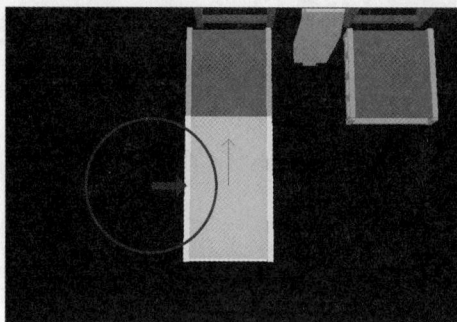

图 11-131　输入口(箭头)移动操作

再次点击[可移动子类设备]按钮,将输入口(箭头)固定下来。

点击设备栏的[机器人]按钮 ⚙,表示出机器人后,将其设置于装货中转站输入口的入口一侧。

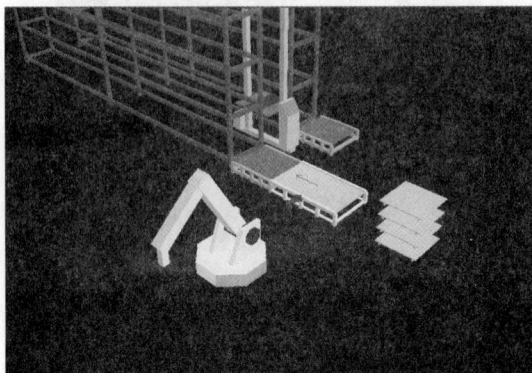

图 11-132　显示机器人

调整机器人和输入口之间距离,使其位置正好适合于机器人来回转动 180 度。

利用弹出菜单中的[与下一个设备相连]将机器人连向装货中转站的输入口。

(六) 进货线的做成

点击设备栏的[左合流传送带]按钮 ⚙,使左合流传送带表示出来。左合流传送带将从 2 个方向流过来的商品传送至同一方向。

在 RaLC-Pro 中传送带合流进来的部分称为支线。

图 11-133　进货线设置

打开左合流传送带的属性窗口,点击[尺寸]按钮,将长度改成〈8000〉,支线部分的长度改成〈2500〉,点击[应用]按钮。

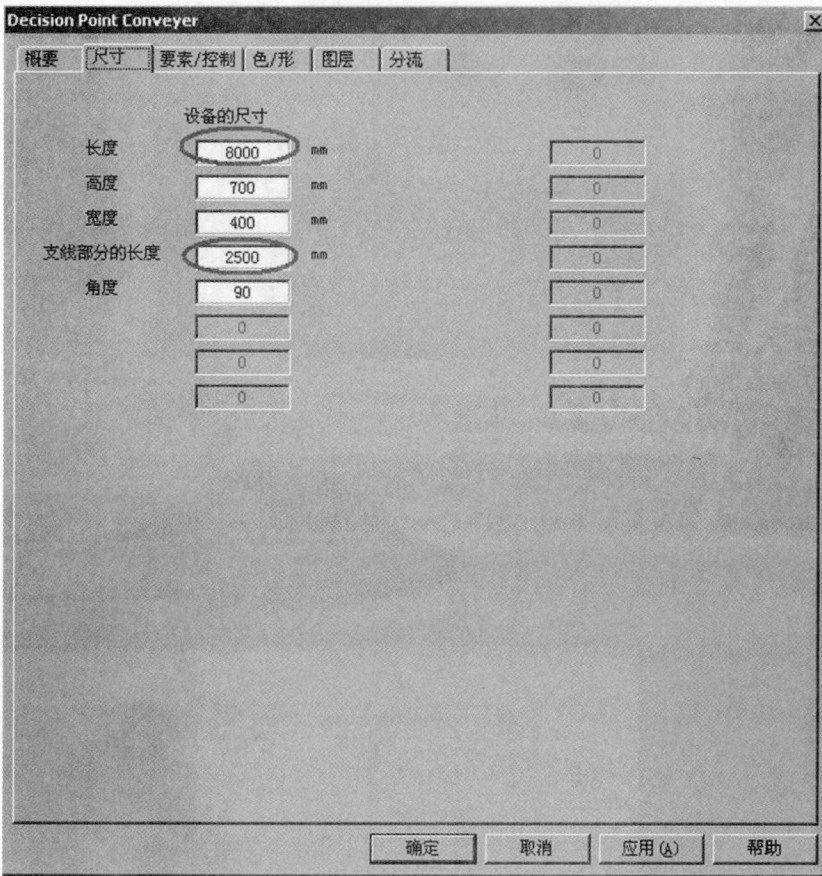

图 11-134　尺寸变更

将其设置于机器人能正好从左合流传送带的出口提取物品的位置上。

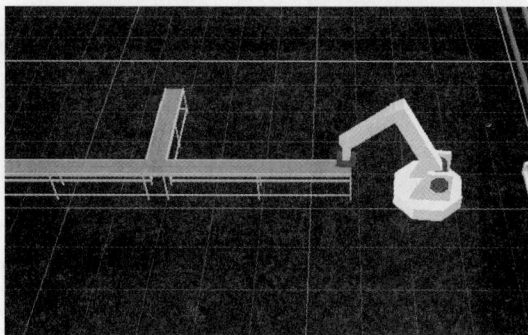

图 11-135　机器人位置调整

利用弹出菜单中的[与下一个设备相连]将左合流传送带连上机器人。

点击设备栏的[右合流传送带]按钮 ，使右合流传送带表示出来。

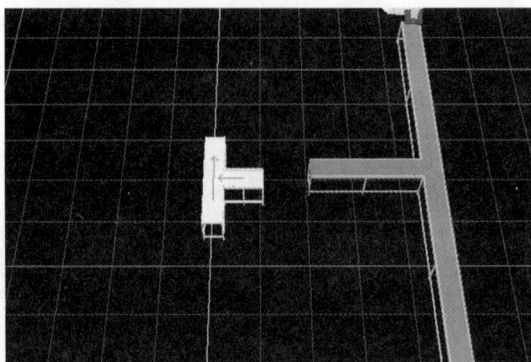

图 11-136　显示右合流传送带

选择弹出菜单中的[顺时针旋转 90 度]使右合流传送带转向。打开属性窗口,点击[尺寸]按钮,将长度改成〈5000〉,支线长度改成〈4000〉后,点击[应用]按钮。

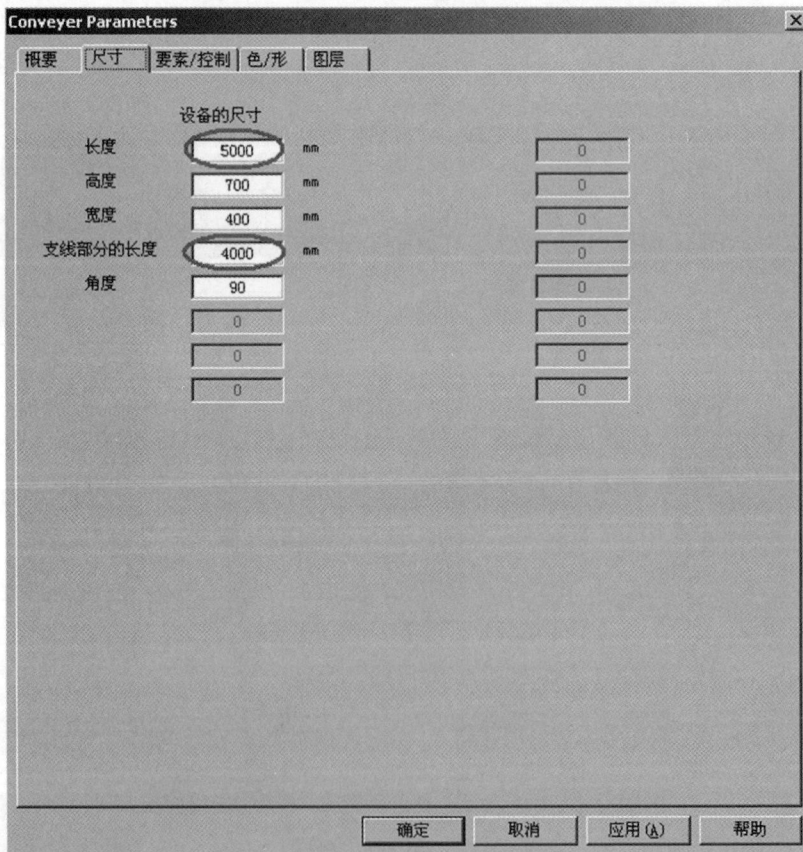

图 11-137　尺寸更改

使右合流传送带的出口和左合流传送带的支线一侧的入口自动连接上。

图 11-138

点击设备栏的[右转传送带]按钮 匠 ,使右转传送带表示出来。

打开属性窗口,点击[尺寸]按钮,将第 1 部分的长度改成〈4000〉,第 2 部分的长度改成〈2500〉,点击[应用]按钮。

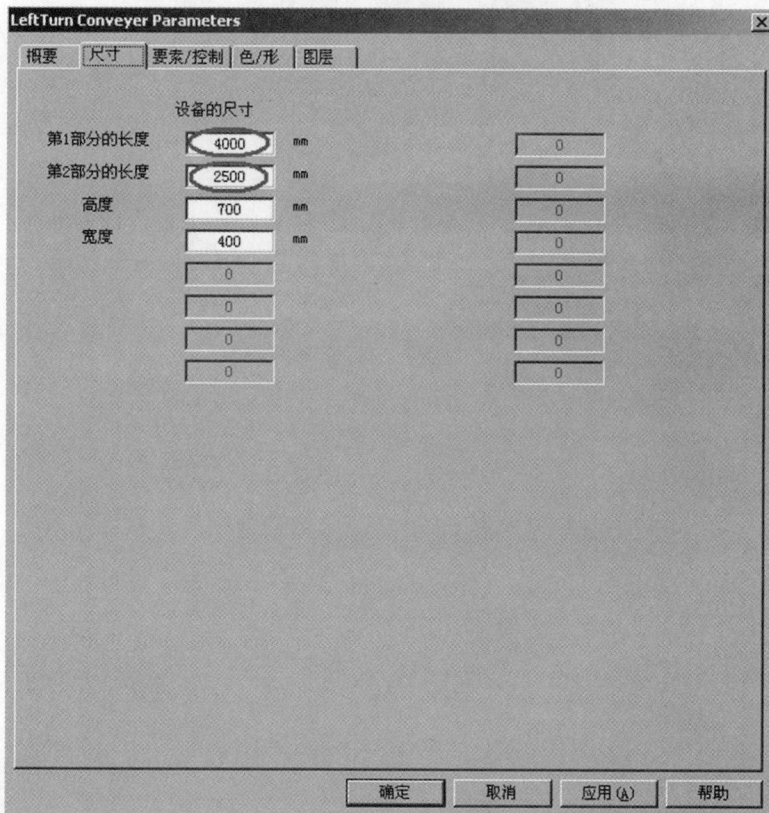

图 11-139 传送带尺寸更改

使右转传送带的出口和右合流传送带的入口自动连接上。

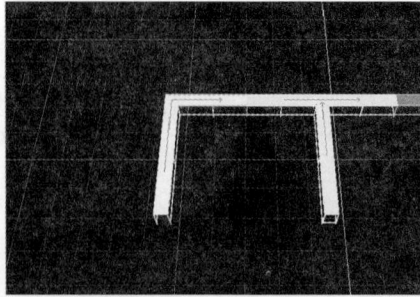

图 11-140　相邻传送带连接

点击设备栏的［部件生成器］按钮表示出部件生成器后，设置于左合流传送带的入口附近。

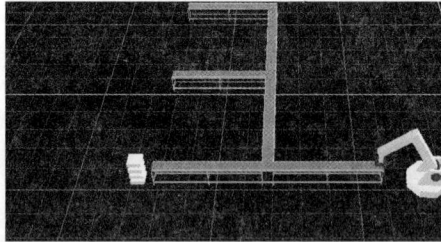

图 11-141　生成"部件生成器"

利用弹出菜单中的［与下一个设备相连］使部件生成器连上左合流传送带。

打开部件生成器的属性窗口，将［概要］属性里面的生成时间间隔改成〈7〉，然后点击［应用］按钮。

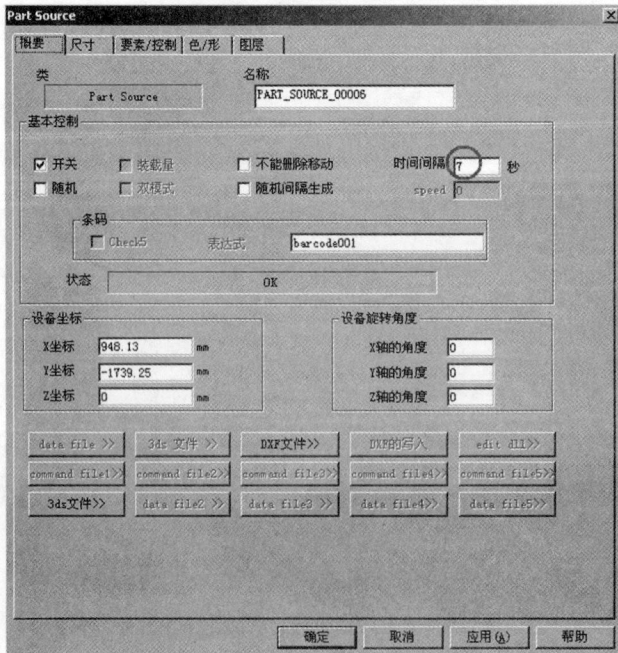

图 11-142　部件生成器生成时间设置

用[Ctrl]+[C]、[Ctrl]+[V]增加 3 套部件生成器,一个设置于右转传送带的入口附近,另一个设置于右合流传送带的支线一侧的入口附近,剩下一个设置于左合流传送带的入口附近。

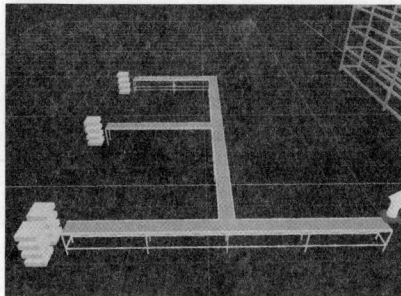

图 11-143 部件生成器条码和颜色设定

参考上一节条码、颜色的设定方法对各个部件生成器的条码和颜色进行设定。

将增设在左合流传送带的入口附近的部件生成器的([概要]里面的)条码改成〈barcode002〉,([色/形]里面的)颜色改成任意一种颜色(例为红色);将右合流传送带的入口附近增设的部件生成器的条码改成〈barcode003〉,颜色改成任意一种颜色(例为粉红色);将右转传送带的入口附近增设的部件生成器的条码改成〈barcode004〉,颜色改成任意一种颜色(例为橘红色)。

利用弹出菜单中的[与下一个设备相连]使增设的 3 个部件生成器分别连上位于其面前的传送带。

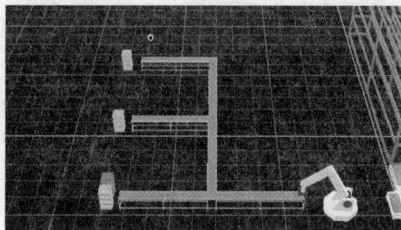

图 11-144 部件生成器与传送带连接

请用"Lesson2-1.emu"的名称另保存以备后用。

(七) 卸货中转站的设置

点击设备栏的[卸货中转站]按钮 ，使卸货中转站表示出来。

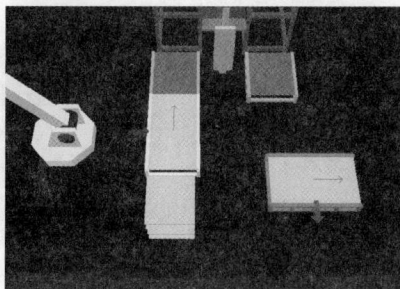

图 11-145 卸货中转站设定

选择卸货中转站的弹出菜单中的[顺时针旋转90度]调整其方向,使自动立体仓库的出库口(Out Mode)的出口和卸货中转站的入口自动连接上。

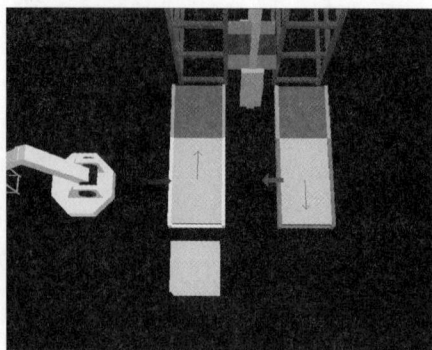

图 11-146　出库口与卸货中转站入口连接

点击设备栏的[部件消灭器]按钮,使部件消灭器表示出来。将其设置于卸货中转站的出口附近。

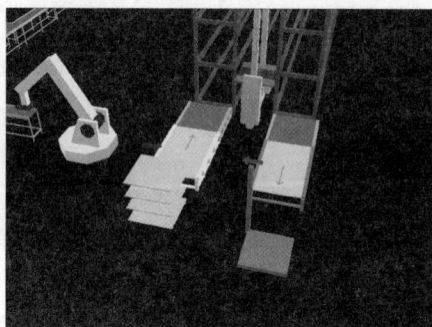

图 11-147　卸货中转站与部件消灭器连上

利用弹出菜单中的[与下一个设备相连]使卸货中转站连上部件消灭器。

(八)　卸货中转站输出口的设置

从卸货中转站上的托盘卸货时,要使用卸货中转站输出口。

点击工具栏的[可移动子类设备],把输出口(箭头)移动到反面。

图 11-148　卸货中转站输出口设置

再次点击[可移动子类设备]按钮,将输出口固定。

点击设备栏的[作业员]按钮表示出作业员,将其设置于正好能从卸货中转站的输出口拿到货物的位置上。

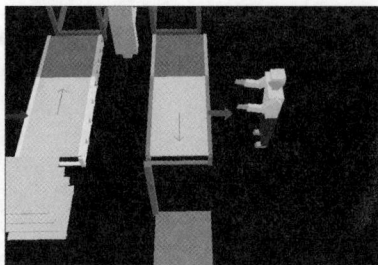

图 11-149　卸货中转站输出口与作业员连接

利用弹出菜单中的[与下一个设备相连]使卸货中转站的输出口连上作业员。

(九) 出货线的做成

点击设备栏的[左转传送带]按钮 ，使左转传送带表示出来。

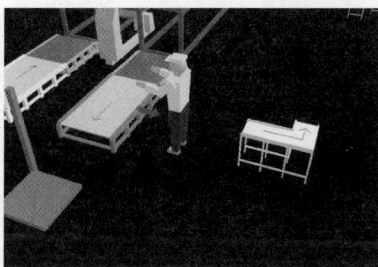

图 11-150　显示左转传送带

打开[属性]窗口,点击[尺寸]按钮,将第 1 部分的长度和第 2 部分的长度都改成〈2000〉后,点击[应用]按钮。

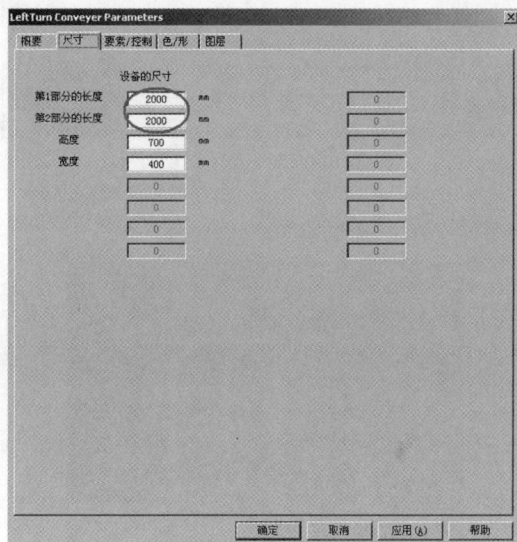

图 11-151　尺寸更改

要把左转传送带设置在作业员从卸货中转站拿取物品后容易放置的位置上。按照作业员行走范围调节作业员和左转传送带之间的距离。初始值是 1.3m,现在把它设置于相距 1.3m 的位置上。利用弹出菜单中的[与下一个设备相连]使作业员连上左转传送带。

图 11-152 作业员与左转送带连上

(十) 模型合并

通过复制＋粘贴别的文件中的模型,把复数个模型组合成一个模型的操作称为模型合并。

下面要建立的出货线模型和在第三节做成的模型基本相同,所以可从第三节中做成的模型"Lesson1.emu"复制过来。

保持现在做成的模型处于打开状态,点击菜单栏中的|文件|打开|或者工具栏中[打开]按钮。

选择在第三节做成的"Lesson1.emu",点击[打开]按钮 📂 。

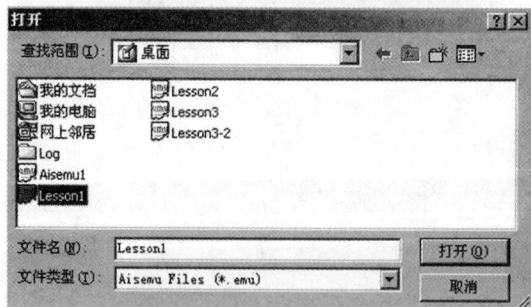

图 11-153 选择文档

"Lesson1.emu"的模型在画面上表示出来。

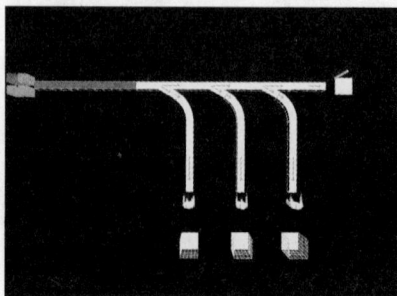

图 11-154 模型显示

点击工具栏中的[选择]按钮,选择从最左侧的右分流传送带起向右方向的所有部件。然后用[Ctrl]+[C]复制。

选择点击菜单栏中的|窗口|1 Lesson2-1.emu|。

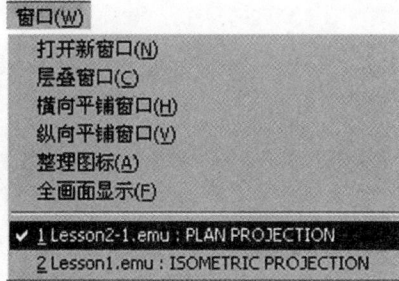

图 11-155　在"窗口"菜单中打开文档

"Lesson2-1.emu"的模型会在画面中表示出来。

通过[Ctrl]+[V]命令,表示出刚才复制的 Lesson1.emu 模型部分。

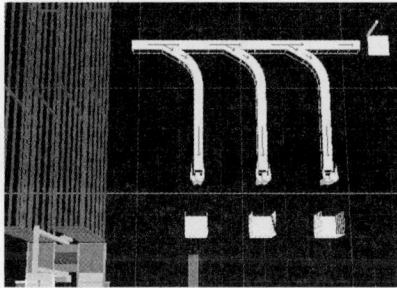

图 11-156　复制粘贴模型

(十一) 设备的组合

使复数个物件组合后,可使其一起移动、旋转。保持其选择状态不变,右击使弹出菜单表示出来,点击弹出菜单中的[组合]。

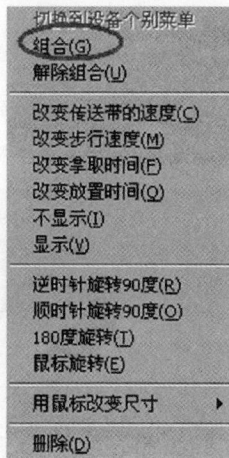

图 11-157　设备组合

下面要将组合的设备和左转传送带连接上。

传送带方向不利于左转传送带的出口和右分流传送带的入口的连接,所以要使组合的设备旋转。使组合的设备处于选择状态,选择弹出菜单中的[逆时针旋转90度]使其连接部位便于连接。

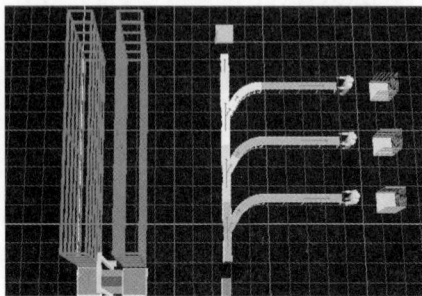

图 11-158　通过旋转连接部件

移动组合的物件,使左转传送带的出口和右分流传送带的入口自动连接上。

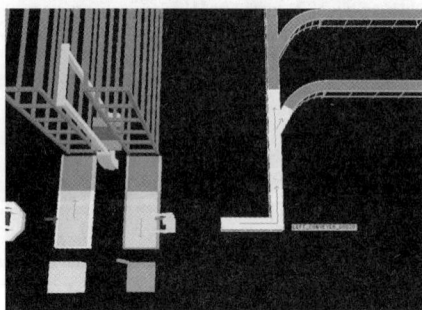

图 11-159　移动组合物件连接部件

(十二) 组合的解除

选择组合物件的弹出菜单中的[解除组合],则组合被解除。然后请用"Lesson2-2. emu"的名字另保存。

如果点击菜单栏中的|模拟|开始|或者时间栏中的[开始]按钮,则货物会被投放到传送带上。机器人将传送过来的货物堆放在托盘上,托盘上每堆放5个物品后就被送入自动立体仓库里储存起来。

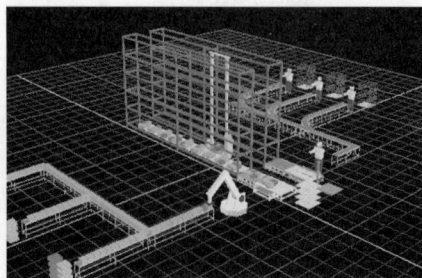

图 11-160　组合解除操作

(十三) 自动立体仓库的出库

下面要使在自动立体仓库里存储的托盘出库。使需出库的托盘处于选择状态,选择弹出菜单中的[IOSection 出库指示]。

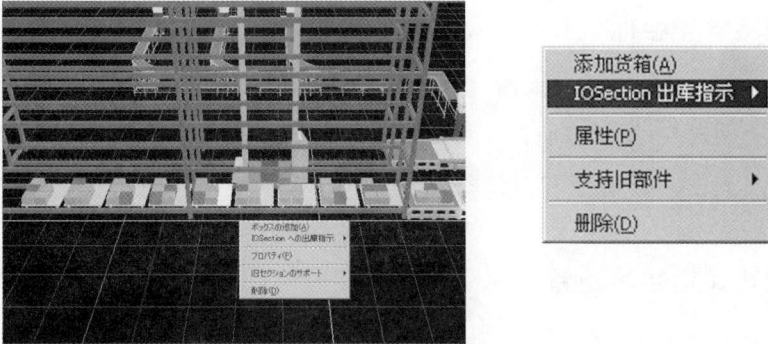

图 11-161　自动立体仓库出库选择

开始模拟后,指定的托盘会从自动立体仓库的出库口(Out Mode)出库。

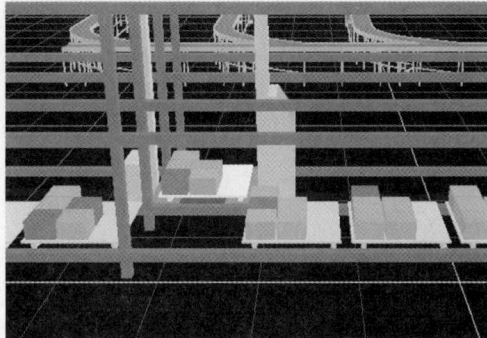

图 11-162　模拟出库

作业员则从出库的托盘上拿取货物后搬送到左转传送带。

图 11-163　作业员操作

翻转课堂任务单

一、翻转教学目标

1. 通过思考讨论及完成学习项目资源任务,加深对本章内容的理解;

2. 通过查阅资料,增强主动发现问题探研问题的能力;

3. 培养自主学习能力,加深对现实问题的认识,通过小组讨论交流,提升合作学习能力及精神;

二、翻转课堂学习任务

1. 对本章内容小结

要求字数不超过 200 字。

2. 思考讨论题

(1) 熟悉 RaLC(乐龙)系统界面。

(2) 熟悉基本控件操作。

(3) 熟悉通过型物流中心模型构筑。

(4) 熟悉仓储型物流中心模型构筑。

(5) 熟悉复合型物流中心模型构筑。

3. 构建学习项目资源任务

要求:以小组为单位每人选择一项下列任务。

(1) 结合案例构建通过型物流中心模型;

(2) 结合案例构建仓储型物流中心模型;

(3) 结合案例构建复合型物流中心模型。

4. 完成项目内容报告

(1) 完成结果为 Word 文档＋PPT＋视频

其中 PPT＋视频可以以小组为单位完成。

(2) 建立问题档案

针对所选任务学习后,记录疑问及小组讨论结果。

(3) 学习反思

1) 记录问题解决的过程;方法;收获(发现、感悟与理解)。

2) 存在问题与改进设想。

参考资料

[1] 贾卫丽.关于农产品物流的供求状况分析及对策[J].安徽农业大学学报,2011(3).

[2] 刘成玉.中国优质农业发展与农产品质量安全控制[M].成都:西南财经大学出版社,2009.

[3] 冯忠泽.中国农产品质量安全市场准入机制研究[M].北京:中国农业出版社,2010.

[4] 汪鸣,冯浩.我国物流业发展政策研究[M].北京:中国计划出版社,2011.

[5] http://www.qihuow.net/newsList.php? classId=54.

[6] 环球网校(http://www.edu24ol.com).

[7] 中华人民共和国国家标准:物流术语(GB/T 18354—2006).

[8] 价值网——打破供应链、挖掘隐利润[M].北京:人民邮电出版社出版,2002.

[9] 产品质量先期策划和控制计划[M].中国汽车技术研究中心,译,2000.

[10] 生产件批准程序[M].中国汽车技术研究中心,译,2001.

[11] 企业战略管理[M].北京:高等教育出版社,2004.

[12] 生产与运作管理[M].北京:高等教育出版社,2005.

[13] SONY人力资源顾问田中、宝岛培训教材.

[14] 尹茂宝,龙子泉.第三方物流与电子商务的整合模式[J].现代管理科学,2006(12).

[15] 李蔚田,谭恒,杨丽娜.物流金融[M].北京:北京大学出版社,2013.

[16] 范钧,高孟立.知识获取与服务创新[M].杭州:浙江大学出版社,2015.

[17] 张漫.大宗商品物流金融模式研究[J].中国集体经济,2014(21).

[18] 姜超峰.供应链金融服务创新[J].中国流通经济,2015(1).